278
288/89/90

Keil
Weltstadt - Stadt der Welt

292, 297

Für Marlies und Ludwig Keil

Roger Keil, geb. 1957, Studium der Amerikanistik, Germanistik, Politologie und Stadtplanung in Frankfurt, Urbana, Ill. und Los Angeles, Mitarbeiter an Ökologieprojekten in Frankfurt (GrünGürtel) und Los Angeles (L.A.'s Lethal Air), lehrt an der Faculty of Environmental Studies, York University, Toronto, Canada. Zahlreiche Veröffentlichungen zu Stadttheorie und -politik, Amerikanistik, Stadtökologie und -planung, World City-Formation und Regulationstheorie.

Roger Keil

Weltstadt - Stadt der Welt

Internationalisierung und lokale Politik in Los Angeles

WESTFÄLISCHES DAMPFBOOT

Gedruckt mit Unterstützung des Förderungs- und Beihilfefonds Wissenschaft der VG Wort.

Die Deutsche Bibliothek - CIP -Einheitsaufnahme

Keil, Roger:
Weltstadt - Stadt der Welt: Internationalisierung und lokale Politik in Los Angeles / Roger Keil.- 1. Aufl.- Münster: Westfälisches Dampfboot, 1993
    Zugl.: Frankfurt (Main), Univ., Diss., 1991
    ISBN 3-924550-76-X

1. Auflage Münster 1993, D.30
Copyright Verlag Westfälisches Dampfboot, Münster
Alle Rechte vorbehalten
Umschlag: Egbert Lütke-Fahle
Druck: Druckwerkstatt Hafen GmbH, Münster
ISBN 3-924550-76-X

Inhalt

Verzeichnis der Bilder

Abbildungen

Tabellen

Vorbemerkung

You can check out any time you like,but you can never leave.

The Eagles, Hotel California, 1976

Die Recherchen für dieses Buch waren im wesentlichen im Sommer 1990 abgeschlossen. Im März 1991, während ich dem Text - zunächst in Form einer Dissertation am Fachbereich Gesellschaftswissenschaften an der Frankfurter Universität - seine letzten Federstriche verpaßte, schlugen vier Polizisten des Los Angeles Police Department einen Autofahrer namens Rodney King krankenhausreif. Wie eine Studie von Amnesty International später herausfinden sollte, handelte es sich dabei nicht unbedingt um einen außergewöhnlichen Akt. Das LAPD war in den letzten Jahren, vor allem seit Amtsantritt des im Sommer 1992 abgelösten Polizeichefs Daryl Gates, für seine oft rassistisch motivierten, brutalen Übergriffe gegen BürgerInnen der Stadt bekannt geworden. Es war allerdings außergewöhnlich, daß ein Hobbyfilmer die Prügelszene auf seiner Videocamera festhielt und daß dieses Produkt schließlich in der ganzen Welt ausgestrahlt wurde. Die Empörung über das Verhalten der Polizeibeamten war allgemein, es führte zu einer unabhängigen Untersuchungskommission, die vom heutigen Außenminister der Vereinigten Staaten, Warren Christopher, geleitet wurde und die im wesentlichen den bereits früher von Opfern des LAPD geäußerten Verdacht bestätigte, daß sich die Truppe von Daryl Gates in der Vergangenheit regelmäßig unrechtmäßig in Ausführung ihres Dienstes verhalten hatte. Los Angeles war auf einmal in einem anderen Scheinwerferlicht als dem von Hollywood. Als ein vollständig weißes Geschworenengericht im suburbanen Simi Valley am 29. April 1992 die durch den Videofilm "überführten" Polizisten schließlich freisprach, erlebte Los Angeles den gewalttätigsten städtischen Aufstand, den es in Amerika in diesem Jahrhundert gegeben hatte. Mit diesen Ereignissen hatten sich die Vorzeichen für dieses Buch geändert. Während es geschrieben war, um die lokalen Prozesse zu durchleuchten, die in der Literatur als "Welt-Stadt-Formation" firmierten, trat nun die Notwendigkeit hinzu, zu erklären, was diese Prozesse mit der Rebellion von 1992 zu tun haben mochten. Die Kapitel des Buches wurden plötzlich zu Momenten der Analyse eines Pulverfasses, das seine Explosion erwartete. Die "erzwungene Ethnizität" (Castells) der Welt-Stadt, ihre Segmentierung, Fragmentierung und Polarisierung, sowohl im räumlichen als auch im sozioökonomischen Sinne, wurden zu Parametern der Erklärung des

7

Aufstandes. Umgekehrt eigneten sich die Zeichen einer "von unten" errichteten Zivilität in den Gemeinden der Arbeiterklasse und der internationalisierten Bevölkerung von Los Angeles, die in diesen Kapiteln als politische Kraft beschrieben wurden, dazu, der vor und nach den Aufständen gängigen Darstellung von Los Angeles als rechtsloser und unmenschlicher "Dickensischer Hölle" entgegenzutreten. Die Tatsache, daß die Formation der Welt-Stadt aufgrund ihrer Polarisierungsdynamik in erheblichem Maße zu den sozialen Gründen für den Aufstand beigetragen hatte, wurde dadurch relativiert, daß nur aufgrund der Zivilität der welt-städtischen Gemeinden der Frieden überhaupt so lange gehalten hatte. Gerade weil es den Menschen in Los Angeles so lange gelungen war, jahrelang nebeneinander und miteinander in der wohl ethnisch und sozial diversifiziertesten Stadt der Welt zu leben, erschienen die gewöhnlichen Darstellungen des "gescheiterten Experiments der multikulturellen Stadt" als grobe Simplifizierung der sozialen Realität in Los Angeles. In diese Darstellung mischten sich Stereotypen und Mittelklassevorurteile von der Art, die das Geschworenengericht in Simi Valley zu ihrem Urteil geführt hatten: demnach waren die farbigen und verarmten Bewohner der Innenstadt, die Afroamerikaner und Lateinamerikaner, aber auch die Koreaner, zu unberechenbaren Elementen der städtischen Gesellschaft geworden, die es anders als bisher zu kontrollieren gelten würde, um weitere Ausschreitungen zu vermeiden. Dieses Buch versteht sich als Beitrag dazu, diese Stereotypen aufzubrechen und die Akteure des Formationsprozesses der Welt-Stadt in ihrer komplexen sozialen Widersprüchlichkeit zu zeigen.

Ich saß am Nachmittag des 29. April 1992 zu Abschluß eines zweiwöchigen Aufenthalts in Los Angeles mit Freunden im Santa Monica Mall, einer neu gentrifizierten und höchst erfolgreichen Einkaufsmeile aus dem Katalog der Stadtentwicklung der achtziger Jahre. Auf dem Weg zur Verabredung hatten wir im Autoradio von dem Urteil gehört, die ersten Zwischenfälle waren berichtet. Wir konnten alles kaum glauben. Es gab Gerüchte, daß die Explosion des Gettos bevorstehen würde, aber niemand im Mall schien daran zu denken. Die verkehrsberuhigte und palmenbestandene Straße war voll von der typischen Mischung von Strandbesuchern, Krawatten und Anzügen beim Drink nach dem Büro, die üblichen deutschen und japanischen Touristen, einige Obdachlose. Wir blieben nicht lange. Auf dem Weg zum Auto machte ich in einem Lokal noch eine Besorgung. Die Besucher des Restaurants blickten alle in eine Richtung. Auf dem übergroßen Fernsehschirm des Etablissements hatten die Unruhen begonnen. Die Erfahrung des friedlichen Santa Monica an diesem Abend, als South Central Los Angeles schon in Flammen stand, war bizarr, doch sie warf ein Licht auf die segmentierte Realität der Welt-Stadt, die der Gegenstand dieses Buches ist.

Als wir am 30. April von Los Angeles International abflogen, lag die Stadt unter uns in schwarzem und gelbem Rauch verhüllt, Asche bedeckte unseren Mietwagen und der stechende Geruch von Holzfeuer war in der Luft. Nicht nur hatte die physische Struktur der Stadt begonnen, sich in komplexe Kohlenwasserstoffe aufzulösen. Das gesamte Gewebe der Zivilität in Los Angeles schien zerrissen. Herkömmliche Vorstellungen städtischer Zivilität und Urbanität, oder anders gesagt, unser moderner Begriff davon, wie Menschen verschiedener sozialer Klassen, Rassen, Ethnien, Geschlechter etc. in einer Stadt zusammenleben, machen in Los Angeles keinen Sinn. Dies gilt einerseits für die bürgerliche Urbanität der Moderne, die sich wohlsepariert von den gefährlichen Klassen wußte, die sie in die Arbeitervororte oder die verslumten Innenstadtquartiere verwies und denen sie nach politischem Gutdünken Einlaß in die städtische Gesellschaft gewährte oder ihren Ausschluß veranlaßte. Andererseits verweigert sich Los Angeles aber auch der Rationalität progressiver *Kritik* an der Stadt des Bürgertums, die oft nur die machtlose Negativkopie dessen darstellte, was die herrschenden Klassen der Region unter urbanem Leben verstanden. Generationen von eingewanderten und einheimischen Linksintellektuellen haben sich an der Stadt die Zähne ausgebissen und - bis vor kurzer Zeit - wenig dazu beigetragen, die komplexe und widersprüchliche Zivilität der Stadt in politisch bedeutungsvoller Weise zu ergründen. Doch in der Zivilität der Stadt, das heißt, in der Art, wie die Gesellschaft von Los Angeles sich selbst reguliert oder dies unterläßt, liegt der Schlüssel für das Verständnis der alltäglichen und der katastrophischen Dynamik, die Südkalifornien zwischen Glanz und Elend hin und her wirft.

Seit ihrer Gründung im Jahre 1781 hatte die Stadt der Engel die gewalttätige Realität der Grenzstadt mit dem Willen ihrer politischen Klasse gekoppelt, eine neue Zivilisation zu gründen. Die oft millenarischen Versuche der meist weißen Visionäre, die Südkalifornien nach dem Ebenbild ihrer sozialen und geographischen Herkunftsorte im Osten oder Mittleren Westen gestalten wollten, waren von Beginn an exklusiv. Die indianischen Ureinwohner, die schon unter den spanischen Missionaren fast ausgerottet worden waren, wurden unter der Herrschaft der Yankees ebenso zu unsichtbaren Anhängseln des kalifornischen Traumes wie später die Mexikaner, die Chinesen und vor allem nach dem Krieg die Schwarzen und schließlich die neuen Immigranten aus der südlichen Hemisphäre. Zivilität in Los Angeles war eine Herrschaftsform der Weißen.

Auf dieser Exklusivität wuchs die überschäumende Prosperität des "guten Lebens", das sich zwischen Autobahnen, Einfamilienhaus und sicherem Job in den Massenindustrien (Öl, Luft- und Raumfahrt, Automobil, Film) als möglich erwies. Daß sie die Unsichtbarkeit der "gefährlichen Klassen" perpetuierte, zeigte sich schließlich im *Burn Baby Burn* des Aufstands von Watts im Jahr 1965. Der massenhaften Einbindung schwarzer Arbeitskraft in die Rüstungs- industrien der Stadt war keineswegs die soziale Integration gefolgt. Auf die klassische Segregation des schwarzweißen Amerika folgte vielmehr seit den sechziger Jahren die Segmentierung einer beispiellosen Einwandererökono- mie. Die Wachstumsraten in den Niedriglohnindustrien entsprachen den Arbeitsplatzverlusten in den fordistischen Kernsektoren der südkalifornischen Ökonomie und stellten eine dramatische Restrukturierung der Stadtregion von einem hochspezialisierten Zentrum der Flugzeugindustrie in eine diversifi- zierte *World City* dar. Der politische Prozess, der jene Transformation ermöglichte, ist Gegenstand dieses Buches.

Die Analyse des städtischen Prozesses ist selbst eine politische Intervention. Die Trennung von den Objekten und Subjekten der Studie ist daher kaum in aller Klarheit möglich, bisweilen gar kontraproduktiv. Die Reflexion der Ur- banisierung kommt ohne Beteiligung nicht aus. Die vorliegende Arbeit ent- stand zu großen Teilen durch Kritik und Diskussion, durch Teilnahme und Beobachtung. Sie hat ihre Wurzeln in der Faszination, die ihr Gegenstand, die Stadt Los Angeles und ihre BewohnerInnen, ausüben, und sie berichtet vom Sinn des Handelns, von der Machbarkeit von Struktur. Die Arbeit wurde in Frankfurt entworfen und durchlief eine Reihe von notwendigen Metamorpho- sen, während ich mehr als zwei Jahre in Los Angeles lebte, forschte und arbei- tete.

Den Institutionen, die mir den Forschungsaufenthalt in Los Angeles mit Sti- pendien und die Fortführung meiner Arbeit in Frankfurt ermöglichten, gilt mein Dank: Zentrum für Nordamerikaforschung, Deutscher Akademischer Austauschdienst, Stiftung zur Förderung der internationalen wissenschaftli- chen Beziehungen der Johann Wolfgang Goethe-Universität Frankfurt am Main, Graduiertenförderung des Landes Hessen, The German Marshall Fund of the United States.

Helmut Bredes stirnrunzelnder Blick war mein Ansporn. Joachim Hirsch war ein kritischer Ratgeber. Margit Mayer hat für vieles, was auf den folgenden Seiten zu lesen ist, die Grundlage geschaffen, und ohne ihre Freundschaft hätte ich die Durststrecken nicht überwunden, die ein Projekt dieser Reichweite un- weigerlich einschließt.

Ohne meine ArbeitskollegInnen, InterviewpartnerInnen und FreundInnen hätte ich keine Geschichte(n) von Los Angeles zu erzählen. Einige von ihnen seien herausgehoben. Die Studenten und Lehrenden der Graduate School of Archi- tecture and Urban Planning an der University of California, Los Angeles, wo ich einen großen Teil meiner Forschung betrieb und wo ich 1989 ein Visiting

Scholar war, waren kritische Ratgeber. Bob Gottlieb brachte mich auf den Weg. John Friedmann und Ed Soja akzeptierten mich als ihr "Frankfurter Student". Michael Storpers und Stephanie Pincetls Rat waren stets wertvoll. Michael Dear und Jennifer Wolch von der University of Southern California waren großzügig in ihrer Unterstützung.

Gilda Haas, Kim Kyle, Rebecca Logue und Gary Philips standen zu unzähligen Gesprächen gerne bereit. Eric Mann gelang es beinahe, mich als "*labor and community organizer*" in Los Angeles zu halten. Peter Olney - dessen Gewerkschaftsarbeit unter ImmigrantInnen beispielhaft ist - und Christina Perez sind unverzichtbare Freunde. Mike Davis gab mir den Schlüssel zu "seiner" Stadt. Er war mein Lehrer und Führer durch die Tunnel von Los Angeles. Seine Freundschaft bestätigte mir oft, daß ich auf dem richtigen Weg war. Sophie Spalding zeigte mir, wie man Angel City als Einwanderer aus Europa überlebt. Meine MitstreiterInnen bei *City Line* stellten meiner Arbeit eine Verbindung von Forschung und Praxis zur Verfügung.

Mein Freund Robin Bloch führte mich in den kulturellen Wahn ein, der Los Angeles ausmacht. Er war ständige Herausforderung für meine Arbeit und Vorstellungskraft, und er half mir, die westliche *frontier* zu verstehen, von der Los Angeles ein Teil ist. Marla Fisher öffnete mir die *doors of perception* zwischen Melrose Avenue and Southern Utah. Daß ich regelmäßig über Los Angeles berichten konnte, als ich dort lebte, war vor allem der Redaktion der *Kommune* zu verdanken.

Peter Lieser gab mir meinen ersten Stadtplan von Los Angeles und war mir die ganze Zeit Mitleidender an der Wunde Kalifornien. Seiner Freundschaft und Zusammenarbeit gilt besonderer Dank. Walter Prigges Vertrauen und Förderung gaben mir jederzeit Mut. Seine Arbeiten zur Bedeutung der Räume waren richtungsweisend. Klaus Ronneberger und Jost Müller sind gnadenlose Kritiker, inspirierende Freunde und pedantische Korrektoren. Ich danke ihnen und Marlis Keil für das aufmerksame Lesen des ursprünglichen Manuskripts. Stefan Kipfer verbrachte viele Stunden eines kalten Winters in Toronto damit, mir bei der Redaktion des Buchtextes zur Seite zu stehen.

Ich teilte mit Susan Ruddick viele meiner Spannungen und Befürchtungen. Sie teilte mit mir ihre Weisheit und Liebe.

Roger Keil, Toronto im März 1993

1. Urbanisierung und Internationalisierung

Ein Problemaufriß

Der Prozeß der Urbanisierung - des Wachstums und der fortwährenden Veränderung von Städten - ist in eine Phase getreten, in der die Internationalisierung das wesentliche Moment darstellt. Diese Entwicklung entspricht - folgt und geht zuvor - der inneren und äußeren Expansion des Kapitalismus zu einem globalen System. Der Begriff "Internationalisierung" teilt die Vor- und Nachteile aller globalen Konzepte: er ist zugleich unmittelbar eingängig und verständlich, wie auch chaotisch und verwirrend. Eine Definition stellt sich folglich als schwieriges Unterfangen dar, kämpft man doch gleichzeitig mit dem Offensichtlichen und dem Undurchsichtigen. Die in jüngster Zeit gehäuft auftretende Verwendung des Begriffs im populären Diskurs und in wissenschaftlichen Arbeiten - nicht zuletzt auch in der Fragestellung der vorliegenden Dissertation - suggeriert, daß damit ein neues Phänomen bezeichnet werden soll. Wie in der Weltsystemdebatte vorgeführt, ist jedoch die historische Herausbildung zumindest des kapitalistischen Städtesystems von Beginn an eine internationale Erscheinung gewesen. In der Folge von Wallerstein, Amin und Frank argumentiert so beispielsweise Chase-Dunn (1985), daß Imperialismus und die kapitalistische Weltökonomie mindestens seit dem "langen sechzehnten Jahrhundert" (1450-1640) bestanden. Er betont die langfristige Tendenz der Globalisierung des Städtesystems als Teil einer generellen langfristigen Internationalisierung des Kapitals und des Wachstums der Arbeitsproduktivität. Städte waren dieser Auffassung nach schon immer von nationalen und internationalen Entwicklungen betroffen.

Eine grundlegende Prämisse der Weltsystemtheorie ist die These, daß die Weltökonomie auf einer räumlichen Hierarchisierung aufbaut (Wallerstein, 1986: 8). Der Raum selbst hat dabei eine zentrale Funktion, denn Stagnationen und Krisen des kapitalistischen Systems führten historisch zur Ausweitung der Grenzen der Weltökonomie, zur Kapitalisierung des ganzen Globus und zur Proletarisierung von Millionen (cf. Wallerstein, 1986: 11f.). Der Kapitalismus, dessen räumliche Ausbreitung von einer inhärenten Ungleichheit geprägt ist, überlebt periodisch und säkular durch jenen rämlichen Reparaturmechanismus, den Harvey "*spatial fix*" nennt (Harvey, 1982). Dieser Gedanke der räumlichen Regulation von Überproduktionskrisen ist seit Marxens Behandlung der "ursprünglichen Akkumulation" Teil der Kapitalismusanalyse. Historisch war dabei die Integration von Orten auf dem Globus in die kapitalistische Weltökonomie gleichbedeutend mit deren Unterwerfung unter die produktiven Notwendigkeiten des jeweils hegemonialen Systems der Zeit (cf. Harvey, 1985c). Diese Hineinziehung von vorkapitalistischen Nationen, Städten und Gemeinden - die in einer ganzen Reihe von kruden bis subtilen Versionen des Imperialismus stattfand und -findet, beruht(e) jedoch in vielen Fällen auf dem "Rückgriff des weltweit operierenden Kapitals auf die exzessive Ausbeutung 'nichtproletarischer' Lohnarbeit, d.h. die (sic!) Bezahlung der (oft weiblichen) Arbeitskräfte unter ihrem Reproduktionsniveau unter Ausnutzung noch vorhandener Formen von Subsistenzproduktion", was die These zu bestätigen scheint, "daß der Kapitalismus im Weltmaßstab strukturell auf das Vorhandensein nichtkapitalistischer ökonomischer und sozialer Strukturen angewiesen ist" (Hirsch/Roth, 1986).

Bis heute ist dabei die Herstellung der imperialistischen Hierarchien ein weites und differenziertes "Feld", das Lipietz als "fast ein Kontinuum von Situationen, lokalen Systemen und Einfügungsweisen (modes of insertion) in die Weltökonomie" bezeichnet hat (Lipietz, 1984: 94). In räumlicher Hinsicht bedeutet dies, daß die äußeren Grenzen des Kapitalismus das Gebiet umreißen, in dem sich eine hierarchisch geordnete Arbeitsteilung reproduziert, die auf der Maximierung von Kapital beruht. Dies geschieht durch eine Interaktion zwischen ökonomischen Netzwerken und Machtverhältnissen (vgl. Sokolovsky, 1985: 42). Inkorporierung bedeutete jedoch mehr als nur die Anwendung blanker Gewalt. Ausplündern alleine war auf die Dauer nicht ausreichend. Die lebenslange Proletarisierung der Arbeitskraft, die Industrialisierung und die Integration von Märkten waren schwierigere Aufgaben (Sokolovsky, 1985: 49). Besondere Aufmerksamkeit mußte der Etablierung eines globalen Marktes für Arbeitskraft gewidmet werden - in all seinen aufeinander folgenden und konkurrenten Formen von der Sklaverei zur Lohnarbeit (Potts, 1988). Obwohl durch die jüngere Diskussion um "Weltmarktfabriken" und "neue internationale Arbeitsteilung" aktualisiert, ist dabei davon auszugehen, daß der Weltmarkt für Arbeitskraft "nicht erst mit den Arbeitsmigrationen der Gegenwart, sondern bereits Jahrhunderte zuvor <beginnt>. Transfers lebendiger Arbeit in erheblichem Umfang und über weite Entfernungen gibt es seit dem Ende des 15.Jahrhunderts" (Potts, 1988: 17). Die konzeptionelle Trennung in Kerngebiete und Peripherien von Arbeitsmärkten wurde dabei in letzter Zeit zum Gegenstand heftiger Kritik und partieller Revision, als deutlich wurde, daß die Herstellung des Weltmarktes für Arbeitskraft zwar auf differentiellen Dynamiken beruht, räumliche Differenzierungen jedoch zu wandeln beginnen (Portes/Walton, 1981; Portes/Sassen-Koob, 1987).

Die Migration von Arbeitskräften und das Wachstum der Kapitalmobilität sind verschränkte Prozesse. Meist werden sie jedoch, da sie sozial getrennte Komplexe und zwei unterschiedliche Kreisläufe im Akkumulationsprozeß darstellen, als nicht miteinander verbunden gesehen (Sassen-Koob, 1985: 233). Komplementär zur weltweiten Verfügbarkeit von Arbeitskraft verläuft also die Globalisierung des Kapitals. Das Kapital entwickelt eine beschleunigte sowie qualitativ unterschiedliche Mobilität in einem globalen Kontext. Diese globale Mobilisierung führt schließlich dazu, daß sich der Kapitalismus als globales System von Produktion und Austausch etablieren kann (Trachte/Ross, 1985: 194). Internationalisierung bedeutet hier, daß das Kapital die Vorteile der international günstigsten Standorte für die Produktion, das Management und die Kontrolle von Märkten für sich nutzbar macht (Castells/Henderson, 1987: 4). Es bewegt sich um den Globus nach Maßgabe der Profitmaximierung, die es zur geographischen Logik seiner Verräumlichung verwandelt. Während es auf dieser Suche nach den historisch-geographischen Bedingungen des Maximalprofits aufgrund seiner gestiegenen Mobilität weltweit Orte und Nationen auswählen kann wie Waren in einem Supermarkt, muß es jedoch andererseits auf Prozesse Rücksicht nehmen, die diese Bedingungen des höchstmöglichen Profits erst herstellen. Als Faustregel scheint zu gelten, daß ausländische Investoren ihre lokalen und regionalen Standortentscheidungen größtenteils auf die Verfügbarkeit und den Ausbildungsgrad der Arbeitskraft, die Nähe zu (Flug)Hafenanlagen und Absatzmärkten, das Vorhandensein von Investitionsanreizen und die fiskalische Stabilität von regionalen und lokalen Regierungen gründen (Sassen-Koob, 1987b: 78). Die globale Suche des "bodenlosen Kapitals" ("_footlose capital_") nach Standorten setzt eine Konkurrenz von Städten und Regionen um diese Investitionen in Gang, die durch die öffentlichen Politiken zur Verbesserung von Investitionsbedingungen beeinflußt werden. Dabei hat sich gezeigt, daß solche Politiken, die die Standortwahl durch finanzielle Anreize für die internationalen Unternehmen zu begünstigen beabsichtigen, nicht so wirkungsvoll sind wie diejenigen, die die Beziehungen von Kapital und Arbeit regulieren (Ross, 1983: 155; Ross/Shakow/Susman, 1980: 11f.). Während die Auffassung vorzuherrschen scheint, daß derartige regulative Politiken vor allem auf der nationalen Ebene wirksam werden (vgl. Ross, 1983: 156), gibt es auch wachsende Anzeichen dafür, daß lokale Unterschiede in der politischen Praxis und institutionellen Struktur von Bedeutung sind.

Gebiete werden _historisch_ in das kapitalistische Weltsystem integriert, indem sie _geographisch_ zum Teil einer komplexen Staatsstruktur gemacht werden, so daß von außen Druck auf die Produktion auf der lokalen Ebene ausgeübt werden kann. (Sokolovsky, 1985: 42). Daher ist der politische Prozeß für die weltweite Ausbeutbarkeit der Arbeitskraft und der natürlichen Ressourcen an bestimmten Orten von zentraler Bedeutung. Die Mehrzahl der Arbeiten zur Weltsystemtheorie und zur Geschichte und Geographie des Imperialismus betont die Bedeutung des Nationalstaates für den Prozeß der Inkorporierung - in erster Linie des metropolitanen Staates und erst in zweiter Hinsicht des peripheren Staates. Die Herstellung von "Herrschaft und Kontrolle auf dem Weltmarkt für Arbeitskraft" erweist sich dabei als ein Prozeß, in dem Konflikte zwischen den "kurzfristigen Interessen des Kapitals und den längerfristigen des Staates" durchaus an der Tagesordnung sind (Potts, 1988: 250-256). Es finden sich jedoch auch triftige Anhaltspunkte für die Vorstellung, daß die Stadt als Einheit der Inkorporierung angesehen werden kann, und daß der lokale Staat sich auf der Basis einer "strukturierten Kohärenz" konstituiert, die diese städtischen Gegenden und die ihnen innewohnenden Prozesse der lokalen Klassenformation repräsentieren (cf. Harvey, 1985a; 1985b; Sokolovsky, 1985: 51). In diesem Sinn schließt die Expansion des Kapitalismus in Zeit und Raum die Nutzung des Städtischen als Produktivkraft und des lokalen Staates als Wächter dieses Arrangements ein.

In jüngerer Zeit werden immer häufiger die hier skizzierten, grundlegenden Verhältnisse der Ausbreitung des Kapitalismus in geschichtlichem und geographischem Sinn durch neue Einschätzungen ergänzt und in Frage gestellt. Das wichtigste neue Konzept, das aus der historisch-geographischen Revision der Weltsystemtheorie und der Entwicklungstheorie gewonnen wurde, ist, daß der Kapitalismus in einer breiten Welle "innerer Kolonisation" begonnen hat, seinen Kern zu peripherisieren (vgl. Sassen-Koob, 1984a). Wiederum wurden die städtischen Zentren - in manchen Fällen auch Regionen (cf. R. Ross, 1988) - als Schlüssel zu dieser Entwicklung des invertierten Imperialismus angesehen.1 Die Krise des Weltkapitalismus in den siebziger Jahren hat zu einer dramatischen Senkung der Löhne und Lebensstandards der ArbeiterInnen in Städten und Regionen geführt, die bisher zum metropolitanen Kern gerechnet worden waren. In einem kontrovers diskutierten Artikel über die Untergrundökonomie in Kernländern forderten Portes und Sassen (1987) herkömmliche Vorstellungen von Kern-Rand-Beziehungen heraus, indem sie die wachsende Bedeutung nachwiesen, die Niedriglohnarbeit in den Bäuchen der imperialistischen "Bestien der Apokalypse" (Lipietz, 1984) selbst erhalten hat. Typischer Ort, an dem die Peripherisierung des Zentrums ihre Ausprägung erhält, ist die "*Global City*" oder "*World City*".

Allgemein werden gegenwärtig ein höherer Grad der Zentralisierung und der Internationalisierung von Kapital und eine Vertiefung der kapitalistischen Mechanismen der ungleichen Entwicklung festgestellt. Insbesondere dem Auftauchen von "transnationalem Finanzkapital", das auf den immer enger geknüpf-

---

1   Vgl. die Arbeiten von Saskia Sassen (1984 a,b; 1985; 1986, 1987a,b; 1988; mit Portes 1987), Alejandro Portes (1985) sowie Kent Trachte und Robert Ross (1983, 1985)

ten Verbindungen zwischen multinationalen Gesellschaften und transnationalen Banken gründet, wird große Bedeutung beigemessen (Andreff, 1984: 58). Während gewöhnlich von der Internationalisierung von Banken- und Produktionskapital die Rede ist, spielt jedoch auch die Globalisierung des Handelskapitals eine zunehmend wichtige Rolle. Für die Verteilung und Hierarchisierung des Kapitals dienen sogenannte "Finanzzentren" als Netzknoten des internationalen Geldverkehrs (Thrift, 1987). Diese sind die eigentlichen "Zitadellen" von Welt-Städten (vgl. Friedmann/Wolff, 1982).[2]

In ihrer Theorie des Kapitalismus als "System der globalen Produktion" kritisieren Ross und Trachte (1983: 400) die Annahmen der Weltsystemtheorie, in den Kernländern seien periphere gesellschaftliche und Arbeitsmarktsegmente bedeutungslos. Sie argumentieren vielmehr, daß innerhalb eines Nationalstaates mit Kernstatus subnationale, regionale oder städtische Differenzierungen existieren können. Gleichsam nehmen die Autoren an, daß sich in einem Land verschiedene Formen des Kapitalismus - Wettbewerbs-, Monopol- oder globaler Kapitalismus - artikulieren können. Während vor allem in den Wettbewerbssektoren der Kern-Städte ein peripherer Sektor weiterbesteht oder neu entsteht, erreichen auch neue globale oder Monopolsektoren wie die Hochtechnologieindustrie peripherisierten Status in Teilen ihrer Kernproduktion und angelagerten Produktionsdiensten. Sowohl in der Produktion von Kernnationen, wo die zunehmende Einwanderung aus der Dritten Welt periphere Exploitationsraten "zuhause" ermöglicht, als auch in der Reproduktion - wo ein Rückzug hinter das "sozialdemokratische Minimum" (Katznelson) stattfindet, werden die üblichen Standards der Kernökonomie auf breiter Front unterschritten (Ross/Trachte, 1983: 405-407). Ein empirisch wahrscheinliches, jedoch nicht selbstverständliches Resultat der Entstehung des globalen Kapitalismus ist nicht nur die *Peripherisierung* des Zentrums, sondern auch dessen

---

2 Lash und Urry (1987: 5) behaupten, daß vom Standpunkt nationaler Märkte jedoch von einer effektiven Dekonzentration von Kapital auszugehen sei, die von der Tendenz zur Trennung von Banken und Industrie und vom Niedergang der Kartelle begleitet werde. Es findet eine Aufhebung der im "organisierten" Kapitalismus existenten starren Entmischung der Kapitalgruppen und daraufhin eine folgenschwere politische Verschiebung statt. Anstelle des integrierten Kapitalkreislaufs des Finanzkapitalismus sehen die Autoren nun die Entstehung eines separaten Geldkapitalkreislaufs, der eben nicht mehr an die nationale Währung gebunden ist. Banken- und Industriekapitalkreisläufe einzelner Nationen werden in unterschiedlichen Rhythmen internationalisiert. Die Grenzen zwischen den Sektoren werden durchlässig. Die Balance der gesellschaftlichen Profite verschiebt sich dabei im Internationalisierungsprozeß, der der "Desorganisation" zu Grunde liegt, erheblich. In den USA waren die Profitanteile von produktivem und zirkulierendem Kapital (hier nennen Lash und Urry Finanz, Handel, Grundrente, Öl und Kohle, Transport, Kommunikation und Dienstleistungen) Mitte der sechziger Jahre noch etwa gleich. 1982 aber hatte sich der Anteil des produktiven Kapitals auf ein Viertel seines ursprünglichen Teils reduziert, während das zirkulierende Kapital seinen Anteil um 60 Prozent steigern konnte (1987: 208).

Internationalisierung. Denn, auch wenn die Krise der siebziger Jahre die Standards der Löhne und des Konsums - wie auch des Widerstands der ArbeiterInnen - weitestgehend unterhöhlt hatte, ermöglichte erst der massenhafte Import von "billiger Arbeitskraft" aus der Dritten Welt die Festigung der neuen peripherisierten Ökonomie in den Metropolen.

Die Bewegung von Kapital und Arbeitskräften in die internationalisierten metropolitanen Zentren wird durch einen schon bestehenden Weltmarkt für Arbeitskraft und die verbesserte Mobilität des Kapitals erleichtert (Potts, 1988; Thrift, 1987). Für diese städtischen Zentren bedeutet "globale Restrukturierung", daß sie eine Neuzusammensetzung von fixem und variablem Kapital hinnehmen müssen, ein Prozeß, in dem die bauliche Umwelt ganzer städtischer Gemeinden beseitigt und ganze Segmente der Arbeiterklasse eliminiert werden. Wie Aderlaß und Transfusion bringen zwei gegenläufige Kapitalströme - einer in die Stadtregion hinein und einer aus der Stadtregion heraus - den gemischten Segen der De- und Reindustrialisierung in die industriellen Kerngebiete der kapitalistischen Hauptländer (Ross/Trachte, 1983; Bluestone/Harrison, 1982; Soja/Morales/ Wolff, 1983).

Es ist inzwischen hinlänglich bekannt, daß zwischen der Expansion individueller multi- oder transnationaler Gesellschaften und der Globalisierung des Kapitalismus eine Verbindung besteht (vgl. Esser 1992, O'Connor 1992). Es wird gesagt, die Transnationalisierung des Kapitals sei eine äußerst junge Dimension der Entwicklung, die mit der Herausbildung internationaler Konzerne einhergehe. Douglass behauptet in diesem Sinn, daß transnationale Gesellschaften die "Schlüsselagenten im Transnationalisierungsprozeß" seien (Douglass, 1988). Hirsch und Roth (1986: 85) nennen die multinationalen Konzerne "Basis und Agenten" der transnationalen Organisation der Produktion. Hill geht noch weiter, wenn er argumentiert, daß die neue internationale Arbeitsteilung "der internen Organisation des transnationalen Konzerns" entspricht (1983: 10). Die Organisationsforschung hat gleichlautende Behauptungen in bezug auf den Entscheidungsprozeß bei Kapitalinvestitionen gemacht. Palmer und Friedland (1987) sehen beispielsweise die neue Geographie des internationalen Kapitalismus als Produkt von Entscheidungen, die in den Direktionsetagen gigantischer Konzerne gefällt werden.

Obwohl sich in solchen Darstellungen populäre Bilder von der Allgewalt der Multis mit empirisch nachgeprüften Fakten zu einem überzeugenden Modell zu verbinden scheinen, muß eingewandt werden, daß die Geschichte der globalen Urbanisierung, resp. die Geschichte der Globalisierung der Städte, nach einem komplexeren Muster verläuft, als hier unterstellt wird. Zwar ist es z.B. durchaus richtig, daß die Multis die herausragendsten Investoren etwa in den produktiven Sektor der USA sind (vgl. Sassen-Koob, 1987b:78), es wäre je-

17

doc irreführend, den Internationalisierungsprozeß lediglich als Konzentrationsprozeß allgewaltiger multinationaler Konzerne zu definieren, in dem wenig Bewegungsspielraum für andere Akteure bliebe. Eine Definition des globalen Kapitals als dem konkreten Kollektiv der transnationalen Gesellschaften (vgl. Soja/Morales/Wolff, 1983:200) wirft mehr Fragen auf, als sie beantwortet. Ein solcher kollektiver Akteur ist nur eine Abstraktion.

Lipietz führt gegenüber einem "pessimistischen Funktionalismus", der annimmt, daß sich multinationale Gesellschaften und transnationale Banken ungestört und unterschiedslos die Erde untertan machen,[3] ins Feld: "Die Entwicklung des Kapitalismus in jedem Land ist vor allem das Resultat interner Klassenkämpfe, die zu Akkumulationsregimes führen, welche von einigen Formen der Regulation verstärkt werden, die vom lokalen Staat gestützt werden"(1984: 89). Keinesfalls stellt sich die neue Geographie des internationalen Kapitalismus als Auswuchs lediglich einseitiger "globaler" Kräfte her, schon gar nicht in der Form konturenloser, abstrakt agierender multi- oder transnationaler Konzerne.[4] Vielmehr muß sich die globale Perspektive multinationaler Firmen in einer ganzen Reihe von Orten als mit lokalen Umständen vereinbar erweisen (Harvey, 1982: 422f.). Schließlich ist daher die Internationalisierung des Kapitals nicht ohne ihre geographische Dimension verständlich: Räumliche Differenzierungen haben nicht nur phänomenologischen Charakter. Der einseitigen Sicht auf den multinationalen Konzern als sozioökonomischer Organisation ist jedoch eine nicht-räumliche Vorstellung implizit.

Die wachsende Stärke der internationalen Konzerne wirft allerdings eine andere Frage auf, die das generelle Verhältnis des Ökonomischen zum Politischen in der Ära der Internationalisierung betrifft. Lash und Urry (1987) argumentieren wie einige der oben genannten Autoren, daß die räumliche Arbeitsteilung, vormals Ergebnis der anarchischen Entscheidungsvielfalt voneinander getrennter Betriebe gewesen sei, wobei sie im gegenwärtigen "desorganisierten Kapitalismus eine größtenteils geplante Entwicklung ist, die im riesigen globalen Konzern intern stattfindet" (Lash/Urry, 1987: 90). Sie bezweifeln - angesichts derartiger Konzern-Allgewalt über Gesellschaft, Raum und Politik - generell die Kontroll- oder Organisationsfähigkeit einzelner Nationalstaaten mit Bezug auf ihre Ökonomie (1987: 196f.). Technologie wird de-territorialisiert, und Forschungsfortschritte können nur schwer regional kontrolliert und geschützt werden. Vielleicht schwerwiegender noch ist der

---

[3] Vgl. Andreff, 1984.
[4] Selbst Lash und Urry (1987: 300), die den Entstehungsprozeß des von ihnen so genannten "desorganisierten Kapitalismus" als Kombination von Prozessen sehen, die "von oben", "von unten" und "von innen" auf einzelne Nationen einwirken, sehen für die Internationalisierung letztlich nur die Richtung "von oben nach unten" vor.

18

Verlust der Kontrolle des Nationalstaates über den Handel, der zunehmend von den Multis unter sich abgewickelt und organisiert wird. Badcock hat errechnet, daß zwischen 35 und 45 Prozent des Welthandels heute intern zwischen globalen Konzernen stattfindet. Er spricht von der Etablierung einer "neuen internationalen ökonomischen Unordnung" und konstatiert "eine echte Verschiebung von einer nationalen zu einer globalen Determination von Standorten" (1984: 151ff.). Danach stellt sich die Frage der territorialen Souveränität.[5]

Die wachsende "Abhängigkeit" der amerikanischen Gesellschaft im allgemeinen und amerikanischer Städte im besonderen von der globalen Ökonomie wird als das zentrale neue Element des gegenwärtigen Internationalisierungsprozesses in den USA wahrgenommen. In vorher nicht gekanntem Ausmaß wird die lokale politische Ökonomie von den sich verändernden globalen ökonomischen Zusammenhängen geformt. Logan und Molotch (1987: 249-251) sprechen von einer neuen Abhängigkeit amerikanischer Regionen und Städte, die vorher nur Drittweltstädte erlebten; sie weisen dabei darauf hin, daß zu den transnationalen Konzernen, die an dieser Entwicklung maßgeblich beteiligt sind, neben den "ausländischen" auch die amerikanischen selbst gehören. Auch amerikanische Städte erfahren jetzt die direkte Unterordnung in einer labilen internationalisierten Hierarchie, die auf der Spezialisierung dieser Städte gründet.

Die Internationalisierung wurde bisher als Prozeß der Expansion des Kapitalismus dargestellt. Diese Ausbreitung hat gegenwärtig jedoch eine seit der globalen Krise der 70er Jahre weithin wahrgenommene Tendenz, die man als invertierten Imperialismus oder als Peripherisierung des Kerns bezeichnen kann. Der globale Kapitalisierungsprozeß war immer begleitet von Formen der politischen, i.e. staatlichen Regulation, die den globalen Trend der Internationalisierung des Kapitals in die spezifischen Bedingungen von Räumen und Orten übersetzte. Als wesentliche Problematik des internationalisierten Urbanisierungsprozesses wurde folglich die Inkorporierung von Räumen und Orten durch ihre Integration in staatliche Systeme identifiziert. Durch diesen politischen Mechanismus der Inkorporierung werden die separaten, aber funktional zusammenhängenden, parallelen und gegenläufigen Ströme von Kapital und

---

5 In den USA, gibt es seit der jüngsten Zunahme der ausländischen Investitionen eine heftig geführte öffentliche und akademische Diskussion um diese Frage. Dies wurde etwa deutlich in den Reaktionen auf die Veröffentlichung von *Selling Out* (Frantz/Collins, 1989) und *The New Competitors* (Glickman/Woodward, 1989), deren Erscheinen in zeitlicher Nähe zur Bekanntmachung neuer Zahlen zur Internationationalisierung des Landes, der Übernahme der Spitzenposition bei den ausländischen Investitionen durch die Japaner (von den Briten) (LAT, 28.6.1989, IV:1) und einer erneuten Runde antijapanischer Veröffentlichungen lag, so z.B. van Wolferen, 1988.

Arbeitskräften aus dem globalen Netzwerk des Weltkapitalismus in die Lokalitäten von Städten und Nationen geleitet. Die Räume und Orte werden in diesem Prozeß zu lokalen Dependencen der globalen Ökonomie, mehr noch: sie stellen in ihrer Gesamtheit die globale Ökonomie dar. In dieser Sicht ist tendentiell die kategoriale Trennung globaler und lokaler Dynamiken durch die Perspektive eines differentiellen Formationsprozesses der Weltwirtschaft ersetzt.

Internationalisierung und Restrukturierung: Theoretische Annäherungen

Der gewöhnliche Gebrauch des Begriffes "Internationalisierung" impliziert, daß Investitionen, Ströme von Arbeitskräften u.ä. wie Niederschläge aus dem weltumspannenden ökonomischen Himmel auf Städte und Regionen herabfallen:

Individuelle nationale Gesellschaften sind einer Reihe von "Inter-nationa-lisie-rungs-"prozessen von *oben* unterworfen worden. Darunter finden sich die Entwicklung von neuen Formen der ökonomischen Organisation - inklusive globaler Konzerne mit einer internationalen Arbeitsteilung und hohen Graden an vertikaler Desintegration; die abnehmende Unterscheidbarkeit von Firmen, die Fixprodukte für einen gegebenen (gewöhnlich) nationalen Markt (ob finanziell oder industriell) produzieren; und das Wachstum von neuen Geld- und Bankenkreisläufen, die von denen der Industrie getrennt sind und die sich buchstäblich außerhalb der Kontrolle der individuellen nationalen Wirtschaftspolitiken befinden (Lash/Urry, 1987: 300; Hervorhebung im Original).

Aber wie kommen diese Strukturen zustande? Was ist ihre physische Gestalt? Wer sind die am Prozeß beteiligten Akteure? Die Prämissen, unter denen ich vorschlage, diese Fragen zu beantworten, sind die folgenden: Internationalisierung ist *keine* einseitige Angelegenheit. Sie verläuft nicht allein in Bahnen, die in den Aufsichtsräten der multi- oder transnationalen Konzerne für sie angelegt werden. Mindestens ebenso stark wird sie von nationalen, regionalen aber auch lokalen Akteuren unterstützt, modifiziert, be- und verhindert. Die Inkorporierung von Orten und Räumen in die Weltökonomie hängt von mehr ab als von der fraglosen Akzeptanz des globalen Niederschlags.

WeltStadt-Formation, flexible Akkumulation und Postfordismus

> *World cities are the control centers of the global economy. Their status, of course, is evolving in the measure that given regions are integrated in a dominant role with the world system. The mode of world system integration (form and strength of integration; spatial dominance) will affect in determinate ways the economic, social spatial and political structure of world cities and the urbanizing processes to which they are subject.*

> John Friedmann und Goetz Wolff, 1982

> *The need for nodal points to coordinate global economic activity contributes to the emergence of world cities. To this coordinating role I add that of sites for the production of a large array of inputs and "organizational commodities" necessary for global control and coordination.*

> Saskia Sassen, 1991b

Mit der Internationalisierung der Urbanisierung entsteht ein neuer Städtetypus, der als *"World City"* oder *"Global City"* bezeichnet wird. Es entwickelt sich ein in Form und Substanz sich von früheren Phasen der Urbanisierung unterscheidender Typus von "Welt-Stadt".[6] Zum *"spatial fix"* der entstehenden postfordistischen Periode gehört die Formation des Typus der Welt-Stadt und die Internationalisierung des Hinterlandes der urbanisierten Welt.[7]

Das Konzept der Welt-Stadt ist deutlich abgesetzt von der landläufigen Vorstellung einer "Weltstadt", die sich - wie bei dem paradigmatischen Fall Paris - durch ihren kosmopolitischen Charakter auszeichnet und damit romantisierende Vorstellungen des Begriffes Urbanität hervorruft. Es ist trotz gewisser Überschneidungen von früheren Konzepten von *"World Cities"* zu unterschei-

---

[6] In Umgehung der englischen Terminologie werde ich im folgenden die Schreibweise "Welt-Stadt" für diesen Typus wählen. Der Bindestrich soll anzeigen, daß der Terminus sich von umgangssprachlichen Gebrauch des Wortes Weltstadt (wie in "Weltstadt mit Herz") oder von der Reduzierung des Begriffes auf Stadtmarketing klar abgrenzen will. "Welt-Stadt" bezeichnet ein wissenschaftliches Konzept, das einen bestimmten Typus der internationalisierten Stadt kritisch analysieren möchte.

[7] Die globalisierte Urbanisierung taucht historisch mit der Krise der fordistischen Stadt auf. *Die Welt-Stadt ist daher in weiten Bereichen identisch mit der postfordistischen Stadt.* Die Krise der nationalen Akkumulationsregimes und der amerikanischen Hegemonie schuf die Bedingungen für die Welt-Stadt-Formation. Diese ist als wesentliches Produkt der kreativen Zerstörung einer spezifischen kapitalistischen Formation im Raum zu begreifen. Geschichtsübergreifende Welt-Stadt-Begriffe, wie von Chase-Dunn (1985) vertreten, haben daher eine Unschärfe für die Analyse der gegenwärtigen Phase der Welt-Stadt-Formation.

den.[8] So schreibt Peter Hall den Begriff der "*World City*" in seiner ursprünglichen Konzeption dem schottischen Stadtforscher Patrick Geddes zu (vgl. Geddes, 1915; Hall, 1966: 7).[9] In einer technologisch-ökonomistischen Definition des Urbanisierungsprozesses identifiziert Hall selbst drei Hauptkräfte hinter dem metropolitanen Wachstum, das schließlich die "*World City*" hervorbringe: 1) das Bevölkerungswachstum; 2) Landflucht, Verstädterung und Industrialisierung und 3) die Konzentration der Urbanisierung in wenigen gigantischen Zentren, unter ihnen die "*World Cities*" (1966: 11f.). Große Bevölkerungsagglomeration ist jedoch für die Bezeichnung "*World City*" alleine nicht ausreichend:

Anhand welcher Charakteristika unterscheiden wir die Welt-Städte von anderen großen kulturellen Bevölkerungs- und Wohlstandszentren? Zunächst sind sie gewöhnlich die Hauptzentren der politischen Macht. Sie sind die Sitze der mächtigsten nationalen Regierungen und manchmal auch von internationalen Behörden; Regierungen aller Art. Um sie herum versammelt sich eine Menge von Institutionen, deren Hauptgeschäft mit den Regierungen stattfindet; die großen Berufsverbände, die Gewerkschaften, die Arbeitgeberverbände, die Zentralen großer industrieller Konzerne.
Diese Städte sind nicht nur Zentren der Regierung sondern auch des Handels. Charakteristischerweise sind sie große Häfen, die importierte Güter in alle Teile ihrer Länder verteilen, und umgekehrt erhalten sie Güter für den Export in andere Nationen der Welt.... Die Welt-Städte sind die Orte, wo man die großen internationalen Flughäfen findet....Traditionell sind die Welt-Städte die führenden Bank- und Finanzzentren ihrer Länder. Hier sind die Zentralbanken angesiedelt, die Zentralen der Handelsbanken, die Büros der großen Versicherungen und ganze Serien von spezialisierten Finanz- und Versicherungsagenturen (Hall, 1966: 7).

Hier spiegelt sich die Vorstellung der "*World City*" als eines *nationalen* Zentrums, in dem die internationalen Einflüsse nur "zum nationalen Hausgebrauch" gebündelt werden. Die "*World City*" in Halls früher Charakterisierung ist daher eigentlich die fordistische Stadt und noch nicht die städtische Form des "globalen Kapitalismus" (Trachte/Ross, 1985), dessen paradigmatischer Verstädterungstypus die durchgängig internationalisierte Stadt ist.
Charakteristischerweise taucht eine nächste Generation von Konzepten der Welt-Stadt seit Beginn der achtziger Jahre in der Literatur auf. Beeinflußt

---

8   Um Mißverständnissen vorzubeugen, sei gesagt, daß der Begriff der Welt-Stadt an diesem Punkt auch nichts mit dem zu tun hat, was Lefèbvre darunter verstand: "Wir sind auf den Begriff der 'Weltstadt' gestoßen, den ihm allgemeinen dem Maoismus, wenn nicht gar Mao Tse-tung selbst zugeschrieben wird. Dieser Begriff kann nur mit Vorbehalten benutzt werden. Er extrapoliert den Begriff und das klassische Bild der Stadt: - politisches Verwaltungszentrum, Zentrum des Schutzes, der Ausbeutung eines weitläufigen Landgebietes - auf Weltebene" (Lefèbvre, 1972: 179).
9   Ich benutze für diesen Abschnitt die Originalausgabe von Halls Buch, das inzwischen in der dritten Auflage (1984) erschienen ist, da sich in der jüngsten Überarbeitung nichts wesentliches an seiner Definition der "*World Cities*" geändert hat. Daran änderte auch der erweiterte Kreis der Fallstudien wenig.

durch die Weltsystemtheorie, die Erforschung der Urbanisierung in der Dritten Welt und die diversen Vorstellungen von Langen Wellen in der kapitalistischen Entwicklung bilden sich verschiedene Modelle der Welt-Stadt-Formation aus. Aufbauend auf Halls Darlegungen und die bahnbrechenden Arbeiten von Stephen Hymer (1979) machte Cohen 1981 den Vorstoß zu einer Definition der "*Global City*", in deren Mittelpunkt der Internationalisierungsprozeß der kapitalistischen Ökonomie steht.

Änderungen im Konzern und in der Struktur der fortgeschrittenen Produktionsdienste *haben zur Entstehung einer Serie von Globalstädten geführt*, die als internationale Zentren für Geschäftsentscheidungen und die Formulierung von Konzernstrategien dienen. In einem weiter gefaßten Sinn sind diese Orte als Städte für die Koordination und Kontrolle der N(euen) I(nternationalen) A(rbeitsteilung) entstanden (Cohen, 1981: 300, Hervorh. von mir, R.K.).

Nach Cohens Definition werden folglich die tatsächlichen Internationalisierungsprozesse zur *Grundlage* der Entwicklung von "*Global Cities*". Die Anbindung der Stadtenwicklung an die einseitigen Bedürfnisse multinationaler Unternehmen stellt jedoch eine ökonomistische Reduktion des Formationsprozesses der Welt-Stadt insgesamt dar, der aus einer Reihe von ökonomischen, sozialen, räumlichen und nicht zuletzt politischen Vorgängen besteht. Cohen nimmt zudem nur auf jene Funktion der Globalstadt Bezug, die Friedmann und Wolff (1982) die "Zitadelle" genannt haben, während die Schaffung des "Gettos" übersehen wird.[10]

Es mußte also ein umfassenderes Modell entwickelt werden, das insbesondere die Soziologie, die Geographie und schließlich die Politik des neu identifizierten Stadttypus einbezieht. Den Rahmen für dieses Unternehmen steckten Friedmann und Wolff (1982) ab. Den etwa dreißig Weltstädten, die die Autoren auf dem Globus identifizieren, ist gemeinsam, Entscheidungszentren und Kontrollpunkte der restrukturierten globalen Ökonomie zu sein (vgl. Abbildung. 1). Darüber hinaus unterscheiden sie sich allerdings in ihren jeweils spezifischen Funktionen. Diese funktionale Arbeitsteilung schafft eine Hierarchie innerhalb des internationalen Städtesystems. Während die Gemeinsamkeiten dieser Städte von den - untereinander arbeitsteilig gegliederten - Kopffunktionen im Raumsystem des internationalen Kapitalismus herrühren, hat die Diversität ihre Wurzeln im speziellen Charakter ihrer Integration in die

---

10 Selbstverständlich gibt es trotz der großen Überlappungen der Konzepte "*global city*" oder "*world city*" die Tendenz, daß diejenigen, die "*global city*" verwenden, sich eher mit der eigentlichen Zitadelle der Produktionsdienste und Finanzwirtschaft innerhalb "*world cities*" beschäftigen (vgl. Sassen, 1991a,b); diejenigen, die sich mehr mit den sozialräumlichen Widerspüchen und sozialen und politischen Prozessen der gesamten Stadt befassen, wählen den Begriff "*world city*" (z.B. Keil, 1991a, Friedmann, 1986). Viele AutorInnen verwenden jedoch beide Begriffe und diese oft austauschbar.

Weltökonomie sowie ihrer jeweiligen Geschichte und dem (nationalen) Kontext der Urbanisierung, dem sie vor der Internationalisierung unterlagen (vgl. Friedmann, 1986: 69-72).Die *Rolle* einer Welt-Stadt innerhalb der weltökonomischen Teilung der Arbeit ist von entscheidender Relevanz für die Ausformung ihrer *inneren Struktur*. Es ist jedoch hinzuzufügen, daß sich diese Beziehung in vielfacher Hinsicht umkehren läßt: die Struktur, Geschichte, Räumlichkeit, politische Situation etc. in einer Welt-Stadt beeinflußt oder bestimmt ihre Einordnung in die globale Arbeitsteilung. Die sozialen und räumlichen Verhältnisse der Welt-Stadt werden in der Regel als polarisiert dargestellt. Das für Friedmann und Wolff zentrale Bild der "Zitadelle" und des "Gettos" bezeichnet zum Beispiel zwei verschiedene, aber korrelierte Aspekte der sozialen Räumlichkeit der Welt-Stadt: "<Welt-Städte> sind luxuriöse, prächtige Städte, deren Pracht selbst die Armut verdeckt, auf der dieser Wohlstand basiert. Die Gegenüberstellung ist nicht nur räumlich, sie ist eine funktionale Beziehung: Reich und Arm definieren einander" (1982: 319).

Die Welt-Stadt-Formation ist laut der "*world city hypothesis*" integraler Bestandteil einer neuen Arbeitsteilung, die auf der Internationalisierung der Produktion, des Kapitals, der Arbeitsmärkte und des Handels beruht. Ausgehend von der Analyse bei Friedmann und Wolff sowie der Weltsystemdebatte (Timberlake, 1985) haben Rodriguez und Feagin (1986: 188) das Konzept der "städtischen Spezialisierung" vom nationalen Rahmen der traditionellen Stadtforschung auf diese neue Realität übertragen. Städte entwickeln eine speziali-

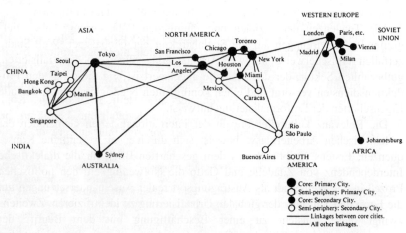

Abbildung 1.1: Welt-Stadt-Netz (Quelle: Friedmann, 1986)

sierte ökonomische Aktivität und eine ihr korrespondierende Sozialstruktur als Konsequenz ihrer Beziehungen zu anderen Städten und Regionen im kapitalistischen Weltsystem. Für die Welt-Städte ergibt sich daraus folgendes (vgl. Friedmann, 1986):

1. Die spezifischen Funktionen einer gegebenen Welt-Stadt im internationalen Kontext formen direkt deren interne Struktur, ihr besonderes System der Produktion. Umgekehrt gilt jedoch, daß die interne Struktur der Stadt ihre spezifische Funktion im internationalen Städtesystem prägt.

2. Diese Städte sind Zentren der Kapitalakkumulation und Knotenpunkte in den Netzwerken der globalen Kapitalflüsse.

3. Die Globalstädte werden mehr oder weniger demographisch internationalisiert. Ihre "Unterklasse" - präziser ihre flexibilisierte Arbeiterklasse - besteht typischerweise aus Einwanderern, die als ein großes Reservoir an Niedriglohnarbeitskräften fungieren. Die Welt- Städte sind Motoren der Internationalisierung, insofern sie Magnete für Einwanderung und Kapitalinvestitionen sind, aber auch insofern aus ihren Zitadellen heraus die Unterwerfung anderer Orte und Regionen auf dem Globus geplant und exekutiert wird. Sowohl externer Imperialismus als auch interne Kolonisierung (auch der immigrierten Bevölkerung) sind das Hauptgeschäft der Welt-Stadt.

4. Im Zusammenhang mit dieser Funktion steht die Rolle von Welt-Städten als Umschlagplätzen im Welthandel. Als Kreuzungspunkte im internationalen Verkehrsnetz mit Weltflughäfen und in der Regel Anschluß an Seehäfen attrahieren sie die menschlichen, physischen und informationellen Ströme der neuen weltweiten Ökonomie und konzentrieren sie lokal. Die physische Infrastruktur des Transports von Waren, Arbeitskräften und Informationen wird daher auch zur politisch sensiblen Bruchstelle jeder Welt- Stadt-Formation.

5. Die Tendenzen der sozialen und räumlichen Polarisierung, haben tiefgreifende Auswirkungen auf die Sozialstruktur der Globalstadt. Welt-Städte zerfallen typischerweise in zwei Arbeitsmärkte, einen hochspezialisierten, gutbezahlten Sektor, der der Zitadelle angelagert ist und diese mit den Produktionsdiensten versorgt und einen kontingenten Niedriglohnsektor, der alle Eigenschaften der Entformalisierung aufweist.

6. Die Relevanz kultureller Praxen der internationalisierten Gemeinden der weltstädtischen Arbeiterklasse beweist sich durch zwei wesentliche Konsequenzen: Erstens ergibt sich aus dem geschärften Blick für die dialektische Interdependenz von Zitadelle und Getto die Notwendigkeit, den politischen Prozeß in der Welt-Stadt als Austragungsort realer Auseinandersetzungen um die Form und Substanz der globalen Urbanisierung zu identifizieren. Zweitens zwingt diese Einsicht zu einer Beschäftigung mit dem Begriff der "communities", der städtischen Gemeinden, die an diesem Prozeß beteiligt

25

sind. Die Welt-Stadt ist, wie Ross und Trachte feststellen, der Ort, an dem "globale Klassen" und "globales Kapital" aufeinandertreffen (Ross/Trachte, 1983). Obwohl ein gewisser Teil dieser Konfrontation aufgrund der Struktur der internationalen Ökonomie, der überstädtischen Machstrukturen und der strukturellen Vorteile für das Kapital in einem globalisierten Kapitalismus ohne Grenzen und Kontrollen bereits vorentschieden ist, wächst die Welt-Stadt in die Rolle des Schlachtfeldes, auf dem die Spezifika der neuen Periode ausgekämpft werden.

7. Schließlich bedeutet die Polarisierung der Raum- und Sozialstruktur der Welt-Stadt, daß die Notwendigkeit der Befriedigung der sozialen Bedürfnisse ihrer internationalisierten Bevölkerung im Getto größer werden, wodurch die fiskalischen Möglichkeiten des lokalen Staates gesprengt werden (Friedmann, 1986: 77).

Während einerseits nicht alle Aspekte der "Welt-Stadt" in jeder internationalisierten Metropole anzutreffen sind, sind andererseits viele der von Friedmann und Wolff beschriebenen Auswirkungen auch in Städten anderer Kategorien und Größen und auf dem "flachen Land" festzustellen.[11] Insbesondere in peripheren Gebieten großer Zentren und in Grenzregionen finden derzeit Internationalisierungsschübe statt, die zu neuen Subzentren und nodalen Konzentrationen führen (Keil/Ronneberger 1991, Keil 1992, Hitz, Schmid, Wolff 1993). Global induzierte Restrukturierung findet in jedem geographischen Ortstypus statt. Dieser Prozeß tendiert jedoch nicht dahin, die Unterschiede zwischen den verschiedenen Orten aufzuheben, sondern ihnen eine neue Bedeutung für die Lokalisierung der globalen Kräfte zuzuweisen. Jeder Ort der Erde ist nun mit der Dynamik des internationalisierten Kapitals konfrontiert. Die lokalen Konsequenzen dieser Konfrontation können dabei so verschieden sein, wie es ihre Voraussetzungen sind. Um die allgemeinen Bedingungen der Welt-Stadt-Formation besser verstehen zu können, müssen sie in den Kontakt aktueller gesellschaftlicher Veränderungen gestellt werden, die durch die Restrukturierung des Fordismus und die Herausbildung eines Regimes der flexiblen Akkumulation hervorgerufen werden.

---

[11] "Welt-Stadt-Formation" bleibt hier jedoch der Bezeichnung der eigentlichen Entstehung des Typs, nicht jedoch des generellen internationalisierten Urbanisierungsprozesses vorbehalten. An dieser einseitigen Betonung des Städtetyps über den Urbanisierungstyp liegt es wohl, daß die Welt-Stadt-Hypothese fast zehn Jahre nach ihrer Formulierung in einem ambitionierten Arbeitsprogramm (Friedmann/Wolff, 1982) relativ wenige konkrete Studien und theoretische Stellungnahmen außerhalb der Mega-Metropolen nach sich gezogen hat (z.B. Smith/Feagin, 1987; King, 1990, Sassen, 1990, wenn auch mit eigenständiger Forschungslogik). In der Diskussion in der BRD hat die Welt-Stadt-Hypothese fast keine Wirkung gezeigt. Erste Ansätze für eine Verwendung des Welt-Stadt-Theorems für den deutschen Sprachraum finden sich bei Lieser/Keil, 1988; Keil/Lieser, 1992; vgl. auch Borst, et.al., 1990; Brake, 1988; Krätke, 1991).

Core Countries		Semi-peripheral Countries	
Primary	Secondary	Primary	Secondary
London* I	Brussels*III		
Paris* II	Milan III		
Rotterdam III	Vienna* III		
Frankfurt III	Madrid* III		
Zürich III			Johannesburg III
New York I	Toronto III	Sao Paulo I	Buenos Aires* I
Chicago II	Miami III		Rio de Janeiro I
Los Angeles I	Houston III		Caraca* III
	San Francisco III		Mexico City* I
Tokyo* I	Sydney III	Singapore* III	Hong Kong II
			Taipei* III
			Manila* II
			Bangkok* II
			Seoul* II

* National Capital.
Population size categories (recent estimates, referring to metro-region):
I: 10-20 million; II: 5-10 million; III: 1-5 million.

Tabelle 1.1: Welt-Stadt-Hierarchie (Quelle: Friedmann, 1986)

Die Restrukturierung des Fordismus

> Die postfordistische Urbanität beruht alles in allem auf einer "organisierten Mobilisierung des Territoriums". Sie kann auch in der Form einer Metropolisierung auftreten, aber hauptsächlich besteht sie aus gegliederten Netzen kleinerer lokaler Produktionssysteme, die ihrerseits gut organisiert sind.
>
> Alain Lipietz, 1991

Die Restrukturierung der Städte unter dem Druck der Internationalisierung des Kapitals steht in unmittelbarem Zusammenhang mit der säkularen Veränderung der Struktur und des Erscheinungsbildes des Kapitalismus. Aus der Krise der fordistischen Nachkriegsformation entsteht ein Kapitalismus mit neuem Gesicht (Hirsch/Roth, 1986). Im Kontext der Entwicklung kapitalistischer Gesellschaften von der - jeweils national unterschiedlich ausgeprägten - fordistischen zur post-fordistischen Formation restrukturiert sich die bauliche und die soziale Umwelt der Städte.

Flexibilisierung

Michael Piores und Charles Sabels Buch *The Second Industrial Divide* (1984) eröffnete eine bis heute nicht verstummte Debatte über das "Ende der Massenproduktion" (so der irreführende Titel der deutschen Ausgabe ihres Buches). Das Modell, das auf dem Gebrauch von produktspezifischen Spezialmaschinen und halbausgebildeten ArbeiterInnen zur Produktion von standardisierten Gütern diente, zeigte sich nach Auffassung der Autoren als historisch überholt (Piore/Sabel, 1984: 4). Im Gegensatz zu denen, die in dieser Entwicklung die Umkehr eines bis dato als vorherbestimmt und schicksalhaft angesehenen Prozesses der Durchsetzung der Massenproduktion gesehen hatten, verweisen Piore und Sabel auf die historische Kontingenz der Entscheidung zwischen *Craft Production* und *Mass Production*: es hätte nicht notwendigerweise so kommen müssen, wie es kam, hätten andere Akteure die Oberhand behalten, wären andere Entscheidungen über die Wegscheide der industriellen Entwicklung getroffen worden.

David Harvey zieht eine Verbindungslinie zwischen der Flexibilisierung der Akkumulation und dem Urbanisierungsprozeß, d.h. die gesellschaftstheoretischen Aspekte der These der Flexibilisierung von Produktion und Reproduktion im Kapitalismus[12] werden von Harvey "verräumlicht" und bieten sich daher als Schnittstelle zwischen Gesellschaftstheorie und Urbanismus an. Verschiebungen im Urbanisierungsprozeß selbst macht Harvey dafür verantwortlich, "daß die neuen Systeme flexibler Akkumulation so erfolgreich eingeführt werden konnten" (1987: 111). Wie Lash und Urry (1987) kennzeichnet Harvey den "dramatischen Ortswechsel" der Urbanisierung in den Vereinigten Staaten hin zu Vorstädten und neuen Regionen als charakteristischen räumlichen Ausdruck veränderter gesellschaftlicher Bedingungen.

Die Konkurrenz zwischen Städten findet nun im internationalen Kontext statt. Einerseits verlangt die globalisierte Arbeitsteilung von den Städten, sich direkt in Konkurrenz mit urbanen Zentren in anderen Ländern um Industrien, ökonomische Kommandofunktionen und Arbeitskräfte einzulassen, andererseits bringt die Internationalisierung nationaler und städtischer Ökonomien z.B. die Peripherisierung des Zentrums mit sich. Flexibilisierung im Rahmen der internationalisierten Stadt heißt daher: Zunahme der entformalisierten ökonomischen Tätigkeiten von der Schattenökonomie bis zum internationalisierten Drogenhandel. In der Konkurrenz mit der geographischen Dritten Welt werden die peripherisierten und demographisch internationalisierten Armen der Kern-

---

12 Diese Formulierung unterstellt nicht das tatsächliche Ende der Massenproduktion, sondern die tendenzielle Einführung flexibler Formen der Akkumulation oder von Maßnahmen, die sich auf flexible Spezialisierung stützen.

städte zu einem gewaltigen Reservoir an Arbeitskräften, "das heute unter dem enormen Druck steht, sich - fast egal, wie - seinen Lebensunterhalt zu verdienen" (Harvey, 1987: 120). Der gesellschaftliche Trend zur Flexibilisierung ist in diesem Teil der städtischen Realität folglich gleichbedeutend mit der Internationalisierung selbst, eines ist ohne das andere nicht vorstellbar: Die Internationalisierung ist als ein durch kommunale soziale und politische Aktivitäten regulierter Vergesellschaftungs- und Urbanisierungsprozeß zu begreifen.

Das Argument der "flexiblen Akkumulation durch Urbanisierung" läßt sich auch am anderen Ende des sozialen Spektrums der Stadt festmachen. Wo früher die Gleichmacherei des Automobils und des Einfamilienhauses gesellschaftlich akzeptiertes Prinzip einer Massenkonsumtionsökonomie war, so werden jetzt Konsumpaläste für selektierte Märkte und für eine prätentiöse Herrschaftskultur zu Symbolen einer neuen Urbanität. In diesem Ambiente wird "symbolisches Kapital" (Bourdieu) zum Schlüsselement.[13] Das Spektakel wird zum Drehpunkt der neuen Stadt, der Kultur wächst eine noch größere Bedeutung zu, als sie sie für die Beherrschung des Raumes im Urbanisierungsprozeß ohnehin schon besaß (Harvey, 1989b; 1987; vgl. Lash/Urry, 1987: 285ff). Die postmodernen Bürotürme in den Innenstadtbezirken sind nicht länger nur Symbole der finanziellen Macht, sondern auch spektakuläre Fetische einer veränderten Nutzung des städtischen Raums. Harvey schließt: "Das Wachstum der Informalisierung - und das Entstehen unregulierter urbaner Räume, innerhalb derer solche Praktiken toleriert werden - ist ein Phänomen, das mit dem neuen Regime flexibler Akkumulation in absoluter Übereinstimmung steht" (1987: 120).

Die gesellschaftliche Tendenz der Flexibilisierung der Akkumulation, d.h. die Geburt einer neuen kapitalistischen Formation, die untrennbar ist von der Internationalisierung der Ökonomie, ist Produkt einer Vielzahl von politischen, sozialen, ökonomischen und räumlichen Prozessen. "Flexible Akkumulation durch Urbanisierung" ist zugleich der stofflich-räumliche Prozeß, der der Internationalisierung der Stadt entspricht. Ohne "Flexibilisierung" ist die Vermittlung der globalen Ströme von Kapital und Arbeitskraft in die Stadt nicht vorstellbar. Internationalisierung ist damit der spezifische Prozeß der "kreativen Zerstörung" im Zeitalter der "flexiblen Akkumulation", die Globalisierung der Lokalität ist ihr besonderes "*spatial fix*".

---

13 Mike Davis hat dieses Phänomen durch den Begriff "Überkonsumismus" bezeichnet, womit er "die zunehmende gesellschaftliche Subventionierung neuer Mittelschichten durch die ständige Degradierung neugeschaffener Arbeitsplätze und die Auflösung der üblichen Standards des fordistischen Massenkonsums" meint (Davis, 1986: 94).

Postfordismus

Die Stadttheorie ist in den letzten Jahren zunehmend von den Ansätzen der französischen Regulationsschule beeinflußt worden. Das Regulationstheorem ist im wesentlichen in der ökonomischen Theorie verortet, hat aber in den Gesellschaftswissenschaften immer größere Beachtung gefunden. Der im Kern neo-marxistische Ansatz der Regulationsschule insbesondere in der Variante von Alain Lipietz ist auf der mittleren Ebene zwischen Empirie und Theorie angesiedelt. Ihre Analyse bezieht sich auf historisch und geographisch spezifische Formationen der kapitalistischen Produktionsweise im Fokus nationaler Ökonomien. In dieser Konzeption beschreibt ein "Akkumulationsregime die langfristige Stabilisierung der Allokation des Nettoprodukts zwischen Konsumtion und Akkumulation; es impliziert eine gewisse Korrespondenz zwischen der Transformation der Produktionsbedingungen und den Reproduktionsbedingungen der Lohnempfänger". Das Akkumulationsregime materialisiert sich in den "Formen von Normen, Sitten, Gesetzen, Regulationsnetzwerken und so weiter , die die Einheit des Prozesses sichern, d.h. die annähernde Konsistenz individuellen Verhaltens mit dem Reproduktionsschema. Diesen Körper verinnerlichter Regeln und sozialer Prozesse nennt man die Regulationsweise" (Lipietz, 1986: 19).[14]

Der Fordistische Raum

Charakteristisch für die fordistische Urbanisierung - zumindest in den USA - war eine national homogenisierte Infrastruktur von Autobahnen, Flughäfen, Einkaufszentren und die Bereitstellung von Land in den Vorstädten sowie die Suburbanisierung von Wohnen und Arbeiten. Auch die Existenz eines relativ homogenen Arbeitskräfteangebots war eine Eigenschaft der fordistischen Periode. Der städtische Prozeß, die Vervorstädterung selbst, war dabei Teil der Substanz der spezifisch fordistischen Anbindung des gesellschaftlichen Konsums an die Produktion von Waren. Die Aktivität städtischer Regimes zählte darauf, die Verbindung von Infrastrukturexpansion und Wirtschaftsentwicklung mit einer Wachstumsethik ideologisch zu zementieren. Wachstumspolitik wurde nahezu lückenlos als die politische Praxis städtischer Regierungen akzeptiert (vgl. Logan/Molotch, 1987).
Die hauptsächliche sozialräumliche Spaltung in der fordistischen Stadt in den USA war die Bipolarität des Stadtzentrums und der Vorstädte. Die "weiße

---

14 Regulation ist von "Regulierung" (oder frz. *réglementation*) zu unterscheiden. Regulierung (z.B. durch staatliche Wirtschaftspolitik) ist nur *eine* mögliche Form der Regulation (vgl. Lipietz, 1991).

Flucht" in die Suburbs hatte die Innenstädte als meist schwarze Enklaven der Armut als "innere Kolonien" zurückgelassen. Die Segregation des Raumes der fordistischen Stadt fand ihre Entsprechung in der Ökonomie, wo sie als konstitutive Eigenschaft des fordistischen Regimes anzusehen ist (Aglietta, 1979: 173). Die "Segmentierung" (Gordon/Edwards/Reich, 1982) der Arbeitsmärkte schuf dichotomische und großräumige Spaltungen im fordistischen Raum. Die Zerlegung des Arbeitsmarktes und der Stadtlandschaft in schwarz und weiß oder männlich und weiblich diente der Kontrolle der ArbeiterInnen und Lohndifferentiale in einem System, das im übrigen von einem gewerkschaftlich organisierten Kernsektor mit (relativ) hohem Lohnniveau und (relativ) hoher sozialer Sicherheit (Wohlfahrtsstaat) beherrscht war. Der Kern der fordistischen Arbeitsmärkte ist daher durch die periphere Existenz von Schwarzen, Immigranten und Frauen definiert.[15]

Die fordistische Stadt war das Produkt einer Mixtur von nationalen und lokalen Einflüssen. Die angestrebte nationale Homogeneität der fordistischen Raumstruktur insgesamt - infrastrukturelle Leistungen *überall*, gespaltene aber verläßliche Arbeitsmärkte *überall* - trägt, wo sie sich durchsetzt, den Stempel der städtisch-nationalstaatlichen Politik des fordistischen Staates. Es hat daher einige Berechtigung, von der "*state-managed capitalist metropolis*" (Soja/Morales/Wolff, 1983) oder der keynesianischen Stadt (Harvey, 1985a) zu sprechen, worin sich diese Allianz des keynesianischen (National)Staates mit den Städten ausdrückt. Der im Fordismus durch eine Mixtur privater und öffentlicher Politiken geschaffene städtische Raum stellt die Ebene dar, auf der die Krise der *fordistischen* Stadt sich abspielt, auf der sich aber auch die *neuen* Formen der Urbanisierung entwickeln. Die Charakteristika des fordistischen Raumes - zweifelhafte Erfolge dieser fordistischen Politiken - werden zu den materiellen Voraussetzungen der flexiblen Akkumulation. Sie werden dabei nach den Maßgaben globaler und lokaler Anforderungen des entstehenden Regimes transformiert (Mayer, 1990a).

---

[15] Es ist dabei deutlich zu machen, daß es sich in dieser Homologie von Raum und Gesellschaft um ein Modell handelt, das in den einzelnen Städten durchaus unterschiedliche Ausprägungen erhalten konnte. In Los Angeles, wo die städtische Form schon seit Anfang des Jahrhunderts einen spezifischen "desurbanen" Charakter hatte, ist die klare Dichotomie zwischen Vorstadt und Kernstadt, die in anderen Städten bestand, auf der Oberfläche nicht leicht nachzuvollziehen. Immerhin zerfällt die Stadt in ganz disparate Munizipalitäten, die von riesigen "Fabriken im Raum", wie die programmatisch getaufte Stadt Industry, bis hin zu den schicken Wohnenklaven der Oberklasse reichen. Modellhaft gesehen besteht jedoch die funktionale Spaltung der Räume in Los Angeles in der gleichen Weise wie in diesen anderen Städten, die dies optisch verraten (Marchand, 1986). Die Einzigartigkeit von Los Angeles, die sich in der Soziotopographie der Stadt abzuzeichnen scheint ("soundsoviele Vororte auf der Suche nach einer Stadt") läßt sich schließlich doch auf die funktionale Spaltung zurückführen, welche sich in die Idealtypen "Vorstadt" und "Kernstadt" destilliert.

Im Mittelpunkt der Krise des Fordismus und des Übergangs vom Fordismus zum Postfordismus steht der Prozeß der Internationalisierung selbst. Der (amerikanische) Fordismus zeichnete sich dadurch aus, daß er nicht auf Lösungen seiner Krisen und Widersprüche in der "Außenwelt", quasi als "Thermostat", zurückgriff, sondern "interne" Lösungen bevorzugte (Lipietz, 1982). Dabei schuf die globale Distribution amerikanischer Methoden der Massenproduktion und Massenkonsumtion letztlich die strukturellen Risse, entlang welcher die US-Hegemonie ab Mitte der sechziger Jahre zu zerbrechen begann (Aglietta, 1982: 16). So wird darauf hingewiesen, daß die Exportrate - im Vergleich zur Gesamtproduktion von Waren - Mitte jenes Jahrzehnts ihr absolutes Tief erreicht hatte. Zudem spielte sich der Außenhandel zumeist zwischen den industrialisierten kapitalistischen Nationen ab, und nur der Niedergang der Nachkriegsordnung im Zusammenhang mit der Industrialisierung der Länder der Dritten Welt löste einen neuen Internationalisierungsschub aus (Noel, 1987: 328). Die fordistische Krise wird demnach direkt mit der Entstehung einer Weltökonomie identifiziert, wodurch die nationalen Arrangements - die nationalen Regulationsmodi - in Erschütterung geraten (vgl. Noel, 1987: 318).[16]

Hirsch und Roth führen aus, daß Staaten und Regionen unter weltmarktinduzierten Anpassungsdruck geraten, daß sich durch die Internationalisierung des Kapitals der nationalstaatliche Einfluß auf multinationale Konzerne verringert, sich regionale Disparitäten vergrößern, so daß letztlich die soziale Regulierung durch das "korporative Massenintegrationssystem" in Frage gestellt wird und regionale Differenzen auftauchen, die den Status quo der nationalen Macht unterminiert (Hirsch/Roth, 1986: 96f.). "Die Entwicklung des Kapitalismus im *Weltmaßstab* ist durch tiefgreifende *raum-zeitliche Ungleichheiten* geprägt. Die historischen kapitalistischen Formationen, d.h. spezifische Akkumulationsregimes, Regulationsweisen und Hegemonialverhältnisse, bilden sich in der Regel in nationalstaatlich umgrenzten Räumen heraus" (Hirsch, 1990: 91). Dem Staat kommt hier eine zentrale Rolle im regulativen System zu; dabei ist es der jeweiligen nationalen politisch-institutionellen Tradition geschuldet, wie sich weltmarktinduzierte Anpassungsprozesse in den spezifischen historisch-geographischen Raum umsetzen. Im Internationalisierungsprozeß stellt sich zwischen den einzelnen nationalen Formationen in einer permanenten Produktion und Reproduktion eine Hierarchie metropolitaner und peripherer Regio-

---

[16] Vgl. de Vroey, 1984 für eine anschauliche Darstellung der Zusammenhänge von Kohäsion und Krise im internationalen Nachkriegssystem.

nen her (Hirsch, 1990: 92). Für den Regulationsansatz bleiben die Territorialität und die Ökonomie des nationalen Staates die zentralen Referenzpunkte der Theoriebildung.[17]

Die Politik der Internationalisierung: die Rolle der sozialen Regulation im Städtischen

> *Being essential to both transnational capital and national political interests, world cities may become bargaining counters in the ensuing struggles.*
> *They are therefore also major arenas for political conflict. How these conflicts are resolved will shape the future of the world economy. Because many diverging interests are involved, it is a multifacetted struggle.*

> John Friedmann und Goetz Wolff, 1982

Der von Friedmann und Wolff (1982) abgesteckte Forschungsrahmen hat der kommunalen Politik der Internationalisierung nur einen marginalen Stellenwert im Formationsprozeß eingeräumt, obwohl die Autoren die Bedeutung der Welt-Stadt als Arena des globalen politischen Konfliktes betonen. Qualifiziert man jedoch die Internationalisierung als einen dialektischen Prozeß von globalen und lokalen Strukturen und Akteuren, dann rückt die Frage nach der politischen Mechanik des Internationalisierungsprozesses in den Mittelpunkt.
In ihrer Verwendung von "Getto" und "Zitadelle" verzichten Friedmann und Wolff weitgehend auf eine Erörterung des Verhältnisses *zwischen* diesen Polen. Die Metaphern verdeutlichen hervorragend die innere Spaltung einiger der welt-städtischen Komplexe in international orientierte Zentren ökonomischer Macht, die sich in den Glas- und Stahlziggurats der neuen Innenstädte ver-

---

17 Die Regulationsschule beschränkt sich selbstverständlich nicht auf den "nationalen Blickwinkel" (Altvater, 1988: 152). Während Hirsch z.B. auf der Durchsetzung spezifischer Akkumulationsregime und Regulationsweisen im nationalstaatlichen Reproduktionszusammenhang besteht, schränkt er jedoch ein:"Gleichzeitig geschieht dies aber nicht isoliert, sondern ist von vornherein der Dynamik des Weltmarkts, internationaler politisch-institutioneller Verflechtungen und Auseinandersetzungen unterworfen. Jede historische Formation ist...international verflochten" (Hirsch, 1988: 48). Während der Verweis auf die Globalität des heutigen Kapitalismus nicht ausreicht, um den nationalen Fokus der Regulationsschule zu kritisieren - wie dies Altvater (1988) tut - ist es jedoch unerläßlich, die nationale Ebene zu ergänzen, wenn es um die Analyse des Übergangs vom fordistischen zum postfordistischen Urbanisierungsprozeß geht. Dabei ist es selbstverständlich notwendig, "die theoretische Falle der case studies oder der Überbetonung der (politischen) nationalstaatlichen Perspektive gegenüber der Berücksichtigung globaler (ökonomischer) Verhältnisse" (Altvater, 1988: 163) zu vermeiden.

33

schanzt, einerseits und den miserablen Wohnvierteln und Produktionsstätten des zunehmend internationalisierten Proletariats andererseits. Sie vermögen jedoch nur unvollständig, zum Verständnis der bestehenden und entstehenden politischen Strukturen und Akteure beizutragen, die die globale Stadt herstellen und definieren.

Das "Getto", dessen Bewohner in den Begriffen von Friedmann und Wolff isoliert sind und nur sich selbst schaden können, ist in ethnische und rassische Enklaven zerteilt, die gänzlich voneinander und der Machtstruktur der "Zitadelle" getrennt erscheinen (1982: 325). Die politische Sphäre der Welt-Stadt ist in dieser Vorstellung in zwei verschiedene Wesen säuberlich dissoziiert. Vor diesem Hintergrund kommen die Autoren zu der Schlußfolgerung, die Welt- Stadt sei nicht nur "gegenüber revolutionärer Aktion immun", sondern aufgrund des ihr fehlenden politischen Zentrums sogar unbehelligt von Einflüssen seitens ihrer arbeitenden Klassen. Die Zitadelle ist unangreifbar. Der Staat wird als "lediglich ein weiterer Akteur" dargestellt, der sich allein um die Befriedigung seiner eigenen Interessen bemüht, während der lokale Staat in einer Umgebung, die vom internationalen Kapital dominiert ist, als Verlierer dasteht. Die von den Autoren entdeckten politischen Konflikte werden durch eine "Dialektik lokaler und globaler Streitpunkte" charakterisiert. Ein Kampf zwischen dem "Lebensraum und dem ökonomischen Raum" findet statt; er konkretisiert sich in verschiedenen Konflikten über den Lebensunterhalt, über rassische und ethnische Fragen und andere räumliche Konflikte innerhalb der Stadt (Ibid.). Begriffe der Polarisierung sind in der Debatte über Politik in der Phase der "Verweltstädterung" üblich. Manche Autoren gehen so weit, daß sie das global-lokale Verhältnis als zentralen Antagonismus des zukünftigen Weltsystems beschreiben. Manuel Castells nennt dies die "entscheidende Konfrontation zwischen der wurzellosen Weltökonomie und der lokalen kooperativen Gemeinde" (1983: 315).[18]

Die Herausbildung des neuen global-lokalen Arrangements muß jedoch anstatt in Metaphern der Konfrontation zwischen zwei statischen Gegenpolen eher als Prozeß der gegenseitigen Definition und Ergebnis materieller Kräfteverhältnisse verstanden werden. Es nehmen dabei nicht allein traditionelle Gemeinden den Kampf gegen das verändernde globale Kapital auf, sondern

---

[18] In jüngster Zeit hat diese Sichtweise angesichts rapider Verfallsprozesse stabil geglaubter nationaler staatlicher Einheiten Konjunktur bekommen. Von einem neuen Tribalismus ist die Rede; die Welt scheint einerseits von globalen Kräften mehr denn je umfassend beherrscht zu werden, während sie andererseits in unzählige Splitter auseinanderzufallen droht. Vielleicht hat dies niemand besser in Worte gefaßt als der amerikanische Politologe Benjamin Barber, der von einem Konflikt von "Jihad vs. McWorld" spricht (Barber, 1992). Die interessante Frage ist natürlich auch hier nicht die polare Opposition, sondern die nach den Schnittstellen, der Interdependenz und Interaktion der beiden entgegengesetzten Dynamiken.

diese Gemeinden restrukturieren sich in diesem Prozeß so, daß ihre politische und soziale Realität eine andere wird. Die sozialräumliche Restrukturierung legt das Fundament für neue politische Orientierungen, die lokale Politik des globalen Kapitalismus erfährt eine qualitative Redefinition. In anderen Worten: die entwurzelten Klassenfragmente und territorialen Gemeinden der Welt-Stadt schlagen sich mit der "wurzellosen Weltökonomie" in der Form des keineswegs einheitlichen internationalisierten Kapitals und seiner Alliierten vor Ort, finden Kompromisse, erkämpfen politische Siege und erleiden Niederlagen. Dabei "sprechen sie *für* ihre eigenen lokalen Erwartungen, *gegen* die Macht der Multis, die ihre Arbeitskraft kontrollieren und *auch gegen* den nationalen Staat, der zunehmend für sich selbst sowie für ein Segment des lokalen Kapitals spricht. Zur selben Zeit sind diese Bewegungen sich zunehmend bewußt, daß ihre Forderungen mit denen anderer verbunden sind, ob innerhalb nationaler Grenzen oder darüber hinaus" (Aronowitz, 1988: 59ff).

In den Arbeiten von Robert Ross und Kent Trachte findet sich ein weiterer Ansatz zur Erklärung der politischen Sphäre der Welt-Stadt. Die Autoren gehen im globalen Kapitalismus von der "relativen Abnahme der relativen Autonomie des Staates" gegenüber dem Kapital aus (Trachte/Ross, 1985). Die Konsequenzen der erhöhten Mobilität des sogenannten "*footlose capital*" treffen solche Regionen am härtesten, die von einer Kapitalflucht bedroht sind, wobei Flucht und Reinvestition in den gespaltenen Kapitalkreisläufen der Welt-Städte gemeinsam auftreten können. Dabei wird der Handlungsspielraum des lokalen Staates angeblich deutlich geringer. Der implizierte Verlust der relativen Autonomie von Regionen und Städten ist dabei treffend in der Metapher "*local planners - global constraints*" eingefangen worden (Ross/-Shakow/Susman, 1980). Ross und Trachte haben viel zum Verständnis der neuen globalen Pressionen beigetragen, mit denen städtische Politik gegenwärtig umgehen muß. Sie tun allerdings wenig, die realen Handlungsspielräume der lokalen Akteure auszuleuchten. Dafür ist vor allem verantwortlich, daß die Autoren kategorisch die Entmachtung der lokalen Arbeiterklasse im Zuge der Internationalisierung konstatieren und den politischen Prozeß vornehmlich im Rahmen des institutionalisierten lokalen und regionalen Staates konzeptualisieren (Ross, 1988, 1983; Ross et.al. 1984). Der zutreffende Verweis auf die Notwendigkeit einer internationalen Organisation der Arbeiterklasse im globalen Kapitalismus verstellt dabei jedoch den Blick auf die realen "*city trenches*", die sich bereits heute durch die vollständig internationalisierten Welt-Städte und globalisierten Regionen ziehen.

Welt-Stadt-Formation läßt sich begrenzt aus den *Projekten* der lokalen und globalen Eliten ableiten. Aber diese Projekte der lokalen Wachstumskoalitionen werden immer im Spannungsfeld von strukturellen Einschränkungen und widerständigen Handlungen hervorgebracht. Die gegenwärtigen (internationalisierten) Urbanisierungs-prozesse haben die Restrukturierung aller Staatsebenen zur Voraussetzung: Die veränderlichen Prozesse der Urbanisierung müssen als langfristige Ergebnisse von ökonomischen und politischen Akteuren verstanden werden, die innerhalb "einer komplexen Matrix von globalen und nationalen ökonomischen Kräften operieren". Die globalen Kräfte müssen daher in "historisch-spezifischen politisch-ökonomischen Prozessen" ihren Ausdruck finden (Feagin/Smith, 1987: 17). Smith macht die sinnvolle Unterscheidung zwischen *"governmental and popular responses...to the restructuring of the global economy"* (Smith, 1987: 236). Den Bereich der lokalen Politik definiert Smith als den Ort, wo die globale Restrukturierung auf das Alltagsleben trifft, an das es Forderungen stellt. Als *Antwort* entstehen aus dem lokalen Bereich wiederum politische Forderungen und Politiken in der staatlichen und außerstaatlichen Sphäre, die regional und lokal verschieden sein können. *Lokale Akteure agieren innerhalb von und reagieren auf eine neue Dynamik im Verstädterungsprozeß.* Dadurch bauen sie "ihre" Stadt, ob sie sie mögen oder nicht in dynamischer Weise um.

Soziale Regulation in der Stadt

Der Fordismus ist in erster Linie als System nationaler Akkumulationsregimes zu verstehen (vgl. Hirsch/Roth, 1986: 46ff.).[19] Die nationale Perspektive kann jedoch alleine nicht genügen, um die gegenwärtigen Restrukturierungsprozesse im Kapitalismus zu erfassen. Sie muß daher in einem Rahmen fruchtbar gemacht werden, der andere Ebenen der Regulationsweise zwischen der globalen und der lokalen Ebene einschließt.

Inzwischen gibt es eine Reihe von Ansätzen, die ausgehend vom konzeptionellen Rahmen der Regulationsschule eine stadtspezifische Analyse anvisieren und durchführen. Mike Davis plädiert in seiner historischen Studie über Los Angeles für eine Anwendung des Konzepts des Akkumulationsregimes auf ei-

---

19 Begrifflich ist zu unterscheiden, daß es sich bei Fordismus einerseits um eine theoretisch bestimmte, spezifische Phase in der historischen Geographie des Kapitalismus handelt, die sich andererseits aus bestimmten nationalen "Fordismen" zusammensetzt. Während Altvater (1988: 152) gerade im nationalen Fokus der Regulationsschule "angesichts der Dominanz transnationaler, internationaler und globaler Prozesse" ein Manko entdeckt, liegt jedoch in der internationalen Systematik national spezifisch ausgeprägter Akkumulationsregimes die eigentliche Spannung des Ansatzes: "Der Fordismus ist eine globale Formation, die ihre allgemeinen Strukturmerkmale durch die Wechselwirkung national ungleicher und ungleichzeitiger Entwicklungen hindurch ausprägt" (Hirsch/Roth, 1986: 47). Altvaters Kritik entgeht daher gerade die Dialektik globaler und lokaler Dependenz, in der der stoffliche Prozeß der Urbanisierung eine zentrale Rolle spielt und die bezogen auf das fordistische Regime von Aglietta (1979) auch so gesehen wird.

ner "subnationalen Ebene...um besondere, raum-spezifische Weisen der Subsumtion der Arbeitskraft (*labor*) und der Organisation der Klassenkämpfe zu identifizieren" (Davis, o.D.). Auf unsere historische Periode übertragen, kann ein solches Unternehmen helfen, die spezifischen politischen Ökonomien von Orten (vgl. Logan/Molotch, 1987) zu verstehen, die die ortsspezifische Modifizierung der Ökonomie des globalen Kapitalismus durch variierende Prozesse der politischen Regulation/Regulierung auf der lokalen Ebene notwendig machen. Die Schaffung einer relativ stabilen lokalen Version des globalen Kapitalismus, die "strukturierte Kohärenz" einer "*world city*", ist dabei keinesfalls als unveränderlich über einen langen Zeitraum zu begreifen. Ein funktionales Gleichgewicht ist ausgeschlossen, die Relation zwischen lokalem Akkumulationsregime und Regulationsweise ist ebenso prekär wie die zwischen lokalen und globalen Akteuren und Strukturen: sie definiert lediglich ein System von Widersprüchen und Zwängen, in dem sich die lokalen Klassenkämpfe entfalten (Davis, o.D.).

Spezifischer auf die "geographische Anatomie" des heutigen Kapitalismus ausgerichtet, hat sich vor allem die Sozial- und Wirtschaftsgeographie in den letzten Jahren mit lokalen und regionalen Konzepten der Regulation auseinandergesetzt. Den Fokus dieser Arbeiten bildet die produktive und reproduktive Sphäre der gegenwärtigen nachfordistischen städtischen Restrukturierung.[20] Wachsendes Interesse wird dabei innerhalb der ursprünglich an der *Produktions*struktur der neuen industriellen Distrikte der flexiblen Akkumulation orientierten Betrachtungen der historischen und gesellschaftlichen Dimension zuteil, die Aspekte der sozialen Reproduktion einschließt. So erkennen zum Beispiel Storper und Scott (1990) neben der Koordination von Transaktionen zwischen Firmen und der Dynamik unternehmerischer Aktivität einerseits und der Organisation von lokalen Arbeitsmärkten und der sozialen Reproduktion der Beschäftigten andererseits nun auch die Relevanz der Formation von städtischen Gemeinden und deren soziale Reproduktion an. Sie sprechen sogar explizit von einer "Politik des Ortes" in den "Komplexen der flexiblen Produktion" (1990). Dort sei eine "post-fordistische Politik des Ortes" mit erheblichen sektoralen und geographischen Differenzierungen konstruiert worden. Unter dem Einfluß solcher Politik wurden vorher nicht von der fordistischen Indu-

---

20 Allen Scott und Michael Storper haben sich in einer Reihe von gemeinsam und individuell verfaßten Arbeiten mit der Flexibilisierung und Reorganisation von Branchenstrukturen und industriellen Distrikten beschäftigt (vgl. u.a. Scott, 1988a, 1988b; Scott/Storper, 1986; Christopherson/Storper, 1986). Diese Untersuchungen haben vor allem in ihrer ursprünglichen Anlage eine dezidiert ökonomistische und strukturanalytische Ausrichtung. Berechtigte Kritik an reduktionistischen Elementen in dieser Tendenz (vgl. Dear/Wolch, 1991) zwang zu einer Revision.

strialisierung betroffene suburbane Gebiete, wie das südkalifornische Orange County, zu den Wachstumspolen des postfordistischen Regimes. Die Regulationsweise, die diesen lokalen Wachstumszentren eigen ist, zeichnet sich durch einen politischen Konservatismus aus, der z.b. einerseits die gewerkschaftliche Organisation erschwert, andererseits jedoch einen lokalen Staat ermöglicht, der ungebremste Wachstumspolitik zugunsten der postfordistischen Wachstumsbranchen sanktioniert. Als weiteres Beispiel geben sie mit implizitem Bezug auf Los Angeles die Konstruktion neuer Produktionskomplexe in den "*world cities*" an, die durch private und öffentliche Stadterneuerungsprozesse zugunsten der "Zitadelle" dieser Städte gestaltet wird. Aus diesen und anderen von ihnen skizzierten Fällen der Entstehung von lokalen Komplexen der sozialen und politischen Regulation eines neuen Akkumulationsregimes schließen die Autoren, daß die große Verschiedenheit in den Systemen der lokalen Regulation bisher einen Zusammenbruch der Restrukturierungsdynamik in diesen Gebieten verhindert hat. Oppositionelle Bewegungen haben andererseits noch nicht genügend Zeit gefunden, sich zu formieren.

Während Davis wie Storper und Scott sich vornehmlich auf die lokale Regulation der Restrukturierung des Kapitals, der Produktionsprozesse und der Arbeitsbeziehungen konzentrieren, haben andere Autoren sich den sozialen und politischen Dimensionen der Flexibilisierung gewidmet. Bei Harvey ist die städtische Politik ein zentrales Regulativ der Flexibilisierungsprozesse. Ihre Durchsetzung baut auf der differenzierten Allokation politischer Macht im Städtischen auf, welche sich selbst im Prozeß als flüssig erweist. Unterschiedliche Akteure in der städtischen Politik verfügen über unterschiedliche Macht, die gleichzeitig als Voraussetzung und Resultat der Flexibilisierung zu begreifen ist. Hier verbinden sich räumliche Differenzierungsprozesse mit kulturellen Aspekten und der Politik der Flexibilisierung des gesellschaftlichen Raums: "Zusammen mit Dezentralisierung und Entflechtung schafft das kulturelle Interesse an der Qualität von Umgebung und Raum ein politisches Klima, in dem lokale, kommunale und regionale Politik sich auf neue Weise entfalten kann, und zwar genau zu dem Zeitpunkt, an dem die kulturelle Kontinuität aller Orte durch flexible Akkumulation ernsthaft bedroht wird" (1987: 125f.). Dennoch spricht Harvey von einer Ära, in der die "Wiederherstellung einer Bewegung globaler Opposition gegenüber einer offensichtlich kranken und instabilen kapitalistischen Hegemonie" möglich werden könne (1987: 129).

Michael Dear und Jennifer Wolch betonen die Notwendigkeit einer detaillierteren Untersuchung der neuen Beziehungen zwischen "Reproduktion und Territiorium". Unter Reproduktion verstehen sie dabei - in Parallelität mit Lipietz' Definition von "Regulationsweise" - die "Art und Weise, in der das gesamte gesellschaftliche 'Ensemble', einschliesslich der Zirkulations,- Distributions- und Konsumtionsweisen, bewahrt und permanent wiederholt wird" (Dear/Wolch, 1991: 235). Mit ihrer spezifischen Betonung der sozialen Praxen als dem Motor gesellschaftlicher Veränderung werfen die Autoren die politische Problematik auf, und sie tun dies auf der territorialen, stadtregionalen Ebene. Indem sie die Relevanz der Reproduktion im Restrukturierungsprozeß von sozialräumlichen Einheiten in den Mittelpunkt stellen, bieten sie eine notwendige Ergänzung der früheren Arbeiten, die sich lediglich mit den Regulationsweisen produktiver Zusammenhänge beschäftigten.

Für Dear und Wolch bringt die Entstehung territorialer Produktionskomplexe die Herausbildung distinktiver örtlicher Gemeinden ("*communities*") von Beschäftigten mit sich, die aufgrund ihrer speziellen Klassenlage und territorialen Situation ein spezifisches Bewußtsein entwickeln. Darüber hinaus unterscheiden sich diese sozialräumlichen Einheiten auch durch den gemeinsamen Habitus, der ihre BewohnerInnen in der Konsumtion von materiellen Gütern und kulturellen Praxen verbindet. Die "neuen Räume der Produktion" sind folglich Ergebnis politischer Praxis in Gesellschaft und Raum. Für unsere Periode fassen Dear und Wolch die Komplexität der Bedingungen der lokalen Regulation folgendermaßen zusammen: Die kapitalistische Produktion wird zunehmend im globalen Maßstab organisiert, was neue extensive Reaktionen auf die Krise ermöglicht. Die neuen postfordistischen Produktionsarrangements seien eine solche Reaktion. Paradoxerweise, so stellen sie schließlich fest, erlaubt jedoch der Maßstab der kapitalistischen Megaorganisationen auch eine Vielzahl von detaillierten und variierten Aktivitäten auf der lokalen Ebene: "Dennoch ist es durchaus möglich, daß die Strukturen einer lokalen Nachbarschaft durch die Bindung von Kapital und Lohnarbeit bestimmt werden, die auf der Gemeindeebene völlig anders funktionieren kann als im weltweiten Kontext" (Dear/Wolch, 1991: 237).

> Die sozialen und ökologischen Konsequenzen der Megapolisie-
> rung sind - egal ob Nord oder Süd - eine der größten Bedrohun-
> gen der neofordistischen Modelle für die Zukunft, und nicht nur
> für die Zukunft der städtischen Räume. Eine Vervielfachung der
> Heimsuchungen, die die Gesellschaft überziehen (Drogen, Epi-
> demien, Verzweiflung, Armutsaufstände), lokale Verstopfungen
> und Verseuchungen der Biosphäre, übermäßige soziale Polari-
> sierung ... Das alles ist bekannt und wurde schon tausend mal
> verurteilt. Wenn London und Paris Los Angeles hinterherren-
> nen, wenn (das zwar reichere aber nicht minder instabile) Los
> Angeles sich die Silhouette von Mexiko-Stadt oder Sao Paulo
> zu eigen macht, während die letztgenannte Metropole an einzel-
> nen Stellen an Kalkutta erinnert ...

Alain Lipietz, 1991

Bleibt allerdings die Frage: was ist die postfordistische Stadt? Margit Mayer
(1987,1990a,b,c, 1991) hat die bisher schlüssigsten Anmerkungen zu dieser
Problematik vorgetragen. Sie kritisiert, daß der Diskurs um die Entstehung ei-
ner neuen städtischen Form falsche Kontroversen hervorbringt, so etwa die
Kontroverse zwischen "progressiven lokalen Interessen" und "unter-drückeri-
schen Kapital- und Globalinteressen". Dennoch sei es möglich "vorläufige
Muster der postfordistischen Stadt" und entsprechende Folgen für die lokale
Politik zu kennzeichnen. Dabei warnt sie jedoch vor der vorschnellen Fest-
schreibung gegenwärtiger Tendenzen der städtischen Entwicklung in der
Theorie einer neuen Akkumulationsperiode. Die augenblickliche Periode sei
eine Übergangsphase. Mayer zieht die Trennungslinie zwischen der fordistischen und der postfordistischen Stadt da, wo sich die "Strategien", welche
die fordistischen Prinzipien ausweiten oder intensivieren, von denen trennen,
die eine "qualitativ neue Organisations- und Regulationsweise" verfolgen
(1988: 8). Dies bedeutet, das ganze Arsenal der technologisch-prozessualen
Restrukturierung, d.h. die tendenzielle Durchsetzung von flexibilisierten Pro-
duktionsmethoden, Reindustrialisierungsstrategien unter Stützung auf infor-
malisierte Arbeitsbeziehungen etc., wird auf der städtischen Ebene zur Anwendung gebracht. Dies hat wiederum räumliche Konsequenzen: die zonierte
Funktionslogik des fordistischen Raumes wird zerbrochen und durch flexible
Systeme ersetzt (1988: 14). Hinzuzufügen ist dieser Argumentation allerdings,
daß der Funktionslogik des amerikanischen Fordismus auch die Klassenspal-
tung im Raum entsprach. Diese wird in der gegenwärtig entstehenden Form
nicht etwa aufgehoben, sondern - kleinräumig - verschärft.
Die sozialräumlichen Verschiebungen von der fordistischen zur postfordistischen Stadt sind bemerkenswert deutlich. Mayer arbeitet die verschiedenen

Aspekte dieser Entwicklung, vor allem in bezug auf die Polarisierung des Konsumtionsmodells und der Klassenstruktur heraus: Dualisierung der Ökonomie in einem formalen und einem informalen Sektor, größere Segregation und kulturelle Differenzierung, wobei "die Segmentierung der Arbeitskraft" in der postfordistischen Stadt in einen "sicheren, vielfältig ausgebildeten Kern und eine nicht-verstetigte (*casualized*) Peripherie ... sich qualitativ von der Kern/Peripherie-Gesellschaft" im Fordismus unterscheidet. "Im entstehenden post-fordistischen Modell beruhen die 'zwei Gesellschaften' tatsächlich auf *verschiedenen* Modellen der Produktion anstatt auf einem Modell, das unabhängig davon, wie ausgefranst es an seinen Rändern war, als Resultat der Vollbeschäftigung und wohlfahrtsstaatlichen Formen des Einschlusses (oder des Ausschlusses) zusammenhielt" (1991: 111). Besondere Aufmerksamkeit widmet Mayer der politischen Restrukturierung. Hier stellt sie vor allem eine Hinwendung zu mehr unternehmerischen Formen der städtischen Politik und zum *Urban Management* fest (1990b, 1991). Auch Harvey schlußfolgerte: Stadtpolitik wurde zunehmend von einer interurbanen Konkurrenzhaltung geprägt und "unternehmerische Orientierung <wurde> als wichtigste<s> Motiv urbaner Tätigkeit" eingeführt (Harvey, 1987: 112; vgl. Friedmann/Bloch, 1989).[21]

Der Zusammenbruch des traditionellen, im Fordismus entstandenen städtischen Regulierungsmodells in Los Angeles während der Aufstände vom April 1992 löste eine wahre Flut marktorientierter und unternehmerischer Aktivitäten aus. Nicht nur konnte der republikanische Experte für Stadtpolitik, Jack Kemp, seine seit mehr als zehn Jahren propagierte *Enterprise Zone*-Idee nun erneut einem nach schnellen Lösungen suchenden Publikum präsentieren und konnten die Republikaner generell im Vorfeld des Präsidentschaftswahlkampfes ihre Auffassung über das Scheitern herkömmlicher sozialstaatlicher Maßnahmen in konkrete Begriffe fassen, sondern nun konnte auch der in solchen Dingen bereits anderswo erfolgreiche Peter Ueberroth mit seinem Unternehmen *Rebuild L.A.* einer Ideologie ungezügelter Marktkräfte anstelle städtischer Bürokratie freien Lauf lassen. Diese republikanische Offensive zur Wie-

---

21 "Zum einen eröffnete die interurbane Konkurrenz Räume, innerhalb derer die neuen und flexiblen Arbeitsprozesse leichter eingeführt und eine viel größere geographische Mobilität als vor 1973 durchgesetzt werden konnte...Zum zweiten wurden Stadtverwaltungen zu Innovationen und Investitionen gezwungen, die ihre Städte als Konsum- und Kulturzentren attraktiver machen sollten. Tagungszentren, Sportstadien, Disney-Worlds, Einkaufszentren in den Cities u.ä. wurden schnell anderswo imitiert. Interurbane Konkurrenz hat so zu sprunghaften Erneuerungen geführt: Lebensstil, Kultur, Produkte und sogar politische Formen haben sich verändert, und all das hat wirksam den Übergang zum Regime flexibler Akkumulation gefördert. Darin, so lautet mein Argument, liegt ein Teil des Geheimnisses des Übergangs zur Postmoderne in der urbanen Kultur" (Harvey, 1987: 113).

derherstellung von Ordnung und wirtschaftlicher Kontrolle über Los Angeles, die im Verbund mit einem *Weed and Seed*-Programm zur Austrockung krimineller Aktivitäten in den Aufstandsgebieten daher kam, stieß allerdings in Los Angeles selbst auf Widerstand. Es waren im Grunde dieselben Kräfte, die auch in den Jahren zuvor alternative Entwürfe zur WeltStadt-Formation vorgelegt hatten, die nun gegen die "unternehmerische" Lösung zumindest in ihrer von den Republikanern präsentierten Version votierten. An der Frage der marktorientierten Selbststeuerung des Wiederaufbaus im Gegensatz zu einer Politik der sozialen Verantwortung des lokalen Staates entzündete sich in der Folge der Rebellion der antihegemoniale Diskurs in der postfordistischen Stadt Los Angeles. Daß es sich hierbei um einen bereits früher existierenden Widerspruch sozialer Interessen handelte, soll u.a. in den folgenden Kapiteln gezeigt werden.

2. Internationalisierung:
Das Ende des amerikanischen Jahrhunderts

Die Vereinigten Staaten sind die verwirklichte Utopie.

Jean Baudrillard. Amerika.

Disneyland is presented as imaginary in order to make us believe that the rest is real, when in fact all of Los Angeles and the America surrounding it are no longer real, but of the order of the hyperreal and of simulation ...

Los Angeles is encircled by these "imaginary stations" which feed reality, reality-energy, to a town whose mystery is precisely that it is nothing more than a network of endless, unreal circulation - a town of fabulous proportions, but without space or dimensions. As much as electrical and nuclear power stations, as much as film studios, this town, which is nothing more than an immense script and a perpetual motion picture, needs this old imaginary made up of childhood signals and faked phantasms for its sympathetic nervous system.

Jean Baudrillard. Simulations.

"Simulacrum": Imago auf der Überholspur

Stilgerecht zeichnet die Filmkapitale Los Angeles in ihren Produkten die Umrisse ihrer eigenen Restrukturierung auf Zelluloid, wobei sie gleichzeitig Bewußtsein über sich erlangt und parabolisch über ihren eigenen Horizont hinausschaut. Symptomatisch ist hier der Film *Stirb Langsam* (*Die Hard*) aus dem Jahr 1988. Die Szene ist *Fox Plaza*, das gerade fertiggestellte postmoderne Hochhaus in Century City. Die Akteure sind die Teilnehmer einer betrieblichen Weihnachtsfeier, ein Trupp Terroristen, gute und böse Polizisten des Los Angeles Police Department und des FBI und ein Cop auf Urlaub aus New York. Das *Setting* ist bedeutungsschwer: Die Terroristen, auf den zweiten Blick unschwer als einfache Kriminelle zu identifizieren, sind - sich durch ihre Konsumgewohnheiten verratende - Europäer. Ihre Opfer sind Angestellte eines japanischen Multis, der seine Profite in Großprojekten in der Dritten Welt erwirtschaftet, ihr Ziel sind die im Tresor von *Fox Plaza* gehorteten Wertpapiere des Konzerns. Der Angriff der "europäischen Gemeinschaft" auf "Japan" findet in "Amerika" statt. Ein wahrhaftiges "Simulacrum" (Baudrillard) der gegenwärtigen globalen Verstädterung. Das Kapital wird scheinbar entterritorialisiert, entnationalisiert und boden-los. *"Footlose capital"*.

Der Film lebt von der Metaphorik der "unbefleckten Empfängnis" des neuerdings fremd-bestimmten Amerika: Japanisches Kapital und Europäischer Terrorismus werden als Aspekte der Internationalisierung der amerikanischen Stadt ins Bild gesetzt. Die Kausalität für diesen Prozeß bleibt exogen. In den durch die Globalisierung geschaffenen Rahmenbedingungen zwischen neuen Arbeitsplätzen und Gewalt läuft der Film "Amerika" weiter. Polizisten haben Familien, Eheprobleme, Kinder, essen rosa Cremekuchen, sind *Buddies*, werden Helden, haben ein Vietnamtrauma etc. In jedem Fall findet die amerikanische Geschichte nach der Niederschlagung der terroristischen Attacke eine weihnachtliche Fortsetzung. Als sei nichts geschehen.

Die Metapher der aufgepropften "Überfremdung" gibt lediglich in einer Hinsicht nach: die lokale Exekutive wird zur machtlosen Interakteurin mit den globalen Mächten des Bösen. Der lokalen Sphäre, präziser dem lokalen Staat, bleibt nur noch die reaktive "sicherheitsstädtische" Funktion des örtlichen Polizeiapparats, der allerdings vergeblich versucht, die globalen Mächte des Bösen in die Schranken zu verweisen. Die "dummen Jungs" des Los Angeles Police Department geben sich - und damit schließlich alle Versuche lokaler Intervention im globalen Spiel - der Lächerlichkeit preis. Die Situation wird nicht durch lokalen Einfluß, sondern durch die mythischen Fähigkeiten Heldenmut und Vertrauen sowie durch eine geballte Ladung TNT unter episodische Kontrolle gebracht. Am Ende - angesichts schwarz-weißer Versöhnung und familiärer Wiedergutmachung - geht "Amerika", geht "Los Angeles", gestärkt und geläutert aus der Geschichte hervor. Die bedrohliche "Überfremdung" scheint vorerst überstanden.[1]

---

[1] Die schlechte Position des LAPD im Umgang mit den sozialen Problemen der internationalen Stadt wird z.B. im Drogenhandel offenbar. Der Film und die Beobachtungen über den Film wurden übrigens lange vor der Rebellion in LA 1992 gemacht. Es ist zu vermuten, daß heute ein neues Ende fabriziert würde.

Jenseits der Mythologie:
das Simulacrum im Rückspiegel

> *Caution: objects in this mirror may be closer than they appear!*
> *Die sich entrollende Wüste ist der Ewigkeit des Films unendlich nahe.*
>
> Jean Baudrillard. Amerika.

Die Parabel *Die Hard* erfährt eine Entmythologisierung, wenn das Licht im Kino wieder angeht. Im Gegensatz zur filmischen Projektion, die von ähnlichen Auslassungen gekennzeichnet ist wie die auf Los Angeles bezogenen simulationistischen Projektionen Baudrillards, waren in der Materialität des gegenwärtigen Urbanisierungsprozesses weder die USA noch Los Angeles jemals *Opfer* im Prozeß ihrer Internationalisierung. Beide, die Nation und die Stadt, werden als *aktive* Teilnehmer in diesem Prozeß sichtlichen Veränderungen unterworfen. Amerika und Los Angeles verändern ihre Gesichtszüge, ihr sozialer und räumlicher Gehalt werden gesprengt. Anders als am Ende des Films ist Amerika nicht mehr dasselbe, wenn die Folgen des Restrukturierungsprozesses erkennbar werden. Viele der neuentstehenden Strukturen tragen dabei die Spuren einer endogenen Anstrengung und lokaler politischer Auseinandersetzungen.

Während das "amerikanische Jahrhundert" endet, geht seine Sonne da unter, wo sie am hellsten schien: in Südkalifornien. Die Auswirkungen des Verlustes der Hegemonie sind jedoch gebremst. Anders als Norditalien, Holland oder England wird Amerika nicht über Nacht in die Zweitklassigkeit zurückfallen, vor allem weil es geographisch der Ort bleibt, wo der Kapitalismus weitergetrieben wird. National gedemütigt von der Konkurrenz in Asien und Europa öffnen die USA ihre Grenzen (und die Städte des Landes ihre Tore) zur unbehelligt rasanten Ausbreitung eines post-fordistischen Systems, das den Globus umspannt, aber in Regionen wie Südkalifornien seine Schwerpunkte besitzt. Die historische Geographie des Neuen Amerika ist widersprüchlich konstituiert. Orte wie Los Angeles sind paradigmatische Wachstumspole einer neuen kapitalistischen Formation, die nicht mehr national ist. Die nationale Metaphorik, die sich - nicht nur im Film - um "Amerika" rankt, bleibt dabei gleichwohl bestehen. Der Eindruck entsteht daher, daß Amerika weiterhin - wie für die Intellektuellen der Nachkriegszeit - "die fortgeschrittenste Beobach-tungs-position" (Adorno) bleibt, auch wenn sich in Amerika längst nicht mehr Amerika befindet.

Im Jahr 1880 schrieb Marx an seinen Freund Friedrich Sorge: "Es wäre mir sehr lieb, wenn Du mir irgend etwas Tüchtiges (Inhaltsvolles) über die ökonomischen Zustände in *Kalifornien* auftreiben könntest, ... Kalifornien ist mir sehr wichtig, weil nirgendwo sonst die Umwälzung durch kapitalistische Zentralisation in der schamlosesten Weise sich vollzogen hat - mit solcher Hast" (MEW, Bd. 34:78). Ein Jahrhundert lang lebte die USA vom nicht enden wollenden Traum der Nasenlänge Vorsprung, die mit der Mondlandung von Apollo 11 am 19. Juli 1969 ihren Höhepunkt und mit dem Einmarsch der siegreichen Truppen des Vietcong in Saigon am 30. April 1975 ein jähes Ende erlebte. Als Marx die ungebremste Dynamik eines jungen Kapitalismus sich in Kalifornien entfalten sah, schickten sich die Amerikaner an, ihre Weltherrschaft über den Erdball zu legen. Im Jahr 1941 hatte der amerikanische Publizist Henry R.Luce den Begriff des "amerikanischen Jahrhunderts" schließlich zum Leitbegriff der globalen Führungsansprüche der USA geprägt (Witzel, 1991). Ein halbes Jahrhundert später liegt diese Hegemonie in Trümmern. Kalifornien wird mit Hilfe von Kapital aus Japan und Hong Kong entwickelt. Ein souveränes Amerika verschwindet von der Landkarte, aber "Amerika" lebt weiter. "'Amerika' triumphiert in den letzten Jahren nur auf der Ebene der Metapher, weil es in Wirklichkeit nirgendwo triumphiert" (Ryan, 1988: 96).[2]

"We Are the World": Die Internationalisierung der Vereinigten Staaten

"Japan-Dreschen"

In den Vereinigten Staaten schürte die kriseninduzierte Internationalisierung der nationalen Ökonomie seit Mitte der 70er Jahre Zweifel am Vertrauen in die Souveränität der Wirtschaft des Landes. Ende der achtziger Jahre hatten sich diese Zweifel in einer breiten Diskussion über die Rolle Japans in der U.S.Ökonomie konkretisiert. Es herrscht die Furcht, die Ausländer könnten "Amerika aufkaufen" (Flanigan, 1987). "Ausländer" ist in diesem Diskurs meist gleichbedeutend mit "Japanern", unabhängig davon, daß Japan erst

---

2   Diese Einschätzung datiert von vor dem Golfkrieg im Frühjahr 1991. Ich möchte sie unverändert stehen lassen, da sich ihr Kern nicht gewandelt hat. Auch nach der Feuerwalze, die "Stormin Norman" Schwarzkopf über den Irak legte, bleiben erhebliche Zweifel nicht nur daran angebracht, ob die politische Klasse der USA ihr sogenanntes "Vietnam-Trauma" überwinden wird, sondern auch ob die Ökonomie des Landes auf hohem Niveau restabilisiert werden kann. Für eine aktuelle Einschätzung der unterschiedlichen Standpunkte in der Diskussion um den "Niedergang Amerikas" vgl. Witzel 1991.

1987 mit Anlagen von fast $200 Milliarden vor Großbritannien zum größten Direktinvestoren in den USA wurde (LAT, 28. Juni 1989: IV,1).[3] Die "Nippophobie", die sich zweifellos mit rassistischen Untertönen artikuliert, führt zunehmend zu einer Reihe widerständiger nationalistischer Reaktionen, der Zunahme protektionistischer Haltungen im Kongreß und in der Bevölkerung, der "Gegenwehr" einzelner Städte und Gemeinden gegen ausländische (i.e.japanische) Investitionen etc. (Pine, 1989a). Andererseits brandmarkten (selbst-)kritischere Teilnehmer an dieser breit geführten öffentlichen Diskussion das "Japan- Dreschen" als "häßliche amerikanische Tradition" (Mead, 1989). Ein Großteil des Handelsdefizits sei schließlich hausgemacht; unter anderem seien Qualitäts- und Marketingprobleme der amerikanischen Produkte dafür verantwortlich, daß die internationale Konkurrenz ihnen den Rang abliefe (Pine, 1989c). Warner vor der auf Japan zugespitzten neo-protektionistischen Position machten ihrerseits geltend, daß die gegenwärtige Welle ausländischer Direktinvestitionen ein Zeichen nicht so sehr der Internationalisierung Amerikas als der Globalisierung der Ökonomie generell sei (Flanigan, 1987; Redburn, 1989). In dieser Situation bietet sich die USA als immer noch größter Markt für Konsumgüter, als relativ stabiles Milieu für Investitionen, und gleichzeitig als dynamische Umwälzanlage für diese Anlagen an (Flanigan, 1989a). Es wurde daher darauf hingewiesen, daß Perioden ausländischer Investitionen in die amerikanische Ökonomie - wie etwa die der britischen Eisenbahnfinanzierung im 19.Jahrhundert - immer mit anschließendem Wachstum der amerikanischen Volkswirtschaft koinzidierten. Diese Gesetzlichkeit, so wurde argumentiert, sei heute erneut im großen Stile wirksam (Kotkin, 1989).

Der öffentliche Diskurs der Internationalisierung artikulierte sich in der zweiten Hälfte der achtziger Jahre (und mit anhaltend hohem amerikanischen Handelsdefizit gegenüber Japan bei gleichbleibender Abnahme dessen mit Europa) vor allem in zwei gesellschaftlichen Lagern, die gleichermaßen "*in business, in academia and on Main Street*" vorzufinden sind: ein Lager von Protektionisten und ein Lager von Befürwortern weiterer ausländischer Investitionen (Hicks, 1989a,b). Die Protektionisten und die, die eine größere Kontrolle (vor allem japanischer) Investitionen und Importe aus dem Ausland gutheißen, schienen dabei an Einfluß zu gewinnen (Redburn/Pine, 1989). Ihre Organisationsbreite

---

3 Anfang der neunziger Jahre, als die GATT-Verhandlungen und die angestrebte Erzielung einer nordamerikanischen Freihandelszone den Diskurs in den USA stärker zu bestimmen begannen, wurden auch verstärkt wieder andere Länder in das Ping-Pong-Spiel von Freihandelsideologie seitens der amerikanischen Regierung und ihrer oft importrestriktiven Praxis einbezogen. Die Auseinandersetzungen mit Frankreich wegen der Ölsaatenproduktion und mit Kanada in der Automobil- und Stahlproduktion stehen dafür als Beispiele.

reichte von der 30.000 Mitglieder zählenden "Graswurzel"-Lobbygruppe "Citizens Against Foreign Control of America" bis zur einflußreichen Politik des früheren Bewerbers um die amerikanische Präsidentschaft, dem Demokratischen Mehrheitsführer im Abgeordnetenhaus des amerikanschen Kongresses, Richard A. Gephardt. Die vorgeschlagenen Politiken umfaßten die radikale Unterstützung für einen strengen Protektionismus und gemäßigtere Vorstellungen eines "*managed trade*" (Hicks, 1989a; Business Week, 1989). Geschürt wurden Befürchtungen der militärisch-technologischen Abhängigkeit USA von Japan durch dessen Versuche, über die Kopie amerikanischer Militärflugzeugtechnologie (F-16 Kampfflugzeug) die letzte Bastion der amerikanischen Hochtechnologie (neben Großcomputern) zu brechen und über die Konstruktion eines japanischen Fliegers (FSX) den Einstieg in die zivile Luftfahrtproduktion zu schaffen (Pine/Redburn, 1989). Eine wichtige Konsequenz dieser Befürchtungen war schließlich die Lancierung einer Politik des "ökonomischen Nationalismus" vor allem durch die Demokratische Partei, die zeitweilig hoffte, sich auf diesem politischen Ticket den Weg ins Weiße Haus wieder zu öffnen. Dieser "wirtschaftliche Ruf zu den Waffen" (Ibid.) zielte schließlich nicht so sehr auf eine stückweise Revision der Zoll- und Quotenpolitik gegenüber ausländischen Konkurrenten und Investoren als auf eine "amerikanische Renaissance im späten 20. Jahrhundert, <auf> eine Anstrengung den Boden wiederzuerobern, den die USA in der Weltarena verloren hat, indem des Landes Entschlußkraft und Stolz wiedererweckt werden" (Shogan, 1989). Die militärische Metaphorik verschränkte sich dabei bruchlos mit der populistischen Rhetorik vom "bösen Fremden", die den öffentlichen Diskurs weitestgehend bestimmte. Eine im Sommer 1989 durchgeführte Gallup-Umfrage bestätigte, daß 70 Prozent der amerikanischen Bevölkerung "ausländische Investitionen in den USA für eine schlechte Sache" hielten (Shogan, 1989).

Die protektionistische und ökonomisch-nationalistische Haltung erhielt intellektuelle Schützenhilfe von Seiten jüngerer "revisionistischer" Japanologie. Obwohl im allgemeinen keineswegs als anti-japanisch intendiert, haben neuere Vergleichsstudien zwischen "westlichen Demokratien" und Japan erbracht, daß Japan sich nicht langsam auf das amerikanische Modell hin entwickeln wird, sondern einen neuen, "effizienteren Typ des Kapitalismus als den Amerikas" (Business Week, 1989) auf eigenen Wegen weiterentwickelt. Die revisionistische Position (vgl. Fallows, 1989; van Wolferen, 1989), die u.a. die Regierung Präsident Bushs beeinflußt hatte, bewirkte, daß neben dem ausländischen (gemeint ist: japanischen) Importüberschuß vor allem die ausländischen Direktinvestitionen zunehmend unter dem Aspekt der Bedrohung der amerikanischen Souveränität gesehen wurden.

Die Journalisten Frantz und Collins (1989) vertraten z.B. diese Auffassung und dehnten den Begriff der "nationalen Sicherheit" auf den ökonomischen Sektor aus (vgl. Holland, 1989). Collins argumentiert, daß die USA einen langfristigen Verlust ihrer Souveränität hinnehmen müßten, um einige kurzfristige finanzielle Gewinne zu erzielen. Für den Bereich der Immobilien behauptete Collins, daß die Investitionen der Japaner in den Hochhauszentren der amerikanischen Städte, die durch ständig steigende Grundstückspreise in Japan abgesichert sind, eben damit von der Stabilität des japanischen Marktes abhängig seien. Dies bedeute eine Beeinträchtigung der amerikanischen Souveränität (Collins, 1989). Die Gefährdung der Souveränität in wirtschaftspolitischen Entscheidungen wurde auch auf Seiten der Gewerkschaften gesehen. Hier war von dem "Verlust der Kontrolle über das ökonomische Schicksal" der U.S.A. und von der Angst die Rede, das Land könne in eine "Zweigwerksökonomie" verwandelt werden (vgl. Hicks, 1989a). Die Nation wird in den Augen dieser Kräfte schließlich zum Pfand in Prozessen, die sie nicht beeinflussen kann, weil sie in den Hauptstädten anderer Länder bestimmt werden. Während Collins u.a. diesen Prozeß vornehmlich im ökonomischen, politischen und militärischen Bereich verortete, wurde inzwischen jede denkbare - exogene - Katastrophe in die Gleichung der Destabilisierung der (hegemonialen) amerikanischen Souveränität hineingerechnet: Der Journalist Michael Lewis hat etwa die zerstörerische Wirkung projiziert, die ein Erdbeben von der gleichen Stärke wie die, die seit 1633 alle 70 Jahre Tokio verwüsteten, für ... Wallstreet haben würde! (Lewis, 1989).

Auf der anderen Seite machten sich jedoch diejenigen Stimmen vernehmbar, die in der Flut ausländischen Kapitals für die amerikanische Ökonomie einen Segen, zumindest jedoch eine nicht zu vermeidende Realität der Globalisierung der kapitalistischen Ökonomie sahen. Unter ihnen Glickman und Woodward, die in ihrem *The New Competitors* (1989) in bezug auf internationale Investitionen schrieben: "Ob wir es wollen oder nicht, wir haben keine andere Wahl, als die Fremdinvestitionen zu akzeptieren: eine große Umkehr könnte eine scharfe Rezession und einen Niedergang in unserem Lebensstandard auslösen ... Der Abzug oder die Verlangsamung der Zuflüsse ausländischen Kapitals würde die Gelder abwürgen, die notwendig sind, um weiterhin das Binnenwachstum zu finanzieren ... Jede Politik, die ernsthaft ausländische Investitionen beschneidet, wäre kontraproduktiv" (zitiert in Hicks, 1989b). Die zentrale Einsicht der den Fremdinvestitionen gegenüber positiv eingestellten ökonomischen Positionen ist, daß es sich bei der Internationalisierung der Vereinigten Staaten nicht so sehr um ein Problem dieser nationalen Ökonomie handelt als um eine Folge der allgemeinen Globalisierung der Weltwirtschaft (Flanigan, 1987; Hicks, 1989a). In *historischer* Hinsicht wiesen die Vertreter der "Globalisierungsthese" darauf hin, daß die U.S.A. den Verlust ihrer Hegemonie im industriellen Bereich ebenso verkraften werden und sich anpassen müssen wie die Europäer nach dem Zweiten Weltkrieg an eben diese amerikanische Hegemonie. In *geographischer* Hinsicht machten dieselben Autoren geltend, daß die zur Globalisierung tendierende Entwicklung auf dem Gebiet der neuen Produktions-, Informations- und Kommunikationstechnologien und die Internationalisierung der industriellen Produktion sich nicht mehr mit einem territorial bornierten geopolitischen Verständnis vertrage: "Die Regierungspolitik reagiert immer noch sehr statisch auf die Wünsche von Wählern, die in einer gegebenen Stadt oder einem gegebenen Land leben" (Weidenbaum, 1988:3, vgl. 1989: 109ff.). Die Aufforderung an die USA, sich selbst als internationalisierte Ökonomie zu begreifen, war daher Grundlage für Autoren wie Weidenbaum, den kontrollierten Freihandel unter der Tutelage transnationaler Konzerne der - auf lange Sicht ohnehin hilflosen - protektionistischen Politik entgegenzuhalten (Weidenbaum, 1989: 127f).

Hegemoniekrise und Internationalisierung: Amerika nach dem Fordismus

Der mehr oder weniger bewußte Hintergrund dieser hier kurz skizzierten öffentlichen Diskussion in den USA ist, daß es sich bei der Internationalisierung der amerikanischen Wirtschaft - das Land ist seit 1983 Nettoschuldner - um gleichermaßen Ursache und Folge der Krise der US-Nachkriegshegemonie handelt (vgl. Sassen- Koob, 1987b: 77ff.). Die Internationalisierung der USA sowohl im Bereich des Handels als auch im Bereich der Produktion begann seit Anfang der achtziger Jahre verstärkt wahrgenommen zu werden (vgl. Shifting Sands, 1982). Tatsächlich kamen die Vereinigten Staaten zunehmend unter den Druck der "nachholenden Fordisierung" der europäischen und japanischen Konkurrenz (Hirsch/Roth, 1986: 85), die den Stand der amerikanischen Industrie auf dem Binnenmarkt aushöhlte und die Vorherrschaft der amerikanischen Produktion in der Welt beseitigte. Scharf abgegrenzt von der Weltsystemtheorie behaupten Vertreter der französischen *Regulationsschule*, daß die Geschichte des Kapitalismus - zumindest bis Mitte der sechziger Jahre - als Geschichte der abnehmenden Relevanz des Außenhandels zu begreifen sei (Lipietz, 1987).[4] Die penetrante globale Hegemonie der USA nach dem

---

4   Die Arbeit, die dieses Konzept in der amerikanischen Stadt- und Gesellschaftstheorie bekannt machte, war Agliettas (1979) Studie des amerikanischen "Fordismus" unter Verwendung eines Konzeptes, das den Notizen über "*Americanismo e fordismo*" in den *Quaderni del carcere* von Antonio Gramsci entlehnt ist (Quaderno 22, 1934). Die Feststellung eines gesellschaftlich regulierten Nexus von Produktion und Konsumtion im Fordismus hat in der Tat zentrale Bedeutung für das Verständnis des Verstädterungsprozesses der Nachkriegszeit. Lipietz spricht

Zweiten Weltkrieg stand im starken Kontrast zur geringen Integration der fordistischen Produktion weltweit (vgl. Sabel/Piore, 1984: 105ff.). Die Internationalisierung der Ökonomie war schließlich auch gleichbedeutend mit der Krise der amerikanischen Hegemonie, wenn sich allerdings gleichzeitig der Dollar als Weltwährung bewährte (Aglietta, 1982: 13). Wie De Vroey in bezug auf diese Feststellung von Aglietta zeigt, waren die "zwei Fundamente der alten Ordnung erschüttert" worden: die industrielle Überlegenheit Amerikas und die Stabilität des internationalen Währungssystems, das sich mehr und mehr in eine Schuldenwirtschaft hinein bewegte (De Vroey, 1984: 62f.). Insbesondere vom amerikanischen Standpunkt war der qualitativ neue Aspekt der Internationalisierung die Schaffung "echter Weltindustrien" (Davis, 1986: 67). Der amerikanische Kapitalismus hatte als eine "Binnen-wachs-tumsmaschine" ("domestic growth machine" im amerikanischen Original) prosperiert, die "asymmetrisch" in eine von ihr beherrschte Weltökonomie eingeklinkt war, insofern sie auf die Stärke ihrer eigenen fordistischen Massenproduktion vertraute (Davis, 1986: 58). Im Laufe der fordistischen Krise verschwanden die "gesunden binnenökonomischen Akkumulationsbedingungen" (Davis), das Verhältnis der amerikanischen Industrie zur Produktion anderer Länder wurde umgekehrt, und das Land wurde von Importen vom industrialisierten und industrialisierenden Ausland abhängig. Der Importanteil in Schlüsselindustrien wie Auto, Stahl, Bekleidung oder Werkzeugmaschinen stieg zwischen 1960 und 1984 um bis um das Fünfzehnfache an (Vgl. Tabelle 2.1).

	1960	1984
Autos	4,1	22
Stahl	4,2	25,4
Bekleidung	1,8	30
Werkzeugmaschinen	3,2	42

Tabelle 2.1: Importanteil bei ausgewählten Branchenmärkten der USA (in Prozent). Quelle: Davis, 1986: 119

Gleichermaßen wuchsen die ausländischen Direktinvestitionen in den USA stark an. In den fünf Jahren nach 1979 verdoppelten sie sich und erreichten 1984 $140 Milliarden. Dies entspricht einer mehr als zehnfachen Steigerung der Direktinvestitionen aus dem Ausland des Jahres 1970, als sie bei $13 Mil-

---

von zwei historisch und theoretisch verbundenen, aber unterschiedlichen Phänomenen, die man als Fordismus bezeichnet: Das erste Phänomen ist Fordismus als ein "Modus der Kapitalakkumulation" (Intensivierung, Taylorisierung, wissenschaftliche Organisation der Produktion); das zweite Phänomen ist "Fordismus als ein Modus der Regulation" (Nexus von Produktion und Konsumtion)(1986: 26).

liarden standen. Die jährlichen Direktinvestitionen aus dem Ausland stiegen zwischen 1982 und 1988 von ca. $10 Milliarden auf $65 Milliarden an. Großinvestitionen von über einer Millarde Dollar aus Japan, Großbritannien und Kanada waren 1988 dafür verantwortlich, daß die Direktinvestitionen in diesem Jahr um 61,3 Prozent gegenüber dem Vorjahr wuchsen, als sie noch bei $40,3 Milliarden lagen (Abbildung 2.1). Diese drei Länder stehen insgesamt für den größten Anteil an den ausländischen Direktinvestitionen, wobei die Rolle des Kapitalflusses aus Japan seit 1982 am stärksten zugenommen hat. (Tabelle 2.2). 1981 überschritten erstmals die ausländischen Direktinvestitionen in den USA diejenigen der USA in anderen Ländern, bei einer 31prozentigen jährlichen Wachstumsrate der ausländischen Investitionen in Amerika (vgl. Sassen-Koob, 1987b: 77). Zwischen 1980 und 1984 kletterte das Handelsdefizit der USA von $26 auf $123 Millarden. Der Anteil Japans an diesem Defizit stieg in derselben Zeit von $12 auf $37 Milliarden (Lash/Urry, 1987: 198).

Investment in U.S. Up 61%

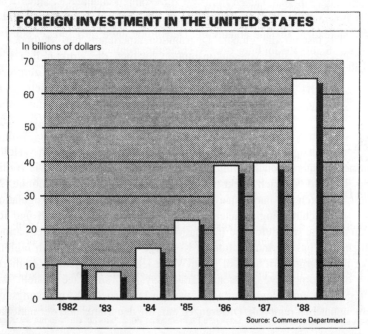

Abbildung 2.1: Ausländische Investitionen in den USA (Quelle: Los Angeles Times, 31. Mai 1989: IV,2)

Tabelle 2.2: Auslandsinvestitionen in die USA 1982-1987, wichtigste Investorenländer (Quelle: Los Angeles Times, 31. Mai 1989: IV,2.)

Fordismuskrise, Raum und Internationalisierung

Im Mittelpunkt der Krise des Fordismus und des Übergangs vom Fordismus zum Postfordismus steht der Prozeß der Internationalisierung selbst. Der (amerikanische) Fordismus zeichnete sich dadurch aus, daß er nicht auf Lösungen seiner Krisen und Widersprüche in der "Außenwelt", quasi als "Thermostat", zurückgriff, sondern "interne" Lösungen bevorzugte (Lipietz, 1982). Dabei schuf die globale Distribution amerikanischer Methoden der Massenproduktion und Massenkonsumtion letztlich die strukturellen Risse, entlang welcher die US-Hegemonie ab Mitte der sechziger Jahre zu zerbrechen begann (Aglietta, 1982: 16). So hatte die Exportrate - im Vergleich zur Gesamtproduktion von Waren - Mitte jenes Jahrzehnts ihr absolutes Tief erreicht. Zudem spielte sich der Außenhandel zumeist zwischen den industrialisierten kapitalistischen Nationen ab, und nur der Niedergang der Nachkriegsordnung im Zusammenhang mit der Industrialisierung der Länder der Dritten Welt löste einen neuen Internationalisierungsschub aus (Noel, 1987: 328). Die fordistische Krise wird demnach direkt mit der Entstehung einer Weltökonomie identifiziert, wodurch die nationalen Arrangements - die nationalen Regulationsmodi - in Erschütterung gerieten (vgl. Noel, 1987: 318).[5] Hirsch und Roth führten aus, daß sich durch die Internationalisierung des Kapitals der nationalstaatliche Einfluß auf multinationale Konzerne verringert, daß sich regionale Disparitäten vergrößern und auf diese Weise letztlich die soziale Regulierung durch das "korporative Massenintegrationssystem" in Frage gestellt wird. Wenn Staaten und Regionen unter weltmarktinduziertem Anpassungsdruck kommen, tauchen regionale Differenzen auf, die den Status quo der nationalen

---

5 Vgl. de Vroey, 1984 für eine anschauliche Darstellung der Zusammenhänge von Kohäsion und Krise im internationalen Nachkriegssystem.

Macht unterminierten (Hirsch/Roth, 1986: 96f.). "Die Entwicklung des Kapitalismus im *Weltmaßstab* ist durch tiefgreifende *raum-zeitliche Ungleichheiten* geprägt. Die historischen kapitalistischen Formationen, d.h. spezifische Akkumulationsregimes, Regulationsweisen und Hegemonialverhältnisse, bilden sich in der Regel in nationalstaatlich umgrenzten Räumen heraus" (Hirsch, 1990: 91). Dem Staat kommt hier eine zentrale Rolle im regulativen System zu; dabei ist es der jeweiligen nationalen politisch-institutionellen Tradition geschuldet, wie sich weltmarktinduzierte Anpassungsprozesse in den spezifischen historisch-geographischen Raum umsetzen. Im Internationalisierungsprozeß stellt sich zwischen den einzelnen nationalen Formationen in einer permanenten Produktion und Reproduktion eine Hierarchie metropolitaner und peripherer Regionen her (Hirsch, 1990: 92).

Globale Geographien: Städtesystem und Regionen unter dem Einfluß der Internationalisierung

Von wesentlicher Bedeutung sind zwei grundsätzliche geographische Wirkungen der ausländischen Investitionen in den USA. Erstens werden Veränderungen im Städtesystem hervorgerufen. Zweitens wird der Trend zur Zweiküstenökonomie durch die Internationalisierung verstärkt.

Marktplätze der Welt: die neue Städtehierarchie der USA

Erstens sind es vor allem einige wenige große Städte, die zu Zentren der neuen internationalisierten amerikanischen Ökonomie avancieren. Ausgehend von Cohen (1981) kann man eine langfristige Verschiebung in der amerikanischen Städtehierarchie aufgrund nationaler und internationaler ökonomischer Veränderungen konstatieren. Cohen war in seiner Untersuchung von Fortune 500 Firmen in amerikanischen Städten und deren "multinationalem Index" in den siebziger Jahren davon ausgegangen, daß internationale Funktionen in wenigen amerikanischen Städten konzentriert würden. San Francisco und New York stachen als die herausragenden Finanz- und Handelszentren mit Orientierung nach Übersee heraus. Cohens Ergebnisse waren jedoch trotz ihrer Gründung in den Diskussionen um die Entstehung einer Neuen Internationalen Arbeitsteilung noch wenig von der Herausbildung gänzlich neuer internationalisierter städtischer Zentren beeinflußt. Los Angeles taucht in Cohens urbaner Hierarchie z.B. nur als regionales Zentrum auf. Dies mag vor allem daran liegen, daß seine methodische Konzentration auf die Tätigkeit von multinationalen Konzernzentralen die umfassende soziale und ökonomische Internationalisierung von Welt-Städten unterbewertet. Friedmann (1986) zählt in seiner Typologie New York, Chicago und Los Angeles unter die primären amerikanischen Welt-Städte, während Miami, Houston und San Francisco der sekundären Kategorie angehören. Friedmanns Auswahlkriterien für die Benennung des internationalisierten Status dieser Städte sind vielseitiger und dynamischer, denn er zieht nicht nur Zentralfunktionen, sondern auch Produktionsbasis und Bevölkerungsstruktur ins Kalkül. In Cohens Schema würden daher z.b. "Drittweltindustrien" wie der riesige Bekleidungssektor von Los Angeles und New York nicht ins Gewicht fallen, während Friedmanns Analyse diese Phänomene integriert. Die Differenz in den Definitionsmustern zwischen Cohen und Friedmann indiziert zugleich eine tieferliegende Restrukturierung der kapitalistischen Ökonomie vom Fordismus zum Postfordismus, die sich nicht mehr alleine in den Kategorien der Expansion der multinationalen Konzerne fassen läßt, sondern deren spezifische "Internationalisierungspfade" auf dem Weg zu einer neuen internationalisierten amerikanischen Geographie einbeziehen muß. Wesentlich an der Reformulierung des amerikanischen Städtesystems in der "abhängigen Zukunft", von der Logan und Molotch (1987) sprechen, ist, daß die Städte der USA in ein transnationales System eingebunden sind, dessen Integration durch Netzwerke zielbewußter Individuen und Organisationen betrieben wird (Ibid.: 257).

"Donut"-Geographie: Die Internationalisierung der amerikanischen Küsten

Zweitens schienen Direktinvestitionen in das produzierende Gewerbe der USA - ein Drittel der Gesamtinvestitionen - in den letzten Jahren den Trend zur regionalen Verschiebung zum Sonnengürtel und die - von New York und Kalifornien exemplarisch repräsentierte - Zweiküstenökonomie des Landes zu verstärken (Sassen-Koob, 1987b: 78). Glickman (1987: 72) berichtete von einem "ungleichen Muster" der ausländischen Direktinvestitionen und fand den höchsten Anstieg bei der Beschäftigung durch fremde Tochterfirmen zwischen 1974 und 1981 in den Rocky Mountains, im Südwesten und im Fernen Westen. Ausländische Investoren tendieren zu Standortentscheidungen außerhalb des industriellen Herzlandes der USA, und sie folgen dem Trend einheimischer Firmen, deren räumliche Verteilung zunehmend den Westen und den Süden favorisiert. Städte im Nordosten konnten jedoch teilweise den Verlust ihrer industriellen Basis in der Folge der Errichtung einer Neuen Internationalen Arbeitsteilung durch eine Verstärkung ihrer Zentralfunktionen (Dienstleistungen und Finanz) wettmachen (Ibid.). Ähnliche geographische

Wirkungen hat die neue "vierte Welle" der Einwanderung aus Asien und Lateinamerika, die fast ausschließlich den metropolitanen Zentren der beiden Küsten, aber auch - aus offensichtlichen Gründen - der mexikanischen Grenzregion zugute kommt (Muller/Espenshade, 1985; Light/Bonacich, 1988). Der regionale Charakter von Herkunft und Zielort der Immigration hat ebenfalls dazu geführt, daß die Geographie des internationalisierten Amerika sich von derjenigen der fordistischen Periode deutlich unterscheidet. Der Zustrom von Einwanderern aus der Karibik, Mittelamerika und Asien findet vor allem seinen Niederschlag im Südwesten und im Nordosten (New York, New Jersey) (Glickman, 1987: 72). Ein typisches Beispiel für den kombinierten geographischen Effekt von internationaler Kapitalinvestition, nationaler und einzelstaatlicher Forschungs(allokations)politik und internationalisierter Arbeitskräftezufuhr ist die Konzentration der Halbleiterindustrie in Massachussetts und Kalifornien (R. Ross, 1988; Glickman, 1987: 73).

Paradise Incorporated: Kalifornien als globales Projekt

Kalifornien ist seit seinen spanisch-amerikanischen Anfängen im 19. Jahrhundert eine Drehscheibe für internationales Kapital und Einwanderung. Dem letzten mexikanischen Gouverneur von Kalifornien, Pio Pico wird zugeschrieben, in den vierziger Jahren des 19. Jahrhunderts gesagt zu haben: "Wir finden uns plötzlich bedroht durch Horden von Yankee-Auswanderern, die schon begonnen haben, in unser Land zu strömen und deren Fortschritt wir nicht anhalten können" (zitiert nach California Department of Commerce, 1987: i). Der Goldrausch, der im selben Jahrzehnt den "Golden State" überrollte, war eines der frühen Beispiele für die komplette Internationalisierung einer Region, der Investition ausländischen Kapitals und der Produktion eines internationalisierten Proletariats (Finzsch, 1982). Mit den Yankees kam zwar Kapital in den rückständigen, ewig vom Rest des nordamerikanischen Kontinents isolierten Staat. Charakteristisch war jedoch bis weit ins 20.Jahrhundert die Kapitalknappheit in der Region, die erst durch Investitionen aus dem Osten und durch kleinteilige Kapitalien aus dem Mittelwesten in späteren Wellen der Besiedelung schrittweise beseitigt wurde (Davis, o.D.). Das für die aufeinanderfolgenden *Booms* auf dem Bodenmarkt Kaliforniens notwendige Kapital gelangte buchstäblich in den Taschen von Kleinkapitaleignern aus dem Mittleren Westen an die Westküste. Auch war die Internationalisierung des Kapitalmarktes am Pazifik ein Faktor der Finanzierung entsprechender Projekte. Die USA dienten im 19. Jahrhundert als Absorptionsfeld für britische

Kapitalüberschüsse, die zu großen Teilen in den Eisenbahnbau flossen, der Kalifornien in der zweiten Hälfte des Jahrhunderts an die amerikanische Ökonomie anband. Touristen, Glück- und Goldsucher kamen mit der Bahn oder mit dem Schiff vom Osten her. Auf dem Rückweg in die Metropolen des industrialisierenden Amerika wurden unter Verwendung der neuen Technologie der Kühlung von Eisenbahnwaggons die Früchte der kalifornischen Landwirtschaft transportiert (McWilliams, 1979; Starr, 1985; Cleland/Hardy, 1929). Über den Seehafen von San Francisco wurden die internationalen Kontakte des Staates geknüpft (Cleland/Hardy, 1929). Lokale Unternehmer versuchten dabei, die Not der Isolation vom amerikanischen Kontinentalmarkt und dem transatlantischen Handel in eine Tugend zu umzukehren. Insbesondere in Südkalifornien machte sich eine frühe Version panpazifischer Megalomanie breit, die Los Angeles als Knoten einer von Europa unabhängigen Wirtschaft am Stillen Ozean imaginierte. Der Eisenbahntycoon Henry Huntington sagte in diesem Sinn bereits um die Jahrhundertwende:

Ich bin ein vorausehender Mann, und ich glaube, daß Los Angeles dazu ausersehen ist, die wichtigste Stadt in diesem Land zu werden, wenn nicht in der Welt. Sie kann sich nach jeder Richtung, so weit Sie wollen, ausdehnen. Ihre Vordertür öffnet sich zum Pazifik, dem Ozean der Zukunft. Europa kann seine eigenen Bedürfnisse befriedigen; wir werden die Bedürfnisse Asiens befriedigen. Es gibt nichts, das in Südkalifornien nicht hergestellt werden kann und nur wenige Dinge, die dort nicht wachsen" (zitiert nach McWilliams, 1979: 133f.).

Wie Picos widerfuhr auch Huntingtons "Ahnung" das ironische Schicksal, einen richtigen Trend zu bezeichnen, jedoch von der Geschichte auf den Kopf gestellt zu werden: heute ist es Asien, das mit seinen Automobilfabriken, seiner Elektronikindustrie und schließlich mit seinem Kapital Kalifornien "versorgt".

Internationale Arbeiterklasse

Vor allem die Beständigkeit einer internationalen Arbeiterklasse sticht in Kaliforniens Geschichte heraus. Die Einwanderung, zuerst die chinesische und japanische, später die mexikanische, versorgte die Landwirtschaft, den Eisenbahnbau und die Industrie der Westküste mit einem kontinuierlichen Strom von Arbeitskräften. Die Immigration nach Kalifornien war dabei geprägt von Besonderheiten, die der geographischen Lage des Staates am Pazifik und in der relativen Isolation vom Rest der USA durch die Gebirge, seine Nähe zu Mexiko und seine natürlichen Ressourcen entsprangen (Muller/Espenshade, 1985: 18). 1852, vier Jahre nach Beginn des Goldrausches, der die kalifornische Bevölkerung auf 200.000 hatte wachsen lassen, machten die Chinesen 10

Prozent aller Kalifornier aus. Insgesamt wanderten in den drei Jahrzehnten danach bis zum *Chinese Exclusion Act* 1882 ungefähr 335.000 Chinesen nach Kalifornien aus. Tausende von Japanern folgten aus Hawaii kommend und nach der Aufhebung japanischer Auswanderungsbeschränkungen 1886 direkt aus dem Mutterland auswandernd. Die asiatische Immigration kam jedoch nach der Jahrhundertwende aufgrund der rassisch-ethnisch begründeten Einwanderungspolitik der USA zum vorläufigen Stillstand. In den ersten beiden Jahrzehnten des 20. Jahrhunderts wuchs die mexikanische Immigration rasch an. In den zwanziger Jahren machte diese Gruppe bereits 40 Prozent aller legalen und einen sicher größeren Anteil aller illegalen Einwanderer nach Kalifornien aus. Von den 368.000 Mexikanern, die 1930 in Kalifornien lebten (4,5 Prozent der Bevölkerung des Staates), befanden sich 40 Prozent in Los Angeles County. Die Mexikaner im *Golden State* waren bereits eine städtische Bevölkerung. Erst die Depression mit ihrem Repatriierungsprogramm, nach dem alle Mexikaner, die nicht auch die amerikanische Staatsangehörigkeit besaßen, den Staat verlassen mußten, stoppte diesen Trend (Muller/Espenshade, 1985: 18-23).

Die nächste große - diesmal interne - Wanderungsbewegung nach Kalifornien war die der Schwarzen aufgrund des kriegsbedingten Booms in den vierziger Jahren. Zwischen 1941 und 1945 erhöhte sich die Zahl der schwarzen Kalifornier von 124.000 auf fast eine halbe Million. (Muller/Espenshade, 1985: 23). Weiterhin stiegen aufgrund der Reform der Einwanderungsbestimmungen 1965 die Zahlen der asiatischen Einwanderer dramatisch an (Muller/-Espenshade, 1985: 29n.). Und heute ist trotz verschärfter Kontrollen in der Folge des *Simpson-Rodino*-Gesetzes aus dem Jahre 1986 die unablässige Grenzüberschreitung undokumentierter mexikanischer Arbeitskräfte die kalifornische Realität.

Kalifornien heute

Von einer Internationalisierung Kaliforniens durch auswärtige Kapitalinvestitionen kann man im strengen Sinn allerdings erst ab den siebziger Jahren dieses Jahrhunderts sprechen. 1984 kam Kalifornien für 11,7 Prozent des Werts von Grundbesitz, Produktionsstätten und Maschinen (*equipment*) in der Hand ausländischer Investoren in den USA auf. Der Staat war dabei sogar Ziel von 25 Prozent aller japanischen Investitionen und von 44,4 Prozent der Investitionen aus dem restlichen Asien, aus Afrika und dem Pazifik. 1987 waren die ausländischen Direktinvestitionen in Kalifornien ($ 42 Millarden), in Texas ($ 41 Millarden) und New York ($ 23 Millarden) massiert (LAT, 28. Juni 1989, IV:1). Die gewerbliche Produktion steht mit einem Anteil von 47 Prozent am

Gesamtvolumen der Arbeitsplatzschaffung an der Spitze der ausländischen Investitionen (California Department of Commerce, 1987). Die Gesamtbeschäftigung von ausländischen Tochterfirmen, die in der Produktion und im Einzelhandel konzentriert ist, war unter allen Staaten mit 324.000 Beschäftigten in Kalifornien am höchsten (New York: 300.100; Texas: 207.000; LAT, 28. Juni 1989). Die Regierung des Staates verfolgte eine aggressive Ansiedlungswerbung in Asien. 1987 berichtete Gouverneur George Deukmejian, daß ein neugegründetes kalifornisches Handelsbüro in Japan bereits zu Investitionen von $ 100 Millionen und der Schaffung von 2000 Arbeitsplätzen im Staat geführt hatte. Der Staat hat ebenfalls Handelsbüros in London und Mexico City und beabsichtigte, bis 1990 in Hong Kong und Frankfurt Niederlassungen zu eröffnen. Los Angeles war das Zentrum der geballten Investitionen aus dem asiatisch-pazifischen Raum, die vor allem im Immobilienmarkt, der gewerblichen Produktion und in der Ölproduktion konzentriert waren. 1985 waren 21 von 105 dem Handelsministerium des Staates gemeldeten internationalen Investitionstransaktionen, die eine spezifische Stadt als Ziel angaben, in Los Angeles verortet. Die Senke von Los Angeles, so schloß ein Bericht des Ministeriums, war Ziel von 54 Investitionen inklusive vielfacher Investitionen in Irvine, Tustin, Long Beach, Torrance, Corona und Ontario (California Department of Commerce, 1987).

Die Herausbildung einer neuen Geographie der amerikanischen Ökonomie in der Folge der Internationalisierung wird am Beispiel von Kalifornien und Los Angeles deutlich erkennbar. Entscheidend ist dabei jedoch nicht in erster Linie die geographische Nähe der Westküste zur pazifischen Ökonomie, sondern deren Adaptionsfähigkeit in Hinblick auf soziale, ökonomische und räumliche Restrukturierung unter dem Druck der pazifischen Ökonomie. Die Erkenntnis, daß geographische Lage alleine keine dauerhafte Sicherung der Wettbewerbsfähigkeit der Ökonomie des Staates garantiert, fand ihren Ausdruck beispielsweise in einer Studie des Center for the Continuing Study of the California Economy aus dem Jahr 1988 (vgl. Brooks, 1988). Nationale und internationale Konkurrenz droht die relativ günstige Position des Staates am Pacific Rim auszuhöhlen, wenn nicht wirtschaftspolitische Maßnahmen für die Zukunft getroffen werden. Im Vordergrund der Überlegungen stehen dabei die Ausbildung der Arbeitskräfte und die Bereitstellung der Infrastruktur (Ibid.). Auch Faktoren wie der ungehinderte Zustrom billiger ungelernter Arbeitskraft als Grundlage der kalifornischen Ökonomie tauchen in vielen Hochrechnungen auf (Brooks, 1987). Darüberhinaus kann der Verlust der produktiven Basis des Staates in den meisten traditionellen Industrien (Stahl, Auto etc.) als prekäre Ausgangsposition für eine zukünftige Konkurrenzfähigkeit betrachtet werden (Stephens, 1986; Walters, 1986).

Internationalisierung bedeutete gleichermaßen die Entstehung einer neuen postfordistisch flexibilisierten Wirtschafts-, Sozial-, und Raumstruktur. Kalifornien wurde ein Musterbeispiel für die globale Restrukturierung: "Unternehmer und *Venture*-Kapitalisten gibt es zuhauf; die Gewerkschaften sind gelähmt; die Löhne sind so flexibel, daß sie sich für viele Arbeiter vom einen auf den anderen Tag ändern können; pulsierende Dienstleistungs- und Hochtechnologieindustrien schaffen jährlich Hunderttausende neuer Arbeitsplätze" (Stephens, 1986). Wie Allen Scott (1988a,b) für verschiedene industrielle Sektoren in Orange County und Los Angeles demonstrierte, geht die aktuelle internationale Investition in die kalifornische Ökonomie mit der Schaffung neuer industrieller Distrikte in (Süd-) kalifornien einher, die die Kennzeichen eines nachfordistischen Akkumulationsregimes tragen. Hier machen sich die für Kalifornien insgesamt beschriebenen Problemlagen (z.B. ökonomische Disparitäten in einer internationalisisierten Umgebung) noch prononcierter bemerkbar als anderswo. (Eine genauere Untersuchung dieser Zusammenhänge findet sich in den Kapiteln 4 und 5.)

Unter den Voraussetzungen, die der Staat über seine geographische Lage hinaus mitbringen muß, um im "Pazifischen Jahrhundert" zu bestehen, ragen vor allem die Absage an den egalitären Aspekt des "amerikanischen Traums" und die Schaffung einer ethnisch und in Klassen gespaltenen Gesellschaft heraus. Im Kern dieser Entwicklung steht die Transmission der globalen Tendenzen hinein in regionale Strukturen. Das Produkt ist eine Komplexität, "die der nordamerikanische Kontinent noch nie gesehen hat": eine zweigleisige Ökonomie mit Asiaten und nicht-lateinamerikanischen Weißen in Konkurrenz um die Spitzenjobs, während die Latinos mit den Schwarzen um die schlechtbezahlten Arbeitsplätze vor allem in den Niedriglohndiensten wetteifern. Am Ende steht - den Voraussagen zufolge - ein "Drittweltstaat" mit einem politischen und ökonomischen System, das sich entlang den globalen Scheidelinien von Prosperität und Pauperisierung spalten wird.

Epilog als Einführung

Kalifornien und Los Angeles blieben während der ganzen achtziger Jahre die Vorzeigebeispiele einer neuen Welt, in der die amerikanische Hegemonie neu definiert wurde. Die Binnenauswirkungen der neuen Rolle der USA im globalen Kapitalismus konnten an der Westküste ebenso scharf beobachtet werden wie ein Jahrzehnt vorher die Deindustrialisierung des Ostens und die Verschiebung des ökonomischen Schwerpunktes vom "Rostgürtel" zum

"Sonnengürtel" als paradigmatische Restrukturierungskennzeichen galten. Die Darstellungen dieser neuerlichen Transformation der amerikanischen politischen Ökonomie waren meistens Erfolgsgeschichten, auch wenn die zunehmenden sozialen und ökonomischen Disparitäten des neuen Modells regelmäßig als Vermouthstropfen mitgeliefert wurden. Zu Beginn der neunziger Jahre drehte sich der Wind. Der Niedergang und die Krise der kalifornischen Ökonomie, die Reduzierung der "militärkeynesianischen" Infusionen in die Luft- und Raumfahrtsindustrie und der japanischen Investitionen eröffneten eine Phase der "Stagnation".[6] Inzwischen firmiert Kalifornien als Exempel jener Krise, die zu großen Teilen die Grundlage für Präsident Bill Clintons Wahlerfolg über George Bush im November 1992 wurde. Zu Beginn der neunziger Jahre stieg die Arbeitslosigkeit im Staat stark an und erreichte im Oktober 1992 9,8 Prozent. Nur vier andere Staaten in den USA verloren 1992 mehr Arbeitsplätze in der gewerblichen Produktion als Kalifornien. Die Preise für Eigenheime purzelten um 10 bis 25 Prozent in den Keller, und die Leerstände im kommerziellen Immobiliengeschäft erreichten 25 Prozent. Die Krise wurde als so einschneidend und strukturell empfunden, daß sich eines der "kalifornischsten" Unternehmen, das den Westküstenstaat förmlich symbolisierte, das sinkende Schiff verließ: Walt Disney Co. stellte Pläne vor, nach denen es in Tokyo anstatt wie projektiert in Long Beach seinen neuen Themenpark *Disney Sea* eröffnen wird. Die Probleme des Staates massieren sich in Südkalifornien, seit 1988 schätzungsweise 116.000 Arbeitsplätze allein in der Militärproduktion verloren gingen. Es wird erwartet, daß sich diese Tendenz noch bis 1995 fortsetzen wird. An jedem der hochbezahlten Jobs in der Rüstungsindustrie hängen zudem zwei weitere Arbeitsplätze, die ebenfalls verloren gehen. Es ist fraglich, ob diese Verluste von der Umstellung auf zivile Produktion, vor allem im Transportsektor aufgefangen werden können. Gegen Anfang des letzten Jahrzehnts dieses Jahrhunderts stellen sich die ökonomisch Verantwortlichen in Kalifornien erstmals ernsthaft die Frage, ob die "materiellen Träume"(Starr, 1990) des *Golden State* zu Ende sind (Campbell, 1992).

---

6   Ich folge hier einer Einschätzung von Mike Davis, die er mir gegenüber in einem Gespräch am 31. Juli 1992 äußerte. Davis stützt sich auf folgende Entwicklungen, die die positiven Prognosen der achtziger Jahre in Frage stellen: die Geburtenraten in der Region Südkalifornien sind höher als erwartet; bei der Einwanderung beginnen die Push-Faktoren die Pull-Faktoren zu überwiegen; die Wohnungskrise und die Obdachlosigkeit werden stets schlimmer; die Krise der japanischen Kapitalmärkte führt zu Problemen in der südkalifornischen Immobilienwirtschaft und die regionale Ökonomie wird Opfer der generellen Ungleichgewichte und Krisen der Pazifikökonomie.

3. Waffenschmiede und Wegwerfstadt: Los Angeles im Fordismus

> *This is America, home of the free, little pink houses for you and me.*
>
> John Mellencamp

> (...) die neuen Bungalows am Stadtrand verkünden schon wie die unsoliden Konstruktionen auf internationalen Messen das Lob des technischen Fortschritts und fordern dazu heraus, sie nach kurzfristigem Gebrauch wegzuwerfen wie Konservenbüchsen.
>
> Max Horkheimer/Theodor W. Adorno

> *"Instant throw-away cities" are hardly feasible no matter how hard the folk in Los Angeles try.*
>
> David Harvey

> *I am convinced we cannot afford the tradition of "throw away cities".*
>
> Tom Bradley

Feuersturm und Erdbeben: Stadtgeschichte als Katastrophentheorie?

Die Entfaltung des Fordismus in Los Angeles war nicht allein exogenen Faktoren geschuldet. Oft werden jedoch zum Beispiel Wachstum und Wohlstand in Südkalifornien ausschließlich mit der Rüstungsexplosion während des Zweiten Weltkriegs erklärt (Hirsch, 1971). "Der japanische Angriff auf Pearl Harbour ... öffnete der gewaltigen industriellen Ausdehnung und Urbanisierung von Los Angeles die Tür", schreiben Gottlieb und Wolt (1977: 296). Das Einfließen kriegs- und rüstungsorientierter Bundesmittel in die Stadtregion, welches dem Weltkrieg und den späteren Kriegen in Asien folgte, ist tatsächlich ein zentrales Moment der jüngeren Urbanisierung in Los Angeles (vgl. Bloch, 1987; Clark, 1983). Man kann also durchaus behaupten, daß das Wohlergehen der städtischen Ökonomie direkt mit der amerikanischen Außenpolitik zusammenhängt. Dieses Verhältnis bleibt bis in die Gegenwart und die Reduzierung der Rüstungsausgaben in Zeiten der internationalen Entspannung virulent. In Städten wie Los Angeles wird nach 1945 die Kriegsmaschinerie der

USA mit dem System der fordistischen Massenproduktion und des privatisierten Massenkonsums, mit der Welt der *Freeways* und Einfamilienhäuser verschweißt.

Dem katastrophischen Beginn könnte man im zweiten Schritt eine katastrophales Ende zugesellen, mit dem der Fordismus gerade so naturgewaltig wie er in Form des japanischen Bombardements entstand, im Schutt des gefürchteten Großen Erdbebens verschwindet. Zwischen Krieg und Erdbeben läge ein Prozeß, der als Produkt eine Stadt hätte, die nur Abbild außer ihr verwurzelter Vorgänge wäre, ohne Geschichte, vielleicht ohne Zukunft. Damit wäre auch nur eine Tendenz zum Extrem gesteigert, die sich durch weite Strecken der vorliegenden Literatur zieht: Los Angeles als Phönix aus dem Wüstensand. Beschrieben wird dabei - meist implizit - Aufstieg und Fall von Los Angeles als Stadt im Fordismus, Produkt einer nationalen Geschichte, deren Entfaltung außer-städtisch verläuft. Der Genesis dieses Konzeptes ist der zweite Teil dieses Kapitels auf der Spur.

Im dritten Teil wird diese Sicht auf den Kopf gestellt. Los Angeles wird darin nicht als eine beliebige Stadt im militärisch-massenkonsumtiven Fordismus erklärt, sondern seine endogenen Entwicklungsmuster und lokalen Gegebenheiten und Dynamiken werden als Elemente der Verwurzelung des fordistischen Modells in der Stadt dargestellt. Im Gegensatz zur "Stadt im Fordismus" nenne ich das Ensemble dieser lokalen Dynamiken die "fordistische Stadt". Ich orientiere mich in der Verwendung dieses Begriffes vor allem an dem Vorschlag von Mike Davis, die "ortsspezifische Subsumtionsweise der Arbeit und Organisation der Klassenkämpfe" zum Forschungsgegenstand zu machen (Davis, o.D.). Ich setze damit voraus, daß das "nationale fordistische Regime" (vgl. Hirsch/Roth, 1986: 46ff.) von Beginn an signifikant ausdifferenzierte lokale Versionen aufweist. Ziel dieser Darstellung ist das Verständnis der im Rahmen der (inter)nationalen Entwicklung stattfindenden lokalen Modifikationen der fordistischen Formation. Die Konstituierung des Fordismus als nationalem System ist nur verständlich, wenn man die Entwicklung von Orten mit einbezieht. Die strukturierte Kohärenz des fordistischen Los Angeles wird als Konstitutionselement des amerikanischen Fordismus und nicht nur als sein Produkt betrachtet.

Los Angeles: Stadt im Fordismus

Americanism, Not Fordism

Streikplakat, Los Angeles, 1937

Los Angeles, die zweitgrößte metropolitane Region in den
USA, ist buchstäblich das Produkt des technologischen Zeital-
ters - der Ära des Automobils, des Flugzeugs und der Rakete.

Winston W. Crouch und Beatrice Dinermann

Los Angeles ist das paradigmatische Produkt der ökonomischen Entwicklungen und bundesstaatlichen Politiken der keynesianisch-fordistischen Formation. Sein Wachstum hing direkt mit den Verteidigungsausgaben, den Bundes-
subventionen für den Wohnungsbau und den Paradesektoren der nationalen
Ökonomie der Nachkriegszeit zusammen. Los Angeles wird als
"monopolkapitalistische" Stadt geboren, die das typische dichte Wachstum der
"industriekapitalistischen" Stadt des neunzehnten Jahrhunderts nie erlebte
(Soja/Morales/Wolff, 1983).[1]
Mehr als vergleichbare westeuropäische Regimes zeichnete sich der amerikanische Fordismus durch eine seinen spezifischen nationalen Voraussetzungen
geschuldete räumlich-bauliche Strategie aus: Die Suburbanisierung erhöhte die
Nachfrage nach Konsumgütern drastisch (Florida/Feldman, 1988: 189). Die
Stadt im Fordismus war die bauliche Umwelt eines durchtaylorisierten gesellschaftlichen Gefüges, in dem die Vervollständigung des mechanischen Bewe-
gungszyklus in der Produktion (Aglietta, 1979: 114) bis auf die Autobahnen
und in die mechanisierten Eigenheime weitergetrieben werden konnte (vgl.
Hirsch/Roth, 1986: 60). Insbesondere an den Fertigbaukolonien in den kontu-
renlosen Massenvorstädten wurde diese "Warenästhetik" offenbar. Die Stan-
dardisierung der Nahrungs- und Genußmittel, wodurch sich herkömmliche
Formen der physischen Reproduktion verflüchtigten, wurden indessen als Inte-
rieur der Einfamilienhäuser und in Form der automobilgerechten *Fast Food*-
Restaurants in den Vorstädten gleich mitgeliefert.
In der Nachkriegssuburbanisierung fand das Kapital eine riesige Öffnung,
durch die es profitablen Zwecken zufließen konnte. Seine Anwendungen
reichten von der Direktinvestition in die vorstädtischen Industrien, in Infrastruktur und Wohnungsbau bis zur auf Kredit beruhenden privaten Konsum-

---

[1] Zur Diskussion um Typologisierungen der amerikanischen Stadtentwicklung vgl. Gordon,
1978; Gottdiener, 1985; Harvey, 1975b, Trachte/Ross, 1985; Warner, 1972.

tion. Die Vorstädte erschienen als gewaltige Ableiter für konkrete Gebrauchswerte, durch die Wert floß und sich ausdehnte (Walker, 1981: 409). Wenn auch die "vorstädtische Lösung" nicht notwendigerweise der einzig mögliche Entwicklungspfad war, so kann man sicher behaupten, daß eine räumlich konzentriertere Form der Urbanisierung es nicht leicht gehabt hätte, die Mengen von Konsumgütern zu absorbieren, um die herum die Vorstädte wuchsen (Ibid.).

Auf der Ebene der nationalen politischen Regulation des amerikanischen Fordismus ragen die Wohnungsbau- und Fernstraßenprogramme der Bundesregierung heraus. In diesen Milliardenmaßnahmen fand die Stadt im Fordismus in den USA ihren Entwicklungsrahmen vor allem nach dem Zweiten Weltkrieg. Im Wohnungsbereich versuchte die Bundesregierung seit 1932, die brachliegende Hypothekenfinanzierung zu aktivieren (*Federal Home Loan Bank Act*). 1934 folgte die Etablierung der *Federal Savings and Loan Insurance Corporation* als Versicherungssystem für die Hypothekenbanken. Die von den sozialen Kämpfen der dreißiger Jahre begleiteten Maßnahmen des *New Deal* gipfelten schließlich im Wohnungsbaugesetz von 1937, dem *Wagner-Steagall-Act*. Aus dieser Gesetzgebung entstand die Tradition eines dualen Systems von einerseits Subventionen für den Eigenheimbau in den Vorstädten und andererseits öffentlichem Wohnungsbau für die weniger wohlhabenden Klassen in der Innenstadt (Florida/Feldmann, 1988: 191f.).[2]

Nach dem Zweiten Weltkrieg schließlich wird der *Housing Act* von 1949 mit seinem Hypothekenversicherungsprogramm für Kriegsveteranen und Zivilisten, das durch die *Federal Housing Administration* (FHA) und die *Veterans Administration* (VA) verwaltet wird, zur wichtigsten gesetzlichen Voraussetzung der Suburbanisierung. 47 Prozent der mit Hypotheken belasteten Eigenheime sind seither mit diesem Programm finanziert worden (Marcuse-/Hartman, 1988; Gilderbloom/Appelbaum, 1988). Größere Wirkung hatte für die "suburbane Lösung" des amerikanischen Fordismus allerdings noch die Politik der Steuernachlässe für den Privatwohnungsbau, die alleine 1985 eine Höhe von 25 Milliarden Dollar erreicht hatten (Marcuse/Hartman, 1988).

Die zweite fordistische Strategie der Wohnungsversorgung war der seit dem Wohnungsbaugesetz von 1937 existierende öffentliche Wohnungsbau (*Public Housing*), der im Konzert mit der Stadterneuerung (*Urban Renewal*) ab den fünfziger Jahren das kernstädtische Pendant zur "suburbanen Lösung" dar-

---

2   In diesem Ergebnis drückte sich die relative Stellung der Elemente der nationalen *New-Deal*-Koalition aus, deren politische Kämpfe untereinander diesen Kompromiß hervorgebracht hatten (Feldmann/Florida, 1988: 192).

stelle.[3] Zu keinem Zeitpunkt jedoch erreichten die innerstädtischen Maßnahmen die wohnungspolitische und volkswirtschaftliche Bedeutung der suburbanen Expansion, in der ein spezifischer sozial-räumlicher Komplex zur Verknüpfung von Massenproduktion und -konsumtion entstanden war. Der Effekt der innerstädtischen Maßnahmen war ausgeprägter für die Zentralisierung und Restrukturierung der zentralen Funktionen der Produktionsdienste in *Downtown*.[4] Außerdem wurden insgesamt die Widersprüche des amerikanischen Fordismus, der wichtige Segmente der Arbeiterklasse systematisch von Produktion und Konsumtion ausschloß, im sozialräumlichen Gegensatz von Kernstadt und Suburbia am sichtbarsten abgebildet (Florida/Feldmann, 1988: 188). In der Krise der Stadt im Fordismus bricht der so geschaffene lokale Regulationszusammenhang an den Nähten der innerstädtischen Version des amerikanischen Wohnfordismus auseinander. Die Siedlungen des öffentlichen Wohnungsbaus werden zu den Zentren der schwarzen Rebellion und die sozialen Kämpfe gegen Wohnraumvernichtung durch *Urban Renewal* bilden das Herzstück der städtischen sozialen Bewegungen der sechziger Jahre (Mollenkopf, 1978; Marcuse/Hartman, 1988).

Kaum weniger politisch umkämpft und sogar wirkungsvoller als Veränderungsinstrument der baulichen Umwelt der amerikanischen Stadt, wenn auch nicht so relevant für die innere Struktur des inneren Kompromisses der *New Deal*-Koalition, waren die Ausgaben des Bundes für den Fernstraßenbau. Die Hypothekenversicherungen und Steuernachlässe für den Eigenheimbau halfen bei der Schaffung der Vorstädte, und die Stadterneuerungsprogramme "säuberten" die verslumten Innenstädte für die verstärkte Nutzung durch das Finanzkapital und die Produktionsdienste. Das Verbindungsstück zwischen den beiden waren die Fernstraßen (Walker, 1977: 595; Friedland, 1983). 1956 wurde mit dem *Highway Act* das *Interstate Highway*-Programm als größtes Infrastrukturprojekt der modernen Geschichte verabschiedet, wodurch die Suburbanisierung im Wortsinne ihren *Drive* erhielt (Walker, 1977: 595). Der Fernstraßenbau ermöglichte nicht nur das Pendeln zwischen Vorstadt und Kernstadt mit dem eigenen Automobil, sondern auch die Dezentralisierung des

---

3   Lokale Wohnungsbehörden (*Housing Authorities*) wurden nach dem Gesetz von 1937 bereits unter sozialstaatlicher Rechtshoheit mit dem Bau und der Verwaltung von Sozialwohnungen betraut. 1988 waren etwa 1,3 Millionen Einheiten des öffentlichen Wohnungsbaus belegt. Bezogen auf den Gesamtbestand von 92 Millionen Wohnungen sind dies allerdings weniger als 1,5 Prozent.

4   Die ursprünglichen Stadterneuerungsmaßnahmen unter dem *Urban Renewal*-Programm zerstörten weit mehr Wohnungen als neue geschaffen wurden. Zwischen 1949 und 1974 fielen eine halbe Million preiswerter Wohnungen dem *Federal Bulldozer* zum Opfer. Nur ein Fünftel davon wurden ersetzt, die meisten davon durch teureren Wohnraum. Dieselbe Dynamik gilt auch für die späteren Stadterneuerungsprogramme (Friedland, 1983: 86).

Transportwesens und des Handels. Am einschneidensten war jedoch die Wirkung auf die innerstädtischen sozialräumlichen Strukturen, die den Haussmann'schen Boulevards im Paris des 19. Jahrhundert in nichts nachstanden. Der Autobahnbau zerstörte mehr Wohnungen als die Stadterneuerung und verschlechterte die Lebensqualität in den Stadtteilen drastisch (Walker, 1977: 598). Beim Bau des Hollywood Freeway in Los Angeles, der wegen seiner geringen Verdrängungswirkung herausgehoben wird, waren 60 Prozent des benötigten Landes nicht vakant und mußten abgegolten oder geräumt werden (Nelson, 1983: 282).

Obwohl im amerikanischen Sonderfall die bundesstaatliche Subvention der privaten Wohnungsversorgung und des Fernstraßenbaus unter den regulativen Maßnahmen, die die Stadt im Fordismus geprägt haben, herausstechen, ist es notwendig, zwei weitere Aspekte der Entwicklung dieser Rahmenbedingungen zu nennen.[5] Erstens zwingt Aglietta zufolge die fordistische Entwicklung den kapitalistischen Staat generell - und hier ist der amerikanische Fall keine Ausnahme - zu einem historisch vorher nicht gekannten Maß an Ausgaben für die kollektive Konsumtion (Aglietta, 1979: 236). Die Bereitstellung einer sozialen Infrastruktur wird zur zentralen Voraussetzung der Aufrechterhaltung des Nexus zwischen anhaltender Kapitalakkumulation und dem notwendigen gesellschaftlichen Konsumtionsniveau der "konsumierenden" Klassen sowie der Arbeiterklasse. Die Ausgaben für diese soziale Infrastruktur umfassen den legalen Rahmen für die Produktion und den Austausch, die Arbeitsbedingungen, die Bedingungen des Klassenkampfes, die Bildungs-, Erziehungs- und Forschungseinrichtungen, eine Reihe von Institutionen, die die Reproduktion der Arbeitskraft ermöglichen, kulturelle Belange sowie die Überwachung und Repression (Harvey, 1982: 398ff.).

Zweitens schuldete es Amerika seiner hegemonialen Stellung als Weltpolizist, in die das Land nach 1945 hineinwächst, seine Version des Fordismus mit "gigantischen Militärausgaben" anzureichern (Aglietta, 1979: 236). Zwischen 1946 und 1965 gaben die USA 62 Prozent ihres Bundeshaushaltes oder 776 Milliarden Dollar für diesen Zweck aus (Clayton, 1967: 449). Die internen ökonomischen Funktionen der Militärausgaben als staatlicher Fiskalpolitik zugunsten eines Akkumulationsmanagements im Fordismus sind dabei von ebenso zentraler Bedeutung wie die militärische Wirkung im "Klassenkampf auf Weltebene" (Aglietta) selbst. Die Geographie und Politik dieser Ausgaben

---

5   Zur Sonderfallproblematik vgl. Hirsch/Roth, 1986: 47. Florida und Feldmann nennen vier grundlegende Charakteristika des amerikanischen Modells: 1. Zentralität des Hausbesitzes; 2. ungleiche Entwicklung des amerikanischen Fordismus; 3. die Suburbanisierung ist auch das Produkt hochsegmentierter Klassenbeziehungen; 4. die suburbane Lösung war nicht die einzig mögliche.

wird in der fordistischen Urbanisierung zum relevanten Parameter der Ausbildung von spezifischen Orten und Regionen (Clayton, 1967: 449). Geschaffen wurden mit den Bundesgeldern nicht nur Arbeitsplätze im Militärbereich, sondern eine gänzlich neue Infrastruktur. Die Standortwahl der Kriegsindustrie während des Zweiten Weltkrieges hatte auch Einfluß auf den Wohnungsbau. In Zeiten geringer privater Bautätigkeit wurden in Gebieten von "kritischer Bedeutung für die Verteidigung" Gelder von staatlicher Seite für den Wohnungsbau bereitgestellt. Kalifornien war ein solches Gebiet (Walker, 1977: 579). Nicht unterschätzt werden sollte auch der strategische Wert der infrastrukturellen Maßnahmen in den Städten im Fordismus für Kriegsführung und - vorbereitung.[6]

Die sozialräumliche und ökonomische Segregation war ein wesentlicher Gesichtszug des fordistischen Regimes in den USA (Aglietta, 1979: 173). Die oft kleinräumige Fragmentierung und Segmentierung der Stadt im Fordismus war jedoch nur insoweit für den Fordismus charakteristisch, als sie eine mögliche Ausdrucksform der in diesem Regime funktionalen großen gesellschaftlichen Spaltungen war. Die Stadt war in großräumige und dichotomische Räume funktional geteilt: Der sozialräumliche Hauptwiderspruch war die Bipolarität von Stadtzentrum und Vorstadt. Die Zerschneidung des Arbeitsmarktes und der städtischen Geographie in schwarz und weiß, kernstädtisch und vorstädtisch war eine Strategie, mit der die Kontrolle über die ArbeiterInnen und Lohndifferentiale in einem System aufrecht erhalten werden konnte, in dem der Kernsektor der Arbeiterklasse in relativ hochbezahlten, sicheren und meist gewerkschaftlich organisierten Bereichen angesiedelt war. Dieser Kern wurde durch die periphere Existenz der Schwarzen, der nicht-dokumentierten Einwanderer und der Frauen definiert.[7]

Los Angeles wurde im hier beschriebenen Sinne als Stadt im Fordismus sozusagen durch externe Dynamiken produziert. Ökonomisch sorgte dafür die Ex-

---

6 "Hätte die Region vor dem <Zweiten Weltkrieg> ein System von Autobahnen gebaut, so hätte die Bundesregierung Menschen und Material effizienter durch Südkalifornien bewegen können", schreibt Bottles (1987: 226f.). In den Kriegen gegen Korea und Vietnam standen den USA dann in Los Angeles eine erheblich "effizientere" fordistische Stadtlandschaft zur Verfügung. Auf den festungsartigen Aufbau der Region hat Soja (1989: 222ff.) hingewiesen. Die Spezifität dieser neuen Landschaft des Schreckens hat ihre Entsprechung im zivilen sozialräumlichen Bereich der "Sicherheitsstadt", die die fordistische und postfordistische Periode charakterisiert (Davis, 1991).

7 In der postfordistischen Stadt werden die kleinräumigen Spaltungen direkt funktional für die flexibilisierte Produktionsweise des neuen Regimes. Die Unterschiede zwischen den einzelnen Segmenten der Arbeiterklasse werden schließlich bedeutungswirksam. Festzustellen ist heute die Peripherisierung des Kerns und das Aufbrechen des dichotomischen "Gleichgewichts" von Kernstadt und Suburbia zugunsten eines differenzierten Stadt- Raumes, der in der Ökonomie seine fraktionierte Entsprechung findet (Mayer, 1991).

68

pansion des Militärsektors seit dem Zweiten Weltkrieg (Bloch, 1987), durch die die Region in eine "Kriegsmetropole" verwandelt wurde (Lotchin, 1984). Die Kriegsmaschinerie wurde auf die bestehende Luft- und Raumfahrtindustrie und die Zweigwerkökonomie der Vorkriegszeit aufgepfropft. Als Zentrum der Schwer- und Konsumgüterindustrie, der Ölförderung und - verarbeitung, des Tourismus und letztlich der Filmindustrie entwickelte sich Südkalifornien zum Musterbeispiel der Ökonomie, auf der die Urbanisierung im Fordismus gebaut war. Die ausgesprochen aktive Geschichte der Immobilienbranche in der Stadt war dabei nicht hinderlich, als es darum ging, die schon in früheren Perioden angelegte Vorstadtlandschaft mit Bungalows, Doppelgaragen und Swimmingpools zu füllen. Sozialräumlich zerfiel die schon zu Beginn der dreißiger Jahre "fragmentierte Metropole" (Fogelson, 1967), die nie eine dichte Urbanisierung im Stile des 19. Jahrhunderts gekannt hatte, *funktional* ebenso in Vorstadt und Kernstadt wie andere amerikanische Städte des gleichen Zeitraums. Der Unterschied bestand lediglich darin, daß die Suburbanisierung von Los Angeles paradoxerweise *primäre Urbanisierung* bedeutete und nicht, wie in den Städten des Ostens, eine auf die zentralisierte Verstädterungsform folgende neue dezentrale Welle der Urbanisierung (cf. Foster, 1971: 172ff.).[8] Die Kernstadt, Sitz der regionalen und städtischen Verwaltung, eines Teils der Industrie und des Handels, der Banken, einiger alter Immobilienmagnate wie der Times-Mirror-Company und schließlich Wohnort für Tausende, spielte in dieser Geschichtsschreibung von Los Angeles daher immer eine vergleichsweise geringe Rolle.

Die Abbildung der generellen Trends der Verstädterung im Fordismus auf Los Angeles erzählt jedoch nur die halbe Geschichte. Daher zeichne ich im folgenden Abschnitt in groben Zügen nach, wie sich die allgemeine Entwicklung fordistischer Strukturen in eine spezifische fordistische Stadt übersetzt. Ich werde darstellen, wie sich im Rahmen des nationalen Regulationsmodus des fordistischen Regimes lokale Regulationsweisen und Praxen herausbildeten, die schließlich die fordistische Metropole Los Angeles hervorbrachten. Dieser

---

8   Das Wachstum von Los Angeles ist in diesem Sinne sogar als Suburbanisierung der östlichen Städte verstehbar, aus deren Enge und Dichte Menschen nach Südkalifornien auswanderten, gerade weil die von ihnen getragene nationale Ideologie der Stadtfeindlichkeit in den sonnigen Vorstädten dort einen Ort zur Lösung anbot. "Los Angeles als die *good community* versuchte von Anfang an sich als eine Art Gegen-Stadt zu definieren, frei von den meisten städtischen Krankheiten, von sozialen Konflikten und modernen Sünden. (...) Die Dialektik der städtischen Evolution hat diese 'perfekte Siedlung' in eine Supermetropolis verwandelt, geladen mit alle den Defekten und all den Sünden, gegen die sie angeblich geschützt war" (Marchand, 1986: 69). Aber auch schon in früheren Jahrzehnten entsprach das Bild der Anti-Stadt nur einem Mythos (Davis/Keil, 1991).

Versuch zielt auf eine Skizzierung der strukturierten Kohärenz des fordistischen Los Angeles.

Los Angeles: fordistische Stadt

> *It is not that politics seems futile or ugly or threatening to the Angelenos. To most of them, politics seems unnecessary.*
>
> Lewis Carney, 1964
>
> *No major group is disarmed and without access.*
>
> Lewis Carney, 1964
>
> *Burn, Baby, Burn.*
>
> Slogan des Aufstandes von Watts, 1965

Die Ausprägung einer neuen Periode der Urbanisierung ist immer mit der Beseitigung und Modifizierung von Hindernissen beschäftigt, die die soziale und bauliche Umwelt aus früheren Zeiten der Verstädterung an bestimmten Orten bereithält. Im Falle der fordistischen Urbanisierung galt das aufgrund der Aggressivität ihrer raumfressenden Ausbreitung und Massivität der Maßnahmen ganz besonders. Die fordistische Stadt ist das Produkt der allgemeinen Tendenzen der fordistischen Expansion und der zielgerichteten Aktivität lokaler Klassenallianzen, die wiederum von lokalen Klassenkämpfen im Raum definiert werden. In der lokalen Politik liegt daher auch ein möglicher Schlüssel für die Weiterexistenz des Kapitalismus in einer neuen Formation. Die Aktivitäten lokaler Staaten, die die neuen sozialräumlichen Ungleichheiten des fordistischen Regimes politisch repräsentierten und gleichzeitig zum Ort der lokalen Klassenkämpfe werden, sind daher für die Entfaltung eines neuen Akkumulationsregimes relevant (Harvey, 1985b: 265). Im folgenden Abschnitt werde ich daher versuchen zu ergründen, in welcher Weise die Politik lokaler Akteure in Los Angeles die soziale, ökonomische und bauliche Entwicklung der Stadt zum Fordismus unterstützte und stückweise vorwegnahm. Die Elemente dieser lokal induzierten Entwicklung bezeichne ich als "para- fordistisch".

"Ursprüngliche Akkumulation"

Wie Davis (o.D.) in seiner exemplarischen Studie von Los Angeles' früher industrieller Entwicklung zeigt, hatte sich die Stadt um die Jahrhundertwende in

Konkurrenz zu seinen Nachbarn San Francisco im Norden und San Diego im Süden vor allem deshalb durchsetzen können, weil die lokale Bourgeoisie erfolgreich ihre Profitmaximierungsstrategien an das Wachstum der Stadt selbst band. Diese Strategien bestanden vor allem darin, die relativen Kosten der Arbeitskraft abzusenken und die Gewerkschaften zu unterdrücken. Zweitens gab die lokale Wachstumskoalition mehr Geld für Infrastrukturmaßnahmen aus, als das bisher der Fall gewesen war. Drittens gelang es den Ortsunternehmern, große Mengen Kapital von außen in die Stadt zu ziehen, und schließlich schufen sie einen genügend großen regionalen Markt, um die wirtschaftliche Entwicklung zu begünstigen.

In der Rivalität mit San Francisco, die im geschichtlichen Rückblick Ähnlichkeiten mit aktuellen Rivalitäten zwischen einem entwickelten Land mit hohen Löhnen sowie gewerkschaftlichem Organisationsgrad und einem neuindustrialisierenden Land aufweist, war Los Angeles erfolgreich, weil die Strategien seiner lokalen Bourgeoisie der Stadt einen relativen Vorteil über den Konkurrenten gab. Zwischen 1890 und 1910 waren die Löhne in Los Angeles zwischen zwanzig und vierzig Prozent niedriger als in San Francisco. Auf diesem signifikanten Unterschied beruhte das Wachstum von Los Angeles als Industriezentrum (McWilliams, 1979: 277).[9]

Darüber hinaus entstand in Los Angeles eine duale Arbeitsmarktstruktur, die vom *Open Shop* begünstigt wurde. Seit 1908 wurden systematisch mexikanische Arbeitskräfte angeworben. In etwas über zehn Jahren wuchs die Zahl der Mexikaner in Los Angeles County zwischen 1917 und 1930 von 50.000 auf 250.000 (Davis, o.D.). Damit war ein Muster etabliert, das die Arbeitsmärkte sowohl im fordistischen Los Angeles als auch in der gegenwärtigen Restrukturierungsphase erheblich beeinflussen sollte: das ständige Vorhandensein von billiger Arbeitskraft. Neben der lokalen Regulierung des Preises der Ware Arbeitskraft zugunsten der expandierenden Bourgeoisie verblassen die anderen Maßnahmen der örtlichen *Booster*. Dennoch ist deren Wirkung auf die Entwicklung von Los Angeles nicht zu unterschätzen. Dabei stechen der "Wasserimperialismus" der Zentralstadt gegenüber dem unmittelbaren Umland und der kalifornischen Provinz und die aggressive Verfolgung der Anbindung der Binnenstadt an einen Hafen hervor.

---

[9] Die gegen das Proletariat gerichtete Politik der Bourgeoisie von Los Angeles war so erfolgreich, daß sich die gewerkschaftsfeindlichen industriellen Beziehungen der Stadt bald zum Standard der vorher stark organisierten Westküste entwickelten.

Wesentlichen Einfluß auf die Kreation eines lokalen "Para-Fordismus" hatte die Ölförderung in Südkalifornien. Der Ölboom, schreibt Davis, erlaubte es Los Angeles, eine "total moderne städtische und industrielle Infrastruktur" zu errichten. Es war die erste Stadt der Welt, die seit dem Beginn der umfassenden Stromerzeugung mit Öl im *Boom* 1901-1907 gänzlich elektrisch beleuchtet war: "Los Angeles betrat sein industrielles und metropolitanes Zeitalter auf der höchsten möglichen Stufe, der sogenannten 'zweiten technologisch-wissenschaftlichen Revolution'" (Davis, o.D.). Einige wesentliche Strukturelemente der "langen Welle", auf der die fordistische Ära das Land bald überrollen sollte, waren daher schon durch eine Kombination glücklicher Umstände und einen Gutteil lokalen Boosterismus vorhanden.

Kapital erreichte Südkalifornien zu einem großen Teil in den Taschen seiner Besitzer. Die Einwanderung von Tausenden von Farmern und Kleinstädtern aus dem Mittelwesten machten Los Angeles in den zwanziger Jahren demographisch zur amerikanischsten aller amerikanischen Großstädte; ihre Ersparnisse kamen als Treibstoff für die lokale Immobilienbranche in die Region.[10] Los Angeles wuchs in dieser Periode sozusagen auf dem Surplus, das in anderen Regionen der USA erwirtschaftet wurde und kämpfte trotzdem bis zum Zweiten Weltkrieg mit einem der Vorherrschaft der Immobilienökonomie, der Bauwirtschaft und des Konsumismus geschuldeten Kapitaldefizit, für das die Ausbreitung einer auf Industrie basierenden fordistischen Ökonomie ein Hindernis war. Die Sozialstruktur der Region war um 1930 gekennzeichnet von der Einwanderung aus dem sozialen und geographischen *Heartland* der USA.[11] Los Angeles erschien daher damals als eine Stadt des "Kleinbürgertums und seiner Diener" (Davis, o.D.).

---

[10] Davis (o.D.) stellt fest, daß Südkalifornien das Produkt der "Sedimentation sukzessiver Wellen der Immigration mit verschiedenen ökonomischen Profilen" ist:

1. 1890-1906:	Wohlhabende Ostküstenbewohner und Europäer
2. 1906-1925:	a) Mittelklasse aus dem Mittelwesten
	b) Mexikanische ArbeiterInnen
3. 1925-1940:	Arme Weiße aus ländlichen Gebieten (Dustbowl)
4. 1940-1955:	Weiße Arbeiterklasse (Kriegsindustrie und Soldaten)
5. 1940-1965:	Schwarze (Texas und Louisiana)
6. 1965- :	Mexikaner, Mittelamerikaner, Asiaten

[11] "Um 1930 war Los Angeles die 'Seeküste von Iowa' geworden; im demographischen Profil war es die protestantischste, weißeste, älteste aller amerikanischen Städte. Anteil der Mittelklasseangehörigen und in den USA Geborenen war ebenfalls hier am höchsten" (Davis, o.D.).

Die para-fordistische Ökonomie von Los Angeles hatte 1930 fünf große Sektoren. In der Reihenfolge ihrer Umsätze waren das der Wohnungsbau- und Immobiliensektor, Lebensmittel und Landwirtschaft, Öl, Hollywood und schließlich Automobil und Reifen.[1]Damit war unvollständig entwickelt, was sich später zu einem der Nervenzentren der fordistischen Produktion in Amerika entwickeln sollte. Unvollständig vor allem, weil eine Produktionsmittelindustrie und eine bedeutende Einbindung der Region in die nationale Ökonomie fehlten. Die Große Depression der dreißiger Jahre erschien daher in Los Angeles als Inversion der Situation anderer amerikanischer Städte. Während in den großen Industriezentren Chicagos und Detroits die Verbindung der Massenproduktion mit dem Massenkonsum noch nicht entwickelt war, hatte Los Angeles bereits die Struktur des Massenkonsumismus ausgebildet (Vorstädte, Automobile etc.), ohne einen entsprechenden produktiven Apparat zu besitzen (Davis, o.D.).

Fordistische Industrialisierung

War nun Los Angeles als automobiles und vorstädtisches "Artefakt für die Konsumtion" entstanden, so entwickelte sich die Stadt nach 1930 auch in ein industrielles Zentrum. Diese (fordistische) Industrialisierung war keinesfalls ein völlig exogen induzierter Prozeß. Während Los Angeles in den zwanziger Jahren aufgrund des starken Gesamtwachstums der Stadtregion *relativ* deindustrialisiert worden war, war dennoch insgesamt die Grundlage für eine später umfassende Industrialisierung gelegt worden. Zum Teil entsprang diese Entwicklung direkt den Standortentscheidungen der großen Konzerne, die begannen, die Montage ihrer Produkte zu dezentralisieren, um Frachtkosten zu sparen. Die Entscheidung von Ford, in Los Angeles und anderen Städten Zweigwerke zu bauen, läßt sich beispielsweise darauf zurückführen (Fogelson, 1967: 128). Die Konzentration der fordistischen Massenindustrien war bereits so fortgeschritten, daß es lokale Unternehmer kaum wagten, mit den Konzernen in Konkurrenz zu treten: "Selbst wenn lokale Unternehmer überzeugt waren, daß Gummi profitabel produziert werden könnte, fehlten ihnen die Ressourcen und das *Knowhow*, um mit der Oligarchie von Akron zu konkurrieren" (Fogelson, 1967: 127). Allerdings - auch im Angesicht der Erkenntnis, daß die Entscheidungen für den Industriestandort offenbar in den Aufsichtsräten der

---

12 Während Los Angeles 1930 mit seinen Montagewerken, Zweigstellen der Automobilproduktion Michigans, nach Detroit der größte Autoproduzent und nach Akron der größte Reifenproduzent war, stellten diese doch neben dem Öl die einzigen Massenindustrien dar. Ihnen gegenüber standen immer noch mehr als 50.000 persönliche Dienstboten als größte einzelne Beschäftigtengruppe (Davis, o.D.; Morales, 1986).

großen Unternehmen gefällt würden - verfolgte die lokale Wachstumsmaschine, allen voran die Handelskammer, eine aggressive Politik zur Schaffung einer "ausgeglichenen Prosperität" (Fogelson, 1967: 125ff.) Dies bedeutete, daß die Stadt Industrie ansiedeln mußte.

Die Voraussetzungen dafür wurden in der expansiven Phase der zwanziger Jahre geschaffen, als das Wachstum von Los Angeles als Markt für den Massenkonsum zum Beispiel Zweigwerke in der Automobilindustrie anzog (Morales, 1986).[13] In den dreißiger Jahren zog sich schließlich ein industrialisiertes Band entlang des Los Angeles River, wo heute der Long Beach Freeway verläuft. In diesem Gebiet, das sich von Vernon im Norden bis Long Beach im Süden, vom *Cotton Curtain* Alameda Street im Westen bis nach Pico Rivera im Osten erstreckt, entstand das größte zusammenhängende und diversifizierte Industriegebiet der Welt hinter dem Ruhrgebiet. In seinen Betrieben der Schwer- und Konsumgüterindustrie - vor allem Stahl, Gummi und Auto - waren jahrzehntelang Hunderttausende von ArbeiterInnen beschäftigt (Donahoe, 1987: Kapitel 3:4). Hier entstand ein exemplarisches Laboratorium für die arbeits- und sozialräumlichen Beziehungen im fordistischen Kapitalismus.

Der Reichtum von Los Angeles und die Spezialisierung auf bestimmte Industrien (z.B. Flugzeug) ließ die Stadt besser durch die Große Depression der dreißiger Jahre kommen als andere Städte. Während an anderen Orten in den USA Fabriken geschlossen wurden, dehnten die kalifornischen Werke sogar ihre Produktion noch aus. 1939 gab es ein Fünftel mehr IndustriearbeiterInnen als 1929. Im Krieg stabilisierte sich diese Lage. Südkalifornien stellte etwa ein Drittel der amerikanischen Kriegsflugzeuge dieser Zeit her. Von 1939 bis 1944 wuchs die Beschäftigung im Flugzeugbau von 1000 auf 280.000. Insgesamt verdreifachte sich die Zahl der in den Fabriken und Werften der Stadtregion Beschäftigten zwischen 1939 und 1943 von 205.000 auf 638.000 (Clark, 1983:283). Nach dem Krieg fachte die Suburbanisierung die Produktion in den Massenindustrien von neuem an, eine neue Welle von Zweigwerken wurde in Südkalifornien etabliert. Während der fünfziger Jahre rangierte Los Angeles auf dem zweiten Platz hinter Detroit als Automobilproduktionsstätte. Sieben größere Montagewerke mit einer jährlichen Kapazität von 650.000 Wagen existierten dort zu jener Zeit (Morales, 1986).

Von kaum geringerer Bedeutung für das Erreichen eines "ausgeglichenen Wachstums" einer fordistischen industriellen Basis war die Existenz von

---

13 Für die südkalifornische Automobilindustrie gilt dabei, daß die Massenproduktions- und Handwerkstraditionen der Autoherstellung nebeneinander entstanden, ohne ihre unterschiedlichen Stärken zu einem integrierten industriellen Komplex zu verbinden (Morales, 1986).

"Hollywood" als einer paradigmatischen fordistischen Massenindustrie.[14] Obwohl gewöhnlich als Dienstleistungsindustrie eingestuft, hatte die Filmproduktion schnell den Charakter einer Massenproduktionsindustrie gewonnen, wo Filme als Meterware produziert wurden. Die Studios waren wie Fließbänder organisiert, der Produktionsprozeß völlig standardisiert. Risikoverminderung wurde durch vertikale Integration der Filmindustrie erreicht, denn den Filmgesellschaften gehörten bis 1944 auch die meisten Verteilerstellen bis zu den Filmtheatern. Das "Studio-System" war bis 1940 intakt und wurde erst nach dem Zweiten Weltkrieg durch andere Produktionsformen ergänzt und ersetzt. Die Filmindustrie trug somit zur spezifischen Produktion und schließlich zur Desintegration der fordistischen Ökonomie von Los Angeles bei, als die Branche später Flexibilisierungsprozessen unterworfen wurde (Christopherson/Storper, 1986).

Es wurde bereits betont, daß die Etablierung einer industriellen Basis die Politik der lokalen Wachstumsmaschine seit den zwanziger Jahren gewesen war. Bloch hat mit Verweis auf Davis' Modell einer subnationalen Regulationsweise demonstriert, wie jene Industrie, die gewöhnlich am ehesten als direktes Produkt nationaler politischer Entscheidungen und internationaler Krisen angesehen wird - die Luft- und Raumfahrtindustrie - in Los Angeles unter anderem deshalb Fuß faßte, weil dort von lokalen Ortsunternehmern entsprechende Bedingungen zur Ansiedlung dieser Industrien geschaffen wurden. Während der Kriegsjahre war die südkalifornische Ökonomie auf der Grundlage der Luftfahrt- und anderer Militärindustrien in die nationale Wirtschaft integriert worden:

Auf dieser Basis konnten Elemente der regionalen Bourgeoisie - oft im Konflikt mit anderen regionalen Bourgeoisien und natürlich nicht ohne innerregionalen Klassen- und Gruppenkonflikt - sich und die Region in die Zukunft vorwärtstreiben. Indem sie sich auf die breiten Schultern der Luftfahrtindustrie stützten, zeigten sie den Weg (wenn sie nicht tatsächlich sogar den Schritt bestimmten) für große Teile der restlichen USA (Bloch, 1987:77f).

Folge dieser lokalen und regionalen Stadtentwicklungsanstrengung durch die industrielle Bourgeoisie war die Herausbildung der Stadtregion als virtuellem "Basislager" (Clark, 1983: 282) für die Luft- und Raumfahrtindustrie der USA, als Kernsegment des Militärfordismus der Nation. Die lokale Bourgeoisie untergrub mit ihren Aktivitäten, die zum strukturierten Wachstum einer militärischen Industrie führten, jedoch auch ihre spezifischen Akkumulationsbedingungen, die ihr gegenüber anderen Regionen immer einen Vorteil verschafft

---

14 Selbstverständlich nur von anekdotischer Bedeutung ist die Tatsache, daß die künstlich beleuchtete Bühne eines der ersten Studios von Universal von Henry Ford gespendet worden war.

hatten: mit der Industrialisierung endete die Geschichte von Los Angeles als Symbol der gewerkschaftsfreien Produktion - zumindest in den Kernbereichen der Industrie. Nach 1940 setzte ein nie gekanntes Wachstum gewerkschaftlicher Organisation ein, und 1955 waren bereits neunzig Prozent der dort Beschäftigten in der Flugzeugindustrie Mitglied einer Gewerkschaft (Clark, 1983:282).

Mit den fordistischen Massenindustrien kam schließlich auch eine neue Bourgeoisie nach Los Angeles, die begann, direkt die Geschicke der Stadt beeinflussen zu wollen. Die neuen fordistischen Manager der Elektronik-, Flugzeug- oder Immobilienindustrie leiteten zwar lokale Betriebe, ihr Interesse galt jedoch Vorgängen in Washington und auf den internationalen Märkten. Ihren Plänen widersprach die Lokalborniertheit und Handelskammermentalität der alten Machtelite (Wiley/Gottlieb, 1982: 110; Carney, 1964:118). In einem Spannungsfeld exogener und endogener Prozesse fanden sich Akkumulationsregime und Regulationsweise des fordistischen Los Angeles somit ständig einer Revolutionierung ihres Verhältnisses ausgesetzt.

Personennahverkehr und Automobilisierung

Die amerikanische Stadt im Fordismus wird nach dem Zweiten Weltkrieg entlang der Fernstraßen in die Vorstädte ausgebaut. Los Angeles hatte dieser Entwicklung allerdings bereits vorgegriffen. Die Stadt war den Eisenbahnlinien und Straßenbahnkorridoren folgend zwischen dem Boom der achtziger Jahre des vorigen Jahrhunderts und dem zweiten Boom 1919-23 gewachsen.[15]
Für die Flächenausbreitung von Los Angeles war das Automobil nur begrenzt verantwortlich: "Verschiedene Transportsysteme haben erfolgreich operiert, und die Hauptausdehnung der Stadt ging dem *Ford Model T* zuvor" (Marchand, 1986: 115). Unterstützt wird diese Aussage durch vielfache Belege dafür, daß das Siedlungsmuster von Los Angeles lange vor den dreißiger Jahren bestand, und daß die *Freeways* genausogut eine Antwort auf die Dezentralisierung der Stadt waren wie deren Grund (Wachs, 1984: 297). Dennoch spielte die Automobilisierung eine entscheidende Rolle in der Entstehung der para-fordistischen Stadt Los Angeles. Wiederum liegt hier mein Augenmerk auf dem jeweils lokalen Impetus für Entwicklungen, die erst später als nationale Tendenzen wahrgenommen wurden.

---

[15] Die Geschichte der Verknüpfung von Grundstücksspekulation und Eisenbahnbau ist anderswo ebenso gut dokumentiert wie die Folgen dieser Allianz für die dezentrale Raumstruktur von Los Angeles und wird hier nicht wiederholt. Für Details vgl. Fogelson, 1967: 85-107; Gottlieb/Wolt, 1976: 11-117; McWilliams, 1979; Wagner, 1935: 99-143.

Die Zeit ihrer größten Ausdehnung erlebte die Stadtregion in den zwanziger Jahren. In dieser Zeit stieg auch die Diffusion der Automobile, so daß Ende der zwanziger Jahre bereits jeder dritte Angeleno ein Auto besaß (Wachs, 1984: 297ff.).[16] In dem Maße wie Urbanisierung in Los Angeles das bedeutete, was man im Osten später als Desurbanisierung bezeichnen sollte, machten sich die schienengebundenen Nahverkehrsmittel selbst überflüssig. Die Automobilisierung konnte mit tatkräftiger Hilfe der Automobilkonzerne bei der Beseitigung der vor-fordistischen baulichen Umwelt (schienengebundener Nahverkehr) früher und ausgeprägter geschehen als anderswo.[17] Das automobilorientierte Interesse und die Aktivität von General Motors und Ford in der Restrukturierung von Los Angeles als gegeben vorausgesetzt, ist es durchaus nachprüfenswert, wie die lokale Wachstumsmaschine durch städtische Politik die Verankerung des Fordismus in der baulichen und sozialen Umwelt der Stadt begünstigt oder initiiert hat.

Federführend waren bei der Automobilisierung von Los Angeles die lokalen Wachstumsstrategen, die sich vom Privatwagen eine katalytische Wirkung für andere ökonomische Wachstumsprozesse in der Stadt versprachen. Wie Bottles gezeigt hat, waren dabei die unterschiedlichsten Interessen in der Zelebrierung des Automobils vereint. Die dramatischen Verkehrsstaus der zwanziger Jahre hatten schon 1924 zur Erstellung des *Major Traffic Street Plan* for Los Angeles geführt, der den Bau neuer und die Ausweitung und Begradigung

---

16 1919 waren 141.000 Autos auf den Straßen von Los Angeles County, 1929 waren es schon 777.000 (Wachs, 1984: 304), ein Zuwachs, der die Bevölkerungswachstumsrate bei weitem überwog. Während die Stadt damit schon früh die höchste Verkehrsdichte der Welt hatte, stand Schlimmeres noch bevor. Nach der erfolgreichen Etablierung des fordistischen Nexus von Produktion und Konsumtion und der städtischen Infrastruktur befuhren 1961 3,4 Millionen Autos die Straßen von Los Angeles County. 1979 war diese Zahl bereits auf 5,2 Mio. Fahrzeuge gewachsen (Light, 1988).

17 Es ist müßig, hier nochmals den Streit aufzunehmen, der in der Literatur seit mehr als zwanzig Jahren wütet, und der zum Thema hat, ob und in welchem Maße es eine Verschwörung von General Motors, Firestone und Standard Oil of California gegeben hat, um den öffentlichen Nahverkehr in Südkalifornien zu zerstören. Bottles (1987) hat erst kürzlich eine Studie vorgelegt, die in höchst subjektivistischer Vorgehensweise mit Hilfe von Konsumentenpräferenzen zu beweisen versucht, daß nicht das Profitstreben der Automultis, sondern der Wille der Südkalifornier dazu führte, daß sich der Schienennahverkehr in Südkalifornien, der anerkanntermaßen zu bestimmten Zeiten der vorbildlichste der Welt war, nicht wie in anderen amerikanischen Städten halten konnte. Angeblich wollten alle Auto fahren. Tatsache war jedoch, daß die Autoindustrie genau die Rolle gespielt hat, die ihr von anderer Seite zugemessen worden war und für die alle drei Konzerne 1949 rechtskräftig verurteilt worden waren: kriminelle Konspiration mit dem Ziel des Erwerbs, der Motorisierung und des Wiederverkaufs elektrischer Straßenbahnlinien (Light, 1988). Was indes weder die eine noch die andere Interpretation erkennt, ist, daß jenseits der unterstellten oder tatsächlichen Böswilligkeit der beteiligten Konzerne die Beseitigung der *Big Red Cars* und deren Ersetzung durch ein zunächst viel schlechteres Bussystem die Bewohner von Los Angeles schließlich endgültig zu zwangsweisen Konsumenten im entstehenden fordistischen Konsumsystem machten.

bestehender Straßen vorsah. Der Plan forderte mehr als dreißig Jahre vor dem Bundesfernstraßenprogramm, das allgemein als eine der wichtigsten fordistischen Regulierungsmechanismen nach dem Zweiten Weltkrieg angesehen wird, den Einstieg in den Autobahnbau.[18] Zur Realisierung kam jedoch nur ein Bruchteil des vorgeschlagenen Programms.

1937 erfolgte ein erneuter Anlauf. Die *Central Business District Association* steuerte die lokale Version einer *New Deal-* Maßnahme bei und wurde von der *Works Progress Administration* des Bundes und von der Stadt mit einem Betrag von insgesamt 110.000 Dollar für eine neuerliche Verkehrsstudie subventioniert. Die Organisation befürchtete eine weitere ökonomische Dispersion und damit eine Schädigung ihrer zentralstädtischen Geschäftsinteressen. Die Studie, die nach einjährigen Recherchen von einem Bürgerausschuß vorgelegt wurde, enthielt den Vorschlag für ein Autobahnsystem, dessen ursprüngliche Planung das Gerüst des heutigen *Freeway*-Netzes abgab (Bottles, 1987: 218ff). Jahre vor der zentralstaatlichen Autobahnpolitik war hier ein Stück lokale fordistische Infrastruktur als Produkt der politischen Aktivität der örtlichen Wachstumsmaschine in der Planung entstanden. Wie bereits angedeutet, verhinderte der Krieg zunächst dessen Ausführung. Die Entwicklung war jedoch nicht mehr umzukehren. Was 1937 als einmalig und lediglich als Lösung städtischer Verkehrsprobleme galt, stellte sich im historischen Rückblick als zentrales Element des fordistischen Städtebaus insgesamt heraus. Durch den Krieg war das Vertrauen in die Relevanz der *Freeways* ungebrochen, aber es fehlte den lokalen Agenten eine Finanzierungsmöglichkeit. Diese wurde mit dem kalifornischen *Collier-Burns-Act* 1947 geschaffen, der alleine für das metropolitane Autobahnsystem von Los Angeles 300 Millionen Dollar bereitstellte (Bottles, 1987: 230ff).[19]

Der Pasadena (oder Arroyo Seco-) *Parkway* wurde 1940 eröffnet und später mit den Hollywood-, San Bernardino-, Santa Ana- und Harbor *Freeways* zu einem auf die Bedienung von *Downtown* zugespitzten radialen System ergänzt (Warner, 1972: 141; Clark, 1983: 273). Der Krieg änderte jedoch die Planungslogik in entscheidender Weise, denn die Militärindustrie war mehr an suburbanen Standorten interessiert und favorisierte die Beibehaltung des Gittersystems, in dem Los Angeles gewachsen war:

---

18 Der Arroyo Seco Parkway war das erste Stück des Freeway- Systems von Los Angeles, das sich damit wie New York im Osten der USA früh um eine autogerechte Stadtlandschaft kümmerte, die den Boden für die kommenden Jahrzehnte der Automobilisierung bereitete (Foster, 1971; Wachs, 1984).

19 Es ist erwähnenswert, daß sich hier eine historische Umkehrung der Finanzierungspraxis von Infrastruktur andeutete, denn bis in die dreißiger Jahre hinein hatten die Autofahrer in den Städten nicht nur ihre eigenen Straßen weitgehend bezahlt, sondern auch einen großen Teil der Landstraßen. Seit der Depression war dies nicht mehr möglich (vgl. Bottles, 1987: 232).

Das Gittersystem, das auf der Überspekulation beruhte, verband sich mit dem Bevölkerungswachstum, um das zu schaffen, was ein Analytiker einen 'flexiblen Arbeitsmarkt' genannt hat, der den neuen Industrien der Kriegszeit erlaubte, sich in außenliegenden Gegenden anzusiedeln, jenseits des zentralen Geschäftsbezirks. Diese Entwicklung im Umkreis und das gewaltige, das Auto begünstigende Autobahnprogramm, das erste und größte irgendeiner amerikanischen Stadt, gab den Managern und den FabrikarbeiterInnen gleichermaßen die Möglichkeit, in beträchtlicher Entfernung sowohl von ihrem Arbeitsplatz als auch von der Innenstadt zu wohnen (Wiley/Gottlieb, 1982: 111).

Der Interessenskonflikt zwischen der Bourgeoisie von *Downtown*, die eine zentrale Entwicklung bevorzugte, und den militärischen und zivilen Unternehmern des entstehenden fordistischen Komplexes (Straßen- und Wohnungsbau, Einkaufszentren, Industrie auf der grünen Wiese) war bezeichnend für die kommenden Jahre. Oft waren es jedoch dieselben Grundbesitzer und Spekulanten, die mit ihrem Einsatz für die Dezentralisierung ihre Interessen in *Suburbia* verfolgten, während sie damit ihre innerstädtischen Profite gefährdeten. Diese Einsicht führte später zu Versuchen der traditionellen *Downtown*-Wachstumskoalition, die Innenstadt durch Kulturbauten erneut aufzuwerten (Wiley/Gottlieb, 1982: 111; Gottlieb/Wolt, 1976).

Das aus der widersprüchlichen lokalen Dynamik entstandene Gittersystem wurde nach der Verabschiedung des *Inerstate Highway Act* von 1956 zum Modell für die gesamtstaatliche Autobahnplanung in Kalifornien (Warner, 1972: 141). Los Angeles blieb dennoch einzigartig: während heute in amerikanischen Städten zwischen einem Viertel und einem Drittel der Fläche dem Verkehr zur Verfügung steht (Autobahnen, Straßen und Parkplätze), beträgt dieser Anteil in Los Angeles, der Stadt mit dem höchsten Pro- Kopf-Aufkommen an Autos in der Welt, fünfzig Prozent! Dem Automobil, dem Götzen des fordistischen Kapitalismus, wird daher ebenso viel Platz zuteil wie allen anderen menschlichen Aktivitäten zusammengenommen (Marchand, 1986: 106f.). Die Akkomodation des Autos durch lokale Politik in Los Angeles schuf dem fordistischen Regime einen Ort, in dem es die idealen Bedingungen für seine Reproduktion vorfand.

Der Streit um die Bewältigung des Verkehrs in Los Angeles beschränkte sich jedoch nicht auf den Straßenbau. Da es sich bei der Planung von Verkehr nicht darum dreht, schnelle Beförderung zu bewirken, sondern darum, Orte zu erreichen, streiten sich um die Rentabilität ihres Besitzes besorgte territoriale Koalitionen, d.h. sozusagen Subunternehmen der regionalen Wachstumsmaschine, um die günstigste Anbindung ihres Protektorats an die Ströme von Arbeitskräften und Konsumenten. Seit den zwanziger Jahren gibt es in Los Angeles eine fortgesetzte Auseinandersetzung zwischen den Ortsunternehmern der Innenstadt, die ein "neokoloniales" radiales Verkehrssystem mit *Downtown* als Schwer- und Mittelpunkt anstreben und von Geschäftskoalitionen in den Vorstädten, die die "imperialen Ketten" der Innenstadtkoalition zu zerschlagen hoffen, um ihren eigenen Geschäftsinteressen nachgehen zu können (Adler, 1986: 321ff.).

Im hier aufgeworfenen Zusammenhang ist interessant, daß sich um die Vorstellung von einem zentral/radialen und öffentlichen Nahverkehrssystem in Los Angeles (nach der weitgehenden Demontage des ausgezeichneten existierenden Systems) eine typische *New Deal*- Koalition entwickelte, wie es sie nach 1945 in fast allen amerikanischen Städten gab, wo Ortsunternehmer, Politiker und Gewerkschaften die Stadterneuerung durchführten. In den Strategien der verschiedenen territorialen Koalitionen spiegelten sich unterschiedliche Aspekte, zuweilen auch unterschiedliche Versionen dessen, was unter "fordistischer Stadt" zu verstehen war. Zentralisierung und Dezentralisierung, Verstaatlichung und Privatisierung, kollektive und private Konsumtion waren dabei die Hauptstreitlinien. Als wichtigste Akteure kann man die traditionelle *Downtown*-Koalition, die verschiedenen staatlichen Ebenen, die seit den fünfziger Jahren zu den Investoren im öffentlichen Nahverkehr geworden sind, die Verkehrsgewerkschaften, die Pendler, die autolose, nahverkehrsabhängige Armutsbevölkerung und die verschiedenen Wachstumskoalitionen der Vorstädte ausmachen. Die öffentlichen Verkehrsbetriebe von Südkalifornien (SCRTD) wurden dabei historisch meist in ihrer Entscheidungsfreiheit stark beschnitten, weil sie sich im hochpolitisierten Spannungsfeld dieser Elemente konstituieren mußten.

Am Grund der Debatten und Kämpfe um den Nah- und Autoverkehr liegt letztlich nicht so sehr der Interessengegensatz verschiedener territorialer Einheiten der Bourgeoisie, sondern der innerhalb der fordistischen Stadt unauflösbare Widerspruch zwischen der Kernstadt und der Vorstadt. Er ist unauflösbar, weil er ein konstitutiver Klassengegensatz im Raum des fordistischen Akkumulationsregimes ist. Die Analyse der Geschichte seiner lokalen Ausprägung kann dabei helfen, dem Verständnis der Verräumlichung der fordistischen Gesellschaft näherzukommen. Ebenso wie die Automobilisierung war die neuere Geschichte des Nahverkehrs in Los Angeles eine Entwicklung, die den lokalen Konstitutionsbedingungen der fordistischen Stadt in der Genese des Fordismus als nationalem System einen wichtigen Platz zuweist.

Wohnungsversorgung

Auch die Geschichte der Wohnungsversorgung identifiziert Los Angeles als einen Ort, wo fordistische Elemente früher als anderswo in den USA entstanden. 1930 schon betrug der Anteil der Einfamilienhäuser am gesamten Wohnraumangebot 94 Prozent. Diese Zahl nahm - auf den ersten Blick unerwarteterweise - ausgerechnet dann ab, als sich diese Wohnform als Kernstück der Stadt im Fordismus national erst durchzusetzen begann. 1960 waren nur noch 72 Prozent der Wohneinheiten Einfamilienhäuser (Clark, 1983: 272). Der Grund für die Abnahme liegt nicht in einer wundersamen kontrazyklischen Geschichtsentwicklung, sondern darin, daß mehr Menschen in Los Angeles siedelten und Wohnraum knapp wurde. Das dezentralistische Projekt der zwanziger Jahre konnte den Zentralisierungs- und Agglomerationstendenzen des örtlichen fordistischen Wirtschaftswunders wenig entgegensetzen.[20] Je mehr Los Angeles sich ausbreitete, desto mehr schoß es auch in die Höhe. 1956, auf dem Höhepunkt der Suburbanisierungswelle hoben die Wähler die Höhenbegrenzung für Wolkenkratzer auf, die fast ein halbes Jahrhundert als Ausdruck der Furcht vor Erdbeben und der dezentralen Planungsideologie der Stadt gegolten hatte (Foster, 1971: iii). Diese Maßnahme signalisierte nach der Besiedelung der südkalifornischen Ebene die Öffnung des Himmels für die Absorbierung der ungeheuren Kapitalmassen, die das fordistische Regime akkumulierte.

Dennoch waren Suburbanisierung und Flächenfraß ungebrochen: "Die Vorstädte sprangen zuerst über Ackerland, schufen komische Schachbrettmuster mit Häusern, die zwischen Orangenwälder gepflanzt waren, aber da der Boden zwischen den Hainen zu wertvoll wurde, um Orangen zu pflanzen, entwurzelten die *Developer* manchmal eintausend Bäume am Tag" (Clark, 1983: 289). Während der Wohnungsbau in den Kriegsjahren fast zum Erliegen gekommen war und die wenigen neuen Wohnungen von den in die Stadt gekommenen ArbeiterInnen der Rüstungsindustrien schnell besetzt worden waren, setzte nach 1945 ein Bauboom ein. Bis 1950 hatte sich der Markt bereits stabilisiert. Die neuen Bewohner von Los Angeles waren willige Kunden des fordistischen Paradeproduktes. 1948 konnte ein Vorstädter für eine Rate von 50 Dollar im Monat ein kleines aber komfortables Haus kaufen. Die Wohneigentumsrate stieg zwischen 1940 und 1950 von 40 auf 53 Prozent, das Einfamilienhaus war die beliebteste Wohnform. 1960 gab es mit 2,4 Millionen Wohneinheiten in Los Angeles County etwa zweieinhalb mal mehr Wohnungen als noch 1940. 1963 fand ein Viertel aller Bautätigkeit der USA in Südkalifornien statt, wo auch ein Viertel der Immobilienhändler des Landes ihren

---

20 "Nicht ein weiteres New York, aber ein neues Los Angeles. Nicht eine große homogene Masse mit einer Pyramidisierung der Bevölkerung und Schmutz in einem einzigen Zentrum, sondern ein Bündnis von Gemeinden, das in eine Metropole voller Sonnenlicht und Luft zusammengefügt ist", schreibt Gordon über den "eigentlichen" Traum von Los Angeles, der mit zunehmender Zuwanderung und Industrialisierung immer mehr von der Realität überholt wurde (zitiert in Fogelson, 1967: 163). Nirgends ist dies deutlicher als in der heutigen Welt-Stadt-Zitadelle *Downtown*, die ihre Beton- und Glasästhetik in den Himmel streckt, während wenige hundert Meter entfernt Tausende von Obdachlosen auf der Straße schlafen.

Sitz hatten. Nach 1960 nahm jedoch der relative Anteil der Mehrfamilienhäuser zu. Schon 1958 war die Anzahl der fertiggestellten Wohnungen größer als die der Einfamilienhäuser. Dieser Trend führte dazu, daß zwischen 1970 und 1973 bereits 92 Prozent der gebauten Wohneinheiten Appartements waren, ein wahrhaft spektakuläres Beispiel für ein "*spatial fix*" durch räumliche Intensivierung der Investitionen am Vorabend der Krise (Marchand, 1986: 71-73; Clark, 1983).

Auch in Los Angeles wurde der "amerikanische Traum" auf Pump gekauft. Zwischen zwei Drittel und drei Viertel der Wohneinheiten in Los Angeles waren 1960 mit einer Hypothek belastet. Diese Zahl lag über dem nationalen Durchschnitt und sogar über dem Wert für vergleichbare Städte. Von 1950 bis 1960 stieg die Gesamtverschuldung der Hausbesitzer in der Stadt von 2,4 auf 6 Milliarden Dollar (in heutigem Wert; der Anstieg in konstanten Preisen ging von 2 auf 4,9 Milliarden). Die Tradition der Fremdfinanzierung Südkaliforniens setzte sich zudem fort, da die Rendite im Westen höher als an der Ostküste war (Marchand, 1986: 154f.). Die Finanzierung des Wohnungsbaus in den Jahrzehnten nach dem Krieg bilanzierend schließt Marchand: "Los Angeles erscheint aus diesem Blickwinkel nicht als lokales Produkt, sondern als nationale Anstrengung, die die Interessen und Hoffnungen der ganzen Nation auf sich konzentrierte" (Ibid.)

Trotz seiner bemerkenswerten Besonderheiten und seines "Vorsprungs" liegt Los Angeles in der Wohnungsversorgung nach 1945 im nationalen Trend. In einer sehr wichtigen Hinsicht jedoch kann die spezifisch privatisierte und monadisierte Wohnungsversorgung von Los Angeles in den fünfziger und sechziger Jahren nur verstanden werden, wenn man die lokalen Kämpfe um den öffentlichen Sozialwohnungsbau als Moment der Entstehung der fordistischen Stadt Los Angeles heranzieht.

Public Housing war die innerstädtische Version der fordistischen Wohnungsversorgung. Sie war aus der *New Deal*-Tradition unter dem Druck der Arbeiterklasse entstanden. Los Angeles erhielt 1949 als erste Stadt eine Allokation von Bundesmitteln für öffentlichen Sozialwohnungsbau nach dem neuen Wohungsbaugesetz, das im gleichen Jahr verabschiedet worden war (Marcuse/Hartman, 1988). Aufgrund des Geschickes des damaligen Bürgermeisters Fletcher Bowron, der sich gegenüber seiner Wählerschaft aus der Arbeiterklasse unter Druck sah, teilte die Wohnungsbehörde des Bundes der Stadt 10.000 Einheiten zu. Der Stadtrat sanktionierte den Vertrag 1950 zunächst mit klarer Mehrheit. Schon im nächsten Jahr hatten sich die politischen Machtverhältnisse in der Stadt jedoch umgekehrt, und die Mehrheit für den öffentlichen Wohnungsbau kam ins Wanken. Vor allem die Tatsache, daß es sich bei einem Teil der Wohungen um vorstädtische Neubauten auf leeren

Grundstücken handeln sollte, erregte den Widerstand der konservativen Stadt-räte: ohne die Beseitigung von Elendsvierteln als Rationalisierungsmoment blieb in ihren Augen nur der blanke Sozialismus übrig. In der Folge entspannte sich ein bitterer, von den Mißtönen des McCarthyismus überlagerter Kampf um das Projekt (Parson, 1985: 93ff.). Die Gegner des öffentlichen Wohnungs-baus erlangten schließlich die Mehrheit im Stadtrat, setzten ihre Sache in einer Volksabstimmung durch und stürzten 1953 Bürgermeister Bowron, "den Champion des öffentlichen Wohnungsbaus" mit der Wahl des konservativen Republikaners Norris Poulson, dem handverlesenen Kandidaten der mächtigen innerstädtischen Bourgeoisie (Hines, 1982: 139f.; Parson, 1985: 98). Die Nie-derlage der u.a. von der städtischen Wohnungsbehörde vertretenen Kräfte, die den öffentlichen Wohnungsbau unterstützten, bedeutete, daß zwischen 1953 und 1955 weniger als die Hälfte der 10.000 geplanten Sozialwohnungen ge-baut wurden (Parson, 1985: 12; Hines, 1982: 140). 1955 war die Ära des *Pu-blic Housing* in Los Angeles zu Ende. Während sich die private, vorstädtische Wohnungsversorgung schließlich als fordistische Hauptstrategie durchsetzte, standen der Innenstadt die zweifelhaften Erfolge des Stadterneuerungsprozes-ses bevor (Parson, 1985: 101).[21]

Raumstruktur

Mit der frühen Automobilisierung und der dominanten dezentralen Eigen-heimwohnform wurden mit Hilfe lokaler politischer Entscheidungen die fordi-stische Vergesellschaftung in Los Angeles gefördert. Erstens verschob die Entscheidung für den automobilen Nahverkehr die Balance zwischen der kol-lektiven und privaten Konsumtion zugunsten der letzteren. Zweitens wurde die Arbeiterklasse der Stadt durch die industrielle und residentielle Suburbanisie-rung schon sehr früh sozialräumlich gespalten und desorganisiert. Aufgrund der Steigerung des Wohneigentums wurde die Konsumtion in klassisch fordi-stischer Weise individualisiert und die Militanz der Arbeiterklasse geschwächt (Davis, o.D.).
Stadtplanung in Los Angeles wurde aufgrund der Erfahrungen der Städte im Osten nach entgegengesetzten Richtlinien ausgerichtet: Ziel war die Vermei-

---

21 Parson (1985) hat in einer faszinierenden Studie beschrieben, wie die Politik des sozialen Wohnungsbaus - in den USA insgesamt und in Los Angeles im besonderen - aus den sozialen Auseinandersetzungen seit den dreißiger Jahren entstanden war. Als die Gewerkschaftsbewe-gung als Hauptträgerin der popularen Kämpfe zunehmend in die städtischen Wachstumskoali-tionen der Nachkriegszeit integriert wurde, wurden die Schwarzen, die Latinos und die Frauen zu den Vorreitern einer neuen Welle sozialen Protests im Wohnungsbau, der in den sechziger Jahren den Charakter einer Massenbewegung annahm.

dung der Dichte der herkömmlichen Urbanisierung (Wachs, 1984: 306; Fogel-son, 1967; Foster, 1971). Die Verstädterung in Los Angeles fand also parado-xerweise unter der Direktion einer "antistädtischen" Wachstumsmaschine statt. Die oft zu hörende These, daß Los Angeles von Landbewohnern bevölkert worden sei, die ihre Kleinstadtatmosphäre aus dem Mittelwesten wiederher-stellen wollten, gilt jedoch zumindest für die südliche Expansion des Stadt-raums nicht. Genausowenig kann man allein fehlendes Wasser oder die Aus-breitung des Transportsystems (Schiene wie Straße) für die fragmentierte Sub-urbanisierung dort verantwortlich machen. Vielmehr ist die Dezentralisierung über weite Strecken durch die verstreute Ansiedlung der Industrie (Öl, Film, Flugzeug) hervorgerufen worden. Insbesondere die extraktive Industrie war hier instrumental, denn die Ölfundstellen führten zur frühen Inkorporierung verstreuter *Black Gold Suburbs*. Das Öl zog andere Industrien nach sich. 1919 "begann die Industrialisierung der Region mit der Ankunft der *Goodyear Tire and Rubber Company*". Im folgenden Jahrzehnt erfuhr die Region eine erste Welle maßgeblicher Investitionen in industrielle Produktionsanlagen: Ölverar-beitung und dafür notwendige Produktionsmittel, Reifen, Möbel, Stahl und Glas, Flugzeug, Auto, Chemie, Straßentransport. Die Industrialisierung der Vorstädte stoppte die zentralstädtische Annexierungspolitik von Los Angeles, weil sie die ökonomische Basis des suburbanen Netzes verbesserte (Viehe, 1981).

In der Folge entstand in Los Angeles eine neuartige metropolitane Konfigura-tion: "Anstatt einen industriellen städtischen Kern zu entwickeln, der von Wohnvorstädten umgeben war, entwickelte die Stadt einen administrativ-resi-dentiellen Kern, der von einem industriellen suburbanen Netz umgeben war" (Viehe, 1981: 14). Die Besiedelung von Suburbia durch die Arbeiterklasse, die der Industrie folgte und in den fragmentierten Wohnvororten zwischen den Öl-feldern und Industrieanlagen endete, verstärkte den Konservatismus der Zen-tralstadt, denn die Arbeiterklasse war räumlich und politisch zersplittert und stellte insgesamt kein Gegengewicht dar (Viehe, 1981: 18; Davis, o.D.).[22]

Die Herausbildung der Raumstruktur des fordistischen Los Angeles wurde entscheidend von der Entstehung neuer lokaler Gebietskörperschaften be-stimmt, die der räumlichen Trennung von sozialen Klassen eine politische Form gaben. Miller fand in seiner Studie über die Gründung von Gemeinden im Süden und Osten von Los Angeles zwischen 1950 und 1970, daß Stadt-

---

[22] Selbst die Gewerkschaftsorganisation wurde zum räumlichen Problem. Immer weniger Ar-beiterInnen kamen beispielsweise zu den Sitzungen der Stahlarbeitergewerkschaft bei Bethle-hem Steel in Vernon, als in den fünfziger Jahren die Dispersion ihrer Wohnorte zunahm. Neuer günstiger Wohnraum ermöglichte den Umzug in neuere und sauberere Vorstädte weit weg vom Schmutz der Fabrik (Donahoe, 1987, Kap. 6, S.15).

grenzen in zunehmender Weise dazu dienten, Rassen und Einkommensklassen voneinander zu trennen (1981: 172). Die neuen Gebietskörperschaften waren sozial einheitlicher - meistens weiß und relativ wohlhabend - während sich die schwarze und lateinamerikanische Bevölkerung in der Kernstadt Los Angeles und den alten Vorstädten massierten. Hoch erklärte in seiner Untersuchung von Inkorporierungen im San Gabriel Valley östlich von Los Angeles - und damit die politisch sanktionierte Segregation - zum bewußten Werk politischer Organisationen der regionalen Bourgeoisie und bestimmter Mittelklassefraktionen (1981). Die spezifisch amerikanische Autonomie des lokalen Staates ermöglichte die Fragmentierung der politischen und sozialen Struktur der fordistischen Stadt als zentralem Moment der Klassenherrschaft (vgl. Hoch, 1981: 5). Die Klassenverhältnisse der fordistischen Stadt Los Angeles formten sich in der rechtlich-politischen Topographie der Region als territoriale Beziehungen aus.

In Los Angeles gab es zwei Ebenen, auf denen sich der Stadtraum zerteilte: zum einen kam die Segregation von Industrie- und Wohnvororten der fordistischen Ideallandschaft der Trennung und automobilen Verknüpfung von Arbeiten und Leben sehr nahe. Manche der nach dem Zweiten Weltkrieg entstandenen Städte wie Vernon, Commerce und Industry sind reine Industriegebiete mit nur wenigen Einwohnern, andere Gemeinden sind reine Wohnstädte mit vernachlässigbarer Steuerbasis. Die Inkorporierung der Wohnstädte wurde erleichtert, indem Los Angeles County oder größere Nachbarstädte den Gemeinden städtische Dienstleistungen gegen einen Betrag verkauften, der wesentlich günstiger war, als wenn diese Gemeinden selbst hätten die Leistungen erbringen müssen. Der klassische Kontrakt dieser Vertragsstädte wurde 1954 zwischen der Stadt Lakewood im Süden der Region und dem County geschlossen und wurde zum zentralen räumlichen Regulierungsmittel der Region (Miller, 1981: 104- 105). Die politische Fragmentierung, die dem *Lakewood-Plan* folgte - zwischen 1954 und 1973 wurden 33 der heute insgesamt 84 selbständigen Gemeinden im County gegründet - entsprach der geordneten Segmentierung der Funktionen von Arbeiten und Wohnen, die der Fordismus neu in die Geschichte der Verstädterung einbrachte.

Zum anderen zerfiel der Stadtraum von Los Angeles - wie andere Städte der gleichen Periode - in eine farbige Kernstadt und einen hauptsächlich weißen suburbanen Gürtel. Die unter der Hegemonie der bürgerlichen Interessen geschehene Inkorporierung weißer suburbaner Enklaven der Arbeiterklasse in Los Angeles trennte diese Kernsegmente von den schwarzen und lateinamerikanischen randständigen Segmenten des fordistischen Arbeitsmarktes. Während sich die schwarze Arbeiterklasse entlang der Central Avenue in Los Angeles ausbreitete, wurden die mexikanischen Einwanderer vor allem in den

85

nicht-inkorporierten Gebieten im Stadtraum konzentriert: East Los Angeles wurde mit seinen mehr als 100.000 Einwohnern als größte nicht-verfaßte Gemeinde Kaliforniens zum Zentrum der mexikanischen Kultur in Los Angeles. Diese beiden großräumigen dichotomischen Spaltungen des fordistischen Raumes können als Wesensbedingungen der fordistischen Verstädterung in Los Angeles angesehen werden.

Politik

Die strukturierte Kohärenz des fordistischen Los Angeles läßt sich trotz der Fragmentierung von der politischen Hegemonie des Zentrums aus erklären. Das Los Angeles der dreißiger Jahre kam den gängigen Klischeevorstellungen von einer korrupten, gewalttätigen und unregierbaren amerikanischen Großstadt sehr nahe. Die in den berühmten Detektivromanen der Schwarzen Serie von Raymond Chandler gefeierte Figur des einsamen städtischen Agenten, der sich zwischen korrupter Stadtregierung und Unterwelt gefangen sieht, fand ihre Entsprechung in der Realität der südkalifornischen Stadtpolitik ebenso wie die bestechlichen und brutalen Anti-Helden aus Politik und Verbrechen. Die Bestimmung politischer Geschäfte durch einen Club weißer älterer Herren aus der traditionellen *Downtown*-Bourgeoisie und ihrer "Fußtruppen" im rechtslastigen Kleinbürgertum bestätigte zudem die krudesten Vorstellungen von verschwörerischen Regierungsformen. Der lokale Staat war - lange nach der Ausschaltung realer demokratischer, sozialistischer und progressivistischer Alternativen - ein in sozialen Fragen ineffektives, in Fragen sozialer Kontrolle durchschlagendes Werkzeug der Innenstadtinteressen der Ortsunternehmer, die sich politisch um das *Los Angeles Times*-Imperium scharten (vgl. Gottlieb/Wolt, 1977). Anders als in anderen amerikanischen Städten verhinderte jedoch das in Kalifornien herrschende parteiungebundene Wahlsystem in den Kommunen die Entstehung einer politischen Maschine, die der Korruption eine organisierte Form, der Politik allerdings auch eine Spur Proletarität hätte geben können (Carney, 1964).

Das bestechliche und stramm gegen die lokale Arbeiterklasse und fortschrittliche politische Kräfte organisierte Regime des Bürgermeisters Frank Shaw in den dreißiger Jahren endete nach einem besonders schweren Skandal 1938, nachdem ein Polizist den Wagen eines Detektivs in die Luft gesprengt hatte, der die Korruption in der Kommunalpolitik hatte untersuchen sollen. Eine *Re-*

call-Abstimmung[23] brachte den Richter Fletcher Bowron ins Amt, das er durch die Kriegsjahre bis zur schon erwähnten Krise um den öffentlichen Wohnungsbau behielt. Unter Bowron entstand schließlich die korporatistische städtische *New-Deal*-Koalition mit ihrem wichtigen programmatischen Projekt, der Stadterneuerung. Jedoch erst das Regime des nachfolgenden Bürgermeisters Poulson brachte in den fünziger Jahren die völlige Unterwerfung der sozialen Aspekte dieses Projekts unter die Verwertungsinteressen, die die örtlichen Grundbesitzer in *Downtown* hatten. Bereits in den vierziger Jahren hatte die Kampagne zur kulturellen Aufwertung der nordwestlichen Innenstadt begonnen, die schließlich in der Planierung von Bunker Hill in den fünfziger und sechziger Jahren endete und den Weg für eine umfassende Verwertung des dortigen Bodens freimachte (Friedman, 1978; Gottlieb/Wolt, 1976). Das 1957 von Poulson berufene *Central City Committee* erstellte einen Rahmenplan für den Innenstadtbezirk in Kooperation mit dem Planungsausschuß der Stadt und Vertretern der Wirtschaft. 1959 wurde das *Bunker Hill Urban Renewal Project* vom Stadtrat angenommen (Crouch/Dinerman, 1963).

Das Poulson-Regime war gekennzeichnet von der Schaffung guter Geschäftsbedingungen für jenen Teil der regionalen Bourgeoisie, der an der Verwertung der Innenstadt interessiert war, Poulson selbst war die "perfekte Folie der alten Elite" (Wiley/Gottlieb, 1982: 112). Die Strategie der kulturellen Aufwertung der Innenstadt als Zugmaschine der Stadtentwicklung, die politische Ausschaltung einer sozialen Form der Wohnungsversorgung, die skrupellose Durchsetzung von Stadtentwicklungsmaßnahmen gegen die ansässige Wohnbevölkerung in der Innenstadt, die Vertreibung tausender meist mexikanischer Bewohner aus Chavez Ravine für den Bau eines *Baseball*-Stadions für die *Brooklyn-Dodgers* stehen dafür als Zeugnisse.[24]

Die Herstellung der zentralstädtischen Hegemonie gestaltete sich jedoch immer schwieriger. In den relativ liberalen Bedingungen der Nachkriegszeit hatte eine politische Konsolidierung der zersplitterten Macht der lateinamerikanischen, hauptsächlich mexikanischen Bevölkerung mit Armeniern, Russen, Schwarzen und Juden dazu geführt, daß mit Ed Roybal erstmals seit 1881 wieder ein mexikanischstämmiger Stadtrat in den *City Council* gewählt wurde. Roybal blieb, bis er 1962 den *Council* verließ, trotz der widrigen Umstände der McCarthy-Periode ein unbequemer Kritiker der konservativen Hegemonie. Früher als in vergleichbaren Städten in den USA wurden Schwarze in den

---

23 *Recall* ist die Abwahl und üblicherweise Ersetzung eines gewählten Politikers oder Beamten während seiner Amtszeit. Es ist neben *Initiative* und *Referendum* das wichtigste Mittel der direkten Demokratie nach der kalifornischen Verfassung (Crouch/Bollens/Scott, 1983).

24 Vgl. dazu: Gottlieb/Wolt, 1976: Kapitel 19 und 22; Parson, 1985; Henderson, 1980; Hines, 1980).

fünfziger Jahren Stadtratsmitglieder. Damit wurden die sozialräumlichen Widersprüche für alle deutlich in die politische Arena getragen. Die dunklen fünfziger Jahre der Hexenjagden und Kommunistenverfolgung hinterließen allerdings insofern ihre Spuren, als sie die Spaltung der ethnischen Kräfte in separate und separatistische Einheiten zementierten (Clark, 1983: 299f.). Die ersten Risse in der strukturierten Kohärenz der Nachkriegszeit tauchten in der städtischen Peripherie auf. Die Revolte der außenliegenden Bezirke der Stadt gegen die *Downtown*- Hegemonie fand schließlich 1961 ihren politischen Ausdruck in der Wahl des rechtspopulistischen Sam Yorty zum Bürgermeister. Yorty wurde gegen die explizite Empfehlung der *Times*-Clique vor allem deswegen gewählt, weil er sich als Tribun der "kleinen Leute" darstellte, der sich vornehmlich volksnaher Themen wie der Müllbeseitigung annahm (Bollens/Geyer, 1973). Seine Tiraden gegen die "*Downtown Machine*" sicherten Yorty wahlentscheidende Stimmenüberhänge im semiruralen San Fernando Valley, und seine Verneigung vor der schwarzen Bevölkerung in der Frage der Polizeibrutalität gab ihm die Stimmen, über die der Amtsinhaber Poulson nicht mehr verfügte (Gottlieb/Wolt, 1976: 363ff.). Die Niederlage Poulsons signalisierte auch das Ende der Vorherrschaft der *Times* als Machtmaklerin im politischen Geschäft der Stadt. Die einsetzende Krise der fordistischen Stadt zeigte sich nun zu Beginn der sechziger Jahre bereits als Krise der politischen Form, der politischen Regulation der Stadtregion. Trotz des späteren weiteren Wachstums der Zentralfunktionen des städtischen Kerns und der politischen Macht der zunehmend internationalisierten Bourgeoisie würde die Hegemonie in der strukturierten Kohärenz des fordistischen Los Angeles sich fortan nicht mehr reproduzieren lassen wie die Regulations- und Machtverhältnisse der Handelskammer in einer *Boomtown* des Wilden Westens.

Das von Yorty repräsentierte Regime des modernisierten Despotismus des Kapitals über den städtischen politischen Prozeß erlebte mit dem Aufstand von Watts 1965 den Anfang seines Endes. Im Sommer 1965 entlud sich die Wut der trotz nomineller Beteiligung am politischen Prozeß - es gab zwei schwarze Stadträte - praktisch völlig ausgeschlossenen Schwarzen und löste den ersten großen und einen der schwersten Aufstände städtischer Afroamerikaner in den sechziger Jahren aus. Yortys Regime war von ähnlicher Qualität wie der trotzige weiße Republikanismus des späteren Präsidenten Nixon. Seine Politik war von einem absoluten Mindestmaß an politischer Inkorporierung geprägt.[25] In wesentlichen Fragen, wie der Stadtentwicklungspolitik, der polizeilichen Gewalt, der Wirtschaftsentwicklung usw., war der lokale Staat unter Yorty wenig mehr als das Exekutivkomitee des regionalen Kapitals. Der Bür-

---

25 Ich verwende "Inkorporierung" hier wie Browning/Marshall/ Tabb, 1984.

germeister hatte schon kurz nach seiner erfolgreich mit populistischen und antielitistischen Untertönen geführten Wahlkampagne seinen Frieden mit der *"Downtown Machine"* gemacht. Bis zu seiner Wiederwahl gegen den liberalen Jimmy Roosevelt, der sich explizit gegen die Geschäftsinteressen der Innenstadt gestellt hatte, hatte sich Yorty gänzlich vom *"Champion of the little man"* zum von der *Times* gestützten Repräsentanten der herrschenden Ordnung gewandelt. Erst Tom Bradleys Aufstieg zu Beginn der siebziger Jahre bewies, daß die herkömmliche politische Regulation, für die Yorty stand, den Entwicklungsbedingungen von Los Angeles nicht mehr angemessen war. Südkalifornien stand an der Schwelle von der paradigmatischen fordistischen Stadtregion zum Laboratorium des Einstiegs in den postfordistischen Umbruch. Zwei Charakteristika des sich entfaltenden Bradley-Regimes trugen diesen veränderten Umständen Rechnung: Die (unvollkommene) Inkorporierung der rassischen und ethnischen Minderheiten in das Regime und die programmatische Verpflichtung auf die Errichtung der Welt-Stadt- Zitadelle.

Die bigotte und rassistische Haltung Yortys (und seines Polizeiapparats) war nach dem Aufstand von Watts wiederholt Gegenstand der Kritik gewesen, erlebte aber in der Wahlkampagne von 1969 gegen Bradley einen letzten Höhepunkt. Gestützt auf den Konservatismus seiner Wahlbasis im suburbanen San Fernando Valley konnte Yorty eine Schmierkampagne gegen (den Polizisten) Bradley ausgerechnet auf dem Gebiet der inneren Sicherheit für sich entscheiden. Der diskursive Rückzug auf Fragen der öffentlichen Ordnung verhinderte die durch Watts bewiesene Notwendigkeit der Einbindung der schwarzen Bevölkerung in die hegemoniale Struktur der Stadt. Das Yorty-Regime war nur in ganz geringer Weise getragen von dem Willen zur politischen Inkorporierung, wie sie Bradley auszeichnen sollte. Noch Mitte der sechziger Jahre hatten alle wesentlichen Träger der späteren Bradley-Koalition politisch nur marginale Bedeutung: weder die Schwarzen, noch die jüdische, vorstädtische Westside hatten nennenswerten Einfluß auf den städtischen politischen Prozeß. Auch die organisierte Arbeiterbewegung hatte kaum institutionalisierten Anteil an der Macht. Carney (1964: 118) schrieb: "Die Arbeiterbewegung ist bisher keine wichtige Kraft in der Stadt gewesen. Sie war höchstens eine der konkurrierenden Interessengruppen". Während Sam Yorty den gewerkschaftsfeindlichen Zeitungsmagnat Norman Chandler als Vorsitzenden der *Community Redevelopment Agency* vorgeschlagen hatte, wird dieses Amt unter Bradley von James Wood, einem Sekretär der AFL-CIO des County begleitet. Bradleys Einsicht in die Notwendigkeit der korporatistischen Verpflichtung der Kern-Arbeiterklasse und der wesentlichen Bürgerrechtsorganisationen auf das Projekt der städtischen Restrukturierung kennzeichnet den Bruch mit der Elitenpolitik, die das städtische Regime bis Yorty ausgezeichnet hatte. Diese spätfordistische politische Regulierungsstrategie konnte sich jedoch selbst nur als Übergangsregime etablieren, denn sie war auf internen Widersprüchen errichtet, die mit der Aszendenz der segmentierten Welt-Stadt seit Beginn der achtziger Jahre auseinanderzubrechen begannen. Weder stellte Yortys Regime eine dauerhafte Lösung für die Inkorporierung der Widersprüche der anstehenden Restrukturierungen dar, noch besaß der Vorgänger Bradleys das vollständige Vertrauen der Bourgeoisie für die Durchsetzung ihrer ambitionierten Pläne in der *Downtown*. Anlässlich der Wahl von 1969 bescheinigte ihm bereits die Los Angeles Times:

Die Stadt Los Angeles nähert sich einer Wahl, die die Qualität ihrer Zukunft auf Jahre hinaus bestimmen wird. Der Amtsinhaber, Sam Yorty, hat eine achtjährige Geschichte der Streitereien, schwacher Führung, rassischer Spalterei und tölpelhafter Abwesenheit wegen weltweiter Festlichkeiten, abgekarteten Spielchen und Bestechung unter seinen von ihm ernannten Ausschußmitgliedern und Tiraden gegen die Justiz im metropolitanen Los Angeles. ... Die Times glaubt, daß die Zukunft dieser Stadt nicht darin liegt, jene, die in den kommenden Jahrzehnten in ihr leben, in antagonistische Fraktionen zu spalten, aber Bürgermeister Yorty hat dies vorsätzlich getan (zitiert in Gottlieb/Wolt, 1976: 406f.).

Wie die spätere Geschichte der Stadt zeigen würde, war die Besorgnis der regionalen Bourgeoisie um die politische Integration der Stadt nicht so groß wie die Befürchtung, daß die rechtspopulistische Kleinstadtpolitik Yortys ihnen ihre Chancen in der interkommunalen Konkurrenz verderben könnte, von der man zu ahnen begann, daß sie international sein würde. Obwohl Los Angeles unter Yorty aufgrund dessen bemerkenswerter Reisetätigkeit im Ruf stand, "die einzige Stadt mit einer Außenpolitik" zu sein (Newsweek, 29. November 1971, zitiert nach Bollens/Geyer, 1973: 181), war Yorty nicht der Mann, der den Übergang zur Welt-Stadt hätte repräsentieren können.

Das Bradley-Regime garantierte jedoch für die zeitweilige Integration der zentrifugalen Kräfte der fordistischen Sozialstruktur und die Bereitwilligkeit, den Expansionsbestrebungen des Kapitals ein politisches Profil zu geben. Bradley wurde somit einerseits zur temporären Lösung für den Zusammenhalt der fordistsichen Struktur und andererseits zum politischen Ingenieur des postfordistischen Umbruchs in der Welt-Stadt. Für die nationalen und internationalen Konzerne, die Los Angeles zunehmend zu ihrem Stützpunkt machten, und für die Ortsunternehmer der *Downtown* und der Region entsprach das staatsmännische Auftreten Bradleys ihren Bedürfnissen nach Repräsentation ihrer Pläne zur Produktion eines internationalen Ortes.

Wie Bradley neben dem Auftreten auch die Programmatik der Welt- Stadt entwickelte, wird Gegenstand späterer Kapitel sein. Ironischerweise erkaufte er die temporäre Stabilität der von ihm repräsentierten strukturierten Kohärenz mit der Integration instabil zusammengewürfelter politischer Fürstentümer:

"die jüdische Westside, das schwarze South Central, das konservative San Fernando Valley und Downtown, das von einem schwarzen Stadtrat vertreten wird, der sich freut den Hofnarren zu spielen, während er seine Downtown-*Klienten* mit Klauen verteidigt" (Wiley/Gottlieb, 1982: 114). Neue politische Gruppen konnten in diesem Reich von Fürstentümern erst eingreifen, als die Bradley-Koalition zerfiel. Dieser Prozeß besiegelte das Ende der fordistischen Stadt Los Angeles. Er ist zugleich die Genesis der Welt-Stadt.

4. *Le Monde Devenu Ville*:
Umrisse von Globalpolis

> *Los Angeles, like Borge's Aleph, is exceedingly tough-to-track, peculiarly resistant to conventional description. It is difficult to grasp persuasively in a temporal narrative for it generates too many conflicting images, confounding historicization, always seeming to stretch laterally instead of unfolding sequentially. At the same time, its spatiality challenges orthodox analysis and interpretation, for it too seems limitless and constantly in motion, never still enough to encompass, too filled with "other spaces" to be informatively described.*
> *What is this place? Even knowing where to focus, to find a starting point, is not easy, for perhaps more than any other place, Los Angeles is everywhere. It is global in the fullest sense of the word.*
> *The seers of Los Angeles have become countless, even more so as the progressive globalization of its urban political economy flows along similar channels, making Los Angeles perhaps the epitomizing world-city, une ville devenue monde.*
>
> Edward Soja, 1989

In den folgenden Abschnitten werden einige dieser schwer beschreibbaren historischen Geographien von Los Angeles neben- und hintereinander geordnet. Der Ausgangspunkt ist zunächst dem Sojas entgegengesetzt: nicht *une ville devenue monde*, sondern *le monde devenu ville* strukturiert die Sichtweise der folgenden Seiten. Angesichts des gut dokumentierten Aufstiegs von Los Angeles zur Welt-Stadt genügt es hier, die empirische Internationalisierung nur kursorisch und in Umrissen zu betrachten. Die Darstellung des *Ausmaßes* der Internationalisierung stellt ja nicht Ziel, sondern Ausgangspunkt dieses Buches dar, in dem vielmehr die *Prozesse* der Internationalisierung transparent gemacht werden.[1]

Zu Beginn der achtziger Jahre zeichnete sich ab, daß sich in Los Angeles ein neuer Städtetypus in paradigmatischer Weise entwickelte: die post-fordistische Welt-Stadt. Wie vielleicht an keinem anderen Ort kamen (und kommen) dort Elemente einer völlig internationalisierten Urbanisierungsperiode zusammen. Konsequenterweise wurde die Stadtregion zum exemplarischen Objekt zur Erforschung der städtischen Form, die im Prozeß des kapitalistischen Formati-

---

[1]   Vgl. Soja/Morales/Wolff, 1983, *Society and Space* 1986, Scott, 1988a, Soja, 1989, *Strategies*, 1990, Davis, 1990.

onswechsels nach dem Fordismus entsteht.[2] Zwar hatten schon frühere Autoren, so z.b. Warner (1972) den angeblich singulären Charakter der fordistischen städtischen Form in Los Angeles als neuen Generaltypus erkannt, die traditionelle Position in der Stadtforschung und im öffentlichen Bewußtsein bestand jedoch in der Regel auf der Einzigartigkeit der "Los Angelisierung". Diese exzeptionalistische Betonung führte dann gewöhnlich zu phantastischen Karikaturen und zur Oberflächlichkeit. Scott und Soja (1986) gehen hingegen heute so weit, das internationalisierte Los Angeles als "paradigmatische industrielle Metropole der modernen Welt" und ebenso wichtig für die Herausbildung der städtischen Form wie vormals Manchester, Paris oder Chicago zu bezeichnen. Die Erforschung bringe daher neue Einsichten in die gegenwärtige historische Geographie der kapitalistischen Entwicklung insgesamt (Ibid.). Diese Position birgt offensichtlich einige Schwierigkeiten in sich: denn wenn es auch richtig sein mag, daß sich in Los Angeles ein neuer Städtetypus herausbildet, so sind die Lehren, die aus dessen Erforschung gezogen werden können, eben nur auf einem sehr hohen Abstraktionsniveau und keinesfalls in der konkreten Form übertragbar. Es sollte daher einerseits der Fehler vermieden werden, aufgrund dessen der überwältigende Einfluß der Städtischen Ökologie früherer Jahrzehnte aus jeder Kleinstadt "Chicago" machen wollte. Andererseits muß bedacht werden, daß die heutige Urbanisierungsperiode im Gegensatz zur fordistischen Verstädterung keinen eigentlichen "para-digmatischen Fall" kennen kann: das bestimmende Charakteristikum der aktuellen Periode ist die typologische Vielfalt, die sich auf der Grundlage der allgemeinen Internationalisierungstendenzen im Städtischen entwickelt. Ein "Chicago" im konkreten Sinn ist daher aus grundsätzlichen Erwägungen schon nicht zu erwarten. Wenn man diese Einschränkungen einbezieht, ist es demnach möglich, Los Angeles als *limitiertes Paradigma* zu beschreiben, in dem sich die abstrakte, jedoch nicht die konkrete Form der postfordistischen Welt-Stadt erkennen läßt.

Umrisse

Die Schwierigkeiten bei der Untersuchung des heutigen Los Angeles beginnen bei einer sinnvollen geographisch-topologischen Definition. Die vorliegende Studie selbst beschränkt sich aufgrund der politischen Kohärenz dieses Rau-

---

[2] Hierzu sind vor allem die *Los Angeles School* aus Forschern von UCLA und USC zu nennen, deren Arbeiten teilweise in Fußnote 1 genannt sind; für einen Überblick siehe Keil, 1990.

Abbildung 4.1: Los Angeles County

mes und offensichtlicher Limitierungsbedürfnisse eines Forschungsvorhabens auf Ereignisse innerhalb der *Los Angeles-Long Beach Standard Metropolitan Statistical Area*, d.h. auf Los Angeles County (Abbildung 4.1).

Die ökonomische Kohärenz des Stadtraums ist jedoch weiter gefaßt. Hier wird die Stadtregion häufig als gedachter Kreis von einhundert Kilometern um das Rathaus von Los Angeles herum beschrieben. Dieser *"Sixty-Mile-Circle"*, den eine lokale Bank in unregelmäßigen Abständen in den letzten Jahren untersucht hat, umfaßt eine Landfläche von etwa 7700 Quadratmeilen, mindestens 132 lokale Gebietskörperschaften (Städte und Gemeinden), wobei der Kreis auf seinem Weg um *Downtown* Los Angeles fünf Counties durchschneidet (vgl. Security Pacific, 1984,1987; Abbildung 4.2). Die mehr als 12 Millionen Einwohner dieses Gebietes erwirtschafteten Mitte der achtziger Jahre ein jährliches regionales Bruttoprodukt von fast $250 Milliarden, "mehr als die 800 Millionen Inder jedes Jahr herstellen" (Soja, 1989: 224). Die Region ist, wie Soja (1989: 224) in seiner Dekonstruktion von Los Angeles treffend bemerkt, zwischen "Sicherheit" und "Pazifik", den Namensteilen der Bank, die die erwähnte Broschüre herausgibt, eingebettet. Zwischen den peripheren Militärbasen, die wie ein Befestigungsring um die Stadt liegen und der östlichen Küste des pazifischen Beckens befindet sich die vielgestaltigste urbane Region der Erde. Hier gibt es größere Gegensätze, Widersprüche und Disparitäten als an irgendeinem anderen Ort (Abbildung 4.3).

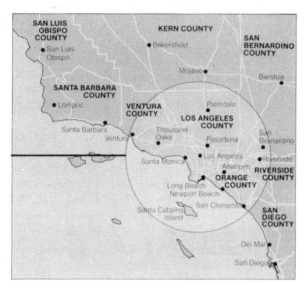

Abbildung 4.2: *60-Mile-Circle* (Quelle: Security Pacific National Bank, 1984)

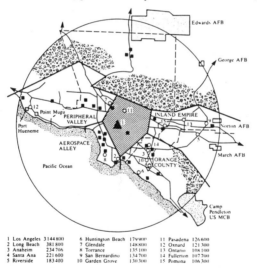

1 Los Angeles	3144800	6 Huntington Beach	179900	11 Pasadena	126600
2 Long Beach	381800	7 Glendale	148800	12 Oxnard	121300
3 Anaheim	234700	8 Torrance	135100	13 Ontario	108100
4 Santa Ana	221600	9 San Bernardino	134700	14 Fullerton	107700
5 Riverside	183400	10 Garden Grove	130300	15 Pomona	106300

A view of the outer spaces of Los Angeles. The urban core is outlined in the shape of a pentagon, with the Central City denoted by the black triangle. The major military bases on the perimeter of the Sixty-Mile Circle are identified and the black squares are the sites of the largest defence contractors in the region. Also shown are county boundaries, the freeway system outside the central pentagon, and the location of all cities with more than 100,000 inhabitants (small open circles)

Abbildung 4.3: Sicherheit und Pazifik (Quelle: Soja, 1989)

Der regionale Umlandverband von Los Angeles, die *Southern California As-sociation of Governments* (SCAG), wählt statt einer geographisch-geometri-schen eine politische Definition für das Gebiet, das er vertritt. Die Planungs-hoheit von SCAG erstreckt sich über sechs Counties - Los Angeles, Orange, Riverside, San Bernardino, Ventura und Imperial. Dieses Gebiet, das weitest-gehend dem Kreis von einhundert Kilometern entspricht, schließt 163 Städte ein (Abbildung 4.4).

Schließlich soll noch auf die Umrisse des South Coast Air Quality Manage-ment District (1989) hingewiesen werden, für dessen Bereich im Jahr 1989 ein Plan zur Reinigung der Luft erstellt wurde (Air Quality Management Plan). Dieser Plan macht weitreichende Aussagen zur Flächennutzung und Sied-lungsstruktur sowie zur wirtschaftlichen Entwicklung Südkaliforniens und kann als vielleicht wichtigste diskursive Fläche angesehen werden, auf der das neue internationalisierte postfordistische Akkumulationsregime in der Region errichtet wird (Bloch/Keil, 1990). Das Zuständigkeitsgebiet des SCAQMD er-streckt sich über vier Counties: Los Angeles, Orange, Riverside und San Bernardino (Abbildung 4.5).

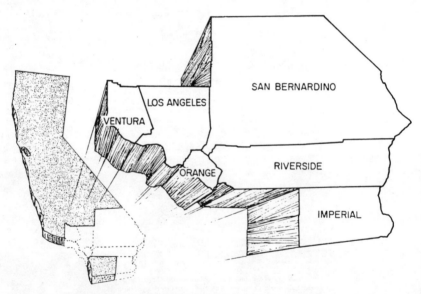

Abbildung 4.4: SCAG-Region (Quelle: SCAG)

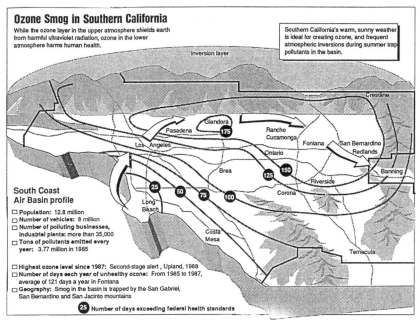

Ozone Smog in Southern California

While the ozone layer in the upper atmosphere shields earth from harmful ultraviolet radiation, ozone in the lower atmosphere harms human health.

Southern California's warm, sunny weather is ideal for creating ozone, and frequent atmospheric inversions during summer trap pollutants in the basin.

South Coast Air Basin profile

☐ **Population:** 12.8 million
☐ **Number of vehicles:** 8 million
☐ **Number of polluting businesses, industrial plants:** more than 35,000
☐ **Tons of pollutants emitted every year:** 3.77 million in 1985

☐ **Highest ozone level since 1987:** Second-stage alert, Upland, 1988
☐ **Number of days each year of unhealthy ozone:** From 1985 to 1987, average of 121 days a year in Fontana
☐ **Geography:** Smog in the basin is trapped by the San Gabriel, San Bernardino and San Jacinto mountains

25 Number of days exceeding federal health standards

Abbildung 4.5: South Coast Air Basin (Quelle: Mann, 1991: 7)

Die Ökonomie der Internationalisierung

> *Seemingly paradoxical but functionally interdependent juxtapositions are the epitomizing features of contemporary Los Angeles. Coming together here are especially vivid exemplifications of many different processes and patterns associated with the societal restructuring of the late twentieth century. The particular combinations are unique, but condensed within them are more general expressions and reflections. One can find in Los Angeles not only the high technology industrial complexes of the Silicon Valley and the erratic sunbelt economy of Houston, but also the far-reaching industrial decline and bankrupt urban neighborhoods of rust-belted Detroit or Cleveland. There is a Boston in Los Angeles, a Lower Manhattan and a South Bronx, a Sao Paulo and a Singapore. There may be no other comparable urban region which presents so vividly such a composite assemblage and articulation of urban restructuring processes. Los Angeles seems to be conjugating the recent history of capitalist urbanization in virtually all its inflectional forms.*

> Edward Soja, 1989

Die Restrukturierung von Los Angeles hat ihre Wurzeln in der Krise der fordistischen Formation. Die Situation in Los Angeles reflektierte die Entwicklung des amerikanischen Fordismus in Krieg und Frieden seit den dreißiger Jahren. Seit 1960 wurde aus dem "hochspezialisierten industriellen Zentrum, das auf der Flugzeugproduktion beruhte, eine diversifizierte und dezentralisierte industrielle/finanzielle Metropole" (Soja/Morales/Wolff, 1983: 211) und ein vollständig internationaler Ort. Alain Lipietz spricht in seiner Charakterisierung der postfordistischen Urbanisierung von einer Dynamik, bei der London und Paris Los Angeles hinterherlaufen, während Los Angeles das Profil von Sao Paulo und Mexico City annimmt, das selbst schon dabei ist, sich wie Kalkutta zu entwickeln (Lipietz, 1991). In Los Angeles - wie auch andernorts - bilden sich viele der durch diese Städte konnotierten Aspekte gleichzeitig ab.

Einerseits wurden als Teil einer prononcierten Internationalisierungs- und Rezentralisierungsstrategie in den fordistischen Kernindustrien im Laufe der Krise der siebziger Jahre die traditionellen industriellen Sektoren der massenproduzierenden Ära in Los Angeles fast durchgänging beseitigt. Wie auch anderswo in den USA wurden die fordistischen Massenarbeiter vom nationalen Kapital "verlassen". Obwohl sich insgesamt die Beschäftigtenzahl in der Region erhöhte, fand eine selektive Deindustrialisierung statt. Diese sorgte dafür, daß zwischen 1978 und 1983 rund 75 Prozent der lokalen Automobil-, Reifen-, Stahl- und Zivilflugzeugindustrie vernichtet wurden, was dem permanenten Verlust von 70.000 gutbezahlter, meist gewerkschaftlich organisierter Arbeitsplätze gleichkam. Die meisten Verluste mußte der Industriegürtel entlang des Long-Beach-Freeway hinnehmen, der einst das zweitgrößte zusammenhängende Industriegebiet nach der Ruhr war (Soja/Morales/Wolff, 1983).

Andererseits wurden in den fünf südkalifornischen Counties Los Angeles, Orange, San Bernardino, Riverside und Ventura alleine zwischen 1970 und 1980 1,3 Millionen neuer Arbeitsplätze geschaffen. Interessanterweise waren dabei viele neue Jobs in der gewerblichen Industrie. Während in den USA insgesamt zwischen 1970 und 1980 weniger als eine Million neuer Arbeitsplätze in der Industrieproduktion entstanden, kam die Region von Los Angeles alleine für 225.000 davon auf. Die Ökonomen des *Los Angeles Economic Roundtable* errechneten für das Gebiet von Los Angeles County für die Periode 1972-1984 einen Anstieg der Beschäftigung um 29,3 Prozent, womit die Stadt zum größten Arbeitsplatzbeschaffer der Nation wurde. Insgesamt entstanden 846.000 Jobs (Roundtable, 1986: 8). Schon seit den siebziger Jahren konnte man Los Angeles als größte Industriestadt der Erde bezeichnen, Los Angeles County mit seinerseits über fast einer Million Arbeitsplätze in der gewerblichen Produktion. Die meisten neuen Arbeitsplätze entstanden in der Hochtechnologieindustrie, vor allem in der Luft- und Raumfahrttechnik, in Produktionsdiensten und in Niedriglohnsektoren wie Bekleidung und persönliche Dienstleistungen (Soja/Morales/Wolff, 1983). Das Wachstum dieser Wirtschaftssparten und ihre Integration in die internationale Ökonomie wurden dabei von der "überragenden Kommunikations/Transportinfrastruktur" (Roundtable, 1986: 5) unterstützt. Der Einfluß der Bundesausgaben im Militärbereich war zentral wichtig für das Wachstum der regionalen Ökonomie. Einen großen Anteil an diesem Wachstum haben die Arbeitsplätze in der Produktion, die ein Drittel der Gesamtzahl ausmachen (Roundtable, 1986).

Arbeitsmärkte

Wachstum und Restrukturierung der städtischen Ökonomie bedeutet nun deren verstärkte *Internationalisierung*. Im Zentrum steht dabei die polarisierte Globalisierung der lokalen Arbeitsmärkte. Sassen-Koob (1984b) spricht hier von der Herstellung einer "neuen industriellen Zone für das Weltkapital". Sie nennt drei Gruppen von Gründen für die Entstehung solcher neuen Zonen. Die erste Gruppe umschließt technische und ökonomische Erwägungen wie Vorteile vertikal desintegrierter Agglomerationsökonomien und die dafür notwendige diversifizierte Arbeitsmarktstruktur. Dafür finden sich in Südkalifornien hervorragende Voraussetzungen, denn vor allem durch die Nähe zu Mexiko sind billige Arbeitskräfte vorhanden und es besteht auf der anderen Seite eine reiche Auswahl an hochausgebildeten Fachkräften, die ebenfalls international rekrutiert werden. Generell kann sogar von der Ausweitung der südkalifornischen Ökonomie in die *Maquiladora*-Wirtschaft des mexikanischen Grenzgebiets gesprochen werden (Soja/Morales/Wolff, 1983: 222). Zweitens nennt Sassen-Koob widrige Tendenzen zur Kapitalinvestition in der Dritten Welt als Faktor, der die Position des Standorts USA relativ verbessert. Drittens schließlich ist der Zugang ausländischer Investoren zum US-Markt ein wesentlicher Faktor für deren Standortentscheidungen. Zusammengefaßt zeichnen sich Regionen wie Südkalifornien durch folgende Charakteristika als neue Investitionszonen aus: die simultane Zugänglichkeit zu hochausgebildeten Arbeitskräften und zur Zufuhr billiger Arbeitskraft, der gleichzeitige Zugang zu ausreichenden Flächen zur Industrieansiedlung und zu Forschungs- und Steuerungszentren sowie eine regionale Entwicklung, die auf die Expansion der gewerblichen Produktion ausgerichtet ist (1984b: 3). Das Vorhandensein dieser Voraussetzungen bringt, wie Sassen-Koob für die Elektronikindustrie zeigt, sowohl ausländische Investitionen als auch Arbeitsimmigranten nach Südkalifornien.

Global City Los Angeles ist mit der "Produktion globaler Kontrollkapazität" befaßt (Sassen-Koob, 1987b: 67f.). Daher gibt es dorthin nicht nur die Arbeitsemigration, die die unteren Ränge der vielfach fragmentierten Arbeitsmärkte füllt, sondern auch jene, die die oberen Positionen besetzt. Die Einwanderung hochausgebildeter Fachkräfte aus Europa, Kanada, Südostasien und der Dritten Welt kommt einem einmaligen *Brain Drain* gleich, der den Wachstumspolen der US-Ökonomie - wie Los Angeles - zugute kommt. Neben vielen illegalen *Professionals*, die ihre Lehrjahre an kalifornischen Universitäten und ihre Englischkenntnisse zum Untertauchen benutzen, stechen hier vor allem die von amerikanischen Multis aus ihren Heimatländern auf einem temporären Visum mit Arbeitserlaubnis ins Land gebrachten Techniker, Ingenieure etc. heraus.[3]

Die Produktion der Zitadellenfunktionen in Städten wie Los Angeles hat jedoch vor allem die direkte oder indirekte Erzeugung von *Niedriglohn*arbeitsplätzen zur Folge (Sassen-Koob, 1987b). In den Deindustrialisierungsprozessen der traditionellen Sektoren wird ein erheblicher Teil der lokalen Arbeiterklasse einem "*Recycling*" unterworfen, das man in Anspielung auf deren neue (Niedriglohn-) Beschäftigungsmöglichkeiten, z.B. bei einer Warenhauskette mit diesem Namen, als "*K-Marting*" der Bevölkerung beschrieben hat.

Von erheblicher Bedeutung für die generelle Konstruktion einer Billiglohnökonomie ist jedoch der ständige Zustrom von Migranten: die Peripherisierung der Arbeitskraft, die Los Angeles zur Drittweltmetropole zu machen scheint (Soja/Morales/Wolff, 1983: 219). Eine wesentliche Rolle spielen dabei nichtdokumentierte Einwanderer, deren Zahl in Los Angeles County auch nach der partiellen "Amnestie" nach dem *Simpson-Rodino-Bill* des Jahres 1986 kaum abgenommen haben dürfte.[4]

Soja und seine MitautorInnen nennen drei Bereiche, in denen die Arbeitskraft der "illegalen" Immigranten vor allem wichtig ist: Erstens der unter anderem die Bekleidungsindustrie umfassende Bereich der Sub-Mindestlohnbeschäftigung, meist in "*Sweatshop*"- Bedingungen in kleinen "Klitschen", die mit einer permanenten Verletzung des Arbeitsrechts, der Sicherheitsbestimmungen und der Gesundheitsstandards ihre Wettbewerbsfähigkeit mit der Dritten Welt be-

---

[3] Insgesamt stiegen die in diesem Bereich ausgestellten Visa in den USA zwischen 1975 und 1986 um 432 Prozent von 12.570 auf 66.925. Für Ausländer, die nicht bereits bei einer amerikanischen Gesellschaft angestellt waren, wurden 1986 54.426 Visa ausgestellt, das entspricht einer Steigerung von 250 Prozent über die 15.550 im Jahr 1975 erteilten Einreisevisa für *Professionals*. Dieses Symptom der Internationalisierung der amerikanischen Ökonomie findet ihren Niederschlag besonders in den Hochtechnologieindustrien Südkaliforniens und den "Industrieparks", beispielsweise entlang der amerikanisch-mexikanischen Grenze.

[4] Ein schlagendes Beispiel dafür, wie sich die lokalen Unternehmer den neuen Bestimmungen der Einwanderunge zu entziehen versuchen, war die Forderung südkalifornischer Bekleidungsfirmen im Jahr 1987, temporär asiatische Arbeitskräfte importieren zu dürfen, um die "Verluste" an billiger Arbeitskraft durch *Simpson-Rodino* ausgleichen zu können (*San Francisco Chronicle*, 30. September 1987).

weisen wollen. Zweitens, Beschäftigung gerade oberhalb der Mindestlohngrenze, die gewöhnlich nicht zum familiären Überleben ausreicht, jedoch Arbeitskräfte vor allem aus dem trikontinentalen Ausland anzieht. Diese Arbeitskräfte sind oft WanderarbeiterInnen, da sich zu Mindestlohnbedingungen ein ständiger Aufenthalt in den USA, insbesondere jedoch in metropolitanen Zentren wie Los Angles, verbietet. Drittens schließlich werden Undokumentierte von Firmen in den Kernsektoren wie Automobil im Rahmen einer temporären Strategie eingesetzt, die den Unternehmern eine größere Flexibilität erlaubt (Soja/Morales/Wolff, 1983; Morales, 1983).

Insgesamt war die *legale* Einwanderung nach Kalifornien zwischen 1980 und 1983 (730.000) fast ebenso zahlreich wie für das gesamte Jahrzehnt 1970-1980 (782.000). 70 Prozent aller Immigranten, die nach 1970 in Kalifornien ankamen (und 75 Prozent der Mexikaner) ließen sich in Los Angeles County und in anderen Teilen Südkaliforniens nieder. Höhe und geographische Verteilung dieser legalen Einwanderung kann zweifellos auf die undokumentierten Immigranten hochgerechnet werden. EinwandereInnen - vor allem Frauen - stellen das Proletariat in den Wachstumsbranchen der Niedriglohnindustrien. In Los Angeles County, wo die Hälfte aller produktiven Arbeitsplätze Kaliforniens massiert ist, sind 57 Prozent aller *Hispanics* ungelernte ArbeiterInnen, ArbeiterInnen in Dienstleistungsbetrieben oder FabrikarbeiterInnen; im Dienstleistungsbereich sind es gar 65 Prozent. 43 Prozent der Jobs, die von *Hispanics* in Fabriken besetzt waren, können dabei unmittelbar mit dem massiven industriellen Wachstum in Los Angeles assoziiert werden (Sassen-Koob, 1987b: 81).

Ein erheblicher Teil der Einwanderungsökonomie steht im direkten Verhältnis mit der Rezentralisierungsstrategie des amerikanischen Kapitals, das in Städten wie Los Angeles nun auf Zustände zurückgreifen kann, die - alles in allem - mit denen in der Dritten Welt konkurrieren können. Am Ende der achtziger Jahre konnte die regionale Bourgeoisie ohne Furcht vor einem Aufschrei der nationalen Arbeiterklasse ihrer Zufriedenheit darüber Ausdruck verleihen:

Seit Jahrzehnten sind amerikanische Industrielle mit ihren Betrieben nach Übersee gegangen - aber jetzt wählen viele Firmen ihre Produktionsstandorte wieder in Los Angeles, um ihren Vorteil aus dem Überfluß an Industrieflächen, dem billigen Dollar, kooperativen lokalen Regierungen und der bereitwilligsten ArbeiterInnenschaft der Welt zu ziehen (B.M. Cole, 1987).

Neuer Industrieller Distrikt

Die Welt-Stadt-Ökonomie stratifiziert sich entlang der Entwicklungslinien zweier Prozesse, die die postfordistische Urbanisierung bestimmen: *Flexibilisierung* und *Internationalisierung*. Scott hat demonstriert, daß Südkalifornien einen der neuen "industriellen Distrikte" darstellt, in denen der postfordistische Kapitalismus regionale/lokale Form annimmt (1988a). Er unterscheidet dabei drei Hauptsäulen, auf denen nicht nur die südkalifornische Ökonomie, sondern ein völlig neues System der industriellen Organisation im Kapitalismus aufbaut: Dienstleistungen, Hochtechnologie und handwerksgestützte Industrien (*craft production*). Die (Wieder-)Entstehung oder die Stärkung handwerksgestützter Produktion und der Hochtechnologiesektor sind besonders mit der vertikalen Desintegration der sozialen Teilung der Arbeit identifiziert worden. Diese führt zu einer flüssigeren Konfiguration von Produkten und Prozessen und flexiblen Arbeitsmärkten. Alle drei ökonomischen Säulen der neuen industriellen Distrikte gründen im Prozeß der Internationalisierung der Ökonomie: in ihnen werden die Tendenzen zur Herstellung einer tatsächlich globalen Wirtschaft ver-ortet.

Dienstleistungen

Der *Dienstleistungssektor*[5] beschäftigte in Los Angeles County 1989 1.176.700 Menschen. Zwischen 1972 und 1984 nahm die Beschäftigung hier um 63,5 Prozent von 571.000 auf 934.200 zu. Nimmt man die Spanne zwischen 1979 und 1990, so ergibt sich ein Wachstum um 434.000 Arbeitsplätze. Transport, Versorgungsunternehmen, Großhandel, Einzelhandel, Finanz, Versicherungen und Immobilien zusammen beschäftigen noch einmal 1,4 Millionen, und im Öffentlichen Dienst bei Bundes-, Staats- und lokalen Regierungen arbeiten eine halbe Million Beschäftigte. Die Dienstleistungen sind der schnellstwachsende Sektor der lokalen Wirtschaft. Einen großen Anteil daran haben die zur Zitadellenformation zu rechnenden Produktionsdienste (*Business Services*), die mit 260.000 Arbeitsplätzen (1986) ein Viertel dieses Sektors stellen. Hier entsteht ein flexibilisiertes Netzwerk von Arbeitsmärkten und Firmenstrukturen, wie es für die postfordistische Ökonomie als typisch erachtet wird. Ein Fünftel der Angestellten in diesem Bereich arbeiten für private

---

5 Wie schwierig eine Kategorisierung von "Dienstleistungen" ist, ist vielfach diskutiert worden. Vgl. z.B. Hirsch/Roth, 1986; Castells, 1991; Storper/Walker, 1989. Die vorliegenden Angaben beziehen sich auf die in der amerikanischen Klassifizierung industrieller Tätigkeiten (SIC) unter CODE 70-89 zusammengefaßten Aktivitäten.

Arbeitsagenturen, die es den Firmen der Zitadelle ermöglichen, ihre Personalnöte flexibel mit temporärer Beschäftigung zu decken. In der Regel fallen dabei alle gewöhnlich entstehenden Lohnnebenkosten weg: Krankenversicherung, Krankengeld, Rentenplan etc. sind für die Zeitkräfte unerreichbar. Auch in anderen Produktionsdiensten sind die Wachstumsraten erheblich, so z.b. bei den privaten Sicherheitsfirmen, in der Gebäudeverwaltung, in der Computer- und Datenverarbeitungsbranche und in Management und Consulting. Hier gibt es Indizien für eine starke vertikale Desintegration, da viele Firmen mit externen Gesellschaften Verträge über die Verwaltung von Betrieben, Sicherheit, Datenverarbeitung und anderen Diensten abschließen (vgl. EDD, "Annual Planning Information", 1987; Wolff, 1991; eigene Berechnungen). Im Gegensatz zum glänzenden Image der neuen Dienstleistungsbranchen kann angenommen werden, daß viele Beschäftigte tatsächlich eine viel unsicherere Arbeitswirklichkeit erfahren als dies sowohl in der traditionellen gewerblichen Produktion als auch in herkömmlichen Büros der Fall war. Teilzeitbeschäftigung und mangelnde Lohnnebenleistungen der Unternehmen sind an der Tagesordnung. 87.000 Arbeitsplätze, das sind 56 Prozent des Gesamtwachstums, wurden allein 1988 und 1989 in produktionsorientierten Dienstleistungen wie Gebäudereinigung, privaten Sicherheitsdiensten, im Einzelhandel und in persönlichen Dienstleistungen wie Restaurants und Schönheitssalons und nichtöffentlichen Sozialdiensten wie Kindertagesstätten geschaffen. In diesen Berufen betrugen die jährlichen Durchschnittslöhne lediglich $16.600 oder sie lagen darunter (Wolff, 1991).

In den sogenannten *F.I.R.E.*-Industrien (*Finance, insurance and real estate*, also Finanz, Versicherungen und Immobilien) hatte Los Angeles County 1989 292.000 *Jobs*. Zwischen 1979 und 1991 hatte es hier einen Anstieg um 68.300 Stellen gegeben (Wolff, 1991). In der Finanzindustrie alleine, die 1984 128.000 Beschäftigte aufwies, wird Los Angeles' rapider Aufstieg zum internationalen Zentrum offensichtlich. Seit 1972 (81.000) wuchs dieser Wirtschaftszweig um 56 Prozent, während die Gesamtbeschäftigung nur um 29 Prozent zunahm (Ibid., eigene Berechnung). 1981 ordnete Cohen Los Angeles noch als "regionales Finanzzentrum" ein; Thrift (1987) sieht Los Angeles 1980 nur als "internationales Finanzzentrum sekundärer Ordnung". Heute kann man Los Angeles, das San Francisco als Bankenplatz hinter sich gelassen hat, nicht nur als Finanzzentrum des amerikanischen Westens, sondern als "Kapitale des Kapitals" im pazifischen Raum bezeichnen, die nur noch von Tokio übertroffen wird (Soja, 1989: 192). Ungefähr 150 internationale Banken sind in Los Angeles aktiv; damit ist es auf dem zweiten Platz hinter New York und auf dem Weg, zum supranationalen Zentrum aufzusteigen.

Die japanischen Banken spielen bei der Herstellung eines internationalen Bankenplatzes in *Downtown* Los Angeles eine Hauptrolle. Inzwischen gibt es *Insider*-Erwartungen, daß die Konzentration der riesigen japanischen Finanzkonzerne - sechs der zehn größten Banken der Welt sind japanische - in Los Angeles dazu führen könnte, daß Südkalifornien New York den Rang als erstem Finanzplatz der Nation ablaufen wird. Mehr als ein Drittel aller amerikanischen Banken in ausländischem Besitz sind in japanischer Hand. Über 13 Prozent des kalifornischen Kreditmarktes werden von den Japanern bestritten und ihnen gehören drei der zehn größten Banken des Staates. Im Unterschied zu anderen Teilen der USA überspringen die japanischen Banken das Getto der ausschließlichen Bedienung anderer Japaner in den USA. Heute sind z.B. 90 Prozent der Kunden und 99 Prozent der Angestellten der sich im japanischen Besitz befindlichen California First Bank Amerikaner. Die Banker aus Fernost strengen sich an, die einheimischen kalifornischen Banken nicht nur ein- sondern auch zu überholen. In den Augen der japanischen Finanzinstitute, die sich in ihrer globalen Strategie nicht verzetteln wollen (*"we can't extend credit everywhere from earth to moon"*), bietet sich Los Angeles als erste Standortwahl an. Mit mehr als 800 Niederlassungen japanischer Firmen in Südkalifornien stellt sich die Stadtregion als "24. Stadtbezirk" Tokios dar: 117.000 Südkalifornier sind Japan-Amerikaner. 200.000 besitzen einen japanischen Reisepaß (Kotkin/Kishimoto, 1987).

Die Internationalisierung der Bankenbranche in Los Angeles ist jedoch nicht lediglich eine Funktion der Zitadellenfunktion der Stadt. Denn während sich die kalifornischen Tochtergesellschaften internationaler japanischer Banken dem - meist großen - Geschäft mit Amerikanern und kommerziellen Kunden verschrieben haben, konzentrieren sich interessanterweise die Banken im lokalen Besitz von Einwanderern aus Asien auf ethnisch gebundene Märkte (Kristof, 1987). Diese Strategie der "kleinen Fische" wie es ein koreanischer Banker in Los Angeles ausdrückt, beruht auf der zum Funktionieren der neuerdings internationalisierten ethnischen Ökonomien von Los Angeles notwendigen detaillierten Kenntnis exotischer und traditioneller Geschäftspraktiken der jeweiligen Einwanderergruppe. Neben dem Verständnis der sozialen Bräuche einer spezifischen Gruppe verfügen die ethnischen Banker über einen relativ leichten Zugang zu persönlichen Informationen über Kunden aus der Gemeinde, die sie bedienen. Ein guter Ruf in der *Community* wird zum Kriterium der Kreditwürdigkeit, ein schlechter Ruf - selbst wenn dieser im Heimatland entwickelt wurde - bedeutet für die Immigranten eine Minderung der Kreditwürdigkeit (Unger, 1988).

Light und Bonacich weisen allerdings darauf hin, daß die Finanzierung kleiner Geschäfte durch koreanische Banken nur *ein* Faktor neben existierendem Kapital, kommunitären Geldbeschaffungspraxen wie *kyes*, privaten Geldgebern, Kredithaien sowie korea-amerikanischen Sparkassen und Kreditvereinen ist (Light/Bonacich, 1988). Insgesamt kann man also davon ausgehen, daß eine ganze Reihe von sozio-ökonomischen Mitteln bereitsteht, um die Kapitalflüsse aus dem fernen Osten in die Banken, Lebensmittelläden und Alkoholgeschäfte von Los Angeles zu vermitteln. Diese unterschiedlichen Praxen werfen daher ein bezeichnendes Licht auf die struktur- und handlungspraktische Diversifizierung des städtischen Internationalisierungsprozesses zwischen den lokalen und globalen Horizonten der Ökonomie. Und der Kapitalisierungsprozeß der internationalisierten Ökonomien des post-fordistischen Los Angeles wird zumindest teilweise von anderen als ökonomischen - nämlich von sozialen und politischen - Faktoren auf der lokalen Ebene bestimmt.

Die führende Rolle von Los Angeles im Finanzbereich (gegenüber dem traditionell stärkeren San Francisco) rührt von der gestiegenen Kapazität des internationalen Handels her, der durch Südkalifornien läuft. Der Fall Los Angeles bestätigt zweifellos die Relevanz des internationalisierten kommerziellen Kapitals, das für einen Großteil des Wachstums der internationalen Finanzzentren verantwortlich gemacht wird (Thrift, 1987). Die von Thrift identifizierten vier Gruppen des kommerziellen Kapitals (klassisches Handelskapital inklusive Immobilien), Geldmärkte, Aktien und Wertanlagen und Produktionsdienste (inklusive Werbeagenturen und Versicherungen) sind in Los Angeles von wachsender Bedeutung. So wurde beispielsweise "über Nacht" der lokale Geldanlagenberatungssektor aus dem Boden gestampft. Strategisch plaziert am Kreuzungspunkt anschwellender Kapitalströme am *Pacific Rim*, verwalteten die *money managers* von Südkalifornien 1986 $100 Milliarden. Zusammen mit den ca. $50 Milliarden, die von den örtlichen Banken und Versicherungen verwaltet werden, bedeutete dies einen Anstieg seit 1984 um 88 Prozent. Etwa 140 Firmen bewerben sich um diese Geldmenge. Nur eine Handvoll von ihnen ist mehr als zwanzig Jahre alt, und viele unter ihnen hatten sich in der Bugwelle des aus Beverly Hills stammenden (gestürzten) *Junk-Bond*-Königs Michael Milken auf die Geldtöpfe des internationalen Kasino-Kapitalismus der späten Reagan-Jahre verlegt, indem sie sich auf Junk Bonds, Firmenübernahmen und andere Sonderfelder spezialisiert hatten. Zwar gibt es bisher wenige *integrative* Internationalisierungstendenzen der Industrie (japanische Anleger z.B. bevorzugen weiterhin japanische Anlagenberater), der Trend geht jedoch insgesamt zu einer "geordnet segmentierten" Globalisierung des Finanzplatzes Los Angeles. Das Wachstum der Finanzwirtschaft in Los Angeles ist nahezu gleichbedeutend mit der Internationalisierung Südkaliforniens. Los Angeles wird zum völlig globalisierten Artefakt für die Konsumtion und die Weiterverarbeitung von Waren und Rohstoffen aus aller Welt.

Die Häfen in Los Angeles-Long Beach erlauben asiatischen Waren leichten und preiswerten Zugang zu den gewaltigen südkalifornischen Konsumentenmärkten, wo zwei Drittel der Kaufkraft des Staates massiert sind. Auch die relativ günstigen Flughafengebühren auf Los Angeles International tragen zur Festigung des Handelsplatzes von Los Angeles bei. 1983 machten die Lufttransporte etwa die Hälfte des Gesamtwertes aus bei wachsender Tendenz. Der Anteil des internationalen Handels am Bruttoregionalprodukt stieg zwischen 1970 und 1987 von 13 auf 25 Prozent (SCAG, 1987:1). Fast die Hälfte des nordamerikanischen Transpazifikhandels geht durch die Häfen von Los Angeles und Long Beach (Soja, 1989: 192). Sowohl bei den Exporten als auch bei den Importen steht Japan als Partner der südkalifornischen Ökonomie an der Spitze (SCAG, 1985).

Zu den sich in Los Angeles konzentrierenden internationalisierten Produktionsdiensten gehören auch die Werbung und die Gebäudeverwaltung. Der hohe Abhängigkeitsgrad der örtlichen Werbebranche von der internationalen Ökonomie macht die Agenturen äußerst anfällig für Zuweisung und Entzug von ausländischen Werbeetats. Viele Firmen der Branche in Los Angeles sind innerhalb der letzten Jahre von den Etats japanischer Konzerne am Leben erhalten worden, bzw. im Falle ihres Entzugs, zugrunde gegangen. Vier der Firmen mit den größten Werbeetats in den USA sind Toyota, Nissan, Honda und Mazda, die alle ihre Zentralen in Los Angeles haben. Gemeinsam geben sie fast 600 Millionen Dollar für Werbung aus. Hinzu kommen die Etats der Elektronikindustrie, der Computer- und Büroautomationsfabrikanten und anderer, die weitere Millionen in die lokale Werbebranche "pumpen" (Howard, 1987b). Los Angeles gilt den internationalen Konzernen als Brückenkopf für die USA wie auch als Markt für sich. Die Werbebranche in Los Angeles profitiert von dieser Situation und hilft beim Ausbau der örtlichen Welt-Stadt-Funktionen, indem sie mit ihrer Expertise die Vertriebsbedürfnisse der transnationalen Produktion lokal in die entsprechenden Märkte vermittelt. Während sich die Werbeindustrie aufgrund der Relevanz der Kenntnis lokaler Bedingungen nur schwer internationalisieren läßt, wird sie als lokaler Produktionsdienst jedoch zum Glied in der Kette global- lokaler Verbindungen in der Ökonomie der Welt-Stadt.

Ein ähnliches Bild ergibt sich in der Gebäudeverwaltung. Während die Industrie sich bisher einer direkten Internationalisierung weitestgehend entzieht, denn nur wenige ausländische Verwaltungsfirmen - wie die britischen James Lang Wooton und Richard Ellis - haben in Los Angeles Fuß gefaßt, werden ihre internationalen Verstrickungen immer relevanter (Interview Ely; Thrift, 1987: 226f.). Das heißt, während meist lokale Verwalter die Gebäude in ihrer Obhut haben, da sie die örtlichen Verhältnisse am besten kennen, gehen sie

106

zunehmend mit internationalen Eigentümern und Reinigungsfirmen Vertragsverhältnisse ein, die wiederum eine internationale Belegschaft beschäftigen. Es findet eine vertikale Desintegration statt, die die Trennung von Gebäudeeigentum, Verwaltung, Reinigungsvertragsfirmen und Putzkräften zur Folge hat. An jedem Punkt in dieser vertikalen Struktur sind internationale Firmen und Arbeitskräfte präsent.[6] Die Internationalisierung der örtlichen Immobilienmärkte beschleunigt zudem den Übergang von der Verwaltung der Gebäude durch die Eigentümer zur Fremdverwaltung (*fee management*). Man kann daher davon sprechen, daß durch die im Internationalisierungsprozeß beschleunigte Professionalisierung der Gebäudeverwaltung (d.h. nicht mehr durch die Eigentümer selbst) eine neue Industrie geschaffen wird. Die 1915 gegründete *Building Owners and Managers Association*, die ursprünglich eine Vereinigung von individuellen Gebäudeeigentümern war, dient nun großen Gesellschaften als politisches Vertretungsorgan. Da individuelle Gebäude bei BOMA "Mitglied" werden, ist in Los Angeles eine wachsende Zahl von ausländischen Grundbesitzern wie Shuwa und Mitsubishi automatisch beteiligt (Interview Ely). Manche internationalen Eigentümer bestehen jedoch auf einer Eigenverwaltung ihrer Gebäude, so z.B. die Tochterfirma der deutschen Lehndorff, die das Wells Fargo-Hochhaus in *Downtown* Los Angeles besitzt (Interview Ginise).

Eine wesentliche Aufgabe der Gebäudeverwaltung ist die Gebäudereinigung, die meist durch Vertragsfirmen abgewickelt wird. Während vor zehn Jahren noch keine transnationalen Konzerne in den USA in der Gebäudereinigung tätig waren, sind sie heute dort vorherrschend. In Los Angeles - wie auch in anderen Welt-Städten wie Frankfurt und London - verfügen sie über einen völlig internationalisierten *Pool* von Arbeitskräften, die zu Mindestlohnbedingungen nachts die Hochhäuser und Bürogebäude säubern (*Update*, 1987; Interview Ely). In den USA insgesamt ist eine traditionell schwarze Nische des Arbeitsmarktes inzwischen zu einer Domäne der Mittelamerikaner geworden. Landesweit stieg die Zahl der Beschäftigung in dieser Branche zwischen 1975 und 1987 von 2,3 Millionen auf 2,9 Millionen. Die Zahl der amerikanischen Vertragsputzkräfte in kommerziellen Bürogebäuden stieg von 390.000 auf 850.000 an (*Update*, 1987). Die Gebäudereinigung ist eine Wachstumsindustrie, die unmittelbar an die Erweiterung der Zitadellenfunktionen der Welt-Stadt gebunden ist. In Los Angeles stellen die Latinos mit 95 Prozent die einsame Mehrheit der *Janitors*. Fünfzig Prozent von ihnen sind Frauen. Mit dem

---

6 Ich danke Julie Aha, *Organizer* des Local 399, Service Employees International Union, Los Angeles für ihre Unterstützung bei meinen Nachforschungen zur Gebäudeverwaltung in Los Angeles.

wachsenden Erfolg der Immobilienbranche in Los Angeles' Bürozentren verschlechterte sich die soziale Situation dieser ArbeiterInnen ständig. Während die Löhne bis 1983 ungefähr gleiche Anstiege zu verzeichnen hatten wie die Lebenshaltungskosten, fand danach ein bisher ungebrochener Trend zu einer Preis-Lohn-Schere ihren Ausdruck. Die Schere klafft am weitesten auseinander, wenn man die seit Beginn der achtziger Jahre drastisch gestiegenen Mietpreise für Wohnraum ins Kalkül zieht (Schimek, 1989).

Nicht nur die hier beispielhaft genannten *Produktionsdienste* expandieren in der Welt-Stadt-Ökonomie. Auch andere Dienstleistungen, wie das Hotelgewerbe, Tourismus und Erholung, Gesundheitswesen, Recht, Ingenieurwesen, Architektur, Buchhaltung und Rechnungswesen etc. wachsen weiterhin (Los Angeles Chamber of Commerce, 1985). Ein hervorragendes Beispiel für diesen Trend ist die Expansion der gigantischen Rechtsanwaltskanzleien Südkaliforniens in den Fernen Osten. Eine Zunahme ist auch bei den persönlichen Dienstleistungen zu verzeichnen, die 1972 noch 35.400 Beschäftigte vorwiesen, 1985 bereits 39.200 (Los Angeles Chamber of Commerce, 1985).

Die Entstehung der Zitadellenfunktionen zieht dabei nach dem Muster der Polarisierung von Arbeitsmärkten, wie sie für die Gebäudeverwaltung/ Gebäudereinigung beschrieben wurde, eine Reihe von sekundären Dienstleistungen nach sich. Eine Studie der University of Southern California zur Niedriglohnbeschäftigung in *Downtown* Los Angeles fand 1987: "während hochbezahlte Jobs in den Hauptdienstleistungssektoren, Teilzeit- und Niedriglohnarbeitsplätze sowie die oft als Gelegenheitsjobs angebotenen Arbeitsplätze in Dienstleistungen und in der Produktion zunahmen, war in den mittleren Einkommensklassen im Produktionssektor eine Einbuße festzustellen". Es überrascht nicht, daß die Steigerung der Niedriglohnbeschäftigung mit einer Zunahme der Internationalisierung und Feminisierung der Arbeitsmärkte einherging (Core Laboratory Workshop, 1987: 92).

Handwerksgestützte Produktion

Vor allem in den alten innenstadtnahen Industriegebieten von Los Angeles County erleben *handwerksgestützte Industrien* wie die Filmproduktion, Möbel- oder Bekleidungsherstellung eine Renaissance. Die Bekleidungsindustrie ist neben der Möbelindustrie und dem Druck- und Verlagswesen die wichtigste handwerksgestützte Wachstumsbranche in der Ökonomie Südkaliforniens. Während diese drei Sektoren zusammen 1972 129.400 Beschäftigte in Los Angeles County hatten, brachten sie es 1985 auf 172.200. Dabei muß man zudem in Betracht ziehen, daß es sich bei der Zahl von 78.300 BekleidungsarbeiterInnen, die 1985 gezählt wurden, um eine zu konservative Zahl handelt, wie u.a. Olney nachweist (Los Angeles Chamber of Commerce, 1985; Olney, 1987a). Wesentlich ist jedoch vor allem die Qualität dieser ökonomischen Tendenz zur Festigung handwerksgestützter Industrien in der postfordistischen Stadt: sie sind durchgängig internationalisierte Industrien. Sowohl die Unternehmer als auch die ArbeiterInnen an den Nähmaschinen, Schneidetischen, Drehbänken und Druckmaschinen sind in der Mehrzahl Neueinwanderer. Die Lohndifferentiale zwischen und innerhalb der handwerksgestützten Branchen sind höher als in anderen Bereichen. Während beispielsweise die Filmindustrie die höchsten Durchschnittsjahreseinkommen ($45.000) aufweist, beträgt der vergleichbare Wert in der handwerksgestützten Konsumgüterindustrie (z.B. Bekleidung) nur die Hälfte ($24.100). Zudem müssen erhebliche intrasektorale Differenzierungen unterstellt werden wie etwa die zwischen Regisseuren und Studioarbeitern. Die relative Stabilität des handwerksgestützten Sektors ist bemerkenswert weil sie die Grundlage dafür war, daß Los Angeles während der achtziger Jahre, als die großen Deindustrialisierungswellen die USA überschwemmten, die größte Industriestadt der Nation blieb. In diesen Branchen wurde nämlich der lokale Verlust von fast 100.000 Arbeitsplätzen in den fordistischen Schwer-, Produktions- und Konsumgüterindustrien (wie Glas, Stahl, Metall und Automobil) ausgeglichen (Wolff, 1991).

Christopherson und Storper (1986) haben exemplarisch die Entwicklung der Filmindustrie von Los Angeles von einer fordistischen, studiozentrierten, tayloristisch organisierten und vertikal integrierten Massenindustrie zu einer flexibel spezialisierten, internationalisierten, vertikal desintegrierten Branche beschrieben. Scott (1984b) fand, daß die Zeichentrickfilmindustrie in Los Angeles stark vertikal desintegriert ist. Viele Spezialdienste wie Schreiben von Vorlagen, photographische Dienstleistungen, Musikkomposition, Spezialeffekte etc. sind in Los Angeles erhältlich. Die Industrie, die in North Hollywood konzentriert ist, kennt einen hohen Internationalisierungsgrad, denn einige Arbeitsgänge (bis ca. 50 Prozent der Gesamtmenge) werden verstärkt in Billiglohnländer ausgelagert. Damit werden u.a. zwei weitere Internationalisierungsdynamiken in Gang gesetzt, die das Gesicht dieser Industrie nachhaltig verändern: Erstens wird durch die Konkurrenz billiger Arbeitskraft tendenziell die politische Position der heimischen ArbeiterInnen, die gewerkschaftlich stark organisiert sind, unterminiert und von der langfristigen Beschäftigung von mehr nicht-organisierter "Billiglohnarbeit" von AsiatInnen sowie LateinamerikanerInnen in Los Angeles bedroht. Zweitens bauen sich asiatische Unternehmer, die vorher Zweigfirmen in Übersee betrieben, mit Produktionsstätten in Hollywood Brückenköpfe in den USA. 1990 arbeiteten 93.600 Menschen in der Filmindustrie in Los Angeles County (Wolff, 1991).

Die Produktionsbedingungen in der Möbelindustrie[7] veranschaulichen geradezu paradigmatisch einige der Charakteristika der neuen Akkumulationsperiode. In Südkalifornien waren 1986 54.371 Beschäftigte in 1.171 Betrieben der Branche vertreten, davon ca. 39.000 in Los Angeles County, 10.000 in Orange County. Bereits 1979 waren 35 Prozent der Beschäftigten mexikanische Arbeitsemigranten, eine Zahl, die mit Sicherheit während der achtziger Jahre zunahm. Die Konkurrenz mit den naheliegenden *Maquiladoras* im Norden Mexikos stellen - auch unter dem Gesichtspunkt wachsender Umweltschutzanforderungen in Südkalifornien - eine direkte und greifbare Konkurrenz mit Produktionsstandorten in einem Land der Dritten Welt dar (Bloch, 1989). Daraus läßt sich auch die Abnahme der Beschäftigung seit Mitte der achtziger Jahre auf 35.700 in Los Angeles County im Jahr 1990 größtenteils erklären (Wolff, 1991). Anders als die Möbelunternehmen im Osten der USA handelt es sich bei den Firmen in Los Angeles meist um kleine Betriebe, viele im Familienbesitz, wo Ehefrauen als Sekretärinnen fungieren und Privat- und Geschäftsleben untrennbar miteinander verbunden sind. Der Trend zur Flexibilisierung und zum *Subcontracting*, der in allen handwerksgestützten Industrien deutlich ist, hat allerdings eine Schwächung der Nischenbetriebe und eine Stärkung der gut kapitalisierten und anpassungsfähigeren großen Firmen zur Folge (Bloch, 1989). Die soziale Zusammensetzung der segmentierten und fragmentierten Märkte Südkaliforniens hat unmittelbar Einfluß auf die Struktur der lokalen Industrie. Die Versorgung mit günstigen Wohnmöbeln für die anhaltenden Einwandererströme, die zum Teil durch Importprodukte (z.B. aus Korea) und zum Teil durch die "importierten" Firmen des entsprechenden Sektors geleistet wird, steht der Ausbildung eines Designer-Marktes für Büro- und Wohnmöbel gegenüber: "Dieser Markt orientiert sich um Innenausstatter und Ausstellungsräume, die in West Hollywood konzentriert sind" (Bloch/Keil, 1991: 57).

Die größte Branche im *Crafts*-Sektor ist die Bekleidungsindustrie. Zwischen 1972 und 1982, während national die Beschäftigung in dieser Industrie um 19 Prozent zurückging, stieg sie in Kalifornien um 13 Prozent. 80 Prozent dieser Jobs - 120.000 insgesamt - befinden sich in Los Angeles County und die Mehrzahl davon wiederum in *Downtown* Los Angeles (Olney, 1987a, Scott, 1984a). Wie Scott und seine Arbeitsgruppe zu Beginn der achtziger Jahre feststellten, ist beispielsweise der Damenbekleidungssektor (*women's dress industry*) in Los Angeles eine "extrem arbeitsintensive und in organisatorischer Hinsicht statische <Industrie>. Die Fabrikationstechnologien sind bekannter-

---

7   Ich danke Robin Bloch und Peter Olney, Mitarbeiter des Local 1010 der International Union of Electronic, Electrical, Salaried, Machine & Furniture Workers, Huntington Park, California für die vielen aufschlußreichen Gespräche über die Situation in der lokalen Möbelindustrie.

weise archaisch und bleiben im wesentlichen auf der rudimentären Ebene solch simpler mechanischer Werkzeuge wie Schneidemesser und Nähmaschine" (1984a: 4). Vertikale Desintegration und Vertragsarbeit sind normal in einer Industrie, die ihre Arbeitskräfte hauptsächlich aus asiatischen und lateinamerikanischen Frauen rekrutiert. Unter Beteiligung der verschiedenen sozialen Klassen der Einwanderer-*Communities* stellt sich in der Bekleidungsindustrie ein komplexes neues innerstädtisches Industriezentrum her:

Im Gegensatz zu den formalisierten Vorgängen einer technischen Arbeitsteilung in einer großen Fabrik blüht die Bekleidungsindustrie auf den internen Widersprüchen einer gesellschaftlichen Arbeitsteilung. Vertragsarbeit absorbiert die Risiken chaotischer Märkte und globaler Preiswettbewerbe, was umgekehrt Grundlage für die Ausbeutung der segmentierten ArbeiterInnen ist. Gleichzeitig ermöglichen soziale Puffer, die nach Langlebigkeit, Vertrauen und ethnischer Solidarität streben, sowohl eine größere Effizienz der flexiblen Produktion als auch eine stückweise Regulierung und Abschwächung ihrer Mißbräuche. *Die Bekleidungsindustrie benutzt Einwanderer-"Communities" als eine Quelle für ausbeutbare Arbeitskraft, und die Einwanderer-"Communities" benutzen die Bekleidungsindustrie zum sozialen Aufstieg für Unternehmer und als Möglichkeit zum Broterwerb für eine große Zahl schwer zu beschäftigender ArbeiterInnen.* Das exzeptionelle Wachstum der Bekleidungsindustrie von Los Angeles beruht auf all den feineren Details dieser gut entwickelten sozialen Arbeitsteilung (Kountz, 1987; Hervorhebung von mir, R.K.).

Diese Strukturen bestätigen sich in der von Olney beobachteten Entstehung ethnischer *Contractor*-Vereinigungen, die die Präsenz starker ethnischer Untergruppen von Bekleidungskapitalisten ausdrückt. Vier Gruppen haben solche Vereinigungen gegründet: Anglos, Latinos, Chinesen und Koreaner (Olney, 1987a). Diese Verbände sind zwar ethnisch organisiert, sie arbeiten jedoch in für die gesamte Klasse der Bekleidungsfabrikanten relevanten Fragen in der *Confederated Clothing Contractors* of America und in der *Coalition of the Apparel Industry of California* zusammen. Typische klassengebundene Interessen in den vergangenen Jahren waren die Verhinderung der Erhöhung des Mindestlohns und die Beeinflussung von Wortlaut und Anwendung des neuen Einwanderungsgesetzes (Interview Vogel).[8]

---

8   In einem Interview erklärte Sidney Vogel, ein Bekleidungsfabrikant aus der ersten Nachkriegsgeneration jüdischer Kapitalisten, die aus New York nach Los Angeles kamen, warum seine Industrie sich der Erschließung durch Immigranten anbietet: Die Industrie hat eine geringe Kapitalintensität, so daß viele frühere ArbeiterInnen Firmen gründen, da sie auf Grund ihrer Erfahrung im Produktionsprozeß annehmen, sie "könnten die Dinge besser machen als ihr stupider Boss". Vogel, der auch Vizepräsident der lokalen *Garment Contractors' Association* ist, berichtet von einem hohen Firmengründungsgrad vor allem lateinamerikanischer und koreanischer Unternehmen. Die Kehrseite dieses konstanten und schnellen Kapitalisierungsprozesses in den Sweatshops ist jedoch eine vergleichsweise hohe Rate des Scheiterns: Fünfzig Prozent der jährlich ins Leben gerufenen Bekleidungsfabriken verschwinden auch wieder von der Unternehmenslandkarte. In einer sehr konkurrenten Industrie verlangt Erfolg mehr als

111

Die Mechanik der Internationalisierungstendenzen in der Bekleidungsindustrie deutet an, daß die Konstruktion der handwerksgestützten "Säule" der postfordistischen Ökonomie in Los Angeles von komplexen lokalen sozialen, ökonomischen und politischen Prozessen bewerkstelligt wird. Einerseits gibt es die charakteristische Enstehung von national segmentierten Produktionsbereichen, in denen eine Mixtur von Hyperexploitation und Paternalismus vorherrscht. Hier werden scheinbar vorkapitalistische soziale Bindungen zur Organisation eines der Wachstumssektoren der aktuellen kapitalistischen Ökonomie genutzt, wobei die Barrieren zwischen der globalen Metropole und der globalen Peripherie niedergerissen werden, denn die Dritte Welt organisiert einen Teil des postfordistischen Kapitalismus in der Metropole selbst. Auf dieser Ebene ist es dann auch schwer, die verschiedenen Klasseninteressen hinter den Überdeterminationen von Metropole und Peripherie und kommunitärer Ethnizität herauszulesen.

Andererseits lassen die ökonomischen und politischen Organisationsformen der Bekleidungsfabrikanten - und ihrer ArbeiterInnen in Gewerkschaften - keinen Zweifel daran, daß sich die Integration der neuen internationalisierten Produktionsrealitäten der Handwerksindustrien in die strukturierte Kohärenz von Los Angeles nach klassengebundenen Maßgaben vollzieht: Internationalisierung materialisiert sich hier also in einem Spannungsfeld von universalen Klasseninteressen, die auf der lokalen Ebene in einem Ambiente ethnischer und nationaler Nischen ausgespielt und modifiziert werden.

Hochtechnologie

Im dritten von Scott identifizierten Wachstumssektor der postfordistischen industriellen Disktrikte, der *Hochtechnologie*, hat Los Angeles traditionell seit dem Zweiten Weltkrieg eine starke Position. Die Luft- und später die Raumfahrtindustrie im suburbanen Südkalifornien war der Kern einer Agglomeration von Elektronik- und Kommunikationsfirmen, vor allem in Orange County und im San Fernando Valley (Hall/Markusen, 1985). Hall et.al. (1985) haben gezeigt, daß Los Angeles (vier Counties) 1974 jeweils mehr als fünfzig Prozent der kalifornischen Arbeitsplätze bei den Computerdiensten, der Softwareproduktion und der Datenverarbeitung stellte. In Kalifornien fanden sich zu diesem Zeitpunkt ca. achtzehn, zwanzig und sieben Prozent der Gesamtbeschäftigung in den genannten Branchen in den USA. Zwar verlor Los Angeles laut dieser Angaben nach 1979 an Boden gegenüber dem Rivalen San Fran-

---

nur technologische Kenntnis; die ständig prekäre Kalkulation der Stückgutproduktion und der Wettbewerb zwischen den *Contractors* zwingt viele Neugründungen zur Aufgabe.

cisco, die Stadtregion behält jedoch durch die achtziger Jahre ihre dominierende Stellung in der Hochtechnologie in Kalifornien (Hall et. al., 1985: 60). Soja (1989: 204) nimmt an, daß es sich bei Südkalifornien um die "größte Konzentration von auf fortgeschrittenen Technologien beruhenden Industrien" handelt. Zwischen 1972 und 1979 wuchs die Beschäftigung im Elektronik- und Raumfahrtsektor (SIC Codes 372, 376, 357, 365, 366, 367, 382) um mehr als 110.000 an. 1985 erbrachte eine Bundesstatistik, daß alleine in Los Angeles County mehr als 250.000 ArbeiterInnen in der Hochtechnologie beschäftigt waren.

Im Gegensatz zu den Handwerksindustrien, die in marginalen Gebieten der herkömmlichen Akkumulationsperiode zu finden sind, tendieren die Hochtechnologiebetriebe dazu, in relativ unverbrauchten suburbanen Gebieten zu siedeln, in der Regel neuindustrialisierte Standorte, wo es keine starken Gewerkschaften gibt und wo das Geschäftsklima nicht durch die "vorhergehende historische Erfahrung von Produktion im großen Stil und fordistische Beschäftigungsverhältnisse verseucht ist" (Scott, 1988a).[9]

In allen Fällen verweist die Entstehung der internationalisierten und flexibilisierten Ökonomie Südkaliforniens auf die Notwendigkeit, den sozialen Prozessen und der räumlichen Reproduktionsbedingungen der einzelnen Arbeitsmarktsegmente und internationalisierten *Communities* größte Aufmerksamkeit zu schenken. Sie sind zugleich die Produktionsbedingungen der industriellen Disktrikte der Welt-Stadt und reflektieren deren hohe Segmentation und Fragmentierung. Während die Luft- und Raumfahrtindustrie von der Rezession 1982/3 relativ unberührt geblieben war, begannen die Arbeitsplätze in diesem Sektor nach 1986 aufgrund des Rückgangs in den Ausgaben für Verteidigung zu erodieren. Die Luftfahrtindustrie hatte 1990 "nur" noch 156.000 Arbeitsplätze. Allein 1988 und 1989 gingen 12.600 gutbezahlte *Jobs* im Hochtechnologiesektor verloren (Wolff, 1991). Diese Erosion der Basis, auf der ein großer Teil des Nachkriegswachstums beruht hatte, trug zu erheblichen Teilen zu der ökonomischen Malaise bei, in der sich Südkalifornien nach zwei Jahrzehnten Restrukturierung zu Beginn der neunziger Jahre wiederfand.

---

9   Die Siedlungsmuster der Hochtechnologie bedeuten eine Ausbreitung des Kapitalismus, der sich - nicht zuletzt wegen dieser Branchen - in einer Wachstumsphase befindet, in völlig neue Gebiete. Der Grund dafür liegt auf der Hand: "Schließlich erscheinen die traditionellen Standorte aus der Perspektive der neuen Wachstumsindustrien wie besetzte Gebiete, deren Eroberung viel zu mühselig und hinderlich ist, wenn noch andere Räume gleichzeitig ihrer Ausbeutung harren" (Häußermann/Siebel, 1987: 64).

5. Die sozialen Verhältnisse: Internationalisierung zwischen Markt, Gesellschaft und lokalem Staat

Spanish-speaking Los Angeles - the second-largest Mexican, Guatemalan and Salvadorean city in the hemisphere - has far in excess of the necessary critical mass of institutions and media to define its own distinctive urbanity: a different, more "classical" way of living in the city based on gregarious, communitarian uses of markets, boulevards, parks and so on. The great Latino shopping streets - Broadway in Downtown and Brooklyn in Boyle Heights - have more in common with the early twentieth-century city, with the culture of Ragtime, than they do with a deathwish "postmodernity".

Mike Davis, 1987

Die Restrukturierung der ökonomischen Basis Südkaliforniens macht die Region zum "Musterbeispiel für eine Stadt der Dritten Welt auf nordamerikanischem Territorium" (Lieser, 1985: 404). Hier werden große Teile der "vierten" Einwanderungswelle (Muller/Espenshade, 1985) angezogen und in einer wachsenden lokalen Ökonomie unter den Bedingungen der postfordistischen Polarisierungen von Arbeits- und Konsummärkten absorbiert. Das demographische Profil der Region zeigt heute bereits, daß 55 Prozent der Bevölkerung nicht-weiß sind, ein Anteil, der von einer Studie für die Jahrtausendwende auf 70 Prozent veranschlagt wird (Enzer/Wurzburger, 1982). Der "Los Angeles 2000 Report", der wie SCAG das Gebiet der fünf südkalifornischen Counties zur Basis hat, errechnete folgende Zahlen (Tabelle 5.1):

	2010	1980	1970
Hispanics	40	24	14
Weiße	40	61	75
Schwarze	10	9	8
Asiaten/andere	10	6	3

Tabelle 5.1: Bevölkerungsverteilung Fünf-County-Gebiet Südkalifornien in Prozent (Quelle: Los Angeles 2000 Report, 1988: 52)

Die Einwanderung entwickelt eine Eigendynamik: eine große Immigrantenbevölkerung erzeugt, vor allem wenn sie zu komplexen Einwanderergemeinden in den Städten führt, eine eigene Nachfrage nach der Zuwanderung weiterer Arbeitskräfte verschiedenster Professionen (von Ärzten oder Geistlichen bis zu Dienstboten) aus ihrer Heimat (Sassen-Koob, 1987b:73). Es erscheint in diesem Zusammenhang wenig sinnvoll, ethnische Gemeinden im Einwanderungsland allein nach den kulturellen Eigenheiten des Herkunftsortes zu betrachten. Vielmehr wird die städtische ethnisch-amerikanische Gemeinde zum grundlegenden Kriterium der Ethnizität (Yancey/Ericksen/Juliani, 1976: 397). Die Einwanderergemeinden von Los Angeles - so heißt die These dieses Kapitels - entstehen als genuin welt-städtische *communities*, die zwar die äußeren Charakteristika der originären Kultur tragen mögen (Sprache, Essen, Musik etc.), tatsächlich jedoch eine der Welt-Stadt spezifische "entstehende Ethnizität" (Ibid.) repräsentieren, die dort ihre eigene Ausprägung erfährt. Ethnizität wird zur "kontinuierlichen Variable" (Ibid.: 399) einer lokalen Soziologie, Geographie und Ökonomie, die selbst als internationalisierte Produkte beständig veränderlich sind. Jenseits der für die Sozialstruktur der Welt-Stadt relevanten Kulturimporte aus den Herkunftsländern der Einwanderer muß man daher von einem erheblichen "Gedächtnisverlust" ausgehen. Die Annahme nämlich, das "gemeinsame Erbe sei der wesentliche Aspekt der Ethnizität ist irreführend" (Ibid.: 400), denn die "Erfordernisse des Überlebens und die Struktur der Möglichkeiten" im Ankunftsland sind hier von größerer Bedeutung. Yancey et al. schließen daher für die USA: "Kurzgesagt nimmt das sogenannte 'fremdländische Erbe' ethnischer Gruppen in diesem Land Gestalt an".[1] Dies bedeutet, daß ethnische Einwanderergemeinden im Spannungsfeld von Herkunfts- und Ankunftsbedingungen konstruiert werden.[2]

Diese Argumentation deutet darauf hin, daß die Daseinsbedingungen für ethnische Gemeinden von deren Integrationsfähigkeit in die Welt-Stadt-Ökonomie abhängen. Eine dieser Integrationsbedingungen ist in Los Angeles die Eingliederung ausländischer Arbeitskräfte in die blühende Niedriglohnökonomie der

---

[1] Dies soll nicht heißen, daß die neuen ethnischen Gemeinden der Welt-Stadt gänzlich bar ihrer herkömmlichen Traditionen sind, sondern daß die "entstehende Ethnizität" am neuen Ort eine spezifische Ausprägung erfährt. Von der koreanischen Einwanderung nach Los Angeles wissen wir beispielsweise, daß etwa die Produktion eines spezifisch korea-amerikanischen Kleinbürgertums im Gemüsehandel das spezifische Resultat von exogenen und endogenen Prozessen der Welt-Stadt-Formation darstellt: obwohl ihre Klassenzugehörigkeit und ethnischen Traditionen in der Formation einer Einwandererenklave eine Rolle spielen, sind Koreaner nicht aus einem ihnen spezifischen traditionellen Grund Gemüsehändler in Los Angeles. Ein mit Gemüse und Obst handelndes koreanisches Kleinbürgertum wird folglich erst vor Ort geboren.

[2] Wilson und Martin (1982) haben in einem Vergleich der kubanischen Einwanderer und der ansässigen Schwarzen in Miami, Florida festgestellt, daß die Geschäfte der Lateinamerikaner eine höhere Erfolgsquote haben als die der Afroamerikaner, da sich erstere als vertikal und horizontal integrierte "Enklavenökomomie" etablieren, die dem "Zentrum" Konkurrenz macht, während letztere als Teil der "Peripherie" vom "Zentrum" abhängig bleibt.

Stadt. Die unterbeschäftigte und unterbezahlte internationale "Unterklasse" von Los Angeles County stellte 1986 immerhin ungefähr ein Viertel der Gesamtbeschäftigung. Drei Viertel der NeueinwandererInnen konnte man zu diesem Zeitpunkt in den Niedriglohnkategorien finden, d.h. sie verdienten $4 oder weniger in der Stunde. Im selben Jahr betrug der Jahreslohn von mindestens 900.000 ArbeiterInnen weniger als $10.000. Das entspricht einem zahlenmäßigen Anstieg von 50 Prozent seit 1973, als 600.000 Beschäftigte derart wenig in ihrer Lohntüte hatten. Die Armut in Los Angeles wird dabei zunehmend "hispanisiert". Ein Viertel bis ein Drittel aller "hispanischen" Beschäftigten zählen zu den "arbeitenden Armen". Für die Ökonomie und Sozialstruktur von Los Angeles ist interessant, daß die Stadt dem nationalen Trend zur Reduzierung der Zahl der industriellen Arbeitskräfte widersteht, da die dortigen Industrien auf diese Arbeitskräfte zurückgreifen können. Deindustrialisierung steht daher hier einer Neo-Industrialisierung im Niedriglohnsektor entgegen. Jedoch auch in den unteren Arbeitsmarktsegmenten des Dienstleistungssektors finden parallele Verschiebungen zu einer lateinamerikanisch geprägten ("arbeitenden") Armutsbevölkerung statt (Cole, 1988; Ong, 1988; Ong/Morales, 1988).[3]

Unternehmereinwanderung

Los Angeles wurde seit den siebziger Jahren zur Bühne für eine vorher und anderswo nie gekannte internationalisierte Kapitalakkumulation durch immigrierte Kleinkapitaleigner vor allem aus der Dritten Welt. Zwar gibt es auch anekdotische Hinweise auf das Interesse europäischer Anleger an kleinen und mittleren Firmen in Südkalifornien (Cole, 1987); der Großteil der kleinteiligen Kapitalimmigration wird jedoch aus Asien bestritten. In einer Studie koreanischer Kleinunternehmer haben Light und Bonacich (1988) den spannenden Prozeß beschrieben, wie sich am Rande der Ersten Welt eine Drittweltkolonie auf unternehmerischer Basis entfaltet. Damit reihen sich die Koreaner in eine Tradition des amerikanischen Urbanismus ein: seit dem Zensus von 1880 haben neuangekommene Einwanderer einen höheren Grad an wirtschaftlicher Selbständigkeit und Selbstbeschäftigung als andere Bevölkerungsgruppen. Die Koreaner stellen jedoch gleichzeitig - zusammen mit den Kubanern in Miami -

---

[3] Im Bereich der Gebäudereinigung wurden zum Beispiel schwarze Männer zunehmend von lateinamerikanischen Frauen verdrängt.

116

eine Ausnahme dar, indem sie eine sehr umfangreiche und kohärente ethnische Ökonomie entwickelten.[4] Die Koreaner, die seit den siebziger Jahren nach Los Angeles kamen, machen inzwischen ungefähr ein Prozent der Gesamtbevölkerung von Los Angeles County aus. Zwischen 1967 und 1977 kamen sie jedoch für 5,5 Prozent der Firmenneugründungen in diesem Gebiet auf. Sie füllten also nicht nur Lücken oder Nischen in der welt-städtischen Ökonomie, sondern sie erhöhten den Anteil der Unternehmer an der Gesamtbevölkerung in einer ganz spezifischen Weise: nämlich durch Einwanderungskapital und Internationalisierung.[5] Während der Fall der Unternehmereinwanderung aus Korea in mancher Hinsicht eine Ausnahme darstellt, ist der zunehmend *ethnische Charakter der Ökonomie Südkaliforniens* insgesamt inzwischen die Regel. Dies ist bemerkenswert in einer Region, die einmal Musterbeispiel war, sowohl für *middle America* , besiedelt und zur Prosperität gebracht von der weißen Mittelklasse aus dem Mittleren Westen, als auch für die nationale *Made-in-the U.S.A*-Dynamik des amerikanischen Fordismus.

Aus der Diskussion der koreanischen Einwanderung seit den siebziger Jahren (vgl. Light/Bonacich, 1988: Teil 2) sind zwei Merkmale festzuhalten. Erstens ist es von erheblicher Bedeutung, welche ökonomischen Ursachen hinter einem spezifischen Emigrationsschub stehen. Die Koreaner, die nach Los Angeles kommen, haben in ihrer Mehrzahl hervorragende Voraussetzungen. "Die Koreaner waren in ihrem Herkunftsland hochgebildet und oft gut mit Geld

---

4   Light und Bonacich schließen daraus, daß die zunehmende Einwanderung auch für eine höhere Selbstbeschäftigungsrate verantwortlich ist (p.15). Sie interpretieren diesen Trend als schlichte "Umkehr" der historischen Tendenz zur Konzentration der Kapitalien, die sie bei Marx oder auch Mills beschrieben sehen. Eine andere Erklärung bietet sich jedoch hier an: Im Gegensatz zur Konzentrationstendenz des fordistischen Modells, kleine Betriebe in Zweigwerke (Massenproduktion) und kleine Läden in Kettensupermärkte (Massenkonsumtion) zu verwandeln (Hirsch/Roth, 1986: 53-64), entsteht in der postfordistischen Welt-Stadt- Ökonomie eine Formation des Kapitalismus, die zumindest partiell eine Renaissance der kleinbürgerlichen Wirtschaftsformen erlebt. Es handelt sich dabei freilich weniger um die Resurrektion tatsächlicher vor- fordistischer Formen der monadischen Straßeneckenökonomie als um die Schaffung einer genuin neuen Kapitalverwertungsstrategie im Raum, die den Urbanisierungsprozeß in der Welt-Stadt auszeichnet.

5   Ausgehend von der Theorie der *Middleman- Minorities* kommen Light und Bonacich schließlich auf den Begriff der *Immigrant Entrepreneurs*, der ausdrücklich die Rolle der Koreaner in einer "entwickelten Gesellschaft" bezeichnet. Darüberhinaus hat der Terminus "Unternehmer" - in den USA - eine positive Konnotation, während *Middleman*-Minoritäten oft der Verfolgung und Geringschätzung im Land ihrer Tätigkeit ausgesetzt sind. Die Koreaner - als immigrierte Unternehmer - unterscheiden sich schließlich von typischen *Middleman*-Gruppen wie den Juden oder den Chinesen dadurch, daß bei ihnen keine Tradition der Diaspora und der kommerziellen Migration besteht (Light/Bonacich, 1987: 20). Das *Immigrant Entrepreneurship* verwandelt sich in zweiter Generation in *Ethnic Entrepreneurship*, das die Spezialisierung einer ethnischen Gruppe in unternehmerischen Tätigkeiten bezeichnet (Ibid.).

ausgestattet, wenn sie in die USA kamen, gewöhnlich entstammen sie der Ober- oder Mittelklasse" (Light/Bonacich, 1987: 19). Aus dieser Position heraus spielten sie eine ganz spezifische Rolle im Aufbau der Welt-Stadt-Ökonomie: Die koreanische Einwanderung stabilisierte Stadtteile (ein wesentlicher Aspekt im Versuch der Umkehr bröckelnder Immobilienpreise am Rand der Welt-Stadt-Zitadelle), sie verbesserten das öffentliche Erziehungssystem (eine erstaunliche Leistung in einem Schulsystem, in dem fast die Hälfte der *High*-Schüler vor ihrer Graduierung die Schule verlassen), sie wehrten sich gegen Straßenkriminalität (Koreatown wird zum *cordon sanitaire* zwischen dem Getto einerseits, und der Innenstadt sowie der "besseren" Wohnviertel im Westen der Stadt andererseits), und sie injizierten neues Kapital und unternehmerische Energie in die (krisenhafte) Ökonomie von Los Angeles County (Light/Bonacich, 1988).[6] Als Los Angeles am 29. April 1992 in Flammen aufging, wurde die Funktion des Sicherheitskorridors offenbar. 1.867 koreanische Läden und Geschäfte wurden geplündert oder niedergebrannt. Koreanische Geschäftsleute erlitten $347 Millionen Schaden an ihrem Eigentum (Kwong, 1992:88).

Das zweite Merkmal der koreanischen Unternehmer-Einwanderung ist das fehlende Schlußstück in einem Kreis, den die fordistische Expansionspolitik der USA nach dem Krieg zu ziehen begonnen hatte: die als Kleinunternehmer in Los Angeles siedelnden Koreaner vervollständigten die nationalen ökonomischen Konsequenzen eines internationalen ökonomischen Prozesses, der Jahrzehnte zuvor von den USA in Gang gesetzt worden war, als diese Kapital, Technologie und Militärmacht auf die koreanische Halbinsel exportierten. Die Amerikaner, so schließen Light und Bonacich (1988), hatten das koreanische Unternehmertum zur Vermeidung heimischer Arbeitsgesetzgebung benutzt. Die invertierte Geschichte erlaubt nun zwei Hypothesen mit Hinblick auf die Ökonomie von Los Angeles: erstens entsteht ein Ort, wo die aus der fordistischen Periode überlieferten globalen Widersprüche in der sozialen und baulichen Umwelt einer neuen Urbanisierungsperiode ausgespielt werden. Zweitens bestätigt sich, daß die Welt-Stadt eine mikroskopische Version der globalen ökonomischen Tendenzen darstellt. Sie ist nicht nur deren Abbild, sie ist gleichsam der *Prozeß* der globalen Restrukturierung.

---

6   Dabei nehmen sie im Normalfall eine soziale Degradierung hin. Nicht nur ist es häufig der Fall, daß koreanische Akademiker, die in ihrem Heimatland ihre gesamte Habe veräußert haben, den Erlös in die Gründung eines kleinen Geschäfts in Los Angeles stecken und den Regreß zum Kleinhändler erleiden, viele schaffen nicht mal das: "Die meisten werden keine Geschäftsleute. Hingegen finden sie sich gefangen als Lagerarbeiter oder Verkäufer in Lebensmittelläden, Dienstleistungsbeschäftigte in Restaurants, ArbeiterInnnen in Bekleidungsfabriken oder als Gebäudereiniger in Flughäfen und Hotels" (Takaki, 1989b; vgl. 1989a).

Konsumtion

Die welt-städtische Sozialstruktur wird tendenziell mit der Fragmentierung der Ökonomie in Abstimmung gebracht (Ross/Trachte, 1983). Die nun folgende "Typologie" der gestaffelten welt-städtischen Konsumtionssphäre erhebt weder Anspruch auf Vollständigkeit noch auf inneren Zusammenhang und Logik. Sie soll lediglich auf den Aspekt der Neuformation von welt-städtischen Reproduktionsmustern verweisen, die tendenziell den ökonomischen Grundtendenzen in Los Angeles zum gegenwärtigen Zeitpunkt folgen. Insofern sie selbst die Innovation neuer produktiver Beziehungen beinhalten, die es in der fordistischen Stadt nicht gab, stellt die Reproduktionssphäre auch ein Element der Formationsbedingungen der postfordistischen Welt-Stadt-Ökonomie dar. Die ökonomische Polarisierung und (internationalisierte) soziale Fragmentierung von Los Angeles, die den spezifischen Welt-Stadt- Charakter der Region ausmachen, bieten zugleich Ausgangspunkt und Produkt einer ungeheuren Bandbreite unternehmerischer Praxen auf einem völlig globalisierten urbanen Terrain, das weniger als in der fordistischen Stadt von der Tendenz einer allgemeinen vermassten Gleichrichtung bestimmt ist. Im Gegenteil, die diversifizierten Weisen der Produktion, der Distribution und des Konsums von Waren werden zum sozialen und ökonomischen Regulativ einer äußerst zerklüfteten städtischen Ökologie.

Die Herausbildung einer zahlenmäßig starken und partiell kaufkräftigen lateinamerikanischen Konsumentenschicht führte in den vergangenen Jahren zu einer verstärkten Einbeziehung von auf diese Gruppen abzielenden Marketingstrategien der massenproduzierenden Konzerne des amerikanischen Verbrauchsgütermarktes. Zunächst wurde die "Fordisierung" der amerikanischen Gesellschaft auf die ursprünglich übersehenen ethnischen Teilmärkte dieser Gesellschaft erweitert. *Chicanos* in Los Angeles wurden zu Chevrolet-Fahrern und Konsumenten massenproduzierter amerikanischer Lebensmittel. Nationale Werbeetats haben bereits die Relevanz dieser neuerdings fordisierten lateinamerikanischen Kunden wahrgenommen. Die Betonung der auf "die extrem traditionellen und familienorientierten" Lebensstile der *Hispanics* zugeschnittenen Reklameetats liegt im Bereich der Lebensmittel, der Getränke und der Tabakprodukte, aber auch der Automobilindustrie. Die "Los Angeles Marketing Area" (Los Angeles-Long Beach, Anaheim-Santa Ana-Garden Grove) stellt mit ihren 2,3 Millionen Bewohnern, "die die spanische Sprache und bestimmte historische und kulturelle Traditionen gemeinsam haben", auch den größten "hispanischen" Medienmarkt dar. 1985 wurden hier alleine $59,2 Millionen auf Werbung in Druck und TV/Radioausstrahlung ausgegeben (Los

119

Angeles Times Marketing Research 1986). In den regelmäßigen Marktübersichten, die die Los Angeles Times zur Zielgerichtetheit ihrer Annoncenpolitik zusammenstellt, wird die Entstehung eines nicht-angloamerikanischen Massenmarktes für Konsumgüter als zentrale Beobachtung registriert. Los Angeles ist das größte asiatische und lateinamerikanische und das drittgrößte afro-amerikanische Marktgebiet der USA. (Ethnicity in LA, 1986:2). Während zielgerichtetes Marketing für diese ethnischen Gruppen in Los Angeles generell als schwierig eingeschätzt wird, haben sich jedoch in den letzten Jahren die Methoden der Industrie notgedrungen verbessert und der veränderten welt-städtischen Struktur angepaßt (vgl. Los Angeles Times Marketing Research, 1986: 24). Vor allem die Werbebranche macht ihre Antwort auf "die verschiedenen ethnischen Segmente" des Marktes von Los Angeles zur Wachstumsstrategie für die neunziger Jahre (Howard, 1988). Diese Anpassung geschieht schließlich nicht mehr lediglich unter der Maxime des "spanischsprachigen Fordismus", sondern unter der Ausbreitung neuer Formen der monadisierten Massenreproduktion. Neben den herkömmlichen (und fortdauernden) hegemonialen Strategien der großen Lebensmittelketten, Automobilfirmen etc. zur Inkorporierung der wachsenden Kaufkraft aus den ethnischen Gemeinden der internationalisierten Stadt treten jetzt neue Formen der individuellen Konsumtion, die für die Sozialstruktur der Welt-Stadt typisch sind.

Der ethnische Supermarkt: Neo-Fordismus im Barrio

Supermarkt und Einkaufszentrum waren die Kernstücke des massenkonsumorientierten fordistischen Einzelhandels, sozusagen Relaisstationen in der Reproduktion des "fordistischen Subjekts" (Hirsch/Roth, 1986: 53f.). Sie waren gleichsam die "Fabriken", in denen die Kongruenz von Individualisierung und Vermassung (Normierung) hergestellt wurde. Ihr Warenangebot und ihre Marketingstrategie richteten sich auf Vereinheitlichung und Uniformierung, eine Tendenz, die schließlich in der Logik der "namenlosen" Produkte ihren Höhpunkt fand. Seit einigen Jahren ist jedoch ein umgekehrter Trend feststellbar: die Märkte werden nach sozialen und ökonomischen Gesichtspunkten ausdifferenziert. Einerseits erhält die den neuen "Überkonsumismus" betreibenden "sub-bourgeoise Schicht von Managern, freiberuflichen Akademikern, neuen Unternehmern und Rentiers" eine reproduktive Infrastruktur bereitgestellt (Davis, 1986: 84). "*Generic Products*" machen ihren Platz in den Regalen der Supermärkte neuen Designer-Produkten und Gourmetlebensmitteln frei (Zwahlen, 1988). Gentechnik und Kaufkraftüberhänge bereiten den Boden für die Ausbreitung einer produktdifferenzierten Landwirtschaft, die den neuen Marketingstrategien der Märkte Rechnung trägt. Südkalifornien gilt insgesamt als erstklassiger Einzelhandelsmarkt für internationale Luxusprodukte.[7] Andererseits reorganisiert die ständig von Konzentrations- und Restrukturierungsprozessen begleitete Supermarktbranche (vgl. LAT, 26. Februar 1988: V,1) aggressiv ihre Verkaufsstrategien unter dem Druck einer zunehmend internationalisierten Konsumstruktur. Bisher hatten die Supermarktketten ihre Marktanteile vor allem nach sozialen und geographischen Gesichtspunkten aufgeteilt.[8] Neben dieser differentiellen Gleichmacherei der fordistischen Stadt ist nun eine neue Strategie auszumachen, die nicht mehr von einer gleichförmigen allgemeinen Versorgung mit Reproduktionsmitteln ausgeht, sondern von vorneherein die Differenz der internationalisierten Bevölkerungen der Welt-Stadt zur Existenzbedingung hat. Beginnend mit einer Verkaufsidee der Vons-Kette, mit 25 Prozent Marktanteil 1983/4 die zweitgrößte Gesellschaft in Los Angeles, kreieren Einzelhandelskonzerne zunehmend ethnisch fokussierte Marketingstrategien, die die Versorgung mit Konsumgütern im städtischen Bereich entlang der frisch gezogenen und veränderlichen Linien der internationalisierten Populationen fragmentiert. Mitte der achtziger Jahre stellten die Marketing-Strategen der Vons-Kette eine überraschende Schwäche ihrer Supermärkte in mehrheitlich lateinamerikanischen Stadtteilen fest. Während Vons gewöhnlich 65 Prozent der Lebensmittelumsätze im Umkreis von drei Kilometern um seine Läden kontrolliert, war das in diesen Stadtvierteln bei weitem nicht der Fall. In Gebieten mit starker Einwanderung gingen die Verkaufszahlen der meisten Supermärkte sogar nach unten. Die Folge dieser Erkenntnis war die Entwicklung eines Supermarktformats, das spezifisch für die spanisch-

---

7 In südkalifornischen Safeway-Märkten, die 1984 mit 15,3 Prozent Marktanteil die fünftgrößte Supermarktkette darstellten, verdoppelte sich zwischen 1982 und 1987 das Angebot in der Obst- und Gemüseabteilung von 150 auf 300 Produkte, darunter 19 verschiedene Melonenarten, 20 Kürbissorten und 11 Varietäten von Pilzen (Berkman, 1987).

8 Eine Umfrage der Los Angeles Times ergab 1983/84, daß Asiaten und Weiße vor allem bei Ralphs und Vons, Schwarze bei Boys Markets und Ralphs und Latinos bei Lucky und Alpha Beta einkauften (Los Angeles Times Marketing Research, 1986: 34). Die Soziogeographie des südkalifornischen Einzelhandels ist dabei von dem Paradox gekennzeichnet, daß die mehrheitlich armen lateinamerikanischen und schwarzen Kunden der Boys-Märkte bis zu sieben Prozent mehr für ihre Waren bezahlen als Käufer in vergleichbaren Supermärkten in anderen Stadtteilen. Der Preis der individuellen Reproduktion tendiert sowohl für die ganz Reichen in Beverly Hills als auch für die ganz Armen in Watts dazu, überdurchschnittlich hoch zu sein (Calpirg, 1987). Die gleichmäßige Ausstattung von städtischen Problemgebieten (als solches wurde Watts nach dem Aufstand von 1965 angesehen) hatte zur Bedingung, daß die dort tätigen Konzerne eine Art Superrente auf die Preise ihrer Waren schlagen konnten. So kam die Bereitschaft der 54 Läden starken Boys-Kette, die von anderen Gesellschaften wie Vons, Lucky und Ralphs verlassenen ethnischen städtischen Gebiete zu bedienen nur unter dem Zeichen, gleichzeitig die teuerste Kette zu sein.

sprechende Bevölkerung von Los Angeles ansprechend sein sollte.[9] Das Konzept, das schließlich nach längerer Marktforschung entstand, war eine neue Ladenkette mit dem Namen "Tianguis", was die spanische Adaption eines aztekischen Begriffs für "Marktplatz" ist. Dieses Konzept war damit nicht lediglich eine Verkaufsstrategie, sondern gleichsam die Konstruktion eines endogen welt-städtischen Sozialstrukturelements, der bewußte Versuch der Einflußnahme auf die durch die Internationalisierung der Stadt hervorgebrachte Restrukturierung des sozialen Geflechts:

> Wenn wir den Namen benutzen, beabsichtigen wir, die ursprüngliche Bedeutung des Wortes 'Tianguis' zu reflektieren. Wir planen, unsere Läden als wichtige Zentren in der Gemeinde zu positionieren ... Der Name 'Tianguis' wird es uns erlauben, in den lateinamerikanischen Gemeinden, spezielle Nischen für unsere Läden einzurichten. 'Tianguis' ist nicht nur ein Laden, es ist *The Marketplace*." (Tianguis, 1987).

Die ökonomische Strategie hat zudem eine "städtebauliche" Dimension, indem von der Architektur der Tianguis-Märkte eine soziale Funktion erfüllt werden soll: *La Placita*, der Platz vor dem Geschäft soll entsprechend als "perfekter Ort für Kunden zur Entspannung vor oder nach ihrem Einkauf" mitverkauft werden. Im Innern erzeugen die grellbunten Farben des Ladenlogos in der einen Hälfte des Ladens ein illusionäres mittelamerikanisches Ambiente, während die andere Hälfte den Anblick eines normalen amerikanischen Supermarktes bietet.

Am 30. Januar 1987 wurde in Montebello, im Osten von Los Angeles, der erste Markt dieser Art eröffnet. Neunzig Prozent der Lateinamerikaner in Motebello sind mexikanischer Herkunft. 98 Prozent der ca. 300 Beschäftigten des Marktes sind Lateinamerikaner, 80 Prozent sind zweisprachig. Beschilderung und Verpackungen sind in spanischer Sprache, alle Schecks werden grundsätzlich akzeptiert. Damit wird der Laden direkt der Hauptzielgruppe, den Neueinwanderern, zugänglich gemacht.

---

[9]   Ein Strategiekomitee auf höchster Managementebene traf sich innerhalb von vierzehn Monaten mindestens einmal monatlich, besuchte Einzelhandelsgeschäfte in verschiedenen Regionen des amerikanischen Südens und Südwestens und Mexikos, um sich einen Eindruck davon zu verschaffen, wie die Konkurrenz anderswo auf die spezifischen Bedürfnisse der Mittelamerikaner einging. Zwei wesentliche Erkenntnisse nahmen die amerikanischen Marktforscher vor allem aus Mexiko mit nach Hause: erstens gibt es in den Eßgewohnheiten der Mexikaner eine (an der einheitlichen Eßkultur Nordamerikas gemessene) verblüffende Vielgestaltigkeit; zweitens gibt es in Mexiko im Vergleich zur USA erheblich unterschiedliche Verkaufspraxen. In einer detaillierten Erforschung von Konsumgewohnheiten verschiedener lateinamerikanischer Einwanderergruppen in Texas, Florida und Kalifornien wurden weitere Erkenntnisse über die Ausdifferenzierung der Kundenwünsche erhalten. In Südkalifornien stellte man schließlich eine solche Differenz nach drei Akkulturationsebenen fest. Am Ende stand die Entwicklung einer neuen Produktreihe, die in weiteren Tests in Hinblick auf Farbgestaltung, Stil, Lebensmittelangebot, Rezepten und Essensproben entwickelt worden war (Interview Linski).

Abbildung 5.1: Tianguis-Markt, Los Angeles (Aufnahme des Verfassers)

Für die zweite, die "moderat akkulturierte Gruppe", erweckt der Laden über hausgemachte Tortillas Gefühle von Nostalgie, während interessanterweise die völlig akkulturierten Mexikaner keine spezifische Zielgruppe darstellen (Interview Linski).[10]
Die Tianguis-Strategie ist der gezielte Versuch der bestehenden fordistischen Form der Distribution von Waren für die private Konsumtion, sich in einer internationalisierten und fragmentierten Situation zu behaupten. Vons erweiterte diese Teilmarktstrategie inzwischen um ein Luxussegment, die Pavillions-Märkte. Diese innovative Strategie, die flexibel die Möglichkeiten der Welt-Stadt Los Angeles ausschöpft, wurde von anderen Ketten, z.B. von Boys

---

[10] Inzwischen wurden weitere "Tianguis"-Märkte geplant und gebaut. Alle Stadtteile, wo derartige Geschäfte eröffnet werden, haben gemeinsam, daß sie eine Bevölkerung mit geringem Einkommen haben. Vons bricht dort in einen neugeschaffenen internationalisierten Markt ein, wo von anderen Ketten gewöhnlich die Investition von sechs bis sieben Millionen Dollar in einen neuen Supermarkt abgelehnt wird. Zumindest anfangs konnte Tianguis auch die Preise des bisher billigsten Anbieters - Lucky - unterbieten. Jeder Standort wird genau beforscht und entsprechend bedient. Im Tianguis-Markt in Cudahy, beispielsweise, wo die lateinamerikanische Bevölkerung zu dreißig Prozent aus dem nicht-mexikanischen Mittelamerika stammt, geht das Lebensmittelangebot (z.B. mit Bananengerichten) zielgruppenspezifisch auf deren Eßgewohnheiten ein (Interview Linski). Das bedeutet, daß schließlich jeder Supermarkt ein eigenes Profil erhält, das der welt-städtischen Sozialstruktur im Detail Rechnung zu tragen versucht.

und Ralphs mit unterschiedlichem Erfolg kopiert. Tim Hammond, der Sprecher eines großen amerikanischen Handelsverbandes (*Food Market Institute*), bestätigt den für die neunziger Jahre zu erwartenden Trend: "Nachbarschaften, die primär von einer ethnischen Gruppe bewohnt werden, erfordern, daß Lebensmittel und Güter dieser zusagen. Mit der Zeit wird dieser Trend in L.A. immer wichtiger" (zit. in *LABJ*, 7. September 1987). Die Strategien der großen Supermarktketten werden dabei durch die nachholende Fordisierung der einzelnen ethnischen Gruppen selbst komplementiert: im chinesischen Monterey Park wird die asiatische Kundschaft von zwei großen orientalischen Märkten mit dem Namen Hoa Binh bedient, im armenischen Teil von Hollywood ist Ron's Market, ein konvertierter Vons-Laden Zentrum einer wachsenden Einwanderergemeinde aus der ehemaligen Sowjetunion.

Minimalls: ursprüngliche Akkumulation an der Strassenecke

Wo Immigranten in großer Zahl geographisch konzentriert sind, entsteht die Möglichkeit der Reproduktion durch Geschäfte und Betriebe der jeweiligen Kultur oder Nationalität. Dies ist beispielsweise der Fall bei den in der Westlake Area und Pico Union konzentrierten Mittelamerikanern (vor allem aus Guatemala, El Salvador und Nicaragua). Schätzungsweise leben ca. 40 Prozent der zwischen 750.000 und 1,3 Millionen zählenden zentralamerikanischen US-Einwanderer in Los Angeles. Mittelamerikanische Geschäftsleute in Südkalifornien schufen in ihrem Versuch, die reproduktiven Bedürfnisse ihrer Landsleute zu befriedigen, einen völlig neuen Teil der Ökonomie, der anders nicht geschaffen worden wäre. Die Geschäftsgründungen sind gewöhnlich erst nach einigen Jahren Aufenthalt in den USA möglich und sind entsprechend Zeichen einer relativ konstanten, sich auf Dauer konstituierenden internationalen Teilökonomie der Welt-Stadt. Im Gegensatz zu den "kolonialistischen" Strategien der Supermarktketten, die die Dominanz der "weißen" fordistischen Ökonomie mit neuen Methoden auf die postfordistisch fragmentierten Gemeinden der trikontinentalen Welt-Stadt zu übertragen suchen, entsteht hier endogen aus dem *Barrio*, dem lateinamerikanischen Viertel, eine Konsumkultur, die zugleich Ausdruck für die Internationalisierung des Ortes wie für die Verortung der internationalen Bevölkerung ist.

Abbildung 5.2: *Mini-Mall*, Los Angeles (Aufnahme des Verfassers)

Viele der auf diese Weise ins Leben gerufenen Geschäfte, die wesentliche Be-
standteile der ethnisch geprägten Reproduktion sind, sind zugleich ein Stück
"ursprüngliche Akkumulation" für die Einwandergemeinden. Hervorstechend
war dabei in Los Angeles die Kreation einer neuen Räumlichkeit der Konsumtion: "Mini-Malls", gewöhnlich in L-Form über Straßenecken gebaute ein- bis
zweistöckige Geschäftsgebäude wurden zu beliebten Standorten für die Geschäfte von Einwanderern und ebenso für die Reproduktionsgewohnheiten der
neuen Stadtbewohner. 2000 solcher Mini-Malls gab es Ende der achtziger
Jahre in Südkalifornien. William Hayes, ein Bauunternehmer, der 125 Märkte
dieser Art gebaut hat, schätzt den Anteil der Neueinwanderer unter den Mietern der darin geschaffenen Läden auf 75 Prozent. In einer durchaus adäquaten
Kennzeichnung nannte die *Times* die Mini-Malls folglich "Läden der Möglichkeiten" (J. Sanchez, 1987a).[11]

---

[11] In einer als typisch zu bezeichnenden Ladengalerie im Zentrum von Los Angeles entdeckte
Sanchez unter den acht Ladenmietern eine Frau von den Philippinen, die einen Schönheitssa-
lon betreibt, einen früheren Bankier aus Saudi-Arabien, der eine Metzgerei hat, zwei kambod-
schanische Brüder, denen ein Donut-Laden gehört, ein vietnamesischer Flüchtling hat einen
Laden für Geschenke, ein Filipino aus Hong Kong verleiht Video-Filme und ein junger Lateinamerikaner ist der Manager einer Pizzeria (J. Sanchez, 1987a).

125

Während die Mini-Malls in Einwandererkreisen einen hohen Ruf genießen und die Grundlage der Schaffung eines immigrierten Kleinbürgertums darstellen, ist vor allem ihr ästhetischer und städtebaulicher Wert in Los Angeles umstritten. Den Gegnern der Mini-Malls sind diese ein Dorn im Auge; durch sie werden angeblich die Verkehrsprobleme und die Verbrechensrate erhöht. Los Angeles behinderte den Bau der Märkte daher zeitweise mit einem Baustopp. Die Reaktionen des lokalen Staats auf die marktgetragene Internationalisierung der Straßenecken und des Konsums der Stadt blieben jedoch gespalten. Während Wilfred Marshall, der Direktor des Office for Small Business beim Bürgermeister von Los Angeles beispielsweise das Moratorium als nachteilig für Geschäftsgründungen betrachtete (vgl. J. Sanchez, 1987a), sahen andere städtische Beamte in den Mini-Malls zukünftige soziale Problempunkte.[12] Die scheinbar anarchische Internationalisierung der Straßenecken und Lädenzeilen wird von einem globalisierten Kleinbürgertum bewältigt, das diese spezifische ursprüngliche Akkumulation mit initialen Investitionen von $50.000 bis $75.000 (aus Ersparnissen und familiären Anleihen) pro Laden angeht und die laufenden Mietkosten mit 16-Stunden-Tagen und der Ausbeutung von Familienmitgliedern bestreitet. Dieser Prozeß entspricht einer internationalen Kapitalzufuhr erheblichen Ausmaßes in die lokale Ökonomie. Die Investitionen tragen Früchte, wo die erfolgreiche Integration in den reproduktiven Kreislauf der internationalisierten städtischen Gemeinden erfolgt: "Wir haben alle Sorten hier: Mexikaner, Koreaner, Filipinos. Und sie alle lieben Pizza" (Betreiber einer Pizzeria, zit. in J. Sanchez, 1987a). Wo die anarchische Marktgesetzlichkeit der Formation welt-städtischer reproduktiver Systeme den Gesamtplan der Internationalisierung der Stadt - unter Kontrolle des lokalen Staates und der hegemonialen Fraktionen der städtischen Bourgeoisie - zu gefährden droht, tritt die regulative Autorität der Wirtschafts- und Stadtplanung in Kraft.[13] Die anarchische Entwicklung neuer Strukturen der Reproduktion in der internationalisierten Stadt steht daher nicht so sehr im Gegensatz, sondern ist komple-

---

[12] So erwartete Carla Dartis, für Darlehen zuständige Beamtin der Wirtschaftsentwicklungsabteilung der Stadt, wenig positive Wirkung von der Ausbreitung der Mini-Malls: "Ich mag die Mini-Malls nicht, um ehrlich zu sein. Denn ich sehe, daß diese Dinger in zehn Jahren heruntergekommen sein werden, und da mußt ihnen mit dem Bulldozer beikommen. ... Wenn jedoch Geschäfte an den Mini-Malls ein Darlehen brauchen, um ihren Mietverpflichtungen nachzukommen, dann helfen wir ihnen. Wir diskriminieren nicht auf dieser Basis" (Interview Dartis; vgl. auch Snyder, 1987; Garcia, 1987).

[13] "Ich denke, daß Qualitätsentwicklung stattfinden muß. Ich glaube das nennt man jetzt chirurgisches Wachstum oder langsames Wachstum. Man nennt es auch verantwortliches Wachstum. Unser Bürgermeister hat es ausgezeichnet verstanden, einen internationalen Markt für Los Angeles zu schaffen und Los Angeles eine hervorragende Präsenz auf dem internationalen Markt zu verschaffen. Wir möchten nur sicherstellen, daß wo auch immer die Stadt weiter wächst, daß dies in einer verantwortlichen Art und Weise geschieht" (Interview Dartis).

mentär zu dem Gesamtprojekt der "*World Class City*" in Los Angeles. Ihre Existenz ist - jenseits ästhetischer und städtebaulicher Erwägungen - Beweis für die Entstehung von Bedürfnissen nach Formen sozialer Reproduktion, für die die Formation der Welt-Stadt Nachfrage und Angebot in einem schwer voraussagbaren komplexen städtischen Prozeß schafft.

Abbildung 5.3: Derselbe *Mini-Mall* nach der Rebellion 1992 (Aufnahme: Ute Lehrer)

Roachcoaches: Die Automobilisierung des akkulturierten Konsums.

In Los Angeles kann die Betrachtung der baulichen Umwelt der Reproduktion und des Sozialen nur schwer von der Existenz des Automobils separiert werden. Auch mehr als zwanzig Jahre nach dem Erscheinen von Banhams *The Architecture of Four Ecologies* bleibt die Beobachtung gültig (vielleicht sogar heute mehr als damals), daß das Autobahnsystem (und ich möchte dazufügen: das Automobil in allen seinen Bewegungsformen) "ein kohärenter Geisteszustand, eine vollständige Lebensart, die vierte Ökologie des Angelenos <ist>... Auf dem Freeway verbringen die Angelenos einen großen Teil ihres Lebens" (Banham, 1971: 213f.).[14] Die Internationalisierung von Los Angeles bedeutet

---

14 Man kann nicht umhin zu ergänzen, was Banham vor zwanzig Jahren noch nicht ahnen konnte und daher keinen Eingang in seine eher metaphorische Evokation der Straße als Lebensraum

folglich notgedrungen die Automobilisierung der Immigrantenbevölkerung und ihrer reproduktiven Systeme.[15]

In Los Angeles sind Tag für Tag eine geschätzte Zahl von 4.300 sogenannter Taco Trucks unterwegs, die - zumindest im englischsprachigen Volksmund - den liebevoll herabsetzenden "Kosenamen" *Roach Coach* tragen.[16] Andere Begriffe dafür sind *Taco Taxis* und *Taco Wagons*. Es handelt sich dabei um mittelgroße Lieferwagen mit einer provisorischen Küche und einer Seitentheke, über die vor allem Tacos, Hot Dogs und Hamburgers an mehrheitlich lateinamerikanische Kunden verkauft werden. Auch andere Einwanderernationalitäten - wie die Vietnamesen und die Armenier - kennen diese Form der automobilen Essensausgabe am Straßenrand, die *Taco Trucks* sind jedoch fraglos in der Mehrheit. Vom Gesundheitsamt des *County* überwacht, stellen die *Taco Trucks* ein wesentliches Glied in der Reproduktion der neuen Einwanderer dar - dies gilt für Kunden und Betreiber gleichermaßen. Die fahrenden Imbißbuden sind in der Regel überall in lateinamerikanischen Gebieten von Los Angeles unterwegs, stehen am Straßenrand vor Werkstoren und Schulen.

Im Gegensatz zu traditionellen Würstchenbuden auf Rädern haben die meisten *Taco Trucks* jedoch halbfeste Standorte, die sie von den Wirten lateinamerikanischer Nachtclubs, in Tankstellen und Parkplätzen anmieten.[17] Ihre Präsenz bedeutet die Verlängerung der Straßenkultur von Los Angeles in die Einwanderergemeinden und die Verankerung der Immigranten in der Autokultur der Stadt.

---

erfuhr: Das Leben auf der Straße - und im Automobil - ist inzwischen zur massenhaften erzwungenen Erfahrung für diejenigen Angelenos geworden, die sich keine feste Bleibe mehr leisten können. In manchen Straßenblocks in der Nähe von Parks und am Strand stehen dicht beieinander die überladenen Autos der Obdachlosen. Die Polizei versucht indessen, dieser Atomobilisierung des Wohnens durch Parkstrafzettel und Beschlagnahmung ein Ende zu bereiten.

15 Die Automobilkultur gehört selbst zu den wichtigsten Eintrittsschleusen für Immigranten in die Ökonomie von Los Angeles. Tausende neuer Einwanderer arbeiten in Autowaschanlagen und parken abends die Wagen von Restaurantbesuchern in stillen Seitenstraßen (Valet-Parking), bewachen Parkplätze, pumpen Benzin und füllen die peripheren Arbeitsmarktsegmente in der Automobil- und ihrer Zuliefererindustrie (Morales, 1983).

16 Eine andere Schätzung besagt, daß etwa 8000 Menschen in dieser Wirtschaftsbranche beschäftigt sind (Murphy, 1990).

17 Die *Taco-Trucks* operieren in einer ständig wechselnden rechtlichen Umgebung: Städtische Vorschriften über Haltezeiten- und Orte sind abhängig von der Akzeptanz und der Notwendigkeit ihrer Angebote in den Nachbarschaften und dem "Störfaktor" der Lastwagen vor allem in wohlhabenden Vierteln. Daher beschäftigt sich der Stadtrat auch regelmäßig mit Forderungen nach stärkerer Regulierung der Imbißwagen. Im Januar 1990 demonstrierten 50 Fahrer von *Taco Trucks* mit ihren Fahrzeugen vor dem Rathaus gegen Gängelungen und gegen die Gefährdung ihrer Existenz durch willkürliche Regulierungen (Murphy, 1990).

Abbildung 5.4: *Taco Trucks*, Los Angeles (Aufnahme des Verfassers)

Die *Taco Trucks*, die sich im Grenzbereich von etablierter und kontingenter Geschäftskultur befinden, sozusagen auf der Schwelle zwischen der gebauten Stadt und den mobilen Städtern, sind Produkt der spezifischen Formationsprozesse der Welt-Stadt in Los Angeles: "Unbekannt in Mexiko und anderen lateinamerikanischen Ländern, sind *Taco Trucks* ein Phänomen von Los Angeles - ein Beispiel, wie die Einwanderergruppen des Stadtraums sich einer Gesellschaft angepaßt haben, die das Automobil und die Beweglichkeit hoch schätzt" (J. Sanchez, 1987b). Umgekehrt natürlich ist die Automobilisierung der Akkulturation letztlich auch die Peripherisierung der automobilen Kultur in Los Angeles: am Rand der informellen Ökonomie von Los Angeles blättert schließlich der Lack der fordistischen Form (i.e. der Autokultur) und gibt den Blick auf eine neue Kultur frei, die dem Städtischen das Leben von "südlich der Grenze" einhaucht. Der Kommentar, den der *Taco Truck* in bezug auf die Rhetorik der südkalifornischen Autokultur darstellt, ist zu den kulturellen Formen zu rechnen, die Lipsitz (1986/7) als Säulen der "postmodernen Kultur" bezeichnet hat. Es wird offenbar, daß diese Sorte der "postmodernen Kultur" ihren Ursprung in der Restrukturierung des sozialen Gefüges der internationalisierten Stadt und der aktiven Gestaltungskraft ihrer trikontinentalen Bewohner hat: "Ethnische Minoritätenkulturen spielen eine wichtige Rolle in dieser postmodernen Kultur. Ihr Ausschluß von politischer Macht und kultureller Anerkennung <man muß hinzufügen: ökonomischen Reichtümern, R.K.> hat sie in die Lage versetzt, eine hochentwickelte Fähigkeit zur Ambiguität, zur Nebeneinanderstellung und zur Ironie zu kultivieren - alles Schlüsselqualitäten in der postmodernen Ästhetik" (Lipsitz, 1986/7: 159). Der Fall der Automobilisierung der Akkulturation soll jedoch nur als *ein* Element der Herstellung einer von der nationalen fordistischen Kultur ausgehenden, diese jedoch transzendierenden neuen sozialen städtischen Form begriffen werden.

Taking it to the street: Höchste Stufe der Peripherisierung und Flexibilisierung der reproduktiven Struktur und niedrigste Stufe der Unternehmereinwanderung in Los Angeles

Auch der vierte Typus der internationalisierten Reproduktion in Los Angeles ist in direkter Hinsicht auf die Kultur der Straße bezogen. *Roadside Vendors*, die an vielbefahrenen Straßenkreuzungen, von im Mittelstreifen geparkten Einkaufskörben aus Plastiksäcke voller Trauben, Erdnüsse und Orangen anbieten, die für einen Dollar pro Einheit durch das Autofenster des Kunden verschwinden, bevor dieser durchstartet. Und *Street Vendors*, die in Kisten, auf Decken und in Bauchläden Socken, Cassetten, Kinderkleider, Süßigkeiten, Obst etc. verkaufen (R. Sanchez, 1987). Schätzungen in bezug auf die Zahl der Straßenverkäufer, die ihrem Geschäft vor allem in *Downtown* Los Angeles, in den Einwandervierteln aber auch an großen Straßenkreuzungen in anderen Teilen der Stadt nachgehen, bewegen sich zwischen 1000 und 2000 (R. Sanchez, 1987; Citron, 1989). Es ist kaum überraschend, daß soziologischen Studien zufolge die StraßenverkäuferInnen meist arm, schlecht ausgebildet oder zu alt sind, um in der Niedriglohnökonomie der Stadt eine Arbeitsstelle zu finden (R. Sanchez, 1987; Schneider, 1987).

Die Straßenhändler gehören - wie teilweise auch die *Roach Coaches* und die *Mini-Malls* - der entformalisierten Ökonomie an, die wie Portes und Sassen-Koob (1987) zeigen konnten, unmittelbar mit der Einwandererökonomie zusammenhängt.[18] Im Bereich des Straßenhandels ist die Ebene der gelegentlichen Steuerhinterziehung und Schwarzarbeit, der Ausbeutung von Fa-

---

[18] "Der informelle Sektor kann vorsichtig als die Gesamtsumme der Erwerbsaktivitäten (*income-earning activities*) definiert werden mit Ausnahme derer, die vertragliche und gesetzlich regulierte Beschäftigung einschließen. Obwohl diese Definition kriminelle Aktivitäten umfaßt, wird der Begriff gewöhnlich für solche Aktivitäten reserviert wie die in den Lebensmittel-, Bekleidungs- und Wohnungsindustrien (*housing industries*), die nicht für sich illegal sind, aber in denen sich die Produktion und der Austausch gesetzlicher Regulierung entzieht" (Portes/Sassen-Koob, 1987).

130

milienmitgliedern etc. schon verlassen worden, und die informellen Charakteristika sind zum wesentlichen Charakterzug eines sich festigenden Sektors der welt-städtischen Ökonomie geworden. Zusammengenommen stellen die Reproduktionsangebote der Straßenökonomie eine sich stabilisierende Sparte der Konsumtion der internationalisierten Quartiere der Welt-Stadt und eine persistente (Selbst)Beschäftigungsmöglichkeit auf der untersten Stufe der weltstädtischen Ökonomie dar. Informalisierung steht nicht im Widerspruch zu staatlicher Regulierung. Im Gegenteil: ihr Ausmaß und Charakter wird durch regulative und polizeiliche Maßnahmen des lokalen Staates definiert.[19] Los Angeles hatte Ende der achtziger Jahre, als die Stadt zum Musterbeispiel einer auf immigrierter Arbeitskraft beruhenden Metropole wurde, die schärfsten Gesetze gegen den Straßenverkauf unter allen amerikanischen Großstädten.[20] Regelmäßige Einsätze der Polizei in der Innenstadt gegen den Straßenverkauf hielten die Händler fortwährend unter Spannung: sie wurden verhaftet, ihre Waren und persönlichen Besitztümer wurden konfisziert, sie wurden Opfer von Polizeibrutalität (Palazzo, 1989; Citron, 1989). Zu fast jedem Zeitpunkt konnte man auf den Straßen der Innenstadt nicht-uniformierte Polizisten auf der Jagd nach illegalen Verkäufern beobachten, die oft mit handfesten Methoden Verhaftungen durchführten und nicht-lizensierte Händler belästigten.

Auf der Oberfläche wird das unsanfte Durchgreifen des lokalen Staates gegen die allgegenwärtige Personifizierung einer Drittwelt-Straßenökonomie mit der Existenzberechtigung etablierter Geschäfte legitimiert. Die Antwort der Straßenverkäufer auf dieses Problem ist die Forderung nach Legalisierung auch ihrer Tätigkeit: "Wenn sie uns auf den Straßen von Los Angeles verkaufen ließen, hätte diese Stadt eine größere Ökonomie ... Jeder Verkäufer würde Steuern und Lizenzgebühren bezahlen" (Verkäufer zitiert in R. Sanchez, 1987). Die Diskussion um den Straßenverkauf ist jedoch nicht nur eine um Legalität und Schwarzarbeit. An den Straßenverkäufern - und dem reproduktiven Modell, das sie repräsentieren - entwickelt sich ein Diskurs über die "Bedeutung der Stadt" (vgl. Castells, 1983: 303), der die herkömmlichen Vorstellungen von Los Angeles als einer amerikanischen Metropole in Frage stellt und eine

---

[19] In Los Angeles hat die Stadtregierung z.b. 1989 begonnen, die undokumentierten Tagelöhner des informellen Sektors, die sich morgens zur Anheuerung durch Unternehmer im Bau- oder Gärtnereibereich an Straßenecken versammeln, nicht mehr zu verfolgen, sondern ihnen gar Orte im ganzen Stadtgebiet auszuweisen, wo sie auf Arbeitssuche gehen können. Eine lateinamerikanische Koordinatorin wurde zudem von der Stadt eingestellt, um den Prozeß der Arbeitsvermittlung auf der Straße zu organisieren (Tobar 1989a,b).

[20] Unter den gegenwärtigen Gesetzen können nur wenige Waren wie Blumen und Hot Dogs frei verkauft werden (Citron, 1989). Zwischen Januar und August 1987 wurden 238 Urteile gegen Straßenverkäufer erlassen, das waren mehr als doppelt als viele als im ganzen Jahr 1986 (R. Sanchez, 1987).

neue Periode der Urbanisierung zu legitimieren beginnt. Zunächst steht hier das Modell einer internationalisierten Stadt, das direkt die funktionale Widersprüchlichkeit des hegemonialen Welt-Stadt-Zusammenhangs von Zitadelle und Getto repräsentiert. In diesem Modell wird die marginalisierte Arbeitskraft der Einwanderer den reproduktiven und ästhetischen Bedürfnissen der Zitadellenkultur unterworfen. Der diskursive Kampfbegriff in dieser Vorstellung ist der Kosmopolitanismus: "Im Idealfall würde <der Straßenverkauf> jene Art von kosmopolitanem Ereignis sein, wo Leute ihre Croissants auf dem Weg zur Arbeit *Downtown* kaufen könnten", sagte eine Mitarbeiterin von Stadtrat Michael Woo, auf dessen Initiative im Sommer 1989 eine *Task Force* ins Leben gerufen worden war, um die strengen Gesetze gegen den Straßenverkauf zu beseitigen (zitiert in Palazzo, 1989). Woo selbst bezeichnet diese Gesetze als absurd, denn: "In ordentlich regulierter Form trägt der Straßenverkauf zur Vitalität der Straßen einer Stadt bei. Er stellt Immigranten auch eine Möglichkeit zum Broterwerb zur Verfügung" (zitiert in Citron, 1989). Zwischen den Vokabeln der "ordentlichen Regulierung" und des "Croissants" verbirgt sich das Programm einer Reproduktionsform, die die folkloristischen Elemente einer internationalisierten Straßenkultur mit Querverweisen an den "amerikanischen Traum" zum dominanten Bild über die Misere der Subsistenzkultur und das Schreckbild der Drittweltstadt macht.

Abbildung 5.5: *Roadside Vendor*, Los Angeles (Aufnahme des Verfassers)

Diese positive Aufwertung durch Teile der städtischen Machtstruktur steht im Gegensatz zur herkömmlichen Angst um das Image der Stadt. Der für Straßenverkaufslizenzen im "liberaleren" Phoenix, Arizona, zuständige Beamte sagte der Los Angeles Times 1987: "Manche Leute sagen <der Straßenverkauf> läßt die Städte schmutzig aussehen". Ein Teil der Geschäftsbesitzer und Behördenvertreter in Los Angeles möchten in diesem Sinne verhindern, daß ein Bild der Rückständigkeit auf Los Angeles geworfen wird: "Sie assoziieren Straßenverkauf mit unterentwickelten Ländern der Dritten Welt" (Reiko Habe zitiert in R. Sanchez, 1987). Die Zeichen für eine Redefinition dieses hegemonialen Images des Straßenverkaufs zugunsten einer Kosmopolitanisierung der Zitadelle stehen im gegenwärtigen ethnopolitischen Ambiente von Los Angeles gut. Diese Imageveränderung droht jedoch gleichzeitig, den vierten Konsumtionstypus in der hier vorgeschlagenen Typologie von einer umfassenden Reproduktionsmethode für die Einwanderergemeinden zu einer Niedriglohnzuliefererindustrie für die Büroökonomie und den Tourismus von *Downtown* zu reduzieren. Noch haben Straßenverkäufer eine bedeutende Rolle in der Gemeinde, ihre Ausbreitung spricht für die Existenz von entsprechenden Konsumentenmärkten vor allem in den lateinamerikanischen Quartieren (Habe, ibid.). Sie sind ein wichtiges Kettenglied in deren Reproduktion und lebendiger Beweis für die antihegemoniale Intervention der neuen Einwanderer in den Diskurs über die "Bedeutung" der Welt-Stadt und der Funktionalität ihrer reproduktiven Systeme. Die in diesen konfliktorischen Stadtbildern angelegten Widersprüche sind daher auch Garantie dafür, daß die Politik der Konsumtion in der Welt-Stadt, i.e. in diesem Falle die Regulierung des Straßenverkaufs, weiterhin umstritten bleiben wird.[21]

Zusammenfassend kann man sagen, daß die soziale Produktion der Reproduktion in der internationalisierten Stadt lebendiger Ausdruck ist für die Restrukturierung der sozialen Verhältnisse. Generell heißt dies, daß die Bedingungen der Konsumtion in der Welt-Stadt mit deren Internationalisierung in einen fortwährenden und sich beschleunigenden Prozeß der Umgestaltung eintreten, in dem neue Konsumtionsmuster entstehen, alte redefiniert werden und bestehende verschwinden. Obwohl diese Prozesse hier aus der Perspektive der Konsumtion und der veränderlichen Sozialstruktur beschrieben wurden, ist diesen Beobachtungen die Annahme implizit, daß sich auch die Bedingungen der Produktion dieser Verhältnisse entsprechend verschieben: die neuen Konsum-

---

21 In der Folge der Rebellion vom April 1992 konnte ein gesellschaftlicher Stimmungsumschwung gegen Neueinwanderer in Los Angeles konstatiert werden. Ob sich dies auf die lokalen Politiken in der Regulation der Immigration auswirken wird, bleibt zu diesem Zeitpunkt offen (Rutten, 1992b)

tionsformen in den internationalen Gemeinden, zwischen Zitadelle und Getto, werden durch die deregulierte Arbeitswelt der Niedriglohnindustrien und die überregulierte sicherheitsstädtische Kontrolle der entstehenden postfordistischen politischen Ökonomie erst ermöglicht. Vom Standpunkt der internationalisierten Arbeiterklasse der Stadt bedeutet dies vor allem einen ständigen Angriff auf ihre Quartiere und deren Reproduktionsbedingungen. Der Prozeß der differenzierten Formation von *Community*, der der vorangegangenen Typologie unterlag, ist daher zugleich auch ein ständiger Kampf gegen die Zerstörung von *Community* sowohl in ihrer hergebrachten als auch in ihrer sich ständig am neuen Ort verjüngenden Form. Die fortwährende Unterwerfung von städtischen Gemeinden der Arbeiterklasse unter das Regime der neuen Regulation, unter spezifische - hier internationalisierte und flexibilisierte - Lohnverhältnisse, macht einen Großteil der Sicherung der Reproduktion zum nackten Existenzkampf aus, ständig getrieben von der zeit/räumlichen Dynamik des Kapitals, das die bauliche und soziale Umwelt der Stadt zu restrukturieren sucht. Dies geschieht nicht ohne die - bisweilen periphere - Inkorporation der lokalen - und in diesem Fall gleichzeitig internationalisierten - Verhältnisse: Die neue städtische Form beruht auf einer zunehmenden sozialen Diversifizierung.

Wohnungsfrage

Selbst eine selektive Diskussion der sich verändernden Sozialstruktur und des damit veränderten Reproduktionszusammenhangs im internationalisierten Los Angeles kann nicht umhin, die Wohnungsfrage anzusprechen. "Der abscheulichste Fleck - wenn ich alle die einzelnen Flecke detaillieren wollte, würde ich nicht zu Ende kommen - liegt aber auf der Manchester-Seite, gleich südwestlich von Oxford Road und heißt Klein-Irland", schrieb Engels in seinem klassischen Text über die Lage der Arbeiterklasse in den großen Städten Englands 1845 (MEW, Bd.2: 292). Er stellte damit zugleich ein im Kern invariantes Verhältnis dar, das dafür sorgt, daß bis heute die "Lösung" der Wohnungsfrage in kapitalistischen Städten vorwiegend auf dem Rücken der eingewanderten Arbeiterklasse erarbeitet wird. In Los Angeles gibt es dafür seit seiner stärkeren Internationalisierung erneut genügend Beispiele.[22] Man kann sogar

---

22 In einer mit Sicherheit ungewollten Reartikulation der Engelsschen Beobachtungen der Wohnverhältnisse in den großen Städten beschrieb die *Los Angeles Times* bereits 1980 die Phänomenologie der Wohnungskrise von Los Angeles, die sich - so muß man hinzufügen - im darauf folgenden Jahrzehnt drastisch verschlimmerte, anhand einer überbelegten Wohnein-

behaupten, daß die Konstruktion des Wohnungsproblems als öffentlichem Diskurs zentral an die Frage der Einwanderung gebunden wird. Dies vor allem insofern, als die verstärkte Migration nach Los Angeles bisherige Vorstellungen untergräbt, wie sich durch wohnungspolitische Maßnahmen ein Ausgleich zwischen Bedarf und Nachfrage auf dem städtischen Wohnungsmarkt herstellen ließe. Gegenüber den rationalistischen Methoden eines einzelstaatlichen kalifornischen Wohnungsbaugesetzes, das eine "faire Verteilung" der Lösung der Wohnungsfrage nach territorialen Gesichtspunkten vorsieht, produziert Los Angeles durch seine gegenwärtige Internationalisierung "einen Beitrag zu städtischen Problemen", der eben diese Rationalität der staatlichen Wohnungspolitik zu sprengen droht. Die Siedlungsmuster der heutigen Einwanderer bedrohen die gegenwärtigen Bau- und Wohnungsstandards, die Bebauungspläne und andere lokale Regulierungsinstrumente, die aus früheren Einwanderungswellen entstanden waren. Die neue Einwanderung fordert das "Wissen" über diese Verhältnisse selbst heraus. Dies hat kontraproduktiven Einfluß auf gültige Wohnungsreformmaßnahmen und explosive Wirkung auf die Geographie des erschwinglichen Wohnraums in der Stadt: das Scheitern reformistischer Maßnahmen im Wohnungsbereich würde die Gettoisierung der internationalisierten Bevölkerung in der Innenstadt fördern (Baer, 1986: 337). In den achtziger Jahren verschärfte sich die Wohnungskrise in Los Angeles. Während in den sechs südkalifornischen Counties 1974 der mittlere Preis für eine Wohnung noch etwa auf gleicher Höhe wie der Bundesschnitt war, übertraf der lokale Wert den nationalen im Jahr 1986 um 55 Prozent. Dabei kann man von einer extremen sozialen Spaltung des Eigenheims- und Wohnungs-

---

heit:"Der Raum kostet $260 im Monat und ist kaum länger und breiter als zwei Betten, die längs aneinander gestellt sind. In einem Moment nannten ihn wegen des Wohnungsmangels in Los Angeles acht Leute - vier Erwachsene und vier Kinder; zwei nicht verwandte Familien - ihr Zuhause. Tische, Stühle und Betten sind so eng zusammengepfercht, daß fast kein Platz zum Gehen oder Spielen ist. Die Besitztümer - Decken, Kleider, Spielsachen für die Kinder, ein Fernseher, ein tragbares Stereogerät - türmen sich auf jeder Oberfläche und ergießen sich auf noch weitere Tische und Stühle, die an den Wänden des kleinen Badezimmers stehen. Eine einzelne, schirmlose Glühbirne wirft harte Schatten auf die grün-golden-purpurne Tapete, die die Laune eines Vormieters war. Der Raum war so überfüllt, er von acht Leuten bewohnt wurde, daß ein Mann jede Nacht in seinem Auto schlief, während seine Frau bei Verwandten übernachtete. Die Überbelegung nahm letzten Monat ein wenig ab, als der Mann, der im Auto schlief, auszog und seine Frau mitnahm. Jetzt sind nur noch sechs Leute darin eingepfercht. Sie sagen, sie hätten gerne ein größeres Appartment. Aber das war das beste, das sie bekommen konnten, nachdem sie aus ihrer viel geräumigeren Wohnung vertrieben wurden, die nur $160 kostete, weil das Gebäude zerstört wurde ... Die Wohnungsversorgung endet bei Familien mit niedrigem Einkommen wie dieser. Sie sind Menschen, die gegen die Wand gedrückt werden, manchmal sprichwörtlich ... Ihre Not kann von den Freeways und sogar von den meisten Straßen der Stadt aus nicht gesehen werden" (zitiert in Gilderbloom and Appelbaum, 1988: 226n6.)

marktes ausgehen.[23] Der mittlere Preis für ein Eigenheim war in Los Angeles County 1986 $191.166. Für den Kauf eines solchen Hauses war ein Jahreseinkommen von $59.297 erforderlich, wenn man $38.000 selbst finanzierte. Nur 17 Prozent der Haushalte in Los Angeles verfügten über derartige Mittel. (City of Los Angeles Blue Ribbon Committee for Affordable Housing, 1988: 11) Der Preis für ein Eigenheim liegt weit über dem nationalen Durchschnitt. Als Wachstumspol der internationalen Ökonomie wird Los Angeles zum Anziehungspunkt für spekulative Investitionen aus aller Welt auch im Wohnungsbereich, wodurch die Preisschere, die durch die allgemeine Knappheit an Wohnraum ohnehin besteht, noch weiter geöffnet wird.

Am anderen Ende des internationalisierten Wohnungsmarktes der Stadt liegt die durch andauernde Einwanderung von ArbeiterInnen aus der Dritten Welt genährte Nachfrage nach erschwinglichem Wohnraum. Diese Nachfrage findet auf dem Wohnungsmarkt kaum eine reguläre Entsprechung. Der Wohnungsbestand in der Stadt Los Angeles ist aufgrund der hohen Zerstörungsrate trotz ständigen Neubaus (vor allem von Wohnungen für den freien Markt) mit 1,2 Millionen stabil. Etwa 4000 Wohneinheiten werden pro Jahr zerstört und entweder durch kommerzielle Nutzungen oder von Neubauten ersetzt. Der Durchschnittspreis einer alten Wohnung ist ca. $300, die neuen Wohnungen kosten ca. $900 im Schnitt. Fast 20.000 Wohneinheiten werden in den nächsten Jahren aus der Sozialbindung des Bundeswohnungsbauministeriums herausfallen und schließlich auf dem Markt entsprechend höhere Preise erzielen. 50.000 Wohneinheiten in alten Backsteingebäuden - das entspricht etwa zehn Prozent des Gesamtmietwohnungsbestandes der Stadt - sollten bis Ende 1990 aufgrund einer städtischen Verordnung entweder erdbebensicher gemacht oder aus dem Markt genommen werden. Dies bedeutet in jedem Fall Verteuerung oder Zerstörung von bisher billigem Mietwohnbestand. Der Chef der Wohnungsbehörde beim Bürgermeister der Stadt, Gary Squier, sprach daher von einem "geschlossenen System" (Squier, 1988). Da der Bestand nicht ausreichte, wurde stattdessen Wohnraum für diese Einwanderer durch Überbelegung, illegale Verwandlung von Garagen etc. in Apartements geschaffen. 40.000 Familien, d.h. bis zu 200.000 Menschen, hausen in Los Angeles in konvertierten Garagen (Squier, 1988). 148.000 Wohneinheiten waren 1980 überbelegt, das waren 18 Prozent aller Mietwohnungen. Zehn Prozent aller Mietwohnungen waren zu diesem Zeitpunkt "extrem überbelegt". Seit 1970 war die Zahl der überbelegten Wohnungen um 250 Prozent gestiegen (The

---

23 Baer (1986) zufolge lebten in Los Angeles County Mitte der achtziger Jahre etwa ebensoviele Menschen in Häusern, deren Marktwert jenseits der $1-Millionen-Grenze lag, wie es Obdachlose gab, nämlich ca. 30.000 Personen.

City of Los Angeles Blue Ribbon Committee for Affordable Housing, 1988: 11). 57 Prozent der neueingewanderten *Hispanics* lebten einer lokalen Studie zufolge 1980 in überbelegten Wohneinheiten (gegenüber nur 8 Prozent der ansässigen Bevölkerung). Mit 44 Prozent zahlten weit mehr der ohnehin gering verdienenden Einwanderer über 30 Prozent ihres Einkommens für Wohnung als Einheimische mit 27 Prozent (Baer, 1986). 150.000 Haushalte in Los Angeles entrichteten 1988 mehr als die Hälfte ihres Einkommens für Miete und Hypotheken und befanden sich daher auf einem Schleudersitz zur Obdachlosigkeit. Die Einwanderer drücken dabei vor allem auf den bestehenden (und abnehmenden) Billigmietwohnbestand in den Innenstädten der Region, wo ohnehin schon eine Armutsbevölkerung konzentriert ist (Baer, 1986; vgl. Marchand, 1986). Dies führt in den traditionellen schwarzen Stadtteilen im Süden von Los Angeles zu erheblichen Verdrängungsprozessen und weiterer Verdichtung (Oliver/Johnson, 1984).

Die Internationalisierung des Wohnungssektors in Los Angeles verändert die übliche Auffassung vom Wohnen. Die bestehenden lokalen Bauvorschriften und Bebauungspläne hatten, da sie ein implizites Programm der sozialen Exklusivität gegenüber den "gefährlichen Klassen" mittransportierten, traditionell eine Funktion der sozialen Kontrolle. Auf die gegenwärtige Situation übertragen, haben diese Vorschriften verhindernden und behindernden Einfluß auf die Siedlungsweise der Immigranten in einer ohnehin für sie limitierten Versorgungssituation. Jedoch schließt Baer (1986), daß die Einwanderer zu einem Zeitpunkt auf den Markt drängten, als die meisten lokalen Regierungen in Kalifornien unter dem Druck der sich verändernden öffentlichen Meinung die Kosten der Regulierung im Wohnungsbereich zu scheuen begannen. Viele Kalifornier bezweifeln zudem den Sinn solcher Vorschriften über Standards im Wohnungswesen, weil diese "ausschließen, daß sich die Unterschiedlichkeit entstehender Lebensstile ausdrücken kann - die oft in einer physischen Form resultieren, die sich nicht so stark von den in der Dritten Welt vorgefundenen unterscheiden" (Ibid.). In diesem Ambiente ändern sich die Vorstellungen von dem, was in den USA seit 1949 der Wohnungsstandard hieß, in drastischer Form: "Einige der gewünschten Veränderungen <im Baurecht, R.K.> mögen wohl von Völkern aus Entwicklungsländern importiert und inspiriert werden. Und ihre Innovationen mögen gerade so angemessen sein für Regionen wie Los Angeles - lange als an der Vorfront der Geschehnisse in der entwickelten Welt anerkannt - wie sie es gegenwärtig in der Dritten Welt sind" (Ibid.:348). In Los Angeles wird an der Schnittstelle von lokalen und globalen Entwicklungen das Konzept "Wohnen" von allen Beteiligten redefiniert. Die Verteidigung ihrer Gebrauchswerte - in diesem Fall ihrer Wohnung - wird zum Imperativ der Akkulturation der Drittweltimmigranten. Diese Feststellung ist ein wesentliches Verständnismoment im Formationsprozeß der Welt-Stadt-Gemeinden und folglich deren politischer Konstitution. Die Redefinition des Wohnens als Standard muß notgedrungen eine politische Reaktion zur Folge haben, die diese Standards neu bestimmt. Dieser Prozeß wird auch in Zukunft den wohnungspolitischen Diskurs zwischen Obdachlosigkeit und Eigenheim in Los Angeles bestimmen.[24]

Der lokale Sozialstaat

Die einschlägige Literatur zur Restrukturierung und zur Politik des lokalen Sozialstaates in Los Angeles läßt uns weitestgehend im Dunkeln über die durch die Internationalisierung der Sozialstruktur und Ökonomie der Stadt hervorgerufenen Herausforderungen für das System der Distribution von Sozialleistungen. Zweifellos kann man aus den vorhandenen empirischen Erkenntnissen schließen, daß Los Angeles seit den sechziger Jahren extreme Veränderungen seines Sozialsystems hinnehmen mußte. Die Problematik der Internationalisierung ist in diesen Texten jedoch höchstens als Querverweis ersichtlich.

Los Angeles wurde Nutznießerin des enggeknüpften Verhältnisses zwischen - vor allem den Demokratischen - Bundesregierungen und den Städten.[25] Vor allem durch die starke Aktivität der fünf aufeinanderfolgenden Bradley-Administrationen nach 1973 wurde Los Angeles - einst unterdurchschnittlicher Rezipient von Bundesgeldern im Entwicklungs- und Sozialbereich - zu einem der größten Empfänger derartiger Zahlungen unter allen Städten der USA. Von 1971 bis 1980 verdreifachte sich die Summe der Bundeszuweisungen an Los Angeles. Von weniger als $100 Millionen im Jahr 1972 stiegen diese Zahlungen auf $320 in den Jahren 1978/9. Diese Verschiebung ist signifikant, denn sie drückt die gestiegene Expertise der Stadtregierung unter Bradley aus, das

---

24 Um Mißverständnissen zu begegnen, möchte ich an diesem Punkt darauf verweisen, daß das Verständnis dieses Formationsprozesses nicht mit dessen Anerkennung zu verwechseln ist. Keinesfalls soll hier einer schleichenden "Drittweltisierung" das Wort geredet werden.

25 Das County, also der Landkreis, ist gesetzlich für die Administration und Verteilung von staatlichen Transferzahlungen wie Sozialbeihilfen, Gelder im Gesundheitswesen etc. zuständig. Der überragende lokale Sozialstaatscharakter des County ist durch die Ausweitung von Vertragsarrangements nach dem Lakewood-Plan, der städtische Dienstleistungen vom County an die einzelnen Städte verkauft, noch gefestigt worden. Dennoch ist die Distributionsfunktion der Stadt Los Angeles selbst seit der Explosion von Sozialprogrammen in den sechziger Jahren ebenso stark gewachsen. Aus diesem Grund, und weil sich meine Nachforschungen im wesentlichen auf die Kernstadt beschränkten, konzentriere ich mich im folgenden auf das eigentliche Stadtgebiet.

Beihilfekarussell zu fahren. Bradleys Koalitionsregierung war unter anderem dadurch an die Macht gekommen, daß sie der durch die Rebellion in Watts deutlich gewordenen sozialen Vernachlässigung der ärmeren (und meist von Farbvölkern bewohnten) Stadtteile mit lokalen Wohlfahrtsstaatsmaßnahmen zu entgegnen versprach. Dies bedeutete eine Kehrtwendung von der Politik des vorherigen Bürgermeisters Sam Yorty, der der Position des Bürgermeisters die verfassungsmäßige Kapazität abgesprochen hatte, den sozialen Prozeß in der Stadt zu beeinflussen. Bradley, der die Ausrichtung auf den Bundessozialstaat schon als Stadtrat politisch anstrebte, war als Bürgermeister in der Lage, die wachsende Abhängigkeit der Stadt Los Angeles von Bundesgeldern in politische Macht zu verwandeln, indem er diese um seine Verwaltung herum strukturell verankerte. Beispielsweise wurde als Konsequenz der nun stark fließenden Bundesmittel alleine der Personalbestand im Büro des Bürgermeisters unter Bradley von ungefähr 275 auf über 600 ausgebaut. Die meisten dieser neuen Beschäftigten - ebenso wie ein Teil der Angestellten der Stadträte - wurden direkt mit Bundesgeldern eingestellt. Vorwürfe der Machtkonzentration ("*building a political machine*") konterte Bradley 1976 mit der Einrichtung einer quasi-selbständigen Stadtteil-entwicklungsabteilung (*Community Development Department*), die von nun an alle "*Housing and Community Block Grant*"-Beihilfen des Bundes verwaltete. Im Laufe der Jahre konzentrierte sich das Interesse des Bürgermeisters immer stärker auf die Erzielung von Großzuweisungen vor allem im Stadtentwicklungs- und Infrastrukturbereich, die den ursprünglichen nachbarschaftlichen Sozial- und Entwicklungsaspekt weiter in den Hintergrund drängten (Saltzstein/-Sonenshein/-Ostrow, 1986).[26]

Parallel hierzu - vornehmlich seit Beginn der Periode Reagan/Bush - wuchs in Los Angeles County der bestehende "Schattenstaat" von mehr als 8500 gemeinnützigen Organisationen stark an. Jennifer Wolch und Robert Geiger, die diesen Prozeß in Südkalifornien untersucht haben, haben gezeigt, daß der durch den *New Federalism* der konservativen Bundesregierungen initiierte Rückzug des Staates aus der Sozialpolitik auch in Los Angeles zu einer größeren Durchstaatlichung der Gesellschaft führte: der Schattenstaat ist - unabhängig vom gegenteiligen Schein - als eine absichtliche gesellschaftliche Kon-

---

[26] Hier ist festzuhalten, daß Bradley es verstand, das Wachstum des lokalen Sozialstaates vor allem zur Festigung seiner Position im Machtgestrüpp von Los Angeles zu nutzen. Dies war besonders offensichtlich im Stadtentwicklungsprozeß, wo der Bürgermeister großen, wenn auch diffusen Einfluß auf die Entscheidungen der *Community Redevelopment Agency* (CRA), des *Economic Development Office* (EDO, beim *Mayor*) und des *Community Development Department* (CDD) ausübt, wobei CDD direkt dem *City Council* untersteht und dem Einfluß der Bevölkerung stark ausgesetzt ist (Clarke, 1987: 119).

trollstrategie des Staates zu werten (Wolch, 1989; Geiger/Wolch, 1986). Unterbelichtet bleibt in den hier skizzierten Darstellungen jedoch das Verhältnis von Sozialstaat, Schattenstaat und Internationalisierung.[27] Meine eigenen Recherchen bezogen sich daher auf dieses Verhältnis. Zwei Entwicklungen sind auszumachen: Erstens ging die Verzahnung der städtischen mit der globalen Ökonomie in Los Angeles mit einer Unterordnung sozialer Belange unter die angestrebte Dynamik der Wirtschaftsförderung und der Stadtentwicklung einher. Zweitens hat die durch die wachsende Einwanderbevölkerung und die Globalisierung der lokalen Ökonomie verschärfte soziale Polarisierung und Fragmentierung offenbar die verstärkte Nutzung des Voluntärsektors zur Bewältigung der Sozialprobleme unterstützt.

Sozialpolitik und internationale Stadtentwicklung

Die Internationalisierung des Sozialsystems geschah gleichzeitig mit seiner Unterwerfung unter die Hegemonie der "*World Class City*". Und während die offizielle Version der Welt-Stadt-Formation den Eindruck vermittelt, als sei die Koppelung des Sozialwesens an Wirtschaftsförderung und Stadtentwicklung ein Weg zur Lösung der Sozialprobleme der Stadt (Schaffung von Arbeitsplätzen etc.), entstand ein Großteil der sozialen Spaltungen erst durch die aggressiv betriebene Entwicklung zur Welt-Stadt. Politisch formuliert war die Festigung des Bradley-Regimes durch das Konzept der "*World Class City*", der Stadtentwicklung und der von Bundesgeldern finanzierten Subordination der städtischen Sozialfürsorge unter die Wirtschaftsförderung schließlich gleichzeitig die Inkorporierung der neuen ethnischen Gemeinden in ein Geflecht von Abhängigkeiten unter der Hegemonie der Zitadelle. Was in der Politikwissenschaft als Vereinnahmung vor allem der schwarzen und jüdischen Wählerschaft von Los Angeles in die Bradley-Koalition beschrieben wurde (siehe Kapitel 9), erhält damit eine neue Dimension: die Inkorporierung der internationalisierten Bevölkerung in das politische Projekt der "*World Class City*" *über die Subordination des Sozialsystems unter dieses Projekt.* Der amerikanische Traum wird dabei den Einwanderern als Programmheft in das

---

[27] Während in den Arbeiten von Geiger und Wolch nicht direkt auf den Zusammenhang von Internationalisierung und Sozial- und Schattenstaat verwiesen wird, gibt es hier den Hinweis auf eine Geographie der Träger im Sozialbereich, die im umgekehrten Verhältnis zur Notwendigkeit von Sozialdienstleistungen im internationalisierten Los Angeles steht. Dort, wo die meisten der Drittwelteinwanderer zuhause sind, in den ärmsten Städten und Stadtteilen des County, gibt es das geringste Angebot an sozialen Diensten (Wolch, 1989: 210).

Theater der Welt-Stadt verkauft: die soziale Frage wird zum Anhängsel des ökonomischen Erfolgs.

Ein Beispiel soll dies demonstrieren: Robert Vilmur war als *Homeless Projects Coordinator* der Stadt Los Angeles im *Community Development Department* unter anderem mit der strategischen Planung von Sozialleistungen für die Armutsbevölkerung der Stadt betraut. In einem Gespräch bestätigte Vilmur 1988 den Zusammenhang der Restrukturierung von Sozialdiensten mit dem Projekt der *"World Class City"*: Los Angeles ist aufgrund seiner Lage in der weltökonomischen Situation des ausgehenden 20. Jh. heute vergleichbar mit New York vor hundert Jahren. Vilmur wies daher auf die Verbindung des gestiegenen internationalen Handels in Los Angeles mit der demographischen Internationalisierung hin, d.h. der Schaffung einer Einwandererökonomie. Dies ist der angenommene Nexus von Wirtschaftsentwicklung und Internationalisierung. Dabei ist generell zwischen zwei Sorten von neu geschaffenen Arbeitsplätzen zu unterscheiden. Einerseits schafft das an die Internationalisierung gebundene Wirtschaftswachstum quantitativ eine höhere Nachfrage nach - nicht ethnisch spezialisierten, meist nicht gut ausgebildeten - Arbeitskräften, deren Drängen nach Los Angeles die Notwendigkeit der Bereitstellung von grundlegenden sozialen Diensten (*"basic support services"*: Lebensmittel, Wohnung, Job- Training etc.) erhöht, wenn diese Arbeitsemigranten stranden. Die Ausdehnung dieser Unterstützungsdienste vollzog sich in den letzten vierzig Jahren vor allem auf der quantitativen Ebene, während nur wenige qualitative Veränderungen zu verzeichnen waren. Die wichtigste neue Tendenz ist die überragende Arbeitsimmigration aus Mexiko und Mittelamerika mit dem Ziel der "Arbeitsplatzmaschine Los Angeles", die die Notwendigkeit der Bereitstellung grundlegender Sozialdienste durch den lokalen Staat und der privaten Anbieter (z.B. die katholische Kirche) erhöhte. Für den Fall der Niedriglohneinwanderung aus Mexiko und Mittelamerika spielt als abschwächender Faktor für die Nachfrage nach lokalstaatlichen Diensten das Vorhandensein einer relativ intakten familiären und kommunitären Struktur eine Rolle für das Sozialdienstedesign von Anbietern wie CDD. Die zweite Gruppe, die von Vilmur für seinen Arbeitsbereich identifiziert wird, sind Einwanderer - vornehmlich aus Asien - die entweder als Unternehmer oder mit hohem Ausbildungsgrad immigrieren und sich ökonomisch nahtlos in Los Angeles einpassen. Sozial und kulturell jedoch bestehen für sie große Anpassungsprobleme. Ein Großteil der hier notwendigen Überbrückungsdienste (*"bridging services"*) wird aus den wachsenden ethnischen Gemeinden der Welt-Stadt selbst gewährt. Darüberhinaus sieht Vilmur jedoch eine zentrale Rolle für Anbieter von Sozialdiensten wie Schulen für Englisch als Fremdsprache oder Akkulturierungsmethoden.

Die Entscheidung, die sich für die Anbieter von Sozialdiensten in dieser Situation stellt, ist die über die Verteilung von - seit Reagan - schwindenden Ressourcen zwischen diesen beiden unmittelbar durch die Internationalisierung hervorgerufenen Problembereichen. An diesem Punkt erweist sich die Integration der internationalisierten Bevölkerung von Los Angeles mit Hilfe des städtischen Sozialsystems als eine von ethnischen Faktoren überdeterminierte Klassenfrage, die den demographischen Formationsprozeß der Welt-Stadt exemplarisch in seinen Extremen kennzeichnet: "Ist es wichtiger, zehn Dollar für einen Obdachlosen auszugeben oder zehn Dollar für den Koreaner, der es sehr schwer hat sich und seine Familie in unser System zu integrieren" (Vilmur Interview). Verteilungskämpfe zwischen den alteingesessenen sozialen Problemgruppen und den Neueinwanderern um Sozialleistungen sind paradoxerweise weniger dramatisch, was teilweise auch der selbsthelferischen Gemeindestruktur der mittelamerikanischen Immigranten entspricht. Zudem schrecken viele der undokumentierten Einwanderer vor einem Kontakt mit dem lokalen Sozialstaat zurück, während die eingesessenen Gruppen, vor allem die schwarze Armutsbevölkerung traditionell über eine soziale Akzeptanz und Zugangswissen in diesem Bereich verfügen. Es gibt jedoch speziell auf die Neueinwanderer ausgerichtete Sozialprogramme. Druck aus den ethnischen Gemeinden auf die Sozialämter von Los Angeles ist ein wichtiger Faktor im Design von Sozialprogrammen (vgl. Vilmur, Interview). *Die sozialen Widersprüche der räumlichen Einheiten im Stadtgebiet werden daher nicht konfliktorisch, sondern komplementär diskursiviert.*

Im Osten der Innenstadt von Los Angeles findet beispielsweise ein harter territorialer Kampf zwischen den von Little Tokyo nach Süden drängenden japanischen Investoren ("*a flourishing Japanese business community*", Vilmur), den chinesischen Besitzern der Großhandelsgeschäfte in "*Toyland*", Spitzname für das Gebiet der Spielzeugwarenhäuser, und den Obdachlosen ("*a black male ghetto*", Vilmur), die dort ihre billigen Übernachtungsmöglichkeiten finden, statt. Dieser Konflikt erscheint jedoch im Lichte des auf städtischer Seite akzeptierten Konsenses der Welt-Stadt-Formation nicht als Bruchlinie, sondern als Naht, entlang der die antagonistischen Fragmente der Welt-Stadt durch weise Sozialpolitik zusammengefügt werden. Der ethnisch überdeterminierte Klassenkampf im Raum, der hier, wie vielleicht an keinem anderern Ort von Los Angeles, zwischen dem globalen Kapital und den Habenichtsen von *Skid Row* und ihren Advokaten geführt wird, erhält eine weitere ideologische Überformung.[28] Offensichtlich wird von der lokalen Sozialverwaltung eine Inte-

---

28 Die eindeutige Stellungnahme des damals für diesen Distrikt zuständigen schwarzen Stadtrats Gilbert Lindsay, der aus seinem Haß für die - in der Mehrzahl schwarzen - Obdachlosen und

grationspolitik betrieben, die sich bewußt dem hegemonialen Welt-Stadt-Konzept unterordnet. Alternativen dazu bieten sich auf dieser Ebene nicht an. Ist der international dimensionierte Stadtentwicklungsprozeß selbst einmal als Schrittmacherinstanz für die Sozialleistungen des lokalen Staates akzeptiert, ist die Behauptung der städtischen Dienstleister, sie böten anonyme, sozialtechnische und demokratische Entscheidungsprozesse über die Verteilung von Dienstleistungen an, nicht mehr plausibel. Der "faire Wettbewerb" innerhalb der Klientel von Sozialleistungen ist bereits vorentschieden, insofern sich die (materielle und kulturelle) Bedürftigkeit durch die Bedürfnisse der internationalisierten Stadt definiert (Vilmur Interview). Dennoch findet ein formal demokratischer Entscheidungsprozeß statt, der die Detailallokation organisiert. Aus den Anträgen der Anbieter von Sozialdiensten wählen die Mitarbeiter von CDD eine gewisse Zahl aus, die sie aus einer Reihe von Gründen für förderungswürdig halten. Sie schlagen diese dem *Community Action Board* (CAB) vor, einer gesamtstädtischen Institution, die sich aus achtzehn durch ausgewählte Organisationen gewählte Mitglieder aus dem öffentlichen und dem privatwirtschaftlichen Bereich sowie der armen Stadtteile zusammensetzt. Die Vorschläge des Stabs und des CAB werden sodann dem *City Council* vorgelegt, der die letzte Entscheidungsbefugnis hat. Damit sind im Verteilungsprozeß gewisse Haken eingebaut, die die willkürliche Distribution von (schwindenden) Ressourcen zwischen den internationalisierten Gemeinden im wesentlichen verhindert. Dies heißt jedoch umgekehrt, daß ein im Grunde technischer Entscheidungsprozeß keine politische Redistribution vornimmt, die die Internationalisierung zugunsten ihrer wahrgenommenen Opfer definieren würde.

Die strategische Planung des lokalen Sozialstaates stützt sich auf die Gewißheit des informellen sozialen Netzes der familiären, kommunitären und voluntären Strukturen der Einwanderergemeinden, die die Anforderungen an die Sozialleistungen durch den lokalen Staat zu verringern scheinen. Darüberhinaus haben sich einige Dienstleister im "Schattenstaat"-Bereich auf die Problemlagen der internationalisierten Bevölkerung spezialisiert. Dies sind zum Teil die institutionalisierten Formen der kommunitären Selbsthilfe, die ethnischen Kirchen etc., aber auch die großen traditionellen Hilfsorganisationen. Eine davon ist *The United Way of Los Angeles*, eine Organisation, die sich kühn und selbstbewußt in den Prozeß der Welt-Stadt-Formation begibt: "Eine

---

seine Vorliebe für Hochhäuser und internationale Kapitalanleger keinen Hehl machte, wird dabei als Aussage einer amerikanischen Multikulturalismus mißrepräsentiert: "Es ist ein sehr schönes Statement über unsere eigene Gesellschaft, wenn eine japanische Geschäftswelt mit einer Menge Wohlstand gute Gedanken über einen schwarzen Stadtrat denkt" (Vilmur Interview).

anhaltend pro-aktive Politik der Annäherung an die ethnische Diversität als einen positiven Wert wird es *United Way* erlauben, die Organisation zu werden, die unsere Globalstadt in den kommenden Jahren braucht" (United Way, 1986: 8). Diese "globalstädtischen" Ambitionen decken sich weitestgehend mit dem offiziellen städtischen Konzept der Entwicklung von Los Angeles zur "*World Class City*". Die kulturelle Diversität wird darin als Voraussetzung zur Etablierung einer Zitadellenstruktur gewertet:

Die Gegend von Los Angeles ist das neue Ellis Island des Landes. Wir stellen den ersten Zielort für die legale Einwanderung in Nordamerika dar. Mehr als fünfzig ausländische Banken dienen den *Pacific Rim*-Geschäften in unserer Gemeinde. Es gibt ein großes Potential für Wohlstand und Prosperität aufgrund der Präsenz dieser Unternehmen. Als fortdauernder Magnet für das internationale Geschäft ziehen wir auch einen konstanten Fluß von Einwanderern an (Moody, 1987).

George F. Moody, Präsident der *Security Pacific Corporation* und einer der Vorsitzenden der Spendensammlungskampagne von *United Way* 1987, entwirft hier in exemplarischer Form die herrschende Konzeption der "World Class City" als einer dependenten internationalisierten Bevölkerung im Schlepptau der Konzentration des internationalen Kapitals in Los Angeles. Die Aufgabe im Sozialbereich, die sich aus einer solchen gedachten Konstellation ergibt, ist die Integration der "Problemgruppen" in die mythologisierte Mitte der amerikanischen Gesellschaft und die Kontrolle sozialer Unruhe. Die gemeinnützigen Organisationen wie United Way können eine größere Reichweite haben, als die staatlichen Einrichtungen. Sie strecken - in Moody's Worten - ihre "Fühler" in die öffentliche Sphäre aus und dienen als "Ableiter" für deren Belange. Damit werden sie zu Elementen der neuen welt-städtischen Hegemonie:

Die langfristigen Konsequenzen davon, Einwanderer und Flüchtlinge in die Gesellschaft aktiv einzubeziehen anstatt zu erlauben, daß unabhängige und isolierte Enklaven entstehen, sind jedermanns Zeit und Handeln wert. In der Überholspur der heutigen globalen Ökonomie muß Los Angeles sicherstellen, daß den Neuen Amerikanern angemessene Gesundheitsfürsorge und menschliche Dienstleistungen zugänglich sind... Soziale Streitpunkte werden schnell ökonomische Streitpunkte. Und ökonomische Streitpunkte wirken auf das gesundheitliche und soziale Gewebe einer *Community* ein - wenn man nicht auf einer Ebene mit ihnen umgeht, die positive systematische Veränderung ermöglicht (Moody, 1987).

Die sozialen Bewegungen und gemeinnützigen Organisationen in den ethnischen Gemeinden werden zu den Keimzellen von Aktivitäten im Sozialbereich.[29] Dabei sind soziale und Klassenunterschiede im Herkunftsland ent-

---

[29] Im Fall der Asiaten führte der Aktivismus der Community in den siebziger Jahren zur Gründung eines *Asian Pacific Leadership Council* innerhalb des *United Way*. Diese nicht sehr erfolgreiche Gruppe war zur Koordination freiwilliger Sozialdienste vorgesehen. Ihr Beispiel

scheidende Faktoren der Bildung ethnischer Gemeinden im Zielort.[30] Die *Leadership Councils* der Latinos, der Asiaten und der Schwarzen bei *United Way* entwickeln unterschiedliche Strategien und Konzepte zur Allokation und Distribution von Geldern und Diensten. Abhängig von den traditonellen Organisationsformen und aktuellen Präferenzen der maßgeblichen Gemeindevertreter schält sich somit ein ethnisch differenziertes philanthropisches Sozialsystem heraus, in dem die Schwerpunkte der beteiligten Gruppen die Politik des Schattenstaates aktiv mitbestimmen. Die von der Internationalisierung geschaffenen sozialen Probleme werden nämlich damit direkt in den Bereich der staatlichen oder schattenstaatlichen Bedarfs- und Zuteilungsökonomie verwiesen. Ökonomische und politische Aspekte des Restrukturierungsprozesses erhalten somit eine soziale Ableitungsmöglichkeit, die zugleich Teil des Konstitutionsprozesses der welt-städtischen Gesellschaft ist.[31] Bleibt schließlich festzuhalten, daß sowohl der lokale Sozialstaat als auch der Schattenstaat auf die Internationalisierung der Stadt reagieren. In beiden Bereichen erleichtern pro-aktive Politiken den Verschränkungsprozeß der Einwandererströme mit der lokalen Sozialstruktur und finden Veränderungen im Entscheidungs-, Repräsentations- und Allokationsprozeß statt.

Die welt-städtische Sozialstruktur stellt sich als das Produkt sowohl marktgesteuerter als auch staatlich gelenkter Prozesse dar. Greifen in den Entstehungsprozessen der welt-städtischen Gemeinden lokalstaatliche Regulierung und endogene Regulationsweisen ineinander, so zeigt sich der welt-städtische Sozialstaat als äußerst empfindlich gegenüber den Problemen und Lösungsansätzen der einwandernden Gruppen. Diese Sensibilität, wenn auch oft selbst

---

machte Schule, und inzwischen gibt es bei *United Way* auch einen *Hispanic Leadership Council* und einen *Black Leadership Council* (Nichols Interview).

30 Zeitperiode und Umstände der Ankunft sind ebenso zentral: Japaner, Chinesen, Filipinos und Inder als Einwanderer, im Falle der Hawaiianer handelte es sich um Annexion durch die USA, ebenso im Falle von Guam und Samoa; Vietnamesen, Laoten und Kambodschaner kamen als Flüchtlinge nach Los Angeles (United Way, 1987). Die neuen Einwanderer stellen wiederum eine Herausforderung an die entstehende Repräsentations- und Führungsstruktur innerhalb des sozialen Geflechts der asiatischen Gemeinden dar. Kambodschaner, Thailänder und Laoten sind den herkömmlichen politischen Vertretern der Asiaten ebenso fremd wie anderen ethnischen Gruppen (Nichols, Interview).

31 Trotz der hohen Differenzierung innerhalb der Politik der ethnischen Repräsentation und Allokation gibt es jedoch unter dem Strich wenig Unterschiede im Typ der Dienstleistungen für die einzelnen ethnischen Gruppen, sieht man einmal davon ab, daß die schwarze Klientel von *United Way* keine Zuweisungen für einwanderungsbezogene Dienste erhält. Bis zu 75 Prozent der Gelder, die von *United Way* verteilt werden, werden für Leistungen an Familien und Jugendliche ausgegeben. Interessanterweise spielt die außergewöhnliche ethnische Zusammensetzung der Armutsbevölkerung von Los Angeles - die laut einer Studie des *United Way* nur mit Chicago und Miami vergleichbar ist - kaum eine Rolle für die Substanz der Hilfsleistungen, die sich in allen Städten gleichen (Nichols Interview).

Teil einer mehr oder weniger bewußten Integrationsstrategie der Welt-Stadt-Hegemonie, führt schließlich zu einer innovativen Entwicklung, die über eine lineare Kooptation hinausweist. Es enstehen neuartige soziale Verhältnisse, die den Regulationsmodus der Welt-Stadt mitbestimmen. Daß diese sozialstaatlichen Einrichtungen trotz ihres innovativen Charakters nur Trostpflaster sein konnten, hat der Aufstand vom April 1992 und die darauf folgende Diskussion um das "Ende des sozialen Schmelztiegels" gezeigt. Die potentiell zentrifugalen Dynamiken der Welt-Stadt-Formation konnten durch sozialstaatliche Maßnahmen nur unzureichend gezügelt werden.

6. Internationalisierung und städtischer Raum

Well here we are entering a new decade and quite a new world as well. Our planet has been undergoing quite a change. Demands for freedom becoming reality in many different countries. Global economy becoming more intertwined everyday. Peace between the super powers replacing the cold war. And through all these changes one thing remains a constant; Southern California Real Estate!

Ein Grundstücksmakler aus San Diego, 1990

An den Mündungen des Hudson und des Mississippi, am Zusammenfluß des Alleghany und Monongahela, am Michigan-See und an der Bucht von San Francisco hätte auch eine andere Nation große Städte entstehen sehen. ... Die Millionenstadt Los Angeles dagegen ist ein künstliches Produkt, das die U.S.-amerikanische Psyche zur Voraussetzung hat.

Anton Wagner, 1935

One does not feel that one lives in America when one lives on Olympic Boulevard.

Koreanischer Einwanderer, 1975 (zitiert in Takaki, 1989)

Die Welt-Stadt ist die spezifische politische Ökonomie des Ortes im Raum des globalen Kapitalismus. Als solche ist sie gleichermaßen Produkt globaler wie lokaler politischer und ökonomischer Prozesse. Der internationalisierte Bodenmarkt der Städte und besonders der Stadtentwicklungsprozeß, der sich als idealer Transmissionsriemen anbietet, "muß als ein weiterer Weg gesehen werden, auf dem die chronischen Kapitalüberschüsse, die sich seit der ersten Nachkriegsrezession 1973-75 aufgehäuft haben, absorbiert werden" (Harvey, 1989a). Die "kreative Zerstörung", die diesen Prozeß kennzeichnet, wird von einer spezifischen Ungleichheit begleitet: Einerseits findet ein Abzug von Kapital aus den Metropolen in die Peripherie statt, der zu Deindustrialisierung und städtischem Zerfall führt; andererseits wird produktives Kapital und Immobilienkapital in die Zentren der Globalstädte gepumpt (Ross/Trachte, 1983).[1] "Vor Ort" übersetzen in Städten wie Los Angeles Akteure in *lokal* de-

---

[1] Ein Teil dieses Stromes fließt in die Zitadellenfunktionen der Welt-Stadt; ein anderer Teil nährt die sprießenden Niedriglohnindustrien, die als Drittwelt-Enklaven in den Metropolen entstehen. Die Konzentration der Kapitalströme auf die Produktion von Hochtechnologiezentren und städtischen (Büro)Raum einerseits und auf die Produktion von Niedriglohnindustrien andererseits erhöht den relativen Mehrwert durch die Ersetzung von lebendiger durch tote Arbeit und den absoluten Mehrwert durch die Einführung von *Sweatshop*-Arbeitsbedingungen in den Metropolen.

finierten politischen und sozialen Prozessen diese *globalen* Tendenzen in eine ortsspezifische bauliche und soziale Umwelt. Die Komplexität der globalen und lokalen Aktivitäten in der Produktion des internationalisierten *Raumes* sind Gegenstand des folgenden Kapitels. Sie werden in zwei Teilen behandelt: zunächst aus der Sicht des Boden- und Immobilienmarktes, wo globale und lokale Interessen aufeinandertreffen und zusammenfließen; und danach aus der Sicht des institutionalisierten Stadtentwicklungsprozesses, des *Community Redevelopment*.

Globales Kapital und Ortsunternehmer: Städtischer Bodenmarkt und lokale Politik in der Internationalisierung

Die bis auf die vierziger und fünfziger Jahre zurückgehende Strategie lokaler und überlokaler Kräfte, *Downtown* Los Angeles als ein Zentrum zunächst für das nationale, dann für das internationale Kapital umzuplanen, überwog schließlich Pläne für eine Revitalisierung der ansässigen, aber heruntergekommenen regionalen Oberzentrumsfunktionen der Innenstadt (Haas/Heskin, 1981: 548). Gegen Ende des zwanzigsten Jahrhunderts ist Los Angeles nach einer jahrzehntelangen Jagd des internationalen Bodenkapitals auf Parzellen ausgewählter Investitionszentren ein durchgehend internationalisierter Raum. Die rein *statistische* Internationalisierung dieser Enklaven, die zum entterritorialisierten Gebiet zu werden scheinen, wird jedoch bei weitem von der gewöhnlichen Wahrnehmung (und ideologischen Konstruktion) der Globalstadt in den Schatten gestellt: während seit mindestens zwei Jahrzehnten ein ständiger Fluß ausländischen Immobilienkapitals in die Stadt zu beobachten war, erheischte dieser Trend erst durch einige spektakuläre Geschäfte japanischer Investoren wahre Aufmerksamkeit. Anscheinend konnte die Internationalität von Los Angeles nur über einen xenophobischen Diskurs wahrgenommen werden. In der Drohung des "Ausverkaufs" an den unterlegenen Kriegsgegner lag offensichtlich der Hebel zum Zugeständnis einer neuen Dramaturgie der amerikanischen Stadtentwicklung. Alarmiert durch spektakuläre Verkäufe von Bürotürmen, Hotels und Golfplätzen - der repräsentativen Geschäfts- und Lebenswelt der internationalisierten Bourgeoisie in der Zitadelle der Welt-Stadt - an japanische Investoren seit Mitte der achtziger Jahre warf einmal mehr die Frage der amerikanischen Souveränität auf: "Schon kontrollieren japanische Investoren mehr als 25 Prozent des Büroraums in *Downtown* Los Angeles ...

148

Gibt ihnen dies unverdienten Einfluß in *Downtown* Los Angeles?" fragte Catherine Collins, Mitautorin von *Selling Out* (Frantz/Collins, 1989), in der *Times* (Collins, 1989). Muß man hinzufügen, daß es sich um eine rhetorische Frage handelt? Vor dem Hintergrund, daß sich zu Beginn der neunziger Jahre "nur" 25 Prozent des Büroraumes in der Innenstadt tatsächlich in japanischer Hand befanden, nahmen sich populäre Darstellungen der Japanisierung als leicht zu entziffernde Dokumente eines neo-nationalen (und lokalpatriotischen) Rufes zu den Waffen aus.

Bei der wachsenden Internationalisierung des Marktes ist die Frontstellung der "einheimischen" gegenüber den "ausländischen" Agenten des Immobilienmarktes in erster Linie ein ideologisches Manöver (Thrift, 1987). In Los Angeles wurde dies im Frühjahr 1989 deutlich, als Sumitomo Real Estate, die größte japanische Immobilienfirma, ein exklusives Geschäftsverhältnis mit dem in Los Angeles ansässigen Immobilienriesen Fred Sands einging (Abbildung 6.2).

Abbildung 6.1: Bebaute und unbebaute Flächen in der Innenstadt von Los Angeles zeigen - japanische - Flagge. Dabei wird die aufgehende Sonne im weißen Feld zum kriegerischen Symbol eines ideologischen Sandkastenmanövers, zum Säbelrasseln auf dem Immobilienmarkt (Quelle: Cushman Realty Corporation/LABJ, 12. Oktober 1987)

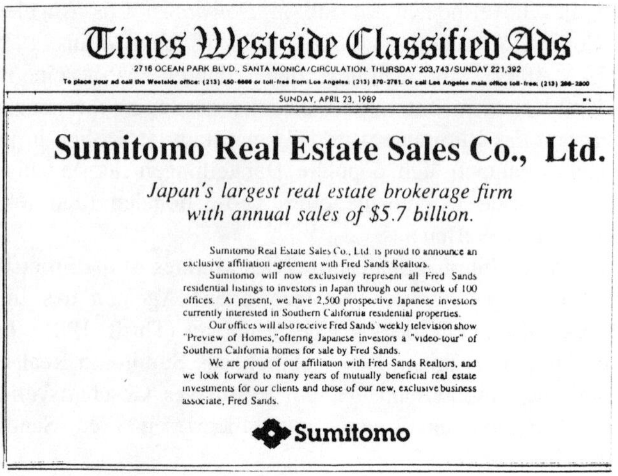
Times Westside Classified Ads
2716 OCEAN PARK BLVD., SANTA MONICA/CIRCULATION. THURSDAY 203,743/SUNDAY 221,392
To place your ad call the Westside office: (213) 450-6666 or toll-free from Los Angeles: (213) 870-2781. Or call Los Angeles main office toll-free: (213) 286-2800
SUNDAY, APRIL 23, 1989

Sumitomo Real Estate Sales Co., Ltd.

Japan's largest real estate brokerage firm with annual sales of $5.7 billion.

Sumitomo Real Estate Sales Co., Ltd. is proud to announce an exclusive affiliation agreement with Fred Sands Realtors.

Sumitomo will now exclusively represent all Fred Sands residential listings to investors in Japan through our network of 100 offices. At present, we have 2,500 prospective Japanese investors currently interested in Southern California residential properties.

Our offices will also receive Fred Sands' weekly television show "Preview of Homes," offering Japanese investors a "video-tour" of Southern California homes for sale by Fred Sands.

We are proud of our affiliation with Fred Sands Realtors, and we look forward to many years of mutually beneficial real estate investments for our clients and those of our new, exclusive business associate, Fred Sands.

Sumitomo

Abbildung 6.2: Partnerschaftsanzeige Sumitomo Real Estate Sales Co., Ltd. mit Fred Sands Realtors (Quelle: LAT, 23. April 1989)

Beide Firmen verschränkten damit ihre jeweiligen "einheimischen" mit den "globalen" Interessen des Partners. Über eine "Video-Tour" wurden daraufhin potentiellen japanischen Kunden südkalifornische Immobilienangebote ins Haus geliefert (*LABJ*, 14. Mai 1989:2).[2]

Die Vernetzung stellt erneut das Problem der politischen Kontrolle über den "ausverkauften Raum". Frantz und Collins fragen angesichts des japanischen Erwerbs innerstädtischer Prestigeobjekte in Los Angeles und anderen amerikanischen Städten:

Die Frage ist, was diese Expansion für die amerikanische Immobilienindustrie bedeuten wird. Wird die Immobilienbranche den Weg der Elektronik- Konsumgüterindustrie oder der Autoindustrie gehen? Können die Japaner genug auf dem dezentralisierten Markt aquirieren, um eine beherrschende Kraft zu werden, die die Mieten und Wohnungskosten für eine ganze Nation von Mietern festlegen? Können sie durch die Nutzung der wachsenden Macht der Banken im japanischen Besitz und Beeinflussung der Politikbildung durch ihre Kader von Lobbyisten auf Bebauungspläne und weitergehende Regierungspolitiken einwirken? (1989: 246)

2 Somit entstehen neue Formen der Vermarktung des städtischen Raumes. Ein südkalifornischer Hersteller von Werbevideos in japanischer Sprache bietet Mittelklassekunden in Japan optische Eindrücke von Los Angeles und Umgebung, um diese zum Kauf von Objekten dort zu gewinnen. In einem stark segmentierten Markt nutzen die großen amerikanischen Immobilienfirmen dieses Mittel, um zu transnationalen Abschlüssen jenseits der "Mega-Verkäufe" spektakulärer Objekte in *Downtown* zu gelangen (Jones, 1989a,b). Anstatt nationaler Polarisierung

Diese apokalyptische Vision fand in der politischen Öffentlichkeit von Los Angeles bisher kaum Anhänger. In einer direkten Antwort auf Collins betonte Ivan Faggen, weltweit zuständiger Direktor der Immobilien-Consultingfirma Arthur Andersen & Co., daß die Immobilienbranche "der beste Ort für japanisches Geld" sei. Auch große Anteile am amerikanischen Markt, so Faggen, befähigten die Japaner keineswegs, Kontrolle über Mieten und Kosten für Dienstleistungen an die Mieter zu erhalten. Die seien vielmehr vom lokalen Wettbewerb bestimmt. "In mancher Hinsicht sind ausländische Investitionen in entwickelte Immobilien die stabilste und am schwierigsten zu kontrollierende Investition für den Eigentümer, selbst wenn diese einen bedeutenden Marktanteil ausmacht wie in *Downtown* Los Angeles" (*LAT*, 21. Mai 1989: VIII,3). Hinsichtlich der direkten Einwirkungen japanischer Investoren auf den kommunalpolitischen und Planungsprozeß herrscht ebenfalls eine skeptische Haltung vor.[3]

Ausländische Investoren werden ohnehin kaum selbst auf der kommunalpolitischen Ebene aktiv, sondern überlassen diese Aufgabe lokalen Interessensvertretern, wobei alle Arten von *Joint Ventures* denkbar sind. Zu diesen lokalen Agenten zählen Immobilienmaklerbüros, Baufirmen, Entwicklungsgesellschaften, Finanzinstitute, Standesorganisationen, Geschäftsverbände, Handelskammern, private Planungs- und Consulting-Firmen und selbstverständlich die Kommunalpolitiker. In *Linkage*-Verträgen entstehen darüberhinaus komplexe politische Verbindungen mit territorial gebundenen und anderen politischen und sozialen Organisationen im lokalen Bereich (Interviews Briggs, Ely, Marriott, Natker).

Eine Organisation, die derartige Transmissionsfunktionen übernimmt, ist Acquest International, eine in Los Angeles ansässige transnationale Immobilien- und Consultingfirma, deren "Hauptgeschäft es ist, Kapital von Übersee für kommerzielle Projekte, vor allem in die westliche USA zu bringen" (Interview Marriott). Graham Marriott, Vizepräsident der Firma, macht deutlich, daß

---

also Internationalisierung des Geschäfts mit dem städtischen Raum unter tatkräftiger Mithilfe "lokaler Akteure".

3 In einem Gespräch erläuterte Benjamin Mark Cole, Fachjournalist des *Los Angeles Business Journal*, daß nach seiner Auffassung große ausländische Investoren kaum auf die "Mickey-Maus-Politik" des Stadtrates achteten, wenn ihnen der Geschäftssinn danach stünde, in Los Angeles zu investieren. Deren Intervention und die ihrer lokalen Interessensvertreter in die lokale Politik ginge über *Luncheons*, Vorträge und Pamphlete kaum hinaus. Hinzu kommt, daß sich die kommunale Wirtschaftsförderungspolitik in Los Angeles nicht entscheidungsrelevant von der anderer Städte unterscheide, z.B. japanische Investoren nicht von derartigen Anstrengungen attrahiert, folglich auch nicht an ihrem Zustandekommen interessiert seien. Vielmehr sei das positive Vor-Urteil ausländischer Investoren, getroffen aus ökonomischen Erwägungen der Stabilität des Standortes, hauptsächlich für Investitionen in Los Angeles verantwortlich (Interview B.M. Cole).

ausländische Investoren Entscheidungen über Anlagen an einem bestimmten Standort treffen, wenn bestimmte Voraussetzungen dort bereits bestehen. Sie nähmen also kaum am kommunalpolitischen Entscheidungsprozeß teil, sondern setzten dessen Ergebnisse voraus. Wenn diese Lage nicht klar sei, sei das Risiko für die Investoren zu hoch:

<Die Investoren> sind nicht in der Lage, mit den lokalen Leuten zu verhandeln. Also haben sie im allgemeinen einen lokalen Partner (wie wir selbst), der dies für sie erledigt.
In einem Fall versprachen wir, die Papiere und das genehmigte Projekt zu liefern. So daß die <internationalen Investoren, R.K.) dann ihre Laster anfahren lassen und bauen können. Das wird immer üblicher wegen der eingeschlossenen Risiken. Und generell würden die ausländischen Investoren die Vorbedingungen gerne als vorhanden voraussetzen. Man muß sich nur das Risiko ansehen. Man weiß einfach nicht, welche Höhenbeschränkungen erfolgen können. Das ist neu für Los Angeles, denn man konnte gewöhnlich bauen, wo immer man wollte. Und nun muß man Verkehrsstudien, Umweltverträglichkeitsprüfungen und alle möglichen Dinge durchlaufen, was vorher nicht der Fall war. (Interview Marriott).

Die Produktion des Raumes nach ihren Vorstellungen zu gestalten, stellt sich in Los Angeles nicht nur für die internationalen, sondern auch für die nationalen Anleger und lokalen Ortsunternehmer als immer schwieriger dar. Wie Acquest haben auch individuelle *Consultants* hier eine zunehmend wichtige Vermittlerrolle. Von hervorragender Bedeutung ist für die Intervention der *Consultants* der Kontakt zur lokalen Gemeinde: "Wir verfolgen die Hauseigentümerbewegungen und so fort. Wir müssen das tun", erläutert Graham Marriott.[4] Der Lokalredakteur der *Times*, Bill Boyarsky hat den Arbeitsalltag eines *Consultant* in einer aufschlußreichen Glosse beschrieben:

<Art Snyder> macht alles für einen Klienten - Rechtsangelegenheiten, Planungsratschläge, die ganze Arbeit. Man konnte es sehen ... als er vor dem Planning Committee wegen einer Anhörung zum Watt's Projekt <in der City West, R.K.> erschien. Er hatte Ringbücher für die Ausschußmitglieder bereit, die die vollständige Beschreibung des Projekts beinhalteten, plus einer unterstützenden juristischen Analyse. Snyder sorgte sogar für seinen Entwurf einer vorgeschlagenen Verordnung, die der Stadtrat annehmen sollte, wenn er sich dazu entschloß, das Projekt zu genehmigen. All diese Arbeit wird gewöhnlich vom Stadtplanungsamt und der juristischen Abteilung des Rathauses gemacht. Snyder hat ihnen den Ärger - und dem Steuerzahler die Kosten - erspart. Dankbar genehmigten die beiden anwesenden Ausschußmitglieder, Vorsitzender Hal Bernson und Michael Woo, das Projekt so wie von Snyder formuliert...
Dann folgte Snyder buchstäblich der Maßnahme durch das Rathaus, um darauf zu sehen, daß sie nicht verändert würde. Freitag morgen nahm er an einer Besprechung zwischen Juristen der Stadt und Vertretern der Verwaltung teil, als der letzte Entwurf ent-

---

4   Oft handelt es sich bei den Consultants um frühere Kommunalpolitiker. Ihr Hintergrund ist üblicherweise ein Jurastudium. Zu ihnen gehören Dan Garcia, der frühere Kopf der Los Angeles Planning Commission, Arthur K. Snyder, vormals Stadtrat im lateinamerikanischen Ostteil der Stadt und Michael Gage, stellvertretender Bürgermeister unter Tom Bradley in den Jahren 1988 und 1989.

stand. Aber seine Arbeit war noch lange nicht beendet. Er besuchte jedes einzelne Stadtratsbüro und verbrachte eine halbe Stunde oder mehr mit jedem/r Vertreter/in. Und dann war er wieder da am Morgen der Abstimmung, als er seine Runden durch die Stadtratsbüros um halb neun Uhr morgens begann. Die Abstimmung selbst war nicht mehr überraschend. <Der Stadtrat nahm das Projekt mit 14:1 Stimmen an> (*LAT*, 15. Dezember 1989: B,2).

Auf dieser Ebene der Vermittlung globaler Interessen in den lokalen Raum durch ansässige Interessensvertreter unterscheiden sich Prozeß und Produkt der Produktion des Raumes kaum von der herkömmlichen, nationalen Praxis der Urbanisierung: "Man muß sich die positive allgemeine Disposition der Staats-, County- und Stadtregierung in Kalifornien gegenüber Investitionskapital und Entwicklungstätigkeit vergegenwärtigen, eine Disposition, die sich nicht aufgrund der ausländischen Quelle des Kapitals ändert", schreibt Robert E. Duffy, ein führender Anwalt der Immobilienwirtschaft in Los Angeles. Tatsächlich streicht er vor allem die positive Haltung des *lokalen* Staates zur japanischen Investitionen in Südkalifornien heraus. Als Beispiel nennt er die Aktivitäten von Bürgermeister Bradley und *County Supervisor* Kenneth Hahn (unter anderen) im *Japan-Los Angeles Partnership Forum*. Deren Zusammenkünfte seien exemplarisch dafür, daß städtische Beamten und Politiker "eine warme Hand der Kooperation gegenüber den japanischen Investoren ausstrecken". Im Gegenzug, so Duffy, erhoffen sich diese lokalen Agenten für ihre positive Disposition und Vermittlerrolle eine Verpflichtung ausländischer Anleger darauf, "gute und verantwortliche" *Corporate Citizens* der Stadt und des County zu sein - "was eine Einmischung in lokale zivile, kulturelle und soziale Angelegenheiten bedeutet". Dies wiederum heißt, daß von den Investoren ein finanzieller Beitrag zum Leben in den städtischen Gemeinden erwartet wird (Duffy, 1989).

In den achtziger Jahren erfolgte diese Intervention immer häufiger durch Wahlkampfspenden ausländischer Investoren und Firmenniederlassungen an lokale Politiker. Bürgermeister Bradleys "Kriegskasse" wurde beispielsweise jahrelang von Spenden aus dem Kreis des ausländischen Kapitals bestückt. Als einem der "in Japan beliebtesten amerikanischen Politiker" flossen seit 1984 über 200.000 Dollar von mehr als einem Dutzend japanischer Immobilienfirmen, Banken und anderen Gesellschaften in Bradleys Wahlkampfbudgets. Diese Spenden von Korporationen wie Nissan Motor oder Sumitomo machen sich, wie ein Bericht in *Newsweek* herausstellt, kaum bemerkbar, wenn man sie mit nationalen Standards vergleicht, "sie haben lokal jedoch einiges Gewicht". Dieses Gewicht konnte Bradley sowohl bei seiner (letztlich erfolglosen) Bewerbung um den Gouverneursposten in Kalifornien 1986 als auch bei seiner Wiederwahl in Los Angeles 1989 in die Waagschale werfen (*Newsweek*, 11. Juli 1988: 69).[5]

Überzeugt von der besonderen Bereitschaft zur ethnischen Assimilation in einem durchgängig internationalisierten Ambiente in Los Angeles riet Branchenkenner Duffy einheimischen Skeptikern und japanischen Investoren gleichermaßen zur Einsicht in den Vorteil ihrer Zusammenarbeit. Vor allem den Investoren schlug er vor, sensibel zu sein, guten Willen zu zeigen, gute Eigentumsverwaltung zu betreiben, die Wünsche der lokalen Gemeinde zu respektieren. Schließlich stellte er heraus, daß es wichtig ist "die Formation von Beziehungen mit einheimischen Erstellern und *Consultants* in Betracht zu ziehen, die neben ihrer Expertise natürlicherweise einen *Public Relations*-'Puffer'" abgeben (Duffy, 1989). Die neue Sensibilität der ausländischen - vor allem japanischen - Agenten löst die früher wahrgenommene Praxis der "brutalen Landnahme" ohne Rücksicht auf lokale Verhältnisse ab. Teilnehmer einer *Japan-American Conference* in Los Angeles im Mai 1989 machten Harmonie und gegenseitiges Verständnis der Investoren und der lokalen Gemeinden zu ihrem Hauptanliegen. Insbesondere soziale Gesichtspunkte und die Integration in eine ethnisch und rassisch stark gemischte städtische Gesellschaft wurden offensiv in die Diskussion der Investitionsstrategien einbezogen. (*LABJ*-Sondernummern zur Konferenz, 14.-18. Mai 1989). Bürgermeister Bradley erinnerte die Anwesenden an die wachsende Beachtung der lokalen Gemeinden durch die japanischen Investoren: "Die Frage gewinnt an Sensibilität. Und ich denke, daß japanische Gesellschaften, auf unsere Bedenken zu reagieren beginnen und versuchen, sensibel gegenüber allen Minoritäten zu sein - von der Beschäftigung bis zur Vergabe von Verträgen an Minderheitenfirmen" (*LAT*, 17. Mai 1989: IV,2).[6]

Die "sensible" Methodik der Vermittlung globaler Interessen in den lokalen Raum kann im Selbstverständnis der lokalen Ortsunternehmer gerade deshalb stattfinden, weil der Prozeß der Landverwertung und Bodennutzung in der Stadt systemisch (wie Stone, 1982, gezeigt hat) zu ihren Gunsten vorstruktu-

---

5 Gelegentlich heuern ausländische Investoren Kommunalpolitiker zur Vertretung ihrer Interessen in der nationalen Arena. So geschehen z.B., als Fujitsu den Bürgermeister der südkalifornischen Stadt Anaheim anwarb, für sie, die in dieser Stadt 400 Beschäftigte haben, als Lobbyist in einem erwarteten Handelsstreit mit Washington aufzutreten (*LAT*, 24. Mai 1989: IV,5).

6 Während die Ausrichtung des Diskurses um die neue Sensibilität vor allem der Vermittlung der ausländischen/ japanischen Investoren in die von ihren Anlagen betroffenen Quartiere der farbigen Arbeiterklassen gilt, werden durch diese Taktik jedoch auch Falten zwischen ihnen und der einheimischen Bourgeoisie geglättet. Dies wurde deutlich, als die japanische Immobilienfirma Marukin den Riviera Country Club, traditionelle Spielwiese der Superreichen in Los Angeles, erstand, und sich in der Folge zur Freude der Angestellten und Mitglieder "sensibel" verhielt (*LAT*, 8.2. 1990:J1).

riert ist. Dies kommt in der von Duffy betonten "positiven allgemeinen Disposition" des lokalen Staates gegenüber dem Wachstum zum Ausdruck. *Die Mobilisierung lokal-globaler Harmonie ist daher in erster Linie als Versuch zu verstehen, die ausländischen und einheimischen Raum- und Ortsunternehmer zu parallelisieren und jenseits ihrer naturgemäßen geschäftlichen Konkurrenz hinter einem gemeinsamen Wachstumsprojekt zu vereinigen.* Die Beziehungen zur "lokalen Gemeinde" sind insoweit vorentschieden, als das Wachstum selbst - ob lokal oder global induziert - grundsätzlich nicht zur Debatte gestellt, sondern lediglich in einem bestimmten Rahmen ("Wachstumsmanagement") modifiziert wird. Das Verhältnis von Ortsunternehmern zu "Stadtbewohnern" bleibt daher auch im Internationali-sierungsprozeß zugunsten des räumlichen Wachstums strukturiert: Die lokale Gemeinde fungiert hier nicht als Entscheidungsorgan, sondern lediglich als Moderatorin bereits festgeschriebener Entwicklungen.

Im zunehmend internationalisierten Raum von Los Angeles werden dabei nationale und ethnische Bindungen zu entscheidenden Medien globaler Prozesse. Der 1985 gewählte Stadtrat Michael Woo, amerikanisch-chinesischer Abstammung, avancierte zunächst als Vertreter des Hollywood Distrikts und später stadtweit zur Schlüsselfigur im Vermittlungsprozeß zwischen Anlegern aus Asien und den entsprechenden lokalen Gemeinden. Obwohl Woo selbst die Zuweisung "asiatisch" als nicht ausreichend bezeichnet, um die Fülle der Kulturen und Nationalitäten zu bezeichnen, die nach Los Angeles einwandern, ist er zur Leitfigur und zuweilen zum Sprecher der disparaten Gemeinden asiatischer Immigranten geworden und sein Büro ist ein physischer Netzknoten in der Vermittlung vor allem chinesischer Immobilieninteressen in den Raum von Los Angeles (Interview Woo).[7] Nicht nur individuelle Handlungen von Politikern und Planern ermöglichen die strukturierte Integration der verschiedenen ethnischen Kapitalien und Einwanderer in Los Angeles, sondern ein räumlich institutionalisierter politischer Prozeß: Die Inkorporierung von Los Angeles in die internationale Ökonomie wird durch die quasi- oder vorstaatliche, zum Teil auch staatliche, Organisation der internationalen Stadtteile unterstützt. In Chinatown und Little Tokyo operiert der Stadtentwicklungsprozeß als Transmissionsriemen von ostasiatischem Kapital in einen klar definierten und kulturell und planungsrechtlich *lokal* produzierten Raum innerhalb der Stadt. Die Produktion eines ethnisch definierten Raums geht mit einem System der sozialen und technischen Infrastruktur einher. Im *New Asian Corridor*, zwischen Echo Park, La Brea, dem Santa Monica und dem Harbor Freeway, in dessen Zentrum Koreatown liegt, hat sich eine Fülle von öffentlichen

---

7   Der Verfasser arbeitete 1986 drei Monate im Büro des Stadtrats.

Dienstleistungensanbietern angesiedelt, die den Globalisierungsprozeß lokal regulieren (Interview Blight).

Eine solche Organisation, das *Pacific Asian Consortium of Employment* (PACE) bedient seit Mitte der siebziger Jahre die pazifisch-asiatischen Ankömmlinge, die in dieser Gegend wohnen und arbeiten, mit Berufsbildung, Umschulungs- und Anlernprogrammen, Leistungen für Alte und Behinderte, Wohnungsbau, Energieeinsparung, wirtschaftlichen und technischen Hilfen für den Mittelstand etc. Bemerkenswert ist dabei die dezidiert raumgebundene Funktion der Hilfen und die Philosophie der Organisation, die einen Hauch der Drittwelt-Selbsthilfe- Doktrin in das Herz der Weltstadt verlagert: "Anstatt einem Verhungernden ein Stück Fisch zu geben, lehre ihn zu fischen", benennt Kerry Doi, Chef des Programms dessen Richtlinie. Arbeitslosenprogramme und *Job Training* haben darin deshalb einen großen Stellenwert. Als Teil der Wirtschaftsförderung der Stadt Los Angeles (und in enger Kooperation mit der entsprechenden städtischen Abteilung) wird PACE auch zum Medium der erfolgreichen Ansiedlung ausländischen Kapitals in der politischen Ökonomie von Los Angeles (Interviews Blight, Doi, Sanada). Die von den lokalstaatlichen Strukturen angebotenen Integrationshilfen werden von den internen sozialen Organisationsformen der ethnischen Stadtteile komplettiert und von neuen räumlich-politischen Formen in konkrete kommunale Machtstrukturen übersetzt.[8]

Diese Folge von Prozessen kultureller und politischer Integration der Immigranten in den Raum der Welt-Stadt sind als Inkorporierung im Sinne Sokolovskys (1985) zu verstehen. Sie schaffen die lokal spezifischen Bedingungen einer politischen Ökonomie des Ortes, die integrativer Bestandteil einer neuen globalen Ordnung ist. Als sozialräumliche Voraussetzungen ihrer Integration werden sie von den globalen Ortsunternehmern keinesfalls übersehen. Im Gegenteil, sie sind integraler Bestandteil des Entscheidungsprozesses: "Neben der ökonomischen Stärke des südkalifornischen Marktes fühlen sich asiatische Investoren in der multikulturellen Umgebung der Region wohl. Los Angeles hat die größten japanischen, chinesischen, koreanischen, vietnamesischen und philippinischen Bevölkerungen außerhalb ihrer eigenen Länder", erläutert eine einschlägige Studie der Immobilienbranche (Acquest, 1987: 30). Multikul-

---

[8] Beispiele dafür finden sich in Los Angeles vor allem in dem Streben der ethnischen Stadtteile nach separater politischer Anerkennung (Koreatown, Filipinotown) oder der Majorisierung existierender territorialer politischer Formen. So geschehen in der wachsenden Präsenz der Chinesen in der städtischen Politik des "ersten chinesischen Suburbs", Monterey Park. Los Angeles wird darüberhinaus insgesamt als der "24. Stadtbezirk Tokios" bezeichnet, was sozusagen in imaginärer Form territoriale Rechte von Japan nach Amerika transferiert (Frantz/Collins, 1989).

turalität bedeutet hier jedoch keinesfalls wörtlich, was der Begriff zu suggerieren scheint, sondern im Gegenteil, gerade das Vorhandensein vertrauter nationaler Kulturen in einem fremden Ort. Interessanterweise findet der Internationalisierungsprozeß der politischen Ökonomie von Los Angeles durch die lokale Steuerung globaler Kapitalströme in einer Weise statt, die eben diesen Aspekt selbst - die Formation der multikulturellen Welt-Stadt - verdeckt und mythologisiert. Los Angeles erscheint auf dieser Ebene als Projektion von vertrauten - und "akzeptablen" neuen - kulturellen Formen, während ungewollte Aspekte der Globalisierung ebenso gemieden werden wie unangenehme Aspekte der politischen Ökonomie des Ortes.[9]

Insgesamt reflektiert die Schaffung des neuen welt-städtischen Raumes nicht in erster Linie die hier dargestellten kulturellen, sondern ökonomische Erwägungen und Entwicklungen, genauer: Bedingungen der stadtregionalen Arbeitsteilung, die wiederum in einem historischen und räumlichen Entwicklungsprozeß in aufeinanderfolgenden Perioden der Urbanisierung entstanden sind. Dieses räumliche Muster war bisher *relativ* stabil und diente als System von Fixpunkten im Prozeß der kreativen Zerstörung, der sich der städtische Raum ständig ausgesetzt sieht.[10] Auch in der Phase der verstärkten Internationalisierung scheinen sich die sozialräumlichen Hierarchien der Stadt *insgesamt* eher stabilisiert zu haben, oft natürlich gerade durch die Zerstörung existierender Mikrostrukturen.[11] Die Dialektik von bestehender räumlicher Arbeitstei-

---

9   Im erwähnten Werbevideo für japanische Mittelklasseinvestoren wird diese ideologische Verbrämung illustriert. Das Video zeigt "ein fremdes Land, wo jede Frau hochgewachsen und blond ist, jeder Mann ein Polospieler. Die Städte sind so homogen wie die Japans, ohne Schwarze, Latinos, sogar ohne Japaner. Jeder bewegt sich wie im Zauber durch eine Landschaft ohne Autobahnen. Wir sehen nur stille, schöne Wanderer oder weißbekittelte Techniker, die von Krebskuren an der UCLA träumen."

10   Für die Entwicklung der Wohngebiete seit 1940 schreibt Marchand: "Die globale räumliche Struktur von Los Angeles, als System konzentrischer Ringe, Sektoren und Achsen, die sich vom Zentrum aus ausdehnen und die Hauptaktivitäten kanalisieren, ist in den drei Dekaden <nach 1940> größtenteils überraschend stabil geblieben" (1986: 215). Marchands Beobachtung ist bemerkenswert, obwohl von konzentrischen Ringen in Los Angeles selbst mit viel Anstrengung kaum die Rede sein kann. Wichtig ist daran jedoch, daß sozialräumliche Strukturen - insbesondere in der Festigung von Macht - über eine hohe Stabilität verfügen und als Folie für zukünftige Investionsschübe fungieren.

11   Der Stadtentwicklungs- und Internationalisierungsprozeß zerstörte so z.B. große Mengen innerstädtischen Wohnraums zugunsten der Ausdehnung der Welt-Stadt-Zitadelle (Haas/Heskin, 1981). Bestehende soziale Ökologien wie das schwarze Getto sehen sich dem wachsenden Zuzug lateinamerikanischer Einwanderer ausgesetzt (Oliver/Johnson, 1984). Diese Latinisierung der traditionellen Viertel der schwarzen Arbeiterklasse hat jedoch im Gegensatz zu den Warnungen von Oliver und Johnson noch kaum zu größeren interethnischen Auseinandersetzungen geführt. Selbst während des Aufstandes vom April 1992 kam es kaum zu Übergriffen zwischen den "neuen" lateinamerikanischen und den "alten" afroamerikanischen Bewohnern des traditionell "schwarzen" Südens von Los Angeles. Die Angriffe gegen koreanische Geschäfte waren gerade nicht durch "ethnische Sukzession" im Sinne der Chicago School zu erklären, sondern durch

lung und neuen Dynamiken gehört zu den Dauerthemen der Ortsunternehmer. Es wird dabei angenommen, daß der andauernde Zufluß des Geschäfts aus dem *Pacific Rim* zu einer weiteren Konzentration der Innenstadt führen wird. Los Angeles wird als "die heute aufregendste Stadt der Welt" vermarktet, wobei "*Downtown* Los Angeles das Hauptziel intelligenter Geschäftsleute darstellt, die langfristige Immobilienchancen und ein gutes Geschäftsklima" suchen (Ortiz, 1987).[12]Das auf internationalen Investitionen beruhende Wachstum der *Downtown*- Zitadelle findet vor allem im Versicherungs- und Finanzsektor statt, es zweigt jedoch in bestehende, aber expandierende Sekundärlagen aus. Ein solches Gebiet ist die "horizontale *Downtown*" von Los Angeles, Wilshire Boulevard: "Das Ansteigen von asiatischer Geschäftstätigkeit in Los Angeles hat einen verstärkten Brennpunkt geschaffen für die Ausdehnung von Raum für die Dienstleistungsfirmen, die sich bereits in der Mid-Wilshire-Gegend befinden. Diese Firmen (Buchhaltung, Rechtsanwaltskanzleien und Versicherungen) finden dort die Gelegenheit, ihre größeren Kunden in *Downtown* zu unterstützen, während sie gleichzeitig in der Nähe ihres Arbeitskräftepotentials sind" (Merrit, 1987). Die Interventionen des ausländischen Kapitals in Los Angeles folgen in ihrer räumlichen Entwicklung also zunächst den Dynamiken, die vor Ort existieren. Das differenzierte Angebot der spezifischen politischen Ökonomien einzelner Orte innerhalb der strukturierten Kohärenz von Los Angeles prä-determiniert die Art, wie die Investitionen sich lokal räumlich verteilen.[13]

Die Internationalisierung des städtischen Raumes findet also nicht in einer historischen, räumlichen oder politischen Leere statt. *Die spezifischen historischen und geographischen Bedingungen, die einen Ort vor oder während der Internationalisierung definieren, sind für die orts-spezifische Restrukturierung entscheidend wichtig.* In Los Angeles gilt dies z.B. - wie auch in anderen Städten - für den traditionellen politischen und räumlichen Widerspruch von Zentralismus und Dezentralismus. Unter Verhältnissen einer prekären Hegemonie der Zentralität versuchen vorstädtische oder exurbane Ortsunternehmer,

---

unterschiedliche Klasseninteressen (und deren symbolische Überformung) der koreanischen (und anderer) Händler und der afroamerikanischen (und anderen) Armutsbevölkerung vor Ort.

12 "Nirgends sonst kann man so viel Energie finden, die von nationalen und ausländischen Interessen in eine *Downtown* gepumpt würde" (Ortiz, 1987).

13 "Die meisten ausländischen Investoren wollen in *Downtown* Los Angeles sein. Wenn sie es sich nicht leisten können, in *Downtown* Los Angeles zu sein, dann tendieren sie dazu, in Gegenden wie Beverly Hills, Century City, Westwood, Santa Monica und die Gemeinden im Westen der Stadt zu gehen. Das wäre dann das zweite Glied von Investoren. Und die spekulativeren mögen in anderen Gegenden wie dem San Fernando Valley oder Orange County investieren. Aber die meisten internationalen Investitionen wollen in der Haupt-Innenstadt sein" (Interview Marriott).

die peripheren Wachstumszentren verstärkt auch für ausländisches Kapital ins Spiel zu bringen. Eine Vorreiterrolle hat dabei die Bereitstellung suburbanen Raums für Produktions- und Lagerkapazitäten und Niederlassungen ausländischer Konzerne.[14] Selbst die *Booster* der Innenstadtökonomie erkennen an, daß anstatt einer alleinigen Konzentration auf *Downtown* vielmehr eine arbeitsteilige Dialektik von Zentrum und Peripherie den Bodenmarkt im Zeitalter der Internationalisierung bestimmt. Als ein solcher innenstadtorientierter Ortsunternehmer beschreibt Acquest's Marriott die Situation:

Für manche Geschäfte muß man in *Downtown* sein. Alle großen Finanzinstitute, die hauptsächlichen Hotels, Dienstleistungsfirmen sind *Downtown*. Es gibt Subzentren wie Burbank/Universal City, die Zentren der Unterhaltungsindustrie werden. Das meiste der dortigen Büroraumproduktion ist auf diese Industrie ausgerichtet. Mid-Wilshire hat alle Versicherungen. Dann gibt es Gegenden wie die South Bay, wo die Luftfahrtindustrie ansässig ist.
Es gibt verschiedene Industrien in verschiedenen Gegenden, die sich zu einem Ganzen zusammensetzen. Keine ist wichtiger als die andere, vielleicht ist *Downtown* jedoch der Gipfel. Die großen Firmen sind in *Downtown* Los Angeles (Interview Marriott).

Obwohl es statistisch den Anschein hat, als bewege sich das globale Kapital beliebig wie ein Invasor von außen im lokalen Raum, stellen die lokalen Ortsunternehmer (die ihrerseits wie im Falle von Acquest International in Los Angeles selbst Kopfstellen oder Tochterorganisationen transnationaler Firmen sein können) die notwendigen Mittel bereit, um die räumliche und soziale Integration dieser Investitionen vor Ort zu bewerkstelligen. Sie tun dies, indem sie den lokalen politischen und Planungsprozeß als Vermittlungsinstrument nutzen.

Diese Erkenntnis wirft die Frage nach der Klassenformation im Raum auf.[15]
Während die Internationalisierung der lokalen politischen Ökonomie unter tat-

---

[14] So unternimmt es z.B. die Watson Land Company in Carson, große Projekte im Süden des Beckens von Los Angeles, in der Nähe der Seehäfen von Los Angeles und Long Beach, speziell auf die Bedürfnisse japanischer Kunden zuzuschneiden: "Insbesondere die 25 Prozent unseres Eigentums, das wir an japanische Mieter verpachten, unterstreicht die Sensibilität und den Ruf der Watson Land Company in Bezug auf die Erfüllung der Anforderungen japanischer Firmen" (Watson Land Company, Selbstportrait).

[15] Der Prozeß der Klassenformation im Raum ist als Prozeß der räumlichen Diffusion von Macht zu begreifen. Die Folge dieser räumlichen Differenzierungsprozesse ist ein komplexes Netz von räumlichen Widersprüchen innerhalb und zwischen Klassen. Es gilt dabei - vor dem Hintergrund der gerade dargestellten Tendenzen in Südkalifornien - sich noch einmal vor Augen zu führen, daß in der Produktion der Welt-Stadt der räumliche Grundwiderspruch nicht zwischen dem internationalen Kapital und der lokalen Bourgeoisie liegt. Dieser findet sich vielmehr im fundamentalen Bruch zwischen der Nutzung des Raumes für die Reproduktion von Kapital und für die Reproduktion von Arbeitskraft, d.h. der Arbeiterklasse. Dies ist primär ein Bruch zwischen Tauschwert und Gebrauchswert, wie bereits an anderer Stelle ausgeführt. Dieser Bruch - der natürlich auch eine Einheit von Widersprüchen manifestiert - repräsentiert den Klassenantagonismus im Raum der kapitalistischen Stadt.

kräftiger Mithilfe lokaler Ortsunternehmer von statten geht, verändert sich andererseits der lokale politische Prozeß der Produktion von Raum durch die Internationalisierung. Das Gesicht der lokalen Staaten, d.h. die lokale Macht im globalen Kapitalismus, erfährt eine Veränderung durch den Internationalisierungsprozeß von zwei Seiten. Erstens verschiebt sich durch die Ankunft der *internationalen* Investoren und Kapitalisten das Zentrum der lokalen Macht zunehmend von der *Main Street* zu *Wall Street*, von der lokal dependenten Bourgeoisie zur nationalen und internationalen Bourgeoisie. Hier liegt der Hauptwiderspruch innerhalb der Klassen der Kapitalisten und Grundeigentümer in der Welt-Stadt. Zweitens jedoch ändert sich das lokale Gesicht der Macht gerade durch die Dialektik von lokaler Opposition zu und Kooperation mit diesen neuen Agenten. Die Durchsetzung der internationalen kapitalistischen Herrschaft über den städtischen Raum bricht sich an der Aktivität und Opposition lokaler politischer Gruppen, die ihr partikulares Interesse an der Gebrauchswertnutzung ihrer Nachbarschaften dem globalen Interesse der Tauschwertnutzung ihrer Stadt entgegensetzen. Der lokale Entscheidungsprozeß ist auf der ökonomischen und auf der Planungsebene freilich systemisch zugunsten der globalen Akteure vorstrukturiert: nicht weil die Akteure international sind, sondern weil der städtische Prozeß zugunsten der Grundeigentümer und Kapitalisten organisiert ist, die den Raum verwerten wollen. Hier bestehen keine grundsätzlichen Widersprüche, sondern nur individuelle Interessensgegensätze - zwischen den lokalen Ortsunternehmern und dem fremden Kapital. Auf der politischen Ebene jedoch sind die internationalen Agenten gezwungen, sich mit mit der lokalen Bevölkerung auseinanderzusetzen. *In diesem Bereich muß der Internationalisierungsprozeß als Klassenkonflikt im Raum verhandelt werden.*

Die verschiedenen Fraktionen und Gruppen von Ortsunternehmern und Investoren konkurrierten um wertvolle Teile der Welt-Stadt. Der Widerspruch von Zentralität und Dezentralität beispielsweise, der oft auf der politischen und Planungsebene über das Gesamtbild der Stadt offengelegt wird, ist ein verbissener Kampf um erreichbare differentielle Grundrenten und Profitraten. Dabei gibt es Variationen in der Praxis der Ortsunternehmer selbst, die lokale und globale Investoren mal zu komplementären Nutzern des städtischen Raumes, mal zu Konkurrenten werden läßt. Marriott beschreibt einige der Unterschiede in der Praxis ausländischer Investoren in Los Angeles, die das Gesicht der Stadt nachhaltig verändern:

Die Japaner tendieren eher dazu, voll verpachtete Gebäude zu erstehen. Sie zahlen Spitzenpreise dafür und wollen sie für zwanzig Jahre halten. Sie kaufen nicht, um sie im nächsten Jahr wieder zu verkaufen. Sie kaufen sie für langfristigen Besitz.

160

Die Chinesen sind ganz verschieden. Die Chinesen sind viel spekulativer orientiert. Sie tendieren dazu, mehr Risiko einzugehen. Sie gehen auch andere Arten von Abschlüssen ein. Die Japaner kaufen das fertige Produkt. Denen gefällt ein Gebäude in einer Broschüre und zuhause können sie sagen, dieses Gebäude in *Downtown* Los Angeles gehört uns. Sie sind am Eigentum an Immobilien interessiert. Sie wissen, auf lange Sicht wächst Los Angeles und wird besser und wertvoller (Interview Marriott).

Während in den siebziger und frühen achtziger Jahren *Downtown* Los Angeles das Ziel größerer Investitionen aus den USA, Kanada, Großbritannien und anderen europäischen Anlegern war (*LAT*, 13. Mai 1979; 3. September 1979; 7. Oktober 1979), kam das meiste Kapital zu Beginn der neunziger Jahre aus Asien, vor allem Japan (Acquest, 1987: 40). Ein großer Teil der japanischen Immobilieninvestitionen stammte von großen Gesellschaften wie der Shuwa Corporation oder Mitsui Fudosan, die - oft mit der akkumulierten Macht von Kleinanlegern in Japan - ganze Bürohaus- und Geschäftskomplexe aufkauften. Das berühmteste Beispiel für solch einen Kauf war die Aquisition der ARCO-Towers in *Downtown* Los Angeles durch Shuwa Corporation für 600 Millionen Dollar im Jahr 1986. In dieser Hinsicht verstärkt die Praxis der japanischen Investoren die Zentralität der Welt- Stadt-Zitadelle als einem international produzierten Ort. Los Angeles wird u.a. als östliche Hauptstadt des *Pacific Rim* ausgebaut, weil der "Ferne Osten" sich in das Konzept der lokalen Ortsunternehmer sprichwörtlich einkauft. In dieser Hinsicht erinnert die Produktion der Zitadelle an die von Goldsuchern erbauten Städte. Die Investitionen geschehen als Optionen auf eine qualitativ neue Zukunft des städtischen Raumes, den Los Angeles darstellt. Die Produktion der Welt-Stadt- Zitadelle ist damit zugleich räumliches Produkt und mythologischer Ort, in dem die magischen Kräfte des Internationalisierungsschubs spekulativ gebündelt und in bauliche Umwelt verwandelt werden. Im Zeitalter der Telekommunikation und der Television sind es jedoch nicht die Gerüchte um Goldfunde, die die politische Ökonomie des Ortes anregen: auf den zerebralen und imaginativen Landkarten der japanischen Investoren wird die Landschaft der Vereinigten Staaten nicht nur von abstrakten statistischen Kalkulationen, sondern auch von einer eigenartigen Sorte zentraler Orte dominiert, von "Fernsehstädten", die ihre *Skyline* den Serienproduktionen der Studios in Burbank und Hollywood zur Verfügung stellen (*LABJ*, 12. Oktober 1987). Los Angeles ist eine solche Stadt. Hier finden sich neben der Aussicht auf stabile Profite popularisierte Bilder von Erfolg und *Grandesse*. Die japanische Konzentration auf Schauobjekte öffnet sich dieser Verlockung, neben dem Besitz profitablen Grundeigentums auch ein Stück Traumwelt zu erstehen. Die beiden Prozesse sind nicht voneinander zu trennen und bestimmen ihrerseits die Schnittstelle zwischen lokalen und globalen Akteuren. Los Angeles absorbiert auf diese Weise einen Teil der Überakkumulation des japanischen Wirtschaftswunders. Gleichzeitig schafft dieser Prozeß einen neuen Ort, *Downtown* Los Angeles, als Zitadelle einer Welt-Stadt. Dieser Ort wird zu einem Chip im internationalen Kasino-Kapitalismus.[16] Die bestehende Aufteilung des (inner)städtischen Raumes der Welt-Stadt ist wichtiger Ausgangspunkt im Internationalisierungsprozeß. Der institutionelle Rahmen von Planung und Politik, die differentielle Propagierung von Investitionszonen, die herkömmliche Praxis der Ortsunternehmer, die ethnisch segmentierte räumliche Arbeitsteilung und lokale politische Opposition gebrauchswertorientierter Gruppen sind Faktoren, die den Globalisierungsprozeß beeinflussen. Indem die Aufmerksamkeit der lokalen Akteure und *Booster* von einem zum anderen Objekt spekulativer Begierde wechselt (von Bunker Hill zu South Park, von der Central City West zur Central City North etc.), wandeln sich auch die Investitionspraxen der externen, internationalen Akteure.

Beispielhaft für diese starke lokalpolitische Regulierungskraft ist die anhaltende Diskussion von Planungsausschüssen und Entwicklungsbehörden um die zu favorisierende Ausdehnung des Innenstadtkerns nach Osten, Norden und Westen. Kommunalpolitische und Planungsentscheidungen bestimmen hier den Rahmen - nicht den detaillierten Prozeß - in dem sich die Zitadelle von Los Angeles weiter entwickeln wird. Daß hier kein einheitlicher Plan, sondern oft parallele und konkurrierende Projekte vorhanden sind, schwächt nicht die lokale Regulierungskapazität, sondern erhöht die Differenzierung und Segregation der Kapitalien nach Nationalitäten, Branchen und Größe. Wie gezeigt, entstehen so regelrechte Städte in der Stadt, Orte im städtischen Raum: japanisches Kapital investiert in Little Tokyo, chinesische Anleger konzentrieren sich auf Chinatown und die Gemeinden im San Gabriel-Valley, koreanisches Kapital kolonisiert Koreatown. Die Schaffung derart segregierter internationalisierter Subräume in der Weltstadt transplantiert zugleich fremdländische Praxen der Produktion und Konsumtion von den Herkunftsländern in die Welt-Stadt und stellt ein Laboratorium für postfordistische (flexiblere und internationalisiertere) Produktions- und Konsumtionspraxen bereit.

Es findet im Internationalisierungsprozeß eine Verschiebung von der fordistisch einheitlich zonierten Nutzung von Raum und Zeit zur postfordistischen Vielfalt und zur flexiblen Nutzung von vormals zonierten Räumen rund um die Uhr statt. Extern werden Raum und Zeit in Los Angeles zunehmend und positiv von der Lage der Stadt im 24-Stunden-Karussel des Finanzhandels zwischen den Märkten in Europa und Asien bestimmt. Diese Kombination von

---

16 Darüber, was die Unruhen 1992 für dieses Image bedeuteten, kann vorerst nur spekuliert werden.

Zeit und Raum verändert die Position der Stadt in globaler Hinsicht. Intern sorgt die Ausdehnung der *Downtown*-Zitadelle von einem 8-Stunden-Büro-Container zur 24-Stunden-Stadt dafür, daß früher räumlich und zeitlich getrennte Funktionen in neuer - flexiblerer Weise - neu zusammengesetzt werden. Die Planung für ein "*world class center*", das zugleich ein "*urban village*" darstellen soll, für den South Park-Bereich der Innenstadt im Jahr 1988 machte diese Intervention in Raum und Zeit zum Programm: Miet- und Eigentumswohnungen, Büros, Geschäfte und Hotel in einem Komplex werden die Nutzung der Innenstadt rund um die Uhr erleichtern (*LAT*, 1. Oktober 1988). Die zeitliche Flexibilisierung gehört mithin zu den Hauptzielen der Stadtentwicklungsbehörde CRA:

Unter ihrer Führung hat Los Angeles in den letzten elf Jahren <seit 1978> eine solide finanzielle Basis entwickelt, die es ihr erlaubt, die Expansion des 24-stündigen Charakters der Stadt zu verfolgen. "Die Herausforderung ist", sagt <CRA-Vorsitzender James Wood>, "sicherzustellen, daß jegliche neue Entwicklung 24-Stunden Nutzungen enthält im Gegensatz zu nur 8 Uhr bis 5 Uhr". Theater, Restaurants, Hotels, Geschäfte und Wohngebiete helfen alle, Leute zu anderen Zeiten als tagsüber Montag bis Freitag in die Stadt zu ziehen (Laganiere, 1989).

Die Totalisierung der zeitlichen Nutzung ergänzt das Programm der Internationalisierung des städtischen Raumes und macht die Produktion von Los Angeles als Welt-Stadt zum räumlich und zeitlich unbegrenzten Prozeß. Damit ist auch die Sphäre der lokalen Politik explosiv erweitert. Von der gewerkschaftlichen Organisation der lateinamerikanischen GebäudereinigerInnen, die nachts die japanischen Hochhäuser im Auftrag einer dänischen Reinigunsfirma und einer westdeutschen Gebäudeverwaltung putzen, bis zu Auseinandersetzungen von Wohnstadtteilen mit den Megaplänen internationaler Investoren ist von lokaler Politik nur mehr zu sprechen, wenn man die Internationalisierung von Raum und Zeit in der Welt-Stadt zugrunde legt.

Schließlich bedeutet die Internationalisierung von Los Angeles zumindest auf der symbolischen Ebene einen Markstein in der historischen Geographie des kapitalistischen Weltsystems und der Rolle der USA in diesem System. Als Shuwa die ARCO-Towers erwarb, gab der Senior des Konzerns, Shiberu Kobayashi, dem Bürgermeister von Los Angeles, Tom Bradley, einen Scheck über 100.000 Dollar. Diese Summe sollte dafür verwendet werden, ein Denkmal zu errichten, daß ähnlich der Freiheitsstatue in New York, die Einwanderer ehren und grüßen sollte, dieses Mal die Einwanderer, die an der Westküste ankommen. Im Unterschied zur Freiheitsstatue, die die nationale Größe Amerikas (Freiheit und Demokratie) zelebrieren soll, würde das Monument in Los Angeles, für dessen Ausführung zuletzt eine bizarre "Stahlwolke" über einer Autobahn in der Innenstadt vorgesehen war, zum Symbol der Dynamik des pazifischen Raumes. Los Angeles würde als entterritorialisierte Stadt dieses Raumes und nicht als amerikanischer Ort konstruiert.

Community Redevelopment: Internationalisierung als politischer Prozeß

> *Los Angeles's new "postmodern" Downtown: the emerging Pacific Rim financial complex which cascades, in rows of skyscrapers, from Bunker Hill southward along the Figueroa corridor. Redeveloped with public tax increments under the aegis of the powerful and largely unaccountable Community Redevelopment Agency, the Downtown project is one of the largest postwar urban designs in North America. Site assemblage and clearing on a vast scale, which big developers and off-shore capital (increasingly Japanese) have planted a series of billion-dollar, block-square megastructures: Crocker Center, the Bonaventure Hotel and Shopping Mall, the World Trade Center, the Broadway Plaza, Arco Center, CitiCorp Plaza, California Plaza, and so on. With historical landscapes erased, with megastructures and superblocks as primary components, and with an increasingly dense and self-contained circulation system, the new financial district is best conceived as a single, demonically self-referential hyperstructure, Miesian skyscape raised to dementia.*

Mike Davis, 1990

Im Zentrum der institutionalisierten Formen der Vermittlung von globalen und lokalen Dynamiken steht der Stadterneuerungs- und Sanierungsprozeß unter der Ägide der *Community Redevelopment Agency* (CRA). Die CRA ist die bei weitem wichtigste politische Institution, die die Welt-Stadt-Formation moderiert, modifiziert und exekutiert. Die siebzehn Erneuerungsgebiete, in denen die CRA in Los Angeles aktiv ist, dienen - in unterschiedlichem Maß - als Zielort für nationale und internationale Investitionen. (Abbildung 6.3)

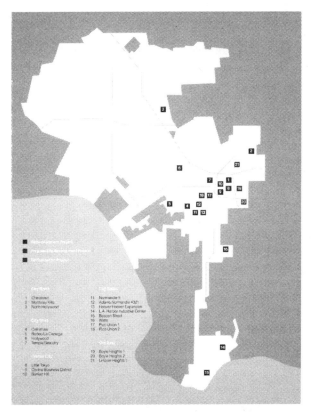

Abbildung 6.3: Die 17 ausgewiesenen *Redevelopment Projects* unter Aufsicht der CRA. 7,19,20 und 21 sind *Revitalization Projects* (Quelle: Los Angeles Community Redevelopment Agency).

Sanierung und Entwicklung der Städte waren zentrale Anliegen der Bundespolitik gegenüber den Kommunen nach dem Zweiten Weltkrieg. Entsprechende Gesetze wurden - zunächst im Geiste sozialstaatlicher Reform zwischen 1937 und 1949 - bundesweit und einzelstaatlich erlassen. Der Impetus war in dieser Anfangszeit die Schaffung von öffentlichem und bezahlbarem Wohnraum für die Innenstädte, deren zunehmenden Zerfall man mit großflächigen Reformmaßnahmen gegenzusteuern beabsichtigte (Marcuse/Hartman, 1988; Parson, 1985). In den fünfziger Jahren geschah eine graduelle aber stetige Redefinition des Sanierungsprozesses. Es wurde klar, daß die Bedeutung von "*blight*" zunehmend mit dem Absinken der örtlichen Steueraufkommen identifiziert wurde und keineswegs mit dem physischen oder sozialen Zustand

165

der betroffenen Stadtviertel. Da die Suburbanisierung der weißen Mittelklasse Konzentrationen von farbiger Armutsbevölkerung in den Innenstädten "zurückgelassen" hatte, empfanden Zeitgenossen der ersten Wellen von *Urban Renewal* die Sanierung als die Entfernung von Schwarzen, Armen und Alten aus den innenstadtnahen Wohngebieten (Friedland, 1983). Unter dem politischen und ideologischen Einfluß der Immobilienverbände und der Bauindustrie wurde der Auftrag, Wohnungen zu bauen, fast völlig aus dem Sanierungsprozeß verbannt.[17]

Der Rahmen, innerhalb dessen die CRA in Los Angeles operiert, wird vom kalifornischen Stadterneuerungsgesetz definiert, das Teil des *Health and Safety Codes* des Staates ist. Es wurde 1945 vom Gesetzgeber verabschiedet und 1948 vom Stadtrat in Los Angeles durch Gründung der CRA aktiviert. Die Stadterneuerungsbehörde, die damit als quasi- lokalstaatliche Institution eingerichtet wurde, hat zwei Hauptzwecke zu erfüllen: die Entwicklung von günstigem Wohnraum ("*low and moderate income housing*") und die Revitalisierung sanierungsbedürftiger Gebiete ("*blighted areas*") (Los Angeles County Grand Jury, 1989). Hinzu kommen Wirtschaftsentwicklung und Arbeitsplatzschaffung als weitere Aufgaben (CRA, 1988). Über die Jahre hat die CRA zudem zunehmend die Rolle eines Anbieters von Sozialleistungen übernommen, so z.B. in *Skid Row*, wo CRA Dienstleistungen für Obdachlose finanziert (Interview Wood).

Der zentrale Begriff im Erneuerungsprozeß ist die "Sanierungsbedürftigkeit" (*blight*). Wenn ein Stadtteil mit diesem Attribut belegt wird, ist der Prozeß der Sanierung eingeleitet. Die Charakterisierung kann auf jedes Stück Land, ob in der Stadt oder außerhalb, bewohnt oder unbewohnt, bebaut oder nicht, angewandt werden. Die Definition der Sanierungsbedürftigkeit hat politischen Charakter. Die Rechtfertigung dafür kann technisch, hygienisch, ökonomisch oder sozial sein. Das Ziel der Sanierung ist immer die Verbesserung oder Wiederherstellung der städtischen Grundsteuerbasis. Aus der Erhöhung der Steuerbasis zieht der Sanierungsprozeß selbst den größten Teil seiner finanziellen Mittel. Ökonomisch erlaubt nämlich das sogenannte *Tax Increment Financing*, daß die Stadterneuerungsmaßnahmen sich im voraus aus den zu erwartenden erhöhten Steuereinnahmen im Sanierungsgebiet finanzieren. Damit sind die Voraussetzungen dafür geschaffen, daß die CRA Mittel aus dem "normalen" Allokationsprozeß von lokalen Steuergeldern (z.B. für Schulen, Sozialdienste etc.) abzweigt, um die soziale und technische Infrastruktur, den Planungsprozeß und andere Maßnahmen zu finanzieren, die für die Revitalisierung des Sa-

---

17   Cynthia Hamilton hat mir diese Zusammenhänge für Los Angeles in einem persönlichen Gespräch transparent gemacht.

nierungsgebietes und die erwarteten Investitionen notwendig sind. Im konkreten Fall der Internationalisierung von Los Angeles bedeutet dies die Subventionierung von ausländischen Investoren - oft multinationale Konzerne - durch lokale Steuergelder. Die erfolgreiche Anwendung der Finanzierungsstrategie des *Tax Increment Financing* setzt territoriale Macht voraus, denn die CRA muß über die zu sanierenden Flächen verfügen können. Räumlich steht der *Agency* daher das Recht zu, Besitzer von Parzellen im Sanierungsgebiet zu enteignen, diese Parzellen zu verwertbaren Grundstücken zusammenzulegen und zur Bebauung vorzubereiten. Dieses Recht heißt *Eminent Domain* und stellt ein wirksames Mittel dar, die politische Ökonomie des Ortes für eine neue Nutzung zu verändern. Im konkreten Fall Los Angeles bedeutet *Eminent Domain* die sprichwörtliche Bereitung des Bodens für internationale Investitionen. Mit Hilfe der Immobilienbranche und anderer Ortsunternehmer stanzt die CRA auf diese Weise das Muster der zu erwartenden Renditen aus dem städtischen Boden, indem sie den lokalen Flächennutzungsprozeß reguliert. Wie die Festlegung der Sanierungsgebiete - gewöhnlich auf Initiative des für das jeweilige Quartier zuständigen Stadtratsmitglieds - so ist auch die Allokation der Gelder, über die die CRA verfügt, politisch definiert. Regiert wird die CRA von einem Aufsichtsrat, dessen Mitglieder vom Bürgermeister berufen werden. Die *Agency* ist damit die bei weitem mächtigste nicht-gewählte lokalstaatliche Institution. Der Aufsichtsrat ist formal und substantiell Repräsentant des gegenwärtigen politischen Regimes und daher - ebenso wie die CRA-Bürokratie - empfindlich gegenüber politischen Veränderungen. Jim Wood, Aufsichtsratsvorsitzender der *Agency,* glaubt, daß diese das "politische Werkzeug" konkurrierender Gruppen in der Stadt sei (Interview Wood).[18] Tatsächlich unterliegt der Entscheidungsprozeß den Beschränkungen der bestehenden Verhältnisse politischer Macht in der Stadt. Politischer Organisationsgrad und wirtschaftliche Stärke der beteiligten Gruppen sind die Hauptfaktoren in diesem Prozeß.

Community Redevelopment in *Downtown* Los Angeles war von Beginn an in den Händen der Standesorganisationen der innerstädtischen Ortsunternehmer,

---

18 Jim Wood ist vielleicht der wichtigste individuelle Akteur im Restrukturierungsprozeß von Los Angeles. Als Kronprinz des Gewerkschaftsbezirks von Los Angeles (AFL-CIO), politischer Vertrauter Tom Bradleys und des Bezirksstaatsanwalts Ira Reiner sowie als einflußreichem Mitglied der kalifornischen Demokratischen Partei, befindet sich Wood im Zentrum der südkalifornischen Machtstruktur. Viele seiner Kritiker sehen in ihm den epitomischen macchiavellianischen Charakter, der die subjektive Note der kaltschnäuzigen Berechnung in den ohnehin zerstörerischen Sanierungsprozeß einbringt. Seine politische Vergangenheit in den Kreisen des antikommunistischen "sozialdemokratischen" Flügels der amerikanischen Arbeiterbewegung identifiziert Wood zudem als natürlichen Gegner der progressiven und kapitalismuskritischen Elemente im Stadtentwicklungsdiskurs (Meyerson, 1990:11).

allen voran der Central City Association (Haas/Heskin, 1981; Interview John-ston-Weston). Diese Ortsunternehmer unterhöhlten mit ihrer Unterstützung für den Ausbau der Innenstadt paradoxerweise partiell ihre traditionelle Hegemonie über die politische Ökonomie des Ortes in *Downtown* Los Angeles. Wie Friedman (1978) für das Sanierungsgebiet Bunker Hill herausgearbeitet hat, erwirkte der Sanierungsprozeß eine Restrukturierung der städtischen Besitzverhältnisse. Große nationale Konzerne (Monopolkapital) wurden im Laufe des Erneuerungsprozesses Eigentümer der meisten - neu zusammengelegten - Parzellen in Downtown Los Angeles: "1955 besaß das Bodenkapital <*property capital*> 89 Prozent der Parzellen <in Bunker Hill, R.K.>, während diese Zahl nach der Sanierung auf 9 Prozent gefallen war. Das Monopolkapital hatte nun Eigentum an 91 Prozent des Bodens, gleichermaßen zwischen Industrie- und Finanzkapital aufgeteilt" (Friedmann, 1978: 132). Die Verschiebung vom lokalen Eigentum zur "monopolkapitalistischen" Dominanz des Grundbesitzes in Downtown Los Angeles war jedoch nur ein Zwischenschritt in der Konsolidierung der internationalisierten Zitadelle. In wachsender Zahl waren die Eigentümer des Bodens und der Gebäude in der entstehenden Welt-Stadt amerikanische oder ausländische transnationale Konzerne.

In der Tätigkeit der CRA bündeln sich die verschiedenen Ebenen der Welt-Stadt-Formation: lokale Vision, Planung und "Bodenbereitung" einerseits und internationale Investitionen andererseits. Haas und Heskin beschreiben diese Konfluenz von Dynamiken für den Stadterneuerungsprozeß der siebziger Jahre:

Trotz vieler Proteste und Klagen über diesen "Steuerbetrug" <gemeint ist das *Tax Increment Financing*, R.K.> und kleineren Modifikationen des *Silverbook*-Konzeptes war das Resultat, daß multinationale Wirtschaftsinteressen im modernen Los Angeles die CRA als ihren Bulldozer, Financier und Sündenbock im Austausch für die silberfarbene Planungsbibel der Stadt benutzen können. In dieser Art konkretisierten die Konzerne ihre Kontrolle über den Fluß des Kapitals und der Ressourcen, die dazu dienen würden, die Innenstadt und ihren Grundbesitz zu entwickeln (Haas/Heskin, 1981).

In der jüngeren Politik der CRA ist ein Bruch zu verzeichnen, der den Übergang von der (fordistischen) Nachkriegsregulation zur (postfordistischen) Regulationsweise markiert. Die CRA bündelte die kaum institutionalisierten cliquenhaften Machtstrukturen zu einem quasi-korporatistischen System, das den wachsenden Aufgaben einer rasch internationalisierten Stadt angepaßt wurde. Es entstand ein "informelles Kommunikationsnetz", das die politischen und ökonomischen Ortsunternehmer von Los Angeles miteinander verknüpfte und an das System politischer Macht band: "Dieses Netzwerk hat das alte Entscheidungssystem starker Wirtschaftsführer ersetzt. Es ist eher ein Ansatz, der sich Ausschüssen bedient, und der mit dem ruhigen, hinter der Bühne operierenden Regierungsstil Bradleys korreliert. Es schließt Leute ein, die nicht Teil der ökonomischen Elite der Stadt sind" (Scott, 1982). Der Übergang vom alten zum neuen "Regime" wirkte auf den ersten Blick als Demokratisierung autokratischer Strukturen früherer Perioden, in denen eine handverlesene Clique von Ortsunternehmern quasi uneingeschränkte Verfügungsgewalt über den politischen Prozeß der Stadtentwicklung und -erneuerung hatte. Es handelt sich jedoch vielmehr um eine strukturelle und prozedurale Anpassung an veränderliche städtische Verhältnisse. Anstatt der Durchsetzung demokratischer Kontrollstrukturen erfolgte indessen eine engere Verknüpfung der neuen und alten städtischen Eliten mit den lokalen und globalen ökonomischen Akteuren in der Welt-Stadt-Formation. Anstelle der völligen Mißachtung politischer Opposition tritt die Inkorporierung und Kooptation alter und neuer potentiell widerständiger Kräfte: "Das neue System scheint mehr abgestimmt auf ein größeres, feiner entwickeltes Los Angeles mit verschiedenen ökonomischen Interessen, einer Explosion ausländischer Investitionen und Einwanderergemeinden, die groß genug sind, um Aufmerksamkeit für ihre speziellen stadtentwicklerischen Bedürfnisse zu fordern" (Scott, 1982).

Mit dieser Bündelung der Vermittlungsprozesse von Widersprüchen der Welt-Stadt-Formation in der Hand der CRA wurde das institutionelle Kernstück einer lokalen politischen und sozialen Regulationsweise etabliert, die sich explizit mit der Internationalisierung auseinandersetzt. In der ersten Phase, die hier von Scott beschrieben wurde, bleibt der Stadterneuerungsprozeß dabei ein "politisches Werkzeug" (CRA- Vorsitzender Wood), der hegemonialen Welt-Stadt-Architekten und ihrer internationalen Geschäftspartner. Vom ersten Projekt der Stadterneuerung, das 1959 in Bunker Hill mit der Räumung von 6000 Bewohnern begonnen wurde und in der Erstellung eines Teils der Welt-Stadt-Zitadelle mit Bürotürmen und Palästen der Hochkultur endete, bis zu Projekten in den frühen achtziger Jahren war der Erneuerungsprozeß von einer brutalen Hegemonie der tauschwertorientierten über die gebrauchswertorientierten Nutzungen des städtischen Raumes charakterisiert.[19] Innenstadtnahe Wohngebiete wie die Nachbarschaften um die geplante Stadtautobahn Route 2, Pico Union, Skid Row und Little Tokyo waren trotz ihres Widerstandes *relativ* irrelevante Faktoren in den Gleichungen der Architekten der Welt- Stadt-Zitadelle (Haas/Heskin, 1981). Erst in jüngerer Zeit, als eine zweite Welle der Internationalisierung in die Stadt schwappte, bewegte sich der formale Koop-

---

[19] Bis 1988 hatte die CRA nach städtischen Angaben 11.240 Wohneinheiten mit niedrigen Mieten zerstört und lediglich 10.700 neu errichtet (wobei selten die vorigen Miethöhen gehalten wurden oder der Wert der zerstörten Wohnungen für die Eigentümer bestehen blieb) (Stewart, 1988).

tationsprozeß in Richtung einer substantiellen Inkorporierung der oppositionellen Kräfte.

Ausblick und Reform: Die Wandlung der CRA als Werkzeug des politischen Diskurses

Zwischen 1986 und 1990 wandelte sich die CRA-Politik unter dem Druck veränderter politischer Verhältnisse in Los Angeles. Angesichts der immer weiter auseinanderklaffenden Pole von Auftrag und Ergebnis ihrer Aktivitäten begann die *Agency* bereits zu Beginn der achtziger Jahre, nach Legitimationsstrategien für eine Fortführung ihrer Sanierungstätigkeit vor allem in der *Downtown* zu suchen. In der Regel nahmen solche Strategien die Form von sozialen Bindungen der Investitionen im CRA-Bereich an: *Developers* wurden gezwungen, einen Teil ihrer Aufträge an Unternehmerinnen und Minderheitenfirmen zu geben, Verkehrsverbesserungen durchzuführen, um des durch ihre Investitionen gesteigerten Verkehrs Herr zu werden, und ein Prozent ihrer Investitionssumme für Kunst bereitzustellen (ein Punkt, der vor allem im Sanierungsgebiet Hollywood von erheblicher Wichtigkeit war, um das Projekt dort zu verwurzeln) (Clifford, 1991).[20] Der CRA stehen für solche Maßnahmen eine Reihe von technisch-juristischen Möglichkeiten zur Verfügung, wie z.B. die Erhebung einer Gebühr für den Transfer von Luft- und Erschließungsrechten, der innerhalb eines bestimmten Areals unter Beibehaltung der Gesamtdichte möglich ist. Die daraus entstehenden Einnahmen müssen "zum öffentlichen Nutzen" ausgegeben werden (Chorneau, 1988b).[21]

Die CRA übernahm in den achtziger Jahren zunehmend die Rolle einer Agentur, die ihre Veränderungen der baulichen Umwelt auch an neue sozialpolitische Regulierungsformen knüpfte. Stets bedacht auf ihren politischen und sozialen Einfluß in den Sanierungsgebieten, übernahm die *Agency* damit faktisch einige der sozialen Dienstleistungen, die durch das *tax increment financing* kaum noch von den dafür zuständigen staatlichen Stellen getragen werden konnten: Obdachlosenheime, psychiatrische Versorgung, Sozialarbeit. In der Ära Reagan, als Bundes- und Kreisbehörden ihre Verantwortlichkeiten für sol-

---

[20] Der zweijährige Zwischenbericht des Sanierungsgebietes in Hollywood weist z.B. 1988 für drei große kommerzielle Projekte mit der privaten Gesamtinvestitionssumme von 27,5 Millionen Dollar Sonderausgaben für Kunst in Höhe von 222.000 Dollar aus.

[21] Für den Transfer der Luftrechte für ca. 180.000 m^2 beim Bau des Library Tower in *Downtown* Los Angeles wurden Gebühren in Höhe von $86 Millionen, bei einer Gesamtbausumme von einer Milliarde Dollar geschätzt (Chorneau, 1988b).

che Programme loszuwerden versuchten, ist die CRA einer der wichtigsten Anbieter von Sozialleistungen in Los Angeles geworden.[22] Neben der Finanzierung verschiedener kleiner Programme für Menschen, die auf dem Wohnungsmarkt nicht konkurrieren können, wird hier vor allem die Gründung der *Single Room Occupancy Housing Corporation* 1984 ins Feld geführt, die alte Hotels in *Skid Row* für Obdachlose und ehemalige Alkoholiker renoviert. Die Organisation betrieb 1988 bereits 1000 der rund 10.000 Hotelzimmer dieser Art im Osten der *Downtown* (Stewart, 1988). Durch die Regulierung der Obdachlosigkeit, bzw. ihre räumliche Bindung in designierten Teilen der Stadt, wird der Versuch gemacht, "das Problem" aus den sich entwickelnden Zonen der Investition herauszuhalten. Die Schaffung "einer lebenswerten Umgebung" (Martha Brown Hicks) für Obdachlose im Osten der Innenstadt soll diese vom täglichen Pendeln zwischen den Überlebensmöglichkeiten der Downtown (Betteln, Lebensmittel, Parks, etc.) und den kirchlichen Missionen und Hotels der *Skid Row* abhalten.[23] Eine alternative, aber durchaus komplementäre Version der Regulierung der Obdachlosen am Rande der Entwicklungsschwerpunkte ist ein Programm der CRA aus dem Jahr 1987, wonach Bauhütten von einer Großbaustelle in Utah aufgekauft wurden, um diese dezentral im Stadtgebiet als Obdachlosenunterkünfte zu installieren. In all diesen Versuchen mußte sich die CRA selbst als politischer Akteur etablieren, der die Interessen der verschiedenen Ortsunternehmer moderiert: Die Zentralisierung von Obdachlosendienstleistungen in einem Teil der Stadt - in diesem Falle *Skid Row* - stieß auf den erbitterten Widerstand der dortigen Ortsunternehmer, der Fisch- und Spielzeuggroßhändler - oft gerade eingewanderte Japaner, Koreaner und Chinesen, die diesen Teil der Stadt als Fenster der Möglichkeiten betrachten und der Anlieger von *Skid Row* im Norden, den Unternehmern von Little Tokyo (Interview Lovejoy). Die dezentrale "Lösung" brachte vor allem die Wohnbevölkerung der Stadtteile gegen die CRA auf, wo die Bauhütten installiert werden sollten (Interview Bernardi; Interview Wood).

Die soziale und kulturelle Komponente der Tätigkeit der CRA hatte auch eine Wirkung nach außen. Während mit den auf spezifische städtische Gruppen zugeschnittenen Programmen - möglicherweise widerständige - soziale Kollektive kooptiert und räumlich reguliert werden konnten, erhöhten andere Aktivi-

---

22 Zwar leugnen Offizielle der CRA die Intention, eine wachsende Funktion im Sozialbereich jenseits der Erstellung der sozialen Infrastruktur hinaus übernehmen zu wollen, Indizien für das Gegenteil bestehen jedoch eindeutig. Martha Brown Hicks, Direktorin der *Skid Row Development Corporation*, einer Einrichtung zur Rehabilitierung von Obdachlosen, bestätigte im Gespräch die zentrale Rolle der CRA (Interview Brown Hicks).

23 Zur Komplexität dieses Problems, vor allem zur Schwierigkeit von *"containment"*- Strategien angesichts der diversifizierten Obdachlosenbevölkerungen in den heutigen Städten vgl. Ruddick, 1990.

täten das Ansehen der Stadt Los Angeles im internationalen interkommunalen Wettbewerb und verbesserten damit die "innenpolitische" Position der CRA. JoAnne Berelowitz hat die besondere Bedeutung der kulturellen Aspekte des *Redevelopment* exemplarisch am Museum of Contemporary Art (MOCA) im Sanierungsgebiet Bunker Hill untersucht. Sie kommt zu dem Schluß, daß das Museum von seinen frühesten Anfängen an

als eine entscheidende Komponente der Entwicklung von *Downtown* angesehen worden war, denn die Machtstruktur der Stadt realisierte, daß Los Angeles, wollte die Stadt sich als '*world* city' qualifizieren, mehr als nur große Gebäude, geschäftigen Handel und Wohnkomplexe brauchen würde. Es würde auch *Kultur* brauchen...
Klar als mehr intendiert denn nur ein Schaufenster für Kunst zu sein, mehr als nur das Signifikat seiner eigenen Funktion, dient MOCA auch als Klimaschaffer für die internationale Finanz; als Katalysator, um eine 'wirkliche' *Downtown* zu entwickeln; als Treffpunkt; als Erzeuger fesselnden Experimentalismus; als soziales Abenteuer; als Markstein der Innovation; als Bestimmung; und als L.A.'s erstem Schritt zur Urbanität (Berelowitz, 1990: 211-13).

Diejenigen sozialen Aspekte des Entwicklungsprozesses, die die Förderung des Ansehens der Stadt Los Angeles als *World Class City* im Auge hatten, überwogen jene, die eine reale Verbesserung der Lebensbedingungen der Menschen in den Sanierungsgebieten zur Folge hätten haben können. Letztere wurden durch die weitere dynamische Entwicklung der *Downtown* mit den entsprechenden gentifizierenden Folgewirkungen effektiv neutralisiert.

Unbeschadet der inneren Reformen und politischen Taktiken der CRA, deren Verantwortliche verstanden hatten, daß solche Änderungen notwendig waren, wollte die *Agency* auch über die Jahrhundertwende hinaus im Geschäft bleiben, reorganisierten sich die Gegner des *Redevelopment* zu einer effektiven politischen Opposition. Traditionell lassen sich zwei Hauptströmungen unterscheiden. Erstens die konservative Position vorstädtischer Politiker, die sich vor allem gegen die Ausgaben für die Revitalisierung der Innenstadt wehren, die in ihren Augen lediglich eine ohnehin stattfindende Entwicklung subventionieren, während notwendige Ausgaben in anderen Bereichen der Stadt unterbleiben. Zweitens die radikale (oft kapitalismuskritische) Position innerstädtischer Nachbarschaftsorganisationen und Gewerkschaften.

Moderate Kritik und vorsichtige Reformen

Stadtrat Ernani Bernardi aus dem San Fernando Valley im Norden von Los Angeles ist der artikulierteste Vertreter einer zwar wütend vorgetragenen, aber politisch moderaten Kritik an der CRA. Er blockierte bereits im Jahr 1977 durch einen Gerichtsbescheid, den er gemeinsam mit dem *County*, das um seine Steuereinnahmen bangte, herbeiführte, den Automatismus der Erhöhung des Ausgabenhorizonts der CRA (Stewart, 1988). Bernardi weist vor allem auf drei Probleme des *Redevelopment*-Prozesses hin: 1. Die Definition eines Gebietes als "*blighted*" öffnet der Willkür städtischer Regierungen und ihrer CRAs Tür und Tor. Er zitiert hier Fälle aus kleineren Kommunen im San Gabriel Valley östlich von Los Angeles, wo Kiesgruben und Brachland zu Sanierungsgebieten erklärt worden waren; 2. In der Innenstadt von Los Angeles, dem bei weitem größten Entwicklungsgebiet, wäre wirtschaftlicher Aufschwung auch ohne Subvention durch den Steuerzahler möglich gewesen; aus der Sicht des vorstädtischen Stadtrates kommt hier das Problem hinzu, daß die Subventionierung von zentralen Bürofunktionen (Zitadellenausbau) Arbeitsplätze nicht da schafft, wo die Menschen wohnen, sondern wo sich das Kapital konzentriert; 3. Bei der Steuerumverteilung durch und zu Gunsten der CRA handelt es sich um eine unverantwortliche reale Kürzung der Ausgaben für Soziales und Erziehung (Interview Bernardi).

Die moderate Kritik an der Praxis der CRA erhielt zu Beginn der 90er Jahre Schützenhilfe von Bürgermeister Tom Bradley und dem *City Council*, die sich nach einer nahezu unkritischen Unterstützung für Investoren in den Sanierungsgebieten in den Jahren zuvor - auch unter dem Eindruck der popularen Widerstände und Forderungen - zunehmend für soziale Aspekte der Stadterneuerung stark machten. In einem mit den Aktivitäten von Stadtteilgruppen verschränkten Prozeß traten Bürgermeister Bradley und der Stadtrat in eine Phase der Demokratisierung und Politisierung des autokratischen und technologischen *Redevelopment* ein. Die Richtungsänderung in der Politik des Bürgermeisters war als Suche nach neuen politischen und sozialen Koalitionen in Los Angeles interpretierbar. Bradley sprach sich z.B. seit 1988 für eine umfassende und mit dem *Redevelopment*-Prozeß verknüpfte Förderung von Kindertagesstätten aus, berief einen moderaten Stadterneuerungsgegner in den Aufsichtsrat der CRA und ernannte einen bekannten Mieteraktivisten zum Leiter der städtischen Programme zur Schaffung von bezahlbarem Wohnraum. Der Mieteraktivist war Michael Bodaken, ein Anwalt der *Legal Aid Foundation of Los Angeles*, ein ausgewiesener Gegner der bisherigen Politik der Wohnungszerstörung durch die Stadt und die CRA. Carlyle Hall wurde von Bradley zum neuen Aufsichtsratsmitglied der CRA berufen. Er ist der Gründer des *Center for Law in the Public Interest* und befindet sich schon seit 1988 in den Diensten der Stadt als Vermittler gegenüber "wütenden Bürgergruppen", die ihre Opposition zu Bradleys Plänen für die *Downtown* zum Ausdruck gebracht hatten.[24] Daher wurde insbesondere Halls Berufung als Versuch Bradleys gewertet, die Position der CRA zu stabilisieren, indem eine politische Mehrheit für die Umwidmung der erhöhten Gelder, die für *Redevelopment* in der *Downtown* zur Verfügung stehen, auch unter Kooptierung bisheriger CRA-Gegner gefunden würde (Stewart, 1990a; 1990b). Die Wende in der bedingungslos wachstumsfreundlichen Haltung Bradleys beschränkt sich nicht auf den Sanierungsprozeß unter der CRA. Ende 1989 verblüffte der Bürgermeister die Öffentlichkeit von Los Angeles mit einer unerwartet kritischen Haltung zu Großprojekten im San Fernando Valley und an Grenze von Santa Monica. Dies kann als Versuch Bradleys gewertet werden, den Stadtentwicklungs- und wachstumsprozeß sowie politisch unzufriedene Wählerschichten im wachstumsfeindlichen Westen der Stadt gleichermaßen unter seine politische Kontrolle zu bringen (Clifford, 1990).[25]

Der *City Council* richtete nach langer Untätigkeit und gescheiterten Versuchen, direkte Kontrolle der gewählten Politiker über den vom Bürgermeister berufenen Aufsichtsrat der *Agency* auszuüben, unterdessen einen Ausschuß ein, der einzig zur Überwachung der Aktivitäten der CRA berufen ist. Die Tätigkeit des Bürgermeisters und dieses Ausschusses führte inzwischen zu einer Reihe von Offenlegungen unsauberer Geschäftspraktiken seitens der CRA (Clifford/Fritsch, 1990). Der *City Council* hatte in der Vergangenheit vor allem deshalb insgesamt die Kontrolle über den Aufsichtsrat der *Agency* abgelehnt, weil die einzelnen Sanierungsgebiete nur dann ausgewiesen werden können, wenn dieser Prozeß vom politischen Vertreter des entsprechenden Stadtratsbezirks in Gang gebracht wird. Die Ausweisung und Verwaltung der Sanierungsgebiete wurde daher vor allem als territorial autonome Angelegenheit der einzelnen Stadträte behandelt, in deren Belange sich bezirksfremde Stadträte nicht einmischten. Mit dem Anwachsen der *Slow-Growth*-Bewegung vor allem im Westen der Stadt entwickelte sich jedoch zunehmend das Bedürfnis nach einer Kontrolle über die Gesamtentwicklungspolitik der CRA. Aufeinanderfolgende Versuche, die *Agency* direkt dem Stadtrat zu unterstellen, scheiterten allerdings im Juni 1989, im Juli 1990 und im Februar 1991,

---

24 Hall wird mit den Worten zitiert:"Ich denke, daß es notwendig ist, daß die *Agency* damit beginnt, viel von ihrer Aufmerksamkeit den Problemen von *Skid Row*, der Obdachlosigkeit, den Familien in Armut und anderen dringenden Notsituationen zu widmen" (Stewart, 1990b).

25 Im Falle des Porter-Ranch-Projektes konnte Bradley eine Quote von 18 Prozent der 4000 Wohneinheiten für Arme und eine 25prozentige Kürzung der geplanten Parkplätze für einen Bürokomplex und damit eine Verkehrsreduzierung durchsetzen. Im Falle des Projektes am Santa Monica Airport (875.000 Quadratfuß kommerzielle Entwicklung) hatte Bradley die Rechtsabteilung der Stadt Los Angeles aufgefordert den Klagen von Anwohnern gegen das Projekt beizutreten (Clifford, 1990).

zuletzt, obwohl eine Mehrheit von 7 zu 6 *Council*-Mitgliedern für den Vorschlag von Stadtrat Zev Yaroslavsky gestimmt hatte (Stewart, 1991).

Die Besetzung des *Community Redevelopment and Housing Committee*, eines parlamentarischen Ausschusses des Stadtrates mit Gloria Molina, Richard Alatorre und Zev Yaroslavsky im Jahr 1989 brachte Opposition sowohl des armen und lateinamerikanischen Ostens als auch des wachstumskritischen, aber wohlhabenden Westens der Stadt in eine mächtige Position gegenüber der CRA. Molina war die aggressivste Kritikerin der CRA im *City Council*.[26] Anläßlich der Verabschiedung eines Gesetzespakets zur Reform der CRA im Februar 1991, mit dem die Öffentlichkeit und die gewählten Politiker mehr Einfluß auf die Geschäfte der *Agency* erhielten sowie die Voraussetzungen für eine stärkere Einbeziehung der Interessen der Armen geschaffen wurden, sagte Molina: "Womit wir es zu tun haben, ist die widerspenstigste, arroganteste Agentur der Stadt. Sie werden von nun an nicht mehr ihre heimlichen Händel durchführen können".[27] Der Stadtrat stattete den Bezirksstaatsanwalt, Jim Hahn, und den Revisor der Stadt, Rick Tuttle, mit direkten Revisionsbefugnissen aus und nahm sich selbst das Recht, die Mitglieder des Aufsichtsrates der *Agency* abberufen sowie mit Zweidrittelmehrheiten eine große Bandbreite von Entscheidungen der CRA rückgängig machen zu können (Stewart, 1991).[28]

Neben den strukturellen Reformen ist die Opposition des ehemaligen Kandidaten für das Amt des Bürgermeisters, Yaroslavsky, gegenüber dem Aufsichtsratsvorsitzenden der CRA, Jim Wood, ein wichtiger Aspekt der Politik des *Re-*

---

[26] Molina machte sich nach ihrer Wahl im neugeschaffenen Ersten Wahlbezirk in der Innenstadt von Los Angeles im Jahr 1987 schnell einen Namen als Gegnerin der herrschenden Stadtentwicklungspolitik. Sie trieb unterdessen selbst mit der privat finanzierten und abgewickelten Sanierung der Central City West eine neue Form der Stadtentwicklungspolitik voran, die über *public-private-partnerships* und *linkage*-Sozialpolitiken funktionierte (Interview Grannis). Inzwischen wurde Molina überraschenderweise als *County-Supervisor* gewählt. Der von ihr vorher im Stadtrat und im Ausschuß beanspruchte Platz war zum Zeitpunkt des Schreibens noch unbesetzt.

[27] Zitiert nach Stewart, 1991. Auslöser und Hintergrund der Aktivität des Council war eine im Jahr 1990 bekanntgewordene Abfindungszahlung an den früheren Verwaltungschef der *Agency*, John Tuite von insgesamt 1,5 Millionen Dollar.

[28] Nach der herkömmlichen Regelung hatte die Stadt nicht nur territoriale politische Macht in den Sanierungsgebieten an die *Agency* delegiert gehabt. Der Stadtrat hatte nach der herrschenden juristischen Auffassung nur die Möglichkeit, mit "ja" oder "nein" über die Projekte der CRA abzustimmen. Da solche Abstimmungen oft in letzter Minute stattfanden, war eine substantielle Mitbestimmung der gewählten politischen VertreterInnen faktisch unmöglich (vgl. Bodaken, 1989). Die Gegner der genannten Reformen, der Bürgermeister sowie die Stadträte Woo und Galanter weisen darauf hin, daß die Einflußnahme und Überprüfung des Staatsanwalts und des Revisors nicht schnell genug von statten gehen würden, um von der Einhaltung von Finanzierungsplänen abhängige Vorhaben wie sozialer Wohnungsbau rechtzeitig durchzuführen (Stewart, 1991).

development in Los Angeles.[29] Die Gegnerschaft zwischen den beiden Antipoden, die sich seit mehr als einem Jahrzehnt öffentlich bekämpfen, drückt allerdings mehr aus als persönliche Feindschaft. Sie ist Ausdruck einiger der wesentlichsten Konfliktlinien, die das Los Angeles der achtziger Jahre durchzogen, und bezeichnet die erbitterte Konkurrenz verschiedener Konzepte für die bauliche Umwelt und den sozialen Raum der Welt-Stadt. Während Wood mit Tom Bradley in einem Atemzug als Erbauer und Architekt der modernen *Downtown* von Los Angeles genannt wird, gilt Yaroslavsky als vehementer Wachstums- und Zentralisierungskritiker. Yaroslavsky sagte im April 1990, nachdem der entsprechende Ausschuß sich gegen die Wiederberufung Woods als Aufsichtsratsvorsitzender gewandt hatte, zu seinem Widersacher: "Sie wollen in *Downtown* Los Angeles einen dichten urbanen Kern schaffen. Unglaublich. Ich kann diese Vision nicht teilen" (zitiert nach Fritsch/Stewart, 1990). Yaroslavsky gehörte während der achtziger Jahre im *City Council* neben Marvin Braude zu den konsequentesten Verfechtern einer wachstumskontrollierenden Politik in den Nachbarschaften der Millionenstadt. Yaroslavsky und Braude zeichneten für die einflußreichste wachstumsbeschränkende Gesetzgebungsvorlage in den achtziger Jahren verantwortlich: *Proposition U* wurde im November 1986 durch Volksabstimmung verabschiedet und reduzierte das Ausmaß kommerzieller Neubauprojekte im gesamten Stadtgebiet - mit Ausnahme mancher ausgewiesener Zentren - um die Hälfte der ursprünglich veranschlagten Dichte.[30] Neben den unterschiedlichen Raumvorstellungen, die das Verhältnis von Wood and Yaroslavsky bestimmt, ist die unterschiedliche Klassenbasis ihrer Politik entscheidend. James Wood ist als Vertreter der etablierten Gewerkschaften Befürworter einer Politik, die Arbeitsplätze in der Bauwirtschaft durch ständige Ankurbelung des Marktes sichert, während Yaroslavsky die Wohnumfelds- und Nachbarschaftsinteressen der Mittelklassen im Westen der Stadt repräsentiert.

---

[29] Im Januar 1990 begrüßte Yaroslavsky die Berufung moderater Kritiker der CRA in deren Aufsichtsrat, fügte jedoch hinzu, daß er, solange Jim Wood dessen Vorsitzender sei, "skeptisch <sei>, ob die harten Entscheidungen, die getroffen werden müssen, auch getroffen werden. Ich glaube, das Problem mit der *Agency* liegt beim Vorsitzenden, und die Person, die nun seit, wie ich glaube, einem Jahrzehnt der Vorsitzende jenes Aufsichtsrates ist, hat die Verantwortung für die *Agency*", zitiert in Stewart, 1990b.

[30] Gegner Yaroslavskys streichen allerdings heraus, daß der *Councilman* in seiner inzwischen mehr als 16-jährigen Amtszeit in seinem Wahlbezirk im Westen von Los Angeles eine konsequente Wachstumspolitik gemacht hat. Oft unterstützte er im stillen dieselben Projekte, die er öffentlich bekämpfte (Boyarsky, 1988a). Dies kostete ihm insbesondere die wichtige politische Unterstützung einiger der *Slow-Growth*-Nachbarschaftsgruppen (Interview Lake).

Zweitens war der *Redevelopment*-Prozeß von Beginn an Gegenstand radikaler Kritik sozialreformerischer Gruppen. Pläne der CRA, ihren Ausgabenhorizont für Stadtentwicklungsmaßnahmen in *Downtown* Los Angeles von zunächst 750 Millionen Dollar auf insgesamt 5 Millarden Dollar zu erhöhen, riefen eine neue Welle dieses radikalen Widerstandes hervor.[31] Die Mieterorganisation *Housing Los Angeles* veröffentlichte in diesem Zusammenhang im Juni 1988 eine zweisprachige Broschüre, die eine öffentliche Anhörung zur geforderten Umkehr in der bisherigen Ausgabenpolitik der CRA verlangte. Anstatt weiterhin mit öffentlichen Geldern die "Grundstücksspekulation und die Überentwicklung in der Innenstadt zu fördern", sollten alle Steuergewinne, die durch *Redevelopment* entstünden, den bedürftigen Nachbarschaften der Armen zur Verfügung gestellt werden. Konkret forderte *Housing Los Angeles* die Etablierung eines gemeinnützigen Wohnungsbauprogrammes der Stadt (Housing Los Angeles, 1988).

Im Laufe des nächsten Jahres formierten sich die wichtigsten Nachbarschaftsorganisationen und Gewerkschaften der Stadt zu einer Koalition unter der organisatorischen Ägide der *Campaign for Critical Needs*[32], die die Politik der CRA gezielt attackierte. Die Koalitionäre thematisierten die Problematik des *Redevelopment* aus der Sicht ihrer spezifischen Organisationen. Die Wohnungs- und Mieterorganisationen fordern vor allem eine Erhöhung der Ausgaben für den öffentlichen und sozialen Wohnungsbau, auch sollten durch eine Beschränkung oder Umwidmung der Aktivitäten der CRA Gelder frei werden.[33] *Jobs With Peace* machte sich zudem für die bessere Finanzierung von Tagesstättenprogrammen stark, ein Posten, der auch im Kompromißpaket des Bürgermeisters einen gewichtigen Platz einnahm.[34] In einem vielbeachteten

---

31 Es handelt sich dabei präzise um die erlaubte Obergrenze (*spending cap*) der CRA für die Verwendung von Grundsteuern für Stadtentwicklung. Dieses sogenannte *tax increment financing* erlaubt es der CRA, jene Steuersteigerungen, die aufgrund ihrer Tätigkeiten in den Pojektgebieten der Behörde zu erwarten sind, zur Finanzierung ihrer eigenen Arbeit zu verwenden. Da es sich dabei faktisch um eine Umverteilung von Steuergeldern aus dem allgemeinen Topf, aus dem u.a. Sozialleistungen (Schule, *Welfare* etc.) bestritten werden, in Infrastruktur und Planung für Kapitalinvestitionen handelt - was in vielen Fällen einer direkten Subventionierung multinationaler Investoren gleichkommt - ist das Interesse der Nachbarschaften im Kern betroffen.

32 Ein Zusammenschluß von aktivistischen Organisationen wie *Jobs With Peace, Housing LA* und *Legal Aid.*

33 Dem Verfasser liegen interne Diskussionspapiere der Teilnehmer an den unregelmäßigen Arbeitstreffen der Koalition vor, die die Positionen der einzelnen Trägerorganisationen kenntlich machen.

34 *Jobs With Peace* hatte 1984 und 1986 beeindruckende Stimmengewinne bei regionalen Volksabstimmungen erzielt, die die Militärproduktion in Südkalifornien einzuschränken beab-

programmatischen Kommentar in der Sonntagsausgabe der *Los Angeles Times* stellten Vertreter der Koalition deren Positionen zur Stadtsanierung vor. Neben der Einforderung einer Demokratisierung der Strukturen des *Redevelopment*-Prozesses präsentieren die Autoren die Optionen einer sozialreformerischen Sanierungspolitik:

Wenn Sie die Macht hätten zu entscheiden, wie die $4.25 Millarden <*tax increment*> ausgegeben würden, welche Programme würden Sie finanzieren? Sprecher der Armen bestehen darauf, daß das ganze Geld für kritische Bedürfnisse (*critical needs*) ausgegeben werden sollten: Bezahlbare Wohnungen und Unterkünfte für Obdachlose; anständige und bezahlbare Krankenversicherung und Kindertagesstätten; bessere Bildung für unsere Kinder und Berufsausbildung für Arbeitslose. Andere denken unterschiedlich und sagen, daß die Hälfte des Geldes für von der CRA gebaute Wohnungen genutzt werden sollte, während die anderen 2 Milliarden dafür ausgegeben werden sollten, die Lieblingsprojekte der CRA in der Innenstadt zu bezahlen (Bodaken/Gross/Thigpen, 1989).

Im Oktober 1989 trafen sich in einer Schule in *Downtown* Los Angeles Delegierte dieser Koalition zu einem "Gipfeltreffen" über Stadtplanung und Stadtentwicklung in Los Angeles.[35] Das "Gipfeltreffen" konnte im ersten Anlauf keinen Konsens jenseits der gemeinsamen Einschätzung der Teilnehmer erreichen, daß sich die Tätigkeit der CRA in der Vergangenheit zum Nachteil der Gemeinden der Arbeiterklasse und der Gemeinden der *people of color* ausgewirkt hat. *Redevelopment* wurde die zentrale Fläche für einen kritischen Diskurs in der Stadt Los Angeles: Hier bündelten sich alle Aspekte der Welt-Stadt-Formation in beispielhafter Form. Zwei getrennte, aber aufeinander bezogene Positionen waren als strategische Überlegungen in den Diskussionen des Gipfeltreffens präsent: Der eine Diskurs betonte den Aspekt der Zerstörung der Innenstadtwohnviertel und der Arbeitsplätze durch die CRA. Hier gab es kaum Kompromißbereitschaft mit dem Apparat des *Redevelopment*. Der andere Diskurs versuchte, die Regeln der Stadtentwicklung in Richtung erhöhter Ausgaben für die *Community* zu redefinieren. Diese Position zielte auf eine Kooperation mit CRA-kritischen Kräften im Stadtrat - vor allem mit Gloria Molina - sowie anderen öffentlichen Gremien, um die Steueraufkommen in

---

sichtigten, waren letztlich jedoch gescheitert. Neben der Registrierung von Wählern in Minderheitenbezirken verfolgte die Organisation seitdem hauptsächlich ein "*Childcare, not Warfare*"-Programm, das die Konversion von Militärausgaben in soziale Ausgaben verlangte (Interview Tademy).

35   Die Darstellung der folgenden Ereignisse beruht auf teilnehmender Beobachung in Los Angeles 1989 und 1990. Einladende Organisationen waren: *Jobs With Peace, Coalition for Economic Survival, Housing Los Angeles, Los Angeles Homeless Healthcare Project, Neighborhood Action Committee, Solidarity, City-Line, Health Access Coalition, Little Tokyo Service Center, Concernced Citizens of South Los Angeles, Labor/Community Strategy Center.*

Milliardenhöhe, die durch die Stadtentwicklung generiert werden, den Gemeinden der Armen zukommen zu lassen. In beiden Fällen zielten die Aktivitäten auf eine strategische und taktische Verschmelzung von arbeitsplatzbezogenen und territorialen politischen Aktivitäten: Kein Zweifel bestand bei den Teilnehmern des "Gipfels", daß ein unmittelbarer Zusammenhang zwischen dem Bau neuer Hochhäuser, der Zerstörung von Wohnraum, der Schaffung spezifischer neuer Arbeitsmärkte (z.b. in der Gebäudereinigung)[36], der Privatisierung öffentlicher Dienstleistungen etc. besteht. Die CRA - und die Kampagne gegen deren Politik - wurde somit zum zentralen Fokus der Konvergenz der Politik von Arbeit und Wohnen. Eine von allen Organisationen mitgetragene Forderung war die nach Unterstützung von Wirtschaftsentwicklungsmaßnahmen auf Stadtteilebene (*community economic development*).[37]

Zu Beginn der neunziger Jahre trugen die Bemühungen um eine Neubewertung des *Redevelopment*-Prozesses erste Früchte. In der Folge eines gewalttätig ausgetragenen Arbeitskampfes zwischen GebäudereinigerInnen und ihren Arbeitgebern in Century City im Westen von Los Angeles im Juni 1990 akzeptierten der Bürgermeister und die CRA im März 1991 den Vorschlag für eine neue Politik, die sich direkt auf die Forderungen der Gewerkschaftsbewegung zurückführen läßt: Angestrebt ist, daß Löhne und außertarifliche Leistungen für Niedrigverdiener in allen neuen Bürogebäuden und Hotels innerhalb der Gebiete unter Verwaltung der CRA, also vor allem fast die gesamte Innenstadt, zwischen der *Agency* und den *Developers* ausgehandelt werden.[38]

---

36 Die Komplexität der politischen Verhältnisse drückt sich hier beispielsweise in der Weise aus, daß James Wood, einflußreicher lokaler Gewerkschaftsführer (County-AFL-CIO) und Vorsitzender des Aufsichtsrates der CRA, Einzelgewerkschaften wie Local 399 der SEIU, die die Gebäudereiniger (Janitors) vertritt, unter Druck setzte, Veranstaltungen der *Campaign for Critical Needs* nicht zu besuchen. Den Gewerkschaften sollte so eine Art Stillhalteabkommen aufgezwungen werden, das damit begründet wird, daß die CRA nur solche Gebäude in ihrem Tätigkeitsbereich zuläßt, in denen gewerkschaftlich organisierte Gebäudereiniger beschäftigt sind.

37 In zeitlicher Nähe und unter organisatorischer Beteiligung einiger Koalitionsmitglieder fand im November 1989 im Occidental College in Los Angeles eine Konferenz von fast 200 VertreterInnen sozialer und ethnischer Minderheiten statt, die Strategien einer Entwicklungspolitik zu Gunsten der verarmten Stadtviertel von Los Angeles diskutierten. Ein konkreter Vorschlag, der dieser Konferenz entsprang, ist die Auflage für Investoren, für jede Parzelle, die sie in der *Downtown* erschließen, auch in East oder South-Central Los Angeles ein Stück Land entwickeln, bzw. in einen Wohnfonds einzahlen zu müssen (Gaw, 1989).

38 Im August 1989 hatte Local 399 der Service Employees International Union während ihrer Kampagne "*Justice for Janitors*" eine Broschüre mit dem Titel "*From the Basement to the Boardroom: Los Angeles Should Work For Everyone*" herausgebracht, in der die Forderung nach einer besseren sozialen Absicherung der Niedriglohn-Beschäftigten in den Gebieten der CRA gestellt wurde. Die Broschüre berichtet auch von einem Beschluß des CRA-Aufsichtsrates am 31.Mai 1989, nach dem sich die *Agency* verpflichtete, in den von ihr genutzten Gebäuden

Darunter sind Gebäudereiniger, Zimmerpersonal, Küchenhilfen, Autoparker, Gärtner und private Sicherheitskräfte. Die CRA würde so zur regulativen Instanz für die Arbeitsbeziehungen in den Projektgebieten. Die *Agency* könnte somit Mindestlöhne, medizinische Versorgung, Arbeitsplatzsicherheit, Kündigungsschutz und arbeitsrechtliche Fragen (*grievance and arbitration*) beeinflussen. Von den Erbauern und Betreibern der Büro- und Hotelgebäude finanzierter Englischunterricht für die meist lateinamerikanischen ArbeiterInnen gehört ebenfalls zum angestrebten Instrumentarium dieser Politik wie die Erleichterung von Organisierungskampagnen der betroffenen Gewerkschaften in den Neubauten.

Die Gegner dieser geänderten Politik, organisiert in der Los Angeles *Chamber of Commerce* und die *Central City Association* vertreten lassen, lehnten die geplanten Bestimmungen als einseitige Bevorzugung gewerkschaftlicher Interessen ab.[39] Tatsächlich war nach Einschätzung lokaler Beobachter der Einfluß der Gewerkschaften der Arbeitsimmigranten auf die Stadtpolitik in Los Angeles gewachsen. Wichtiger als die zu erwartende Opposition der Arbeitgeber war jedoch die Schwerpunktverschiebung innerhalb der Gewerkschaftsbewegung selbst: Waren früher nur Koppelverträge für die etablierten Gewerkschaften der Bauarbeiter üblich, was zur Bindung von Bauaktivitäten an gewerkschaftlich organisierte Beschäftigte führte, so wurden nun erstmals solche Bindungen auch für die Niedriglohnsektoren mit mehrheitlich immigrierten ArbeiterInnen angestrebt (Clifford, 1991).

Die neuen Politiken konnten als eine kommunale "sozialdemokratische" Umkehr bisheriger Praxis verstanden werden. Durch sie wurden die Kapitalakkumulation im Raum und die ökonomische Expansion mit einer Art sozialer Verantwortlichkeit verschränkt und die Schaffung von Wohlstand an die Befriedigung von sozialen Notwendigkeiten gekoppelt, d.h. es wurde bewußt die Produktion von Tauschwert an die Umverteilung von Gebrauchswerten gebunden. "Sozialdemokratisch" bietet sich als Kennzeichnung an, weil die lokalen Politiken in Los Angeles mit ihrer Implikation der Bradley-Koalition und ihrer korporatistischen Integration der organisierten Arbeiterbewegung sowie mit dem Versuch der Verpflichtung des internationalen Kapitals auf die Übernahme von Verantwortung für die "sanierten" Gebiete in deutlichem Wi-

---

[39] Reinigungskräfte nach den ortsüblichen Tarifen zu bezahlen. Eine ähnliche Politik für die von der CRA subventionierten Bauten wurde damals schon ins Auge gefaßt.
Interessant ist in diesem Zusammenhang die geänderte Haltung der Gewerkschaftsspitze, die bisher gewöhnlich im Bund mit den *Developers* die prekäre Stellung der Arbeitsimmigranten selten offensiv thematisierte. Dies kommt in einem Kommentar von James Wood zum Ausdruck: "Wer sind diese Kritiker? Sie sind Geschäftsleute, die Millionen von Dollars verdienen. Und um was wir sie bitten ist, daß sie die Krankenversicherung von Leuten bezahlen, die Toiletten reinigen" (zitiert in Clifford, 1991).

derspruch zum herrschenden reaganistischen Marktliberalismus standen, der die achtziger Jahre beherrschte. Die Tatsache, daß der Stadtentwicklungsprozeß sich wund lief, bevor die Unruhen vom Frühjahr 1992 die großen sozialen Scheidelinien der Stadt offenlegte, ist ebenso wichtig wie die Tatsache, daß politischer Widerstand in den Nachbarschaften und in den Gewerkschaften gegen die Folgen der internationalisierten Restrukturierung Früchte getragen hatte. Ob durch die marktregulierten Tätigkeiten der internationalisierten und lokalen Ortsunternehmer, durch Institutionen des lokalen Staates wie der CRA oder durch städtische soziale und politische Kämpfe: die Internationalisierung des Raumes in Los Angeles fand stets unter Einfluß lokaler Akteure statt.

7. Globale Stadt - Lokale Staaten: Kommunalpolitik und Restrukturierung

> In diesem Kampf um positionale Vorteile, in der Konkurrenz um die Attraktion von "mobilem" Kapital <werden> spezifische und partikulare Eigenschaften zu ausschlaggebenden Faktoren. Folglich werden überall "endogene Potentiale" kultiviert und eine Politik entwickelt, die Differenzen zu markieren sucht. Indem Städte wirtschaftliche Entwicklungsprogramme initiieren, entwickeln sie ihr ganz "persönliches" Profil und tragen so zu einer neu differenzierten Städte-Hierarchie bei.
> Diese Hierarchie bildet sich nicht nur innerhalb nationaler Grenzen aus; vielmehr werden sog. "Welt-Städte", aber auch ehemals periphere Städte und Regionen zu direkten Teilnehmern an der auf Weltmarktebene ausgetragenen Konkurrenz.
>
> Margit Mayer, 1990

Lokale Staaten werden durch unterschiedliche Politiken zum Teil der strukturierten Kohärenz einer Welt-Stadt. Die Untersuchung von vier kleineren lokalstaatlichen Einheiten in Südkalifornien soll dies demonstrieren. Es handelt sich dabei um zwei Reformgemeinden (Santa Monica und West Hollywood), die sich jedoch unter sozioökonomischen und soziogeographischen Gesichtspunkten stark unterscheiden. Carson ist eine traditionelle Industriestadt im Süden der Stadtregion, die nicht so deutlich wie andere Gemeinden im südkalifornischen Industriegürtel von Deindustrialisierungsprozessen betroffen wurde. Die Stadt kann als ein Beispiel für eine bewußt auf Internationalisierung ausgerichtete Politik des lokalen Staates gewertet werden. Die "*Hub-Cities*" schließlich stehen als Exempel für die Restrukturierung einer deindustrialisierten Gegend unter Einfluß lokaler Klassenkämpfe und innovativer Politiken der Überlebenssicherung. Die vier Kommunen wurden nach Lektüre einschlägiger Literatur, vielen Interviews und einer Fragebogenuntersuchung des Verfassers in 25 Gemeinden in Los Angeles County ausgewählt (Keil 1991, Appendix 2). Kriterien der Auswahl waren vor allem ihr Distinktionswert, ihr typischer Charakter für spezifische Entwicklungsmuster in Los Angeles und ihre Zugänglichkeit (Größe z.B.). Im Fall von Santa Monica und West Hollywood spielte die Existenz von Reformregierungen eine ausschlaggebende Rolle.

Abbildung 7.1: Lage der untersuchten Gemeinden in Los Angeles County 1. West Hollywood; 2. Santa Monica; 3. Carson; 4. Hub Cities

West Hollywood

We live in an extraordinary time. Los Angeles has become the creative collision point between the First and Third Worlds, the Next City in the decade before the Next Century. At the center of this new center is West Hollywood.

Rick Cole, 1989

West Hollywood ist eine der jüngsten Städte Kaliforniens. Die Gemeinde wurde 1984 eine selbständige Gebietskörperschaft, nachdem das Gebiet bis dahin unter der Jurisdiktion des *County* gewesen war, früheren Eingemeindungsversuchen durch Los Angeles widerstanden hatte und drei vorausgegangene Stadtgründungsversuche mißlungen waren (Moos, 1989, Haas, 1986). Gründungsprozeß und primärer Formationsprozeß des lokalen Staates in West Hollywood können - zumindest teilweise - als spezifische "Antworten" auf die Internationalisierung Südkaliforniens gewertet werden. Unter *Gründungsprozeß* verstehe ich im folgenden den Vorgang, der zur Selbständigkeit und zur Wahl des ersten Stadtrates führte. Der ursprüngliche *Formationsprozeß* des lokalen Staates umfaßt die in den ersten Jahren seit der Stadtgründung durchlaufenen politischen Prozesse der Institutionalisierung einer lokalstaatlichen Struktur.

Das kalifornische Gesetz sieht die Möglichkeit vor, daß sich nicht selbständig verfaßte Areale über einen genau vorgeschriebenen Prozeß "inkorporieren" können. Historisch galt dieser Prozeß in Südkalifornien als wesentliches Instrument des Klassenkampfes im Raum, mit dem die territoriale und soziale Segregation eine politisch fragmentierte Form erhielt. Insbesondere die Inkorporierung nach dem Zweiten Weltkrieg, die zur Gründung von 38 der insgesamt 84 Städte in Los Angeles County führte, wurde zum institutionalisierten Kennzeichen der fordistischen Segregation der Stadtregion (Miller, 1981; Hoch 1981, 1984). Seit 1954 existierte das Modell des *Lakewood-Plan*, nach dem sich erstmals eine Gemeinde (Lakewood) als selbständige Gebietskörperschaft gründete, ohne alle städtischen Funktionen selbst bereitstellen zu können. Vielmehr implizierte der Lakewood-Plan eine vertragliche Zusicherung dieser "städtischen" Dienstleistungen (z.B. Polizei, Feuerwehr, Müllabfuhr) durch das *County*. Damit wurde ein Modell geschaffen, nach dem sich auch solche Städte gebietskörperschaftlich selbständig machen können, deren geringe Größe oder mangelnde Steuerbasis dies unter normalen Umständen nicht zugelassen hätte. Der *Lakewood- Plan* stellte zudem sicher, daß staatliche

Subventionen für die Städte und die Expertise der *County*-Bürokratie zugunsten der neuen Gebietskörperschaft verschmolzen werden konnten.[1] West Hollywoods Geschichte als Teil des Hoheitsgebietes von Los Angeles County prägte sowohl seinen Charakter als städtische Enklave zwischen Los Angeles und Beverly Hills als auch den Prozeß von Städtegründung und Formation des lokalen Staates. Die geringere polizeiliche Kontrolle des *County Sheriff's Department* gegenüber subkulturellen Erscheinungen war die Grundlage einer lebendigen, ökonomisch und kulturell erfolgreichen Gemeinde von Homosexuellen in West Hollywood (Interview Logue; Moos, 1989). Schätzungen zufolge sind mehr als ein Drittel der ca. 38.000 Einwohner der Stadt Schwule oder Lesben. Ende der 80er Jahre hatte die Stadt weit mehr als 100 Einrichtungen im Besitz von Homosexuellen, darunter zwei Banken, Innenarchitekturbüros und Einrichtungshäuser, Bars, Boutiquen und Restaurants. Viele Schwule und Lesben sind Grundbesitzer in der Stadt (Moos, 1989). Die Inkorporierung war schließlich eine "Antwort" auf die mangelhafte politische Selbständigkeit der homosexuellen Gemeinde, die bis dahin keine lokale Repräsentation besaß.

Der zweite historisch relevante Aspekt des *County*-Regimes über das Gebiet von West-Hollywood war die Genehmigung einer für Südkaliforniens verfaßte Städte unüblichen Dichte in der Wohnbebauung. Es existierte nämlich ein Bebauungsplan, der mehrheitlich die Geschoßflächenzahl 4 zuließ. Dies hatte zum Resultat, daß West Hollywood zum dichtestbevölkerten Gebiet westlich des Mississippi wurde. Wohnblocks bestimmen das Stadtbild, und 88 Prozent der Bewohner waren 1985 Mieter. Viele von ihnen sind Alte, die insgesamt 28 Prozent der Gesamtbevölkerung der Stadt ausmachen (Moos, 1989). Mit der - vorwiegend von den Senioren getragenen - Mieterbewegung, die an einer mieterfreundlichen lokalen Gesetzgebung interessiert waren, die ihnen unter *County*-Rechtssprechung als gefährdet erschien, erhielt die Städtegründung ihr zweites Standbein.

Während die Städtegründungskampagne durch die organisatorische Expertise und das Gespür des politisch erfahrenen Aktivisten Ron Stone mit dem Ziel der kommunalen Selbstverwaltung ins Rollen gebracht wurde, war es letztlich die Koalition der Schwulen- und Mieterbewegungen, die den Prozeß zum Er-

---

[1] Zur Kontrolle der durch den *Lakewood-Plan* beschleunigten Inkorporierungswelle der fünfziger Jahre wurden seitens des Staates Kalifornien in den sechziger Jahren *Local Agency Formation Commissions* (LAFCOs) gegründet, die in jedem *County* den Prozeß der Städtegründung überwachen. Kernstück dieses Vorgangs ist die Erstellung einer ökonomischen "Machbarkeits- Studie" durch die LAFCO, die der geplanten Gebietskörperschaft die Überlebensmöglichkeit bescheinigt. Nachdem dies geschehen ist, findet in bewohnten Gebieten daraufhin eine Abstimmung der Einwohner über den Vorschlag der Inkorporierung statt. In unbewohnten Gebieten entscheiden die Grundstückseigner.

folg führte. Seit seiner Gründung waren Homosexuelle Mitglieder des Stadt-rates. Mieter - organisiert in der *Coalition for Economic Survival* (CES) - stellten den stärksten politischen Block im elektoralen System der jungen Stadt dar, gegen deren Wahlempfehlung praktisch niemand in den Stadtrat gewählt werden kann. West Hollywood verabschiedete zudem inzwischen eines der strengsten Mieterschutzgesetze in den USA. Die spezifische Struktur West Hollywoods ermöglichte bewußten politischen Akteuren (Mieter- und Schwulenbewegung), die Stadtgründung als explizite Antwort auf ihre spezifi-schen Interessen innerhalb der strukturierten Kohärenz von Los Angeles wahr-zunehmen. Wie Moos richtig herausarbeitet, liegt die Stärke dieser spezifi-schen Lösung in deren koalitionärem Charakter und nicht lediglich in der Ver-folgung partikularer Interessen (z.B. *gay rights* oder Mieterschutz). Wie stehen diese Entwicklungen jedoch konkret in Verbindung zum Restrukturierungs-prozeß und zur Internationalisierung?

Die Antwort darauf hat zwei Teile. Erstens verfolgte West Hollywood, indem es sich als lokaler Staat formierte, eine aggressive Stadtmarketing- und Wirt-schaftsförderungsstrategie, die unmittelbar und explizit den örtlichen städti-schen Prozeß in einen internationalisierten Kontext plazierte. Während der *Stadtgründungsprozeß* als Folge von spezifischen Politiken des Ortes zu ver-stehen war, war schließlich der *Formationsprozeß* des lokalen Staates in West Hollywood der bewußte Eingliederungsvorgang der lokalen politischen Öko-nomie in den Kontext einer als global wahrgenommenen räumlichen Ökono-mie. Zweitens vermag es West Hollywood bisher, die aus seiner spezifischen Geschichte und die durch den Restrukturierungsdruck geschaffenen neuen so-zialen Problemlagen mit Hilfe eines relativ offenen politischen Prozesses auf lokaler Ebene unter Kontrolle zu halten. Dies führte zu einer prekären Koali-tion von Armen, Alten, Schwulen, Mietern, russischen Immigranten und der Geschäftswelt, jenem "symbiotischen Verhältnis von Geschäft und <sozialem> Liberalismus" (Waldman, 1988).

West Hollywood: The Creative City

Im September 1987 begann West Hollywood, sich selbst als eine "avantgardistische, kulturell hochentwickelte, kreative Stadt" zu verkaufen (Howard, 1987b). Die im November 1986 von städtischer Seite gegründete gemeinnützige *West Hollywood Marketing Corporation* - nach eigenen Anga-ben vielleicht die einzige ihrer Art in den USA - entwickelte das Konzept der kreativen Stadt zu einem Werbebegriff, um den herum sich inzwischen der stadtentwicklerische Prozeß in der Kommune insgesamt entfaltete (vgl. Waldman, 1988). Die *Marketing Corporation* ist als kooperative Einrichtung von privater Wirtschaft und öffentlicher Hand konstruiert und fungiert - neben der örtlichen Handelskammer, mit der sie ein Büro im schicken Designerviertel der Stadt teilt - als wichtigstes Wirtschaftsförderungsinstrument von West Hollywood.

Die von der *Corporation* lancierte Kampagne der "kreativen Stadt" ist vor allem eine Methode, der neugegründeten Kommune eine hohe Wahrnehmbarkeit im lokalen und globalen Kontext zu garantieren. Die Stadt klinkt dabei ihre eigene Imageproduktion direkt in die kontextuelle Rhetorik der Welt-Stadt ein, die den Diskurs der Stadtentwicklung in der hegemonialen Kommune der Region - Los Angeles - bestimmt. Der Direktor der *Marketing Corporation* bringt dies explizit zum Ausdruck: "Viel von dem, was die Leute mit Los Angeles - dieser neuerdings selbstbewußten Welt-Hauptstadt - assoziieren, rührt von West Hollywood her" (zit. in Howard, 1987b). Im generell anerkannten Kontext der Welt-Stadt-Formation, als Teil der strukturierten Kohärenz der Region, vermarktete sich West Hollywood mit einer "innovativen Strategie" als "einzigartige Kommune". Die geographischen Territorien werden als Identitäten, als "*images of the mind*" diskursiv reinkarniert (wohlgemerkt, in diesem Fall, gerade nachdem die geographische Territorialität in eine politische verwandelt wurde). Die Verwendung des städtischen Images geschieht unter der Anerkennung des subjektiven Charakters des Raumbildes, des potentiell dauerhaften Eigenlebens des Stadtbildes und der Möglichkeit, daß das Bild der Stadt "der wichtigste Faktor im Leben einer Kommune" sein kann (WHMarketing Corporation, 1988). Das Adjektiv "kreativ" bezieht sich dabei auf die Erkenntnis, daß mehr als vierzig Prozent der ökonomischen Aktivität in der Stadt in sogenannten "kreativen" Industrien stattfand (Design, Mode, Restaurants, Lebensmittel, Kunst etc.) (Citron, 1988). Der relevante Aspekt dieser Neuauflage traditioneller Stadtvermarktung ist die selbst-bewußte Evokation der Einzigartigkeit in einem Ambiente der Internationalität: "Wir leben in einer außerordentlichen Zeit. Los Angeles ist der kreative Punkt geworden, wo die Erste und die Dritte Welt aufeinanderprallen. Es ist die Nächste Stadt im Jahrzehnt vor dem Nächsten Jahrhundert. Im Mittelpunkt dieses neuen Zentrums ist West Hollywood" (Cole, 1989a:7). Schließlich wird diese Strategie zur Methodik der Produktion eines Ortes in der Zeit: eines "historischen Moments".

Throughout our Twentieth Century, the most dazzling cabarets have always been a sideshow to the upheavals of History. The titanic shifts of world trade and wealth, the cataclysms that wrench apart nations and peoples - these are the forces that lend a special sparkle and poignance to the unforgettable cafes of our age:
- the bistros of the Left Bank in Paris after the Great War and before the Crash,
- the nightclubs of the exotic casbah in Vichy Casablanca following the Fall of France,

- the sidewalk trattoria of the Via Veneto in Roma at the time of "la dolce vita" after the Second World War,
-the coffee houses of Bohemian Greenwich Village in the Empire City during Pax Americana
- and the sidewalk cafes and restaurants of West Hollywood at the dawn of the Pacific Century (Cole, 1989a: 7).[2]

West Hollywood kennzeichnet sich selbst als den Schmelztiegel jener nationalen und internationalen Kulturen, die aus der welthistorischen Marginalität und dem Getto ins Licht einer postmodernen Multikultur, in die Verwertungsmechanik der postfordistischen Stadt geworfen werden: durch die verstärkte russische Emigration nach Amerika wurde neu definiert, was in *West Hollywood* (einem der wichtigsten Zielorte dieser Emigration) unter Konsum zu verstehen ist; die Schwulenbewegung wirkte als Katalysator für eine neue ästhetische Kultur der Körperlichkeit und der Perfektion, die Globalisierung der Ökonomie brachte "die Raffiniertheit Europas, die Produktivität Asiens und die Ambitioniertheit des Mittleren Ostens in die Avenuen des Designs" von West Hollywood (Cole, 1989a: 7). Nicht eine reale Stadt oder eine historische Stadt ist dann am Ende das Modell des Bildes, das West Hollywood von sich entwickelt, sondern das Casablanca aus dem gleichnamigen Film: eine Kulisse des welthistorischen Übergangs (Ibid.).

In der Konstruktion des "historischen Moments" im traditionellen Raum der Moderne, die den Sinn für Raum und Zeit noch nicht verloren zu haben scheint, trotzen die Städtebildner von West Hollywood der postmodernen Synchronizität, die die Region in den Augen einiger Beobachter auszeichnet. Die Qualität der Beschwörung der "kreativen Stadt" ist zwar auf der Oberfläche von der Art der "Simulacren", die Baudrillard in Los Angeles entdeckt, ein Ensemble von infantiler Imaginärität, "imaginärer Stationen", "die Realität, Realitäts-Energie, in eine Stadt einfüttern, deren Mysterium es gerade ist, daß sie nichts mehr als ein Netzwerk von endlosen, unwirklichen Kreisläufen ist - eine Stadt von fabelhaften Proportionen, aber ohne Raum oder Dimensionen" (Baudrillard, 1983: 26). Die Stadt erscheint als *Script* und endloser Film, als bauliche Umwelt der Hyperrealität (Ibid.): Die verschiedenen welt-städtischen Kulturen West Hollywoods ko-existieren in nervöser Proximität "wie die Szene in 'Casablanca', wo Victor Laslo die Hauskapelle in einer aufrührenden Version der 'Marseillaise' dirigiert, während Major Strosser und seine Offiziere das 'Horst Wessel - Lied' herausbrüllen" (Cole, 1989a: 7).

Die Rückbeziehung des Imaginären der "kreativen Stadt" auf diese embryonale Schaltstation der Welt-Stadt ist nun nicht mehr auf dem Weg vom ideolo-

---

2   Dieses Zitat wurde mit Absicht im Original gelassen, um den besonderen Charakter der Werbestrategie zu dokumentieren.

gischen Begriff auf die strukturelle Realität möglich: "die kreative Stadt" wird selbst zur *Produktivkraft der Nischensicherung im globalen ökonomischen Ambiente Südkaliforniens.* Der Verkauf der Stadt "in ihren eigenen Begriffen" (Waldman, 1988: 542) ist Teil der ökonomischen Buchhaltung. Das Konzept der "kreativen Stadt" ist denn auch jenseits seiner Funktion auf der propagandistischen Ebene fest im Generalplan der Stadt verankert, der am 20. Juni 1988 vom Stadtrat angenommen wurde (City of WH, 1988). Der von einer Consulting-Firma erarbeitete Planentwurf konstatierte den Zusammenhang von Stadtbild und städtischer Ökonomie:

West Hollywood ist eine neue Stadt, die neue Ansätze zur Ankurbelung und zum Erhalt des Geschäfts erzeugt ... West Hollywood hält eine hohe Imagibilität *(imageability)* aufrecht. Falls die Stadt ihre Investition in die Definition ihres Standortes und das Spektrum von Attraktionen und kommerziellen Dienstleistungen in der Gemeinde fortsetzt, wird sie in der Lage sein, ihre Einzigartigkeit zu erhalten oder zu verbessern ... Im wesentlichen spricht West Hollywood in den späten 80er und frühen 90er Jahren direkt die mittelalten *Babyboomers* an, deren Konsumismus und verfügbares Einkommen persönlicher und individueller ausgerichtet sind"(City of WH, 1987).

Im später verabschiedeten Plan wurde dieser "Möglichkeitskanon" in ein städtisches Programm geschmiedet. Der lokale Staat verhielt sich als Instrument der Produktion homologer Strukturen in Raum und (städtischer) Gesellschaft, indem er den klassenspezifischen Charakteristika eines Territoriums eine regulative Form gab. Der Teil des Plans, der mit Wirtschaftsentwicklung befaßt ist, bringt dies in folgenden exemplarischen Zielformulierungen zum Ausdruck:

Generate knowledge and experience in the region, State, nation and world of the unique character of West Hollywood.
Encourage trend-setting by the City's special business groups (interior design, clothing design, restaurants and commercial entertainment, motion pictures/TV/recordings, etc.)
Maintain the linkage/recognition connection between themes like "creativity," "California look," "The New Southern California," etc., and identification with West Hollywood (City of WH, 1988: 106ff.).

In diesem Kontext gehen die "kreativen Industrien" West Hollywoods nun zu Werke: die Kommune sichert ihnen sozusagen einen Platz im Chaos der globalen Ökonomie. Die lokale Regulierung wird Teil der sich verändernden sozialen Regulation der neuen Ökonomie. West Hollywoods Design Industrie entstand z.B. in den vom *County* kaum regulierten Hinterhöfen und Verkehrsstraßen in kleinen flexiblen und kreativen Werkstätten (Cole, 1989b: 35). Verschärfte Regulierungen seitens der Kommune führten nun zu Spannungen mit einigen dieser Betriebe (WH Marketing Corporation, 1988). Ebenso hat West Hollywood erhebliche Verärgerung unter Immobilieninvestoren hervorgerufen, weil die Stadt die traditionelle Permissivität in der Flächennutzung durch sensiblere Bebauungspläne beseitigte. So dürfen nun Gebäude nicht höher als fünfzehn Meter in den Himmel ragen, und scharfe Design-Standards wurden in Kraft gesetzt (Waldman, 1988; City of WH, 1988). Dennoch willigte die lokale Bourgeoisie generell in den neuen kommunalstaatlichen Vertrag ein. Die branchen- und klassenspezifische Formation des territorialen Konsensus (Kreativität und Konsumismus) dient als ausreichende Absicherung. Aus dieser Position heraus sind Zugeständnisse an städtische Belange eine vertretbare Belastung. Als die Stadt 1989 eine Reihe von Gebühren an die Entwicklung neuer kommerzieller Projekte band, um Kindertagesstätten, Parks, billigen Wohnraum und Verkehrsberuhigung zu finanzieren, rief die Handelskammer ihre wütenden Mitglieder zur Räson. Mehr Wirtschaftsentwicklung bedeute mehr Leute, die mehr städtische Leistungen benötigen. Also sei es nur fair, daß die Investoren einen Teil der entstehenden Rechnung bezahlen. Andere Schwierigkeiten mit der globalen und kreativen Wirtschaftsförderungsstrategie der Stadt entstehen aus den Forderungen der von dieser Strategie nicht direkt angesprochenen Bevölkerungsgruppen. Zwar konstatiert z.B. die *Marketing Corporation* in ihren Statuten, daß sie der ganzen Kommune und nicht bloß der Geschäftswelt diene, ihre Wirksamkeit in der Schaffung einer gesamtstädtischen Identität hat sich jedoch bisher als begrenzt erwiesen. Während viele der neuen Immigranten, Alten und Mieter per Definition nicht am jugendorientierten und trendbewußten Projekt der "kreativen Stadt" beteiligt sind, bzw. als Statisten des Simulacrums erscheinen, haben sich vor allem die Schwulen übergangen gefühlt. Als konstitutiver Teil der Gründung und Formation des lokalen Staates fordern sie eine höhere Sichtbarkeit von homosexuellen Wirtschaftsbetrieben im Konzept der "kreativen Stadt".

West Hollywood: City of Economic Survival

In seiner breitesten Auslegung ist die "kreative Stadt" der symbiotische Begriff, der in West Hollywood die postfordistischen Stadtentwicklungs- und Marketingstrategien der achtziger Jahre mit den kommunalen Sozialpolitiken verschweißt, die ihren Ursprung in den sozialen Bewegungen der sechziger Jahre haben, aber im Prozeß ihrer Implementierung eine Veränderung durchlaufen. Während jedoch sowohl die Mieterbewegung als auch die Schwulen- und Lesbenbewegung ihre Wurzeln in die Hochzeit der städtischen sozialen Bewegungen der sechziger Jahre zurückverfolgen können, gab es in West Hollywood im Gegensatz zu den "progressiven Städten" der USA (Clavel,

1986) keine Debatte über die Gründung einer progressiven Kommune (Interview Kyle).[3] Der lokale Staat in West Hollywood wurde als politischer Akt relevanter sozialer Kräfte, die sich zu Bewegungen formiert hatten, ins Leben gerufen. Insofern diese Bewegungen über den Gründungsakt hinaus ihre politische Präsenz in West Hollywood erhalten konnten, war der lokale Staat bisher gegenüber diesen Klientelgruppen weitaus entgegenkommender als dies in anderen Städten üblicherweise der Fall ist. Von Beginn an wurde die Verteilung der politischen Macht im Stadtrat als repräsentativ für alle Gruppen gesehen, die den Stadtgründungsprozeß gefördert hatten (Interview Gross). Vor allem die Homosexuellen- und Mieterbewegungen waren stark repräsentiert. Die entsprechenden sozialen und politischen Organisationen (z.b. CES, Stonewall Gay and Lesbian Democratic Club) bestimmten den politischen Diskurs in der Stadt.[4] Insofern die Menschenrechtssituation und die Frage der politischen Vertretung für Homosexuelle sowie der Mieterschutz als die dringendsten sozialen Probleme West Hollywoods zu Zeiten seiner Gründung angesehen werden konnten, hat die Stadtregierung im Prozeß der Formation des lokalen Staates erhebliche Schritte hin zu einer Lösung dieser Probleme getan. Politische Vertretung für Schwule und Lesben ist gewährleistet und die Stadt hat inzwischen zahlreiche Maßnahmen getroffen, die den sozialen Status ihrer homosexuellen BürgerInnen verbessert (Programm "Häuslicher Partnerschaft", Verordnungen gegen Diskriminierungen etc.). Ebenso hat die Stadt eines der schärfsten Mieterschutzgesetze der USA (Gilderbloom/Appelbaum, 1988: 131; Haas, 1986). Die Liste der 1987-1988 geförderten Gruppen reflektiert die Schlüsselgruppen, die an der Stadtgründung beteiligt waren: AIDS Project/Los

---

[3] Die homosexuelle Bevölkerung ist politisch stark differenziert und keineswegs in allen sozialen Fragen durchweg fortschrittlich gesinnt. Viele Schwule sind wohlhabende Republikaner; viele von ihnen sind die treibenden Akteure im wohnraumverteuernden Gentrifizierungsprozeß. Die Lesben sind traditionell eher progressiv und politisiert (Interview Logue). Die Mieterbewegung entstand nicht aus der Basis der Mieter, sondern sie wurde als Projekt von Aktivisten aus der "alten" Linken in der *Coalition for Economic Survival* geboren, die ihre Aufmerksamkeit nach einer *County*-weiten Abstimmungsniederlage über ein Mieterschutzgesetz (*Proposition M*) auf West Hollywood richteten. Dort hatte die Maßnahme eine Mehrheit von 5:1 erhalten (Interviews Gross, Kyle; Moos, 1989). In den Worten einer Aktivistin im Mietbereich kann man daher sagen, daß die an der Stadtgründung beteiligten Gruppen kein gemeinsames Projekt, sondern "eigene Interessen" verfolgten (Interview Kyle).

[4] Von einer eindeutigen Dominanz progressiver Kräfte konnte zu keinem Zeitpunkt die Rede sein. In der Benennung von Mitgliedern für die Bürgerausschüsse wurde streng auf einen neutralisierenden Proporz von Progressiven und Konservativen geachtet. Der hohe zivile Organisationsgrad der politisch tragenden Gruppen in West Hollywood entlang deren Spezialinteressen bedeutet andererseits jedoch auch, daß die politischen Vertreter des lokalen Staates zumeist nur im Bereich der Rechte für Homosexuelle und des Mieterschutzes zur Rechenschaft gezogen werden (Interview Kyle).

Angeles, Jewish Family Services (schließt Sozialleistungen für Alte ein), und die Los Angeles Free Clinic.

West Hollywood hat allerdings trotz der Abwesenheit eines generellen "progressiven" Diskurses und der Konzentration der Allokationsprozesse städtischer Sozialleistungen auf die Hauptklientelgruppen nicht nur einen außerordentlich hohen Sozialetat insgesamt, sondern dieser ist auch von einer politisch fortschrittlichen Philosophie bestimmt. Während das *County* vor der Stadtgründung 1984 jährlich nur $350.000 ausgab, um die sozial Bedürftigen zu verpflegen, zahlte die Stadt 1987 $3,5 Millionen ($100 für jede/n BewohnerIn) für Lebensmittel, Wohnung, Transport, Beratung, Rechtshilfe, Gesundheitsdienste, finanzielle Leistungen, Drogenhilfe, Ausbildung, Information und Beratung. 10.000 bis 14.000 BürgerInnen machten davon Gebrauch (*The Post*, 28. September 1989:7).[5] Der Plan der Stadt gibt in seinem Abschnitt über "*Human Services*" (City of WH, 1988: 169-173) klare Richtlinien für die Verteilung dieser Sozialleistungen vor. Das Allokationssystem und die Qualität der gewährten städtischen Leistungen ist deutlich an die existierenden Problemgruppen der spezifischen lokalen Sozialstruktur gebunden. Bürgerbeteiligung an der Politikformulierung, bei Planung, Implementierung und Bewertung der Leistungen ist ein hervorstechendes Ziel des städtischen Sozialsystems. Die Erstellung und Implementierung einer "progressiven, humanen Sozialpolitik" der Stadt wird explizit angestrebt. Insbesondere im Bereich der Pflege und Fürsorge von AIDS-Patienten hat West Hollywood eine Vorreiterrolle in der städtischen Sozialfürsorge übernommen (Interview Logue).

Die besondere Antwort, die West Hollywood in der Formation seines lokalen Staates auf die durch Restrukturierungsdruck auftretenden sozialen Probleme gab, war die Erhöhung der städtischen Verpflichtungen für die Bedienung der sozialen Bedürfnisse der lokalen Bevölkerung. Die Formation des lokalen Sozialstaates war zwar nicht wie in den sogenannten progressiven Städten eine direkte Folge transformierter politischer Massenbewegungen in der Tradition der sechziger Jahre, jedoch trugen faktisch die Mieter- und Homosexuellenbewegungen in West Hollywood ähnliche Forderungen ins Rathaus. Dies wurde durch die Existenz einer generell bürgerrechts- und sozialstaatsfreundlichen Grundstimmung unter den Homosexuellen, Juden und russischen Einwanderern und durch die Aktionen von "liberalen" politischen Individuen begünstigt, die an der Formation des lokalen Staates beteiligt waren. Die eigenartige Mischung von lokalem "Krieg der Armut" und innovativer Vertragspolitik des lokalen Staates mit privaten Sozialleistern im Schattenstaatsbereich

---

5   Schätzungen der *California League of Cities* zufolge wendet West Hollywood mehr pro Kopf der Bevölkerung für Sozialleistungen auf als jede andere amerikanische Stadt.

weist auf den Konstitutionsprozeß eines neuen lokalen Sozialstaatstypus hin, der die privatwirtschaftlichen Methoden eines post-sozialstaatlichen Kapitalismus mit dem gesellschaftlichen Auftrag der sozialen Verantwortlichkeit paart. Daß West Hollywood dies auf der lokalen Ebene tut, ist in sich eine Entwicklung, die von vergangener Praxis Abschied nimmt. [6] In dem hier geschilderten Sinn ist Formation des lokalen Staates in West Hollywood als eine kombinierte Antwort eines spezifischen Territoriums in Südkalifornien auf die gegenwärtigen Restrukturierungstendenzen der Region zu verstehen. Es zeigte sich dabei bisher, daß eine zarte Allianz zwischen der "kreativen Stadt" und der "Stadt des sozialen Überlebens" aufgrund der spezifischen politischen Formationsbedingungen des lokalen Staates geschaffen werden konnte. Dies kann nur ein vorübergehendes Ergebnis sein. Gentrifizierung und Behauptungsdruck gegenüber den Nachbarstädten Beverly Hills und Los Angeles (inklusive des sanierten Hollywood) werden gleichzeitig die global/lokale ökonomische Nische der Stadt unter Anpassungsdruck bringen, die sozialen Bedingungen zuungunsten der ärmeren Mieter verändern und damit schließlich das politische Gleichgewicht ruinieren, auf der das Simulacrum der "kreativen Stadt" und die Formation des lokalen Staates basieren.

Santa Monica: *Moscow By The Sea*

In Santa Monica, der 90.000 Einwohner zählenden Stadt im Westen von Los Angeles, stellte die Kombination einer achtzigprozentigen Mieterbevölkerung und einer mehrheitlich jungen, liberalen Mittelklasse die soziologische Basis für einen "Quiche-und-Perrier-Radikalismus", der 1981 zu einer "progressiven" Mehrheit im Rat der Stadt führte. Dem Wahlerfolg der "progressiven" Koalition auf der kommunalen Ebene war 1979 die Einführung eines strengen Mieterschutzgesetzes durch lokale Volksabstimmung vorausgegangen. Die Mieter der Stadt hatten sich zur *Santa Monica Fair Housing Alliance* zusammengeschlossen und sich damit "als eine Klasse für sich" etabliert (Heskin, 1983). Die der Durchsetzung des *Rent Control*-Gesetzes zugrunde liegende Fusion der organisierten Mieter mit der *Campaign for Eco-*

---

6 Inwiefern die Stadt damit auch als Modell für eine generelle Restrukturierung des Sozialstaates angesehen werden kann, war 1987 Gegenstand eines Wettbewerbs, für den sich West Hollywood bewarb: Der *Helen Putnam Award for Excellence*, der seit 1982 von der *League of California Cities* an Kommunen verliehen wird, die innovative Maßnahmen ergreifen, welche in geringeren Kosten oder einer effektiveren Leistungserbringung resultieren. Besonderen Wert wird auf Programme gelegt, die auf andere Gemeinden übertragen werden können (*The Post*, 28. September 1989:7).

nomic Democracy des Demokratischen Landesparlamentariers und "Achtundsechzigers" Tom Hayden zur Dachorganisation *Santa Monicans for Renters Rights* (SMRR) sicherte schließlich auch die entscheidende politische Mehrheit für den Gewinn der Kommunalwahlen.

Die neue Stadtregierung, die sich - mit unterschiedlichen Konnotationen - als sozialdemokratisch/linksliberal verstand, machte es sich zum Ziel, direkte Demokratie und Bürgerbeteiligung zum Gesetz des politischen Handelns zu machen. *Task Forces*, neue städtische Ausschüsse zu Kultur- und Frauenfragen und ein wählbarer *Rent-Control-Board* (eine Art Mieterrat) wurden eingerichtet. Nachbarschaftsgruppen sollten direkt durch die nicht-diskriminatorische Verteilung von Bundesgeldern unterstützt werden. Neben der städtischen Förderung des Schulwesens und der Kultur wurde insbesondere der Beschluß zur "menschenorientierten" Stadtplanung zum Kernstück der neuen kommunalen Politik (vgl. Shearer, 1984; Kann, 1986; Clavel, 1986).[7] Im Kontext der Formation der postfordistischen Welt-Stadt wird dem Aufbruch der Mittelklasseradikalen von Santa Monica eine spezifische Bedeutung zuteil. Man kann die liberalen PolitikerInnen in Santa Monica aufgrund ihrer Selbstzeugnisse als "zweckorientierte Akteure" (Logan/Molotch, 1987) im Restrukturierungsprozeß der politischen Ökonomie des Ortes Santa Monica bezeichnen. Ausgangspunkt ist hier die Hypothese, daß durch die Ansammlung einer hohen Anzahl von in den oberen Etagen der im Westen von Los Angeles ansässigen Luft- und Raumfahrtindustrie oder an Schulen und Universitäten beschäftigten jungen, typischerweise weißen Mittelklasseangehörigen auf einem begrenzten städtischen Territorium eine Politik entsteht, die die Privilegien des reichen Westteils von Los Angeles in einer innovativen Weise institutionalisiert und konsolidiert (vgl. Abbildung 7.2 und 7.3).

---

7 Von ihren Gegnern auf der politischen Rechten wurde der Erfolg der "Mittelklasseradikalen" von Santa Monica zu unrecht als Etablierung eines "*Soviet Monica*" bezeichnet (Boggs, 1983; Kann, 1983, 1986). Mieterschutz, liberale Stadtentwicklungspolitik und eine kritische Haltung zur "Reagan-Revolution" rechtfertigen kaum das Etikett der "kommunistischen Verschwörung", wenn sich dieses auch hervorragend für die polemische Kampagne der Rechten gegen das lokalstaatliche Experiment der von SMRR dominierten Regierung eignete. Auf der anderen Seite wurden die Erfolge der liberalen Stadtpolitiker in Santa Monica als Signal für einen dezentral beginnenden nationalen Liberalisierungsprozeß, als "Graswurzel"- Gegenbewegung zur Politik der Reagan/Bush-Administration gewertet (vgl. Shearer, 1984). Könnte man den Handlungsspielraum nutzen, den das kommunale System der USA lokalen Politikern gewährt, so glaubte man, die amerikanische Gesellschaft von unten nach oben demokratisieren zu können. Damit ordneten Beteiligte und Beobachter das Experiment von Santa Monica in den seit den siebziger Jahren virulenten Diskurs um eine neo- oder linkspopulistische Erneuerung der US-Gesellschaft durch die Demokratisierung zunächst lokaler politischer Institutionen, die sich zu einem dezentralen Netz befreiter Räume zusammenfinden sollten, ein.

Die an den Bedürfnissen einer *Yuppie*-Klientel entwickelte Kultur- und Schul-
politik, die bewohnerorientierte Stadtplanung und der Mieterschutz im Programm der reformerischen kommunalen Regierung beruhte auf der sicheren
Position einer *Boomtown* am Rande einer Region, deren "anderes Ende" von
Deindustrialisierung und Re- und Neoindustrialisierung auf Niedriglohnniveau
charakterisiert ist. Insofern ist die "radikale" Politik der weißen *Yuppies* von
Santa Monica als klassische Klientelpolitik zu bezeichnen, die sowohl für ein
spezifisches Segment der neu fragmentierten Gesellschaft der Welt-Stadt Los
Angeles städtische Dienstleistungen bereitstellt, als auch die Einpassung dieses Territoriums in die veränderte sozialräumliche Struktur der Stadtregion
gewährleistet.

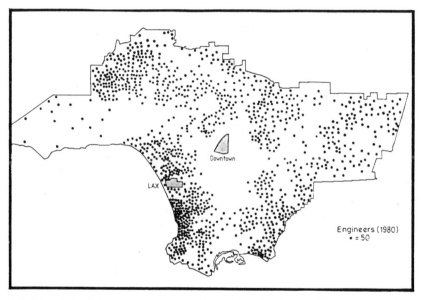

Abbildung 7.2: Wohnort von Ingenieuren in Los Angeles County, 1980
(Quelle: Soja, 1989: 211)

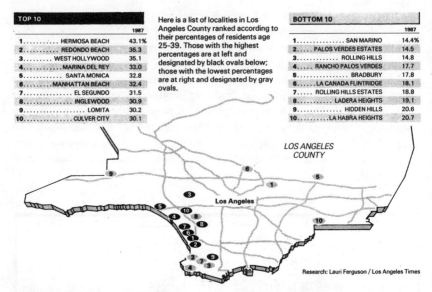

TOP 10		
		1987
1	HERMOSA BEACH	43.1%
2	REDONDO BEACH	35.3
3	WEST HOLLYWOOD	35.1
4	MARINA DEL REY	33.0
5	SANTA MONICA	32.8
6	MANHATTAN BEACH	32.4
7	EL SEGUNDO	31.5
8	INGLEWOOD	30.9
9	LOMITA	30.2
10	CULVER CITY	30.1

Here is a list of localities in Los Angeles County ranked according to their percentages of residents age 25-39. Those with the highest percentages are at left and designated by black ovals below; those with the lowest percentages are at right and designated by gray ovals.

BOTTOM 10		
		1987
1	SAN MARINO	14.4%
2	PALOS VERDES ESTATES	14.5
3	ROLLING HILLS	14.8
4	RANCHO PALOS VERDES	17.7
5	BRADBURY	17.8
6	LA CANADA FLINTRIDGE	18.1
7	ROLLING HILLS ESTATES	18.8
8	LADERA HEIGHTS	19.1
9	HIDDEN HILLS	20.6
10	LA HABRA HEIGHTS	20.7

LOS ANGELES COUNTY

Los Angeles

Research: Lauri Ferguson / Los Angeles Times

Abbildung 7.3: *Where the Baby Boomers Live*; Gemeinden in Los Angeles County mit dem höchsten Anteil an 25-39-jährigen an der Gesamtbevölkerung (Quelle: *LAT*, 26. November 1987)

Welche politischen Faktoren sind jedoch dafür verantwortlich, daß nicht auch in anderen, soziologisch ähnlich strukturierten "Weststädten" entlang der süd-kalifornischen Küste radikale Reformregierungen entstanden? Es ist plausibel, hier die spezifische Mischung einer kritischen Masse von liberalen und links-gerichteten Intellektuellen und Mietern als Grund für diese ursprüngliche Be-sonderheit gelten zu lassen (vgl. Clavel, 1986: 140-144). Jedoch auch ohne die politische Rhetorik der liberalen Rebellion, die das Experiment von Stanta Monica trug, gab es ähnliche Entwicklungen in den benachbarten Stadt-Teilen von Los Angeles, wo wachstumskritische PolitikerInnen triumphierten.[8]

---

[8]   In einem Interview wies der Bürgermeister von Santa Monica auf den politischen Inkubator-Effekt der Reformpolitik von Santa Monica hin, der dazu führte, daß in der Folge der Mittelklasserebellion dort auch in den benachbarten Stadtteilen von Los Angeles und West Hollywood wachstumskritische und Reformkandidaten gewählt und entsprechende Politiken verfolgt wurden (Interview Conn). Die *Slow Growth*-Bewegung in Los Angeles hatte in ihrer gegenwärtigen Form in den westlichen Ratsdistrikten der Stadträte Zev Yaroslavsky und Mar-vin Braude ihren Ausgang, im südlich von Santa Monica gelegenen Distrikt Ve-nice/Westchester konnte 1987 die *Slow Growth*-Kandidatin Ruth Galanter die Vertraute des Bürgermeisters, Pat Russell, schlagen (Interview Bickhart).

Die Reorganisation des städtischen Diskurses: Reform in Santa Monica

Im einzelnen lassen sich mehrere Diskurse der Lokalstaatsformation in Santa Monica unterscheiden: Der Lokalstaat in Santa Monica organisiert sich seit dem Erfolg von SMRR im wesentlichen um Sozialpolitik, Mieterschutz, Stadtentwicklung und städtisches Wachstum.

Der politische Wille zur Einführung einer sozial gebundenen interventionistischen Bebauungsplanungs- und Stadtentwicklungspolitik war ein Kernstück der populistischen, liberalen Allianz von Santa Monica. In zweifacher Hinsicht verfolgte die Stadtregierung nach 1981 eine solche Politik. Erstens wurde der Planungsprozeß in Santa Monica demokratisiert. Bürgerbeteiligung wurde zum Kernstück der Bebauungsplanung. "Wir haben versucht, den Regierungsprozeß zu öffnen, so daß die Leute effektiver partizipieren können, indem wir Foren abhielten, eine Öffnung des Stadtentwicklungsprozesses erreichten, bestimmte Planungsrevisionsinstrumente einführten, damit die Nachbarn reagieren können", bestätigte der ehemalige Bürgermeister James Conn (Interview Conn). Im Stadtentwicklungsprozeß wurde die bisherige Praxis der Kahlschlagsanierung auf dem Rücken armer Stadtteile durch eine Allokationspolitik von Bundesgeldern ersetzt, die "direkt geographisch designierten demokratischen Nachbarschaftsorganisationen" zugute kam (Shearer, 1984: 577). Zweitens wurde der Planungs- und Stadtentwicklungsprozeß in einer wachstumskritischen Weise redefiniert. Der lokale Planungsausschuß in Santa Monica operiert unter den Reformkräften mit einem Selbstverständnis, das die Kosten des Städtewachstums und die Entwicklung der Bodenwerte mit der kommunalen Lebensqualität abgleicht. Daraus folgt, daß der Planungs- und Entwicklungsprozeß nicht mehr ungefragt Projekte von Investoren genehmigt, wie es früher der Fall gewesen war, sondern, daß der lokale Staat zum wirksamen Kontrollinstrument der Investitionen und ihrer Konsequenzen wird. Hinter diesem politischen Ziel steht die "Vision einer Stadt als lebbarer Umwelt mit menschlichem Antlitz, wo Leute aller Einkommensklassen und Rassen leben und interagieren können" (Shearer, 1984: 579). Ein wesentlicher Aspekt der daraus folgenden Politik war "*inclusionary zoning*", die Bindung von günstigem Mietwohnungsbau an große Entwicklungsprojekte.[9] Die Re-

---

9   Die Tatsache, dass realiter solche "inklusiv zonierten" Projekte entweder in der bevölkerungsarmen Innenstadt oder in den armen Stadtteilen entstanden, wo wenig Widerstand gegen höhere Wohndichte zu erwarten war als in den wohlhabenden Vierteln, steht jedoch nicht im Widerspruch zum guten Willen der Reformer, sondern ist ihre logische Folge: der sozialräumliche Redistributionsprozeß sollte nicht zu ungunsten der lokalen privilegierten Bürger stattfinden (Kann, 1986: 178f.). Dennoch ist das Wohnungsbauelement der integrierten

form des Bebauungsplans war ein zentraler Teil des Reformprojekts. Neben neugeschaffenen Begrenzungen in der Bauhöhe und -dichte und der Zuweisung bestimmter Gebiete für die Schaffung von industriellen Arbeitsplätzen, sticht hier vor allem die Ausweisung von Land für die Büroraumentwicklung und die Bindung von sozialen Leistungen an private Entwicklungsprojekte hervor. Damit wurde in Südkalifornien kommunalpolitisches Neuland betreten. Ziel dieser Anstrengungen war die Dämmung des Gentrifizierungsprozesses und die Erhaltung einer sozial diversifizierten Gemeinde (Interview Conn).[10]

Der reformierte Stadtentwicklungsprozeß in Santa Monica ist schließlich als Versuch zu verstehen, die Anpassungszwänge der regionalen Welt-Stadt-Formation auf die Küstenkommune mit der spezifischen Sozial- und Klassenlage (Mittelklasse und Mieter) und deren mehrheitlich liberalen politischen Auffassungen zu vermitteln. Da dieser Prozeß in sich widersprüchlich ist, sind auch die lokalen Planungsinstrumente, die dazu entwickelt werden, nicht politisch eindeutig besetzt. Der realpolitische Prozeß der Vermittlung des Investitionsdrucks in die lokale bauliche Umwelt ist letztlich in der Praxis weniger von den grundsätzlichen Debatten über Wachstum und kapitalistische Stadtentwicklung geprägt (wie dies ursprünglich bei SMRR der Fall war) als von deren konkreten Formen, d.h. planungsrechtlicher Aspekte. *Die Bewegung vom Grundsätzlichen zum Machbaren ist eine Funktion der "Bewegung in den Staat".* Mitte der achtziger Jahre, war "die Bewegung in den Staat" an einen

---

Stadtentwicklungs- und Sozialpolitik der liberalen Stadtregierung von Santa Monica das einzige durchgängige Feld, wo städtische Umverteilungspolitik überhaupt in einer radikalen Weise versucht wurde (Kann, 1986: 181).

10 Eine Maßnahme innerhalb dieses reformpolitischen Kontexts war das neue Bebauungsplanelement, das die Stadt 1984 verabschiedete und die Einrichtung eines *"Special Office District"* in einer vormals leichtindustriell genutzten Gegend vorsah. Man anerkannte damit, daß zukünftige Nutzungen aufgrund der hohen Landpreise in Santa Monica nicht im industriellen, sondern im Bürobereich liegen würden. Die Idee dahinter war, daß die Stadt den Büroraumentwicklern mit einem "Gartenbürodistrikt" entgegenkommen würde. Außerhalb traditioneller Wohngebiete sollte eine niedrig zonierte Bürolandschaft entstehen (Geschoßflächenzahl 2.0), die dem Entwicklungsdruck in diesem Bereich auf Santa Monica Rechnung tragen sollte. Nach anfänglicher Akzeptanz und reibungslosen Abwicklung von Büroraumbau in dieser Gegend laut der speziellen städtischen Verordnung regte sich seit 1986 Widerstand aus der Bevölkerung gegen die unhinterfragte Genehmigung großer Büroprojekte, vor allem aus Gründen der Umweltverträglichkeit. Die Folge waren Konflikte zwischen den Bauherren, die in dem Spezialdistrikt investiert hatten und der umliegenden Einwohnerschaft, die das Ausmaß der dortigen Entwicklung in Frage zu stellen begannen. Zu großen Teilen trat hier der neugeschaffene bürokratische Planungsapparat der Reformregierung, der in langwierigen Verhandlungen ein spezifisches Planungsergebnis erarbeitet hatte, in Widerspruch zur lokalen Bevölkerung, die trotz der Appelle an die Demokratisierung des Planungsprozesses nicht effektiv am Zustandekommen des Bebauungsplans beteiligt worden waren und sich nun vom Bau eines großen Projektes in ihrer Nachbarschaft bedroht fühlten (Interview Webster).

kritischen Punkt gekommen: die Legitimationskrise des lokalen Staates gegenüber der sich weiter fortentwickelnden lokalen bürgerlichen Gesellschaft.[11] Die spezifische Lösung der Legitimationskrise war jedoch ebenso innovativ wie der Reformanspruch selbst: James Conn, der als erster der "Radikalen" mit einer Politik des gemäßigten Wachstums nach vorne getreten war (im Gegensatz zu wachstumsfeindlichen Positionen, die bei SMRR vorherrschten), bestätigte 1987, daß die Konfrontation zwischen Radikalen und Konservativen in Santa Monica einem neuen kommunalpolitischen Konsensus gewichen war, der ein grundsätzliches Einverständnis über Demokratie im Planungsprozeß, die Anerkennung der Notwendigkeit von privat-öffentlichen Entwicklungsverträgen zwischen der Stadt, den Nachbarschaften und den Investoren einschließt (Interview Conn). Hier wurde eine Art "postmoderne Politik" auf der Ebene des lokalen Staates institutionalisiert und ideologisch abgesichert, indem kommunalpolitische Prozesse unter der Hegemonie der Reformkräfte redefiniert werden. Das Attribut "postmodern" betrifft hier vor allem das Aufgeben einer potentiellen politischen Gesamtlösung, die in den Programmatiken der radikalen Reformer angelegt war, zugunsten einer sozialen und territorialen Teillösung unter Einbeziehung des politischen Gegners (in Santa Monica vor allem die Vermieterverbände und *Developers)*. Für die Pragmatiker, die die Vertreter des verbalen und aktionistischen Radikalismus in Santa Monica zu majorisieren begannen, war die Einrichtung anpassungswilliger Planungs- und Entwicklungsinstrumente des lokalen Staates eine Frage der "Normalisierung" ihrer Beziehungen mit dem Kapital, das in die Stadt drängte. Sie hörten auf, die Legitimität der Kontrolle des Kapitals über die Akkumulation von Reichtum in Frage zu stellen und boten sich als in ihren Handlungen voraussagbare Akteure an, die Verhandlungen dem frontalen Angriff vorzogen, der potentiell in ihrer Ideologie, praktisch in ihren Kampagnen und historisch über ihre Bindung an soziale Bewegungen vorhanden war (Kann, 1986: 187ff.).

The Water Garden Project: Postmoderne Planung in der reformierten Stadt

Paradigmatisches Projekt der neuen "postmodernen" Planungspraxis in Santa Monica ist das *Water Garden*-Projekt an der Kreuzung von Olympic Boulevard und 26. Straße.[12] Angesichts drohender *Linkage*-Gebühren von 7,5 Mil-

---

[11] Zumindest partiell - wie im Falle des Büroraumgroßprojekts mit Wohnungselement "Colorado Place" - wurden die linksliberalen Politiker direkt des "Verrats" an ihren angeblich wachstumskritischen Überzeugungen bezichtigt (Interview Webster).

[12] Das von der J.H. Snyder Company, die 1987 das Land erwarb, gebaute Megaprojekt ist ein bis zu sechs Stockwerken aufragender Bürogebäudekomplex, der sich nach seiner Fertigstellung auf

lionen Dollar, die aufgrund der Vorgaben im "*Special Office District*" entstanden, traten die Investoren mit den entsprechenden städtischen Stellen und den in zwei Nachbarschaftsorganisationen organisierten Anliegern in Verbindung. Ziel des Vorstoßes war das Erreichen einer Situation, wo die anfallenden Sonderbaugebühren unter Abstimmung mit den umliegenden Bewohnern im Einklang mit den städtischen Vorschriften vor Ort ausgegeben würden, damit das Projekt zum Nutznießer seiner eigenen Sonderausgaben würde.

Am Ende der langwierigen Verhandlungen, Beratungen, Plan-, Sozial- und Umweltverträglichkeitsprüfungen lag am 23. März 1988 ein Vereinbarungspapier zwischen den Konfliktparteien im Nutzungs- und Planungsstreit vor.[13] Das Übereinkommen enthält einige bemerkenswerte Neuerungen, die Zeugnis davon ablegen, wie weit neue halbprivate, unter der Führung politischer Konsultanten stattfindende Planungs- und Politikprozesse in die soziale und räum-

---

13 auf einer Fläche von 6,8 Hektar ausbreiten wird. Vier Gebäude mit Fassaden aus Bruchstein und poliertem Granit werden einen künstlichen See von 6000 qm Oberfläche umgeben, in dessen Wasser sich Palmen spiegeln werden. Die Finanzierung des Projekts ist durch die Partnerschaft von Snyder mit dem südkalifornischen Milliardär Marvin Davis, der für die Vermarktung des Projekts verantwortlich zeichnet, gesichert (*LAT*, 11. Juli 1989, IV:3).

Man einigte sich auf eine Geschoßflächenzahl von 1,7, d.h. die Gesamtfläche aller Gebäude auf dem Grundstück (ca. 126.000 qm) dürfen 1,7 mal größer sein als die Grundstücksfläche insgesamt. Damit blieb man unter der möglichen Ausnutzung von 2,0 GFZ. Der Vertrag zwischen der Stadt und J.H.Snyder zwingt den *Developer* im Laufe der Bauzeit weit über zehn Millionen Dollar - der genaue Betrag steht noch nicht fest - an Sondergebühren zu zahlen. Die größten Posten darin sind die Gelder für die Lösung der anfallenden Verkehrsprobleme rund um das Projekt ($ 6,4 Millionen plus späterer jährlicher Gebühren) und auf Ausgaben für den Wohnungsbau und Parks festgelegte *Linkage*- Gebühren (zwischen $ 2,25 und $ 5.27 pro Quadratfuß gebauter Nutzfläche). Diese inzwischen nicht mehr nur in "progressiven Städten" wie Santa Monica üblichen Genehmigungsgebühren, die den Sozial- und Infrastrukturetat der Städte subventionieren sollen (lassen wir für den Moment die Frage außer acht, woher der *Developer* das Geld hat, um diese Gebühren vorzuschießen), sind jedoch nicht das eigentlich bemerkenswerte an dem Projekt. Spektakulär sind aber in der Tat folgende Abmachungen: der *Developer* zahlt $ 300.000 zur Einrichtung eines Zentrums für Obdachlose, $ 150.000 für Kunst auf öffentlichen Plätzen. Den ca. 5.800 zukünftigen Beschäftigten des Komplexes stellt J.H. Snyder eine Kindergesstätte zur Verfügung, die zu mindestens zehn Prozent Kindern aus der Nachbarschaft offen stehen muß. Umfassende Bestimmungen über Nicht-Diskriminierung und Beachtung der gewerkschaftlichen Organisation bei Bau und Betrieb wurden in den Vertrag übernommen (Development Agreement, 1988). Der wichtigste Aspekt auf der sozialen Front ist die zusätzliche Einrichtung einer privaten Arbeitsplatzdatenbank, die Jobs in Santa Monica für Leute aus dieser Stadt zu vermitteln sucht. Diese (auf den Verkehr günstig wirken sollende) Maßnahme wird besonders relevant, wenn die kommerziellen Mieter das Projekt beziehen werden (Interview Swimmer, 1989). Ein Höhepunkt der Abmachungen und materialisierter Inbegriff der Interessenskonstellation von Bürgern, Bürokraten und Bodenbesitzern ist die Einrichtung einer hausinternen Kläranlage. Diese Vorbedingung zur Baugenehmigung vermeidet, daß die Stadt sich in Gewissensnöte wegen dem überlasteten Kanalnetz bringt, sie erspart dem *Developer* trotz anfallender Bau- und Betriebskosten die Abwassergebühren und verschafft ihm Respekt im umweltbewußten Milieu Santa Monicas (Interview Swimmer, 1989, Development Agreement, 1988).

liche Struktur der Stadt hineinregieren. Die Investoren behielten dabei jederzeit die Fäden der Verhandlungen in der Hand. Milt Swimmer, Partner der Entwicklungsgesellschaft, erinnert sich: "Wir näherten uns unseren Gegnern und sagten: 'Wir gehen hier nicht mehr weg. Uns gehört das Land, und wir werden in jedem Fall etwas bauen'" (Interview Swimmer). Im Gegensatz zu früheren Praxen der Investoren, die darauf angelegt waren, Hindernisse im Stadtplanungsprozeß und die lokale Bevölkerung weitestgehend zu übergehen, war damit jedoch der Verhandlungsprozeß nicht abgeschlossen, sondern eröffnet. Unter dem allgemeinen Druck der Anti-Wachstumsbewegung in Südkalifornien, angesichts einer relativ harschen Regulierung durch die Stadt und der potentiellen Aggressivität der Nachbarn sah man sich nach Kompromissen um. Die "Nullifizierung der Opposition" (Swimmer) geschah nicht durch Eliminierung des politischen Widerstandes, sondern durch dessen geschickte Inkorporierung in umfassende soziale und räumliche Maßnahmen, die nach dem Prinzip der verallgemeinerten Benefizienz und gegenseitigem Verständnis erarbeitet wurden. Die Konstruktion des "öffentlichen Guts" wurde dabei streng unter den Gesichtspunkten des regulierungstechnischen Zwangs (Planungsvorschriften) und des garantierten Profits vorgenommen, d.h., was öffentlich gut war, mußte vom privaten Verwertungsinteresse J.H. Snyders sanktioniert und im Sinne der städtischen Selbsterhaltung sinnvoll erscheinen. Die Planungs- und Entscheidungspraxis im Fall des *Water Garden* ist einerseits typisch für den spezifischen politischen Kontext Santa Monicas. Andererseits weist sie auf mögliche zukünftige allgemeine Entwicklungen im Bereich der städtischen Politik hin. Diese Politik der kleinen Projekte und überschaubaren Wirkungen hat sich in einem semi-formalen Raum etabliert. Politiker und Genehmigungsbehörden des lokalen Staates (Stadtplanung) stehen in direkten Verhandlungen mit den Investoren und den Betroffenen in den Stadtteilen. Es ist kein Geheimnis, daß der städtische Planungs- und Genehmigungsprozeß systemisch zu Gunsten der Grundbesitzer und Kapitaleigner organisiert ist. Widerstand gegen spezifische Projekte ist langwierig und schwierig. Stadtregierungen und -verwaltungen haben in der Regel das Wachstum und die Steuerbasis ihrer Gemeinde im Kopf und handeln dementsprechend: sie favorisieren die "Schaffung von Arbeitsplätzen" und von gewerblichen Einrichtungen (Peterson, 1981). Nur in wenigen (amerikanischen) Städten haben sich sogenannte "progressive Regierungen" dem Problem gestellt, den Wachstumsprozeß unter anderen als Steuergesichtspunkten (Wohnqualität, soziale Gleichheit etc.) zu betrachten (vgl. Clavel, 1986).[14]

---

14 Weitere Akteure sind vor allem die Investoren und die betroffenen Bewohner in bestimmten Stadtteilen. Die einen versuchen, ihren Grundbesitz profitabel zu verwerten, die anderen sind -

Zwischen den Investoren und den Bewohnern, die beide ihre ständischen und kommunitären Organisationen in die "*city trenches*" schicken, hat sich nun mit dem *Consulting* ein neuer Mechanismus der halbformalisierten lokalen Politik geschoben, der einige der wesentlichen staatlichen, d.h. öffentlichen, Funktionen privatisiert (Planung, Partizipation, Wirtschaftsentwicklung, etc.). Die Berater stehen dabei streng genommen nicht zwischen den Bewohnern und den Investoren, sondern in Lohn und Brot der letzteren. Ihre Existenz und Effizienz im städtischen Prozeß ist jedoch Zeugnis für aufgebrochene Fronten zwischen Stadt, Bodenkapital und Bevölkerung: die neue Stadt wird mit neuen Instrumenten gebaut. Stadtregierungen können ihre frühere Überentwicklungen nun mit dem Rückenwind zunehmender Wachstumsfeindlichkeit aus den *Neighborhoods* zu korrigieren versuchen. Angesichts des Reagan'schen Kahlschlags in der Stadt- und Sozialpolitik des Bundes und der Finanzknappheit infolge des kalifornischen Steuergesetzes (*Proposition 13, Gann- Amendment*) ist die politische Stoßrichtung der lokalen Staaten, die Kosten für Abwässer, Mikroinfrastruktur und Verkehr mit komplizierten *Linkage-* Verträgen an die Investoren zu übertragen, ohne dabei auf die gewinnbringende Stadtentwicklung verzichten zu müssen. Im Gegenteil: die Aggressivität der Bewohner gegen weitere Mini- Märkte, Bürobauten und Hochhäuser kann derart in eine nachbarschaftsgestützte Politik des kontrollierten Wachstums transformiert werden, in der alle Beteiligten zu gewinnen scheinen. Die *Developers* erhalten annähernd den gewünschten umbauten Raum, die Nachbarschaft erhält Verkehrserleichterungen und Parkprivilegien, und die Stadt erhöht ihre Steuerbasis und befriedet den politischen Prozeß an einem empfindlichen Punkt. [15]

Consulting stellt eine neue Normalität der städtischen Politik dar. Die kritischen politischen Ressourcen, die bisher zumindest teilweise erfolgreich in

---

gewöhnlich - an einer "lebenswerten" Umwelt ihres Wohnortes interessiert. Das Interesse der Bewohner ist nicht einheitlich und keinesfalls immer "nachbarschaftlich" in der Intention: verständliches Verlangen nach Ruhe, Sicherheit etc. bringt oft eine St.Floriana-Haltung mit sich, die bis zum borniertEn Hausbesitzerindividualismus gegen jede Form des sozialen Städtebaus und zum offenen Rassismus reichen kann.

[15] Die *Consultants* gehen von Tür zu Tür, machen Umfragen, sondieren den Stadtteil nach Widerstandspotentialen, veranstalten Nachbarschaftsfeste mit *Hot Dogs* und Sackhüpfen, schmieden Kompromisse: im Zentrum ihrer Bemühungen steht dabei, die Version des Projekts zu verbreiten, die die Investoren vertreten. Fakt oder Fiktion sind dabei oft Nebensache, wie ein Stadtrat von Los Angeles zugibt. Sie werden dabei ideologisch von den *Think Tanks* und Standesorganisationen der Immobilienindustrie nach Kräften unterstützt. Das *Urban Land Institute* beispielsweise versorgt die Investoren und ihre freundlichen Helfer im Beratungsgeschäft mit Hinweisen in einem Handbuch, das die "Wichtigkeit des Manövrierens vor der Schlacht; der Sammlung von Informationen betreffs der Feindesaktivität, des Gebrauchs von Täuschung, Überraschung und Propaganda und des Lancierens von Gegenangriffen" herausstreicht, wenn etwa eine Bebauungsplanänderung durchgesetzt werden soll (zit. in Colvin/Fuentes, 1989).

den öffentlichen Prozeß der Stadtpolitik umgesetzt werden konnten ("*you can fight city hall*"), werden nun in einen kaum definierten privaten Raum verwiesen, in dem der Städtebau von vorneherein als private Leistung ausgewiesen ist. Anstelle des traditionellen Egalitarismus des kommunalen politischen Prozesses, wo zumindest *formal* die Chance bestand, Politik in den Hinterzimmern und Planungsausschüssen zu torpedieren, tritt zunehmend der selektive Pluralismus der postmodernen Stadtentwicklung, der dem monadischen Ethos der Bewegung des Kapitals im Raum unterworfen ist. Dies schwächt diejenigen *Communities*, die nicht über genügend materielle Ressourcen verfügen, um sich ausreichend zu organisieren, denn sie operieren von Beginn an auf dem Terrain des privatisierten Bodenkapitals. Soziale Verantwortlichkeit - angeblich über *Linkages* garantiert - wird zum Anhängsel der Profitinteressen und steuerlichen Erwägungen der Investoren und der Städte. Wohnungsbau, Sozialleistungen und Arbeitsplatzbeschaffung werden zum Abfallprodukt eines marktregulierten Verhandlungsprozesses auf der städtischen Mikroebene.[16]

Wirtschaftsentwicklung: von Moscow by the Sea zum japanischen Seebad

Im Gegensatz zu fast allen Kommunen in den Vereinigten Staaten muß Santa Monica aufgrund seiner Lage und Sozialstruktur nicht fürchten, daß zu wenig wirtschaftliche Entwicklung im Stadtgebiet stattfindet und damit die Steuerbasis fördernde Investitionen ausbleiben. Dies war der Ausgangspunkt der Wirtschaftsentwicklungspolitik in der Stadt, wie die Direktorin der entsprechenden Abteilung der Stadt, Peg Curran, bestätigte: "Eine Menge anderer Städte möchten gerne Firmen anziehen und die Wirtschaftsentwicklung anspornen. Sie geben dann tatsächlich Steuervergünstigungen etc. ... Wir sind absolut in

---

16 In wohlhabenden Stadtteilen können die Bürger sich Gehör verschaffen, denn sie verfügen über die notwendige organisatorische Infrastruktur von Advokaten, Experten und Zeit, um ihre Interessen zu vertreten. In ihren Stadtteilen, wo der Diebstahl eines Autoradios als Verbrechen gilt, wo Parken für Fremde verboten ist, wo die Beschränkung von weiteren Läden, die gefrorenen Yoghurt verkaufen, ein Thema ist, können die städtischen Mittelklassen in der Tat den privatisierten politischen Prozeß zu passenden kosmetischen Veränderungen manipulieren. In denjenigen Quartieren, wo die Bewohner unter Verbrechen fast immer körperliche Verletzung verstehen, wo viele von Mindestlöhnen oder der Sozialbeihilfe leben, und wo über die Ansiedelung von Gefängnisbauten und Müllverbrennungsanlagen gestritten wird, führt die Deregulierung der städtischen Politik zur Schwächung möglichen Widerstandes. In den "besseren" Stadtteilen entstehen kleine architektonische und soziale Utopien unter der pseudokommunitären Doktrin aufgehobener Klassenverhältnisse im Raum, während die Wohnorte der Arbeiterklasse mangels ihres kulturellen und ökonomischen Kapitals zu Gebrauchswerten unterer Ordnung für ihre Bewohner verdammt sind - bis sie der Gentrifizierung oder der Sanierung geöffnet werden.

der umgekehrten Situation, wo wir uns bei den meisten Investoren, die in die Stadt kommen, die gegenteilige Frage stellen: 'Was können wir von denen bezahlt bekommen?' Anstelle von: 'Was können wir ihnen geben'" (Interview Curran). Die Wirtschaftsförderung in Santa Monica kann als erfolgreiche Verbindung eines selektiven Konsumismus mit den Elementen eines lokalen Postindustrialismus gewertet werden, die die funktionale Eingliederung Santa Monicas in die Region Los Angeles garantierte und gleichzeitig den kulturellen Partikularismus der lokalen Mittelklassen erhielt (vgl. Kann, 1986: 7). Die Mittelklasse von Santa Monica ist dabei nicht als "von der Krise verschont" zu verstehen (vgl. Kann, 1986:6), sondern als Restrukturierungsgewinnerin im Rahmen der generellen Verschiebung zu einer Mittelklassekonsumkultur unter dem Regime der Reagan/Bush-Administrationen (Davis, 1986: 84f.).[17]

Der von der liberalen Stadtregierung kaum intendierte Preis des Wohlstands war die Gentrifizierung der ökonomischen Struktur. Landintensive Nutzungen und Bebauungen wie Tankstellen, Gärtnereien oder Baumschulen verschwinden von der Landkarte, da sie die hohen Grundpreise nicht zahlen können. Hier griff die Stadt allerdings da ein, wo es um die Bewahrung für die Reproduktion der Gemeinde notwendiger Dienstleistungen ging (Interview Curran). In der von der Kommune verfolgten Revitalisierung der Fußgängerzone *Third Street Mall,* die nach 1987 in Angriff genommen worden war, stellte sich die Frage der Erhaltung oder der Verdrängung existierender Nutzungen im Billigkonsumbereich, der die *Mall* bis dato auszeichnete. Die Sanierung der Straße, die u.a. die Wiederzulassung von Autoverkehr einschloß, war eine der zentralen Achsen der Aufwertung Santa Monicas als Ort der Konsumtion von internationalem Zuschnitt, der mit Beverly Hills' *Rodeo Drive* konkurrieren könnte.[18] Die Etablierung eines solchen Einzelhandelsmarktes war jedoch nicht alleine eine Funktion des lokalen Kaufkraftpotentials, sondern der Rolle der Kommune in der neuen strukturierten Kohärenz am Pacific Rim. Die Sanierung der *Third Street Mall* geschah mit mehr als *einem* Seitenblick auf die Rolle der Stadt im japanischen Tourismus: Santa Monica ist bereits heute eines der Traumziele fernöstlicher Weltenbummler, und der Ruhm der Stadt wird in einem bekannten japanischen Erfolgsschlager besungen. Die Konkurrenz mit Beverly Hills um Devisen aus dem Tourismus-Konsumismus bleibt

---

[17] Ein wesentliches ideologisches Teilstück dieser Strategie ist die Betonung von Kultur, Ausbildung und Erziehung in einer *High-Tech*-Umgebung, die der Jugend der Stadt einen "Vorsprung im Rennen um den Mittelklasseerfolg von morgen" gibt (Kann, 1986: 7).

[18] Der Austausch von "Perückenläden" und "Kramläden" gegen *"Frozen-Yogurt"*-Salons und teuere Boutiquen ist nur eine Frage der Zeit. "Santa Monica könnte diesen Markt halten" mutmaßt die Wirtschaftsförderin Peg Curran in einem Interview.

daher ein zentraler Gesichtszug der wirtschaftlichen Stadtentwicklung. (Interview Curran).

Die "Bewegung in den Staat" hat den Prozeß der Wirtschaftsentwicklung nicht grundsätzlich redefiniert, jedoch die Stellung der *Community* im lokalen politischen Prozeß verbessert: "Es gibt <jetzt> Anerkennung und Respekt für die Rolle von Nachbarschaftsorganisationen in der Bestimmung der Zukunft der Stadt. Und das wuchs tatsächlich aus der Mieterbewegung" (Interview Curran). Diese Situation stellt einen klaren Bruch mit der Praxis vor 1981 dar, als "die Geschäftsinteressen im Stadtrat saßen" (Curran). Ende der achtziger Jahre waren *business interests* und *community interests* zwar nicht miteinander versöhnt - Curran sah sogar eine Bewegung zu erhöhten Konflikten zwischen den beiden Seiten - aber es gab nun eine Bereitschaft zum Kompromiß. Im Zentrum steht wiederum die Wachstumsproblematik: "Wir beobachten die Entstehung einer Bewegung für langsames - fast für Null- Wachstum. Denn weil wir Teil der Region Los Angeles sind, wächst der Verkehr ... Die Bevölkerung in Los Angeles wächst in großen Sprüngen und das schafft Druck auf die Lebensqualität in den Städten" (Interview Curran).[19]

Während die formale demokratische Kontrolle über den Wachstumsprozeß Santa Monicas unter der Politik der Reformregierung gewachsen ist, hat die Politik des lokalen Staates andererseits kaum Einfluß auf die weiterbestehende Spaltung des Diskurses um Wachstum entlang sozioökonomischer Scheidelinien. Ärmere Stadtbewohner, z.B. in der im Süden der Stadt gelegenen schwarzen *Pico-Neighborhood* sind auf eine Garantie bestimmter öffentlicher Dienste angewiesen, die durch Einnahmen aus lokalen Grund- und Gewerbesteuern bestritten werden (z.B. Parks), während die wohlhabenderen Bürger Santa Monicas zunehmend auf Mittel der privaten Konsumtion zurückgreifen ("*They have their own backyards*", Interview Curran). In diesem Kontext werden die politischen Interessen der einzelnen städtischen Gruppen "engstirniger und protektionistischer" (Curran). Wo sie privatisiert befriedigt werden, werden sie gar aus dem eigentlichen lokalen politischen Prozeß herausgenommen.

---

[19] Die politische Direktive für den lokalen Staat in dieser Auseinandersetzung ist nicht überraschend: "Unser Problem ist es nicht, Wirtschaftsentwicklung zu "machen", unser Problem ist es zu versuchen, die Art von Entwicklung, die in die Stadt kommt, unter Kontrolle zu halten. Dies ist keine Stadt, wo es Löcher des Elends gibt. Dies ist ein Ort, wo die Leute bauen wollen. Die Leute wollen hier sein. Wir müssen also ein Sicherheitsventil einrichten und gleichzeitig sicherstellen, daß es uns nicht überwältigt" (Interview Curran). Die Konstruktion des Wachstumsdiskurses wird dadurch kompliziert, daß internationale Investitionen beginnen, den Wirtschaftsentwicklungsprozeß in Santa Monica stärker als bisher zu bestimmen, auch wenn sich direkter Einfluß internationaler Investitionen auf den lokal institutionalisierten Prozeß noch nicht nachweisen läßt.

Die widersprüchliche Rolle Santa Monicas in der Region Los Angeles verweist auf eine grundsätzliche Problematik der kommunalpolitischen Politikformation. Der besondere Charakter Santa Monicas rührt einerseits von der besonderen geographischen und sozialen Lage der Kommune "am Strand" der sich formierenden Welt-Stadt Los Angeles. Aus diesem Privileg entsteht eine gewisse mittelstädtische Autonomie im Stadtentwicklungsprozeß. Da Santa Monica aber integraler Bestandteil der metropolitanen Region Los Angeles ist, kann es sich nur begrenzt vor den möglichen und realen Folgen des Welt-Stadt-Wachstum schützen. Vom Abwässerproblem bis zur Verbrechensrate und zur Obdachlosigkeit schwappen die sozialen Probleme der Welt-Stadt in die Kommune am Pazifik. Im nächsten Abschnitt sollen daher kurz die Maßnahmen des lokalen Sozialstaates dargestellt und bewertet werden.

Mieterrepublik und Obdachlosenparadies? Soziale Demokratie und lokaler Wohlfahrtsstaat in Santa Monica

Der Kern der Sozialpolitik in Santa Monica als Formationselement des "alternativen" Sozialstaates war seit Einzug der liberalen Politiker in den Stadtrat die Reform des Mieterschutzgesetzes. Die Etablierung "starker" Mietpreiskontrollgesetze (mit Erhaltung der Miethöhe bei Leerständen: "*vacancy control*") nach 1979 in Santa Monica haben zu einer "substantiellen Einkommensumverteilung zwischen Vermietern und Mietern" zugunsten der letzteren geführt. Der Anteil der für Miete aufgewandten Kosten am Familieneinkommen würde sich in Santa Monica nach einer Simulation von Appelbaum zwischen 1986 und 1997 von fast 23 auf unter 17 Prozent verringern. In einer nicht kontrollierten Umgebung würde sich dieser Satz auf ca. 30 Prozent erhöhen (Gilderbloom/Appelbaum, 1988). [20]

---

[20] Eine Schwierigkeit dieser Überlegungen besteht darin, daß es unmöglich ist, in einer Situation schnellen Umschlags auf dem Wohnungsmarkt den soziologischen Charakter der Gewinner dieses Prozesses zu bestimmen, denn es besteht ein klarer Trend zur Gentrifizierung in Santa Monica. Zwar hat "Rent Control" diese Entwicklung eher verlangsamt und nicht beschleunigt, wie eine städtische Angestellte bestätigt: "Aber durch Neuvermietung wird die Stadt mit der Zeit weißer und reicher" (Interview Curran). Informelle Vergabepolitiken der Vermieter, die Renovierungsklauseln einschließen, welche nur wohlhabenden Neumietern die Übernahme einer leergewordenen Wohnung ermöglichen, unterstützen diesen Trend (Wilkinson, 1989a). Ironischerweise gilt diese Lücke in der Praxis der strengen Mietpreiskontrolle in Santa Monica den dortigen Vermietern als Beweis für die Subventionierung der Yuppies durch interventionistische Politiken des lokalen Staates auf dem Wohnungsmarkt. Im politischen Jargon der Vermieterverbände "nimmt '*Rent Control*' von den Armen und gibt den Yuppies" (Glover, 1989a), eine Unterstellung, die andererseits von den Verfechtern der Maßnahmen energisch zurückgewiesen wird.

Der soziale Klassenkampf zwischen den Mietern und Vermietern im Bereich der Wohnungsversorgung und -regulierung fand nach 1979 unter der kommunalpolitischen Hegemonie derjenigen Kräfte statt, die sich in jedem Falle für eine Form der Mietpreiskontrolle aussprachen. Jeder Versuch oppositioneller Kräfte, die Macht des SMRR zu durchbrechen, konnte daher nur gelingen, wenn diese sich positiv zur Wohnungsreform verhielten. Der wohnungspolitische Diskurs hatte daher zentrale Bedeutung für den Reformprozeß in Santa Monica insgesamt (Citron, 1986; Wilkinson, 1989d). Der politische Konsens - ob als echte Zustimmung oder als Lippenbekenntnis - über die Rechtmäßigkeit einer Regulierung des Wohnungsmarktes durch die Stadtregierung schüttete allerdings nie die Gräben zwischen den sozialen Akteuren am Grunde des Konflikts um diesen Punkt zu.[21] Die gut dokumentierte akademische Debatte über die Mietpreiskontrolle in Santa Monica hat den Interessenswiderspruch zwischen Mietern und Vermietern in mehr oder weniger polemischen Formen gedoppelt.[22]

Im Sommer 1989, zehn Jahre nach der ursprünglichen Einführung mieterfreundlicher Gesetzgebung, schlug ein Komitee aus Mitgliedern des lokalen Mietenkontrollrats und Vertretern von Vermietern einen Kompromiß vor, der das Originalgesetz in wesentlichen Punkten verändern sollte. Das neue Gesetz sollte den Vermietern erlauben, in einigen Wohnungen erhebliche Mieterhöhungen durchzuführen, wenn sie sich darauf verpflichten würden, Wohnraum für arme Mieter bereitzustellen. Diese Rechnung würde in jedem Fall für die Vermieter aufgehen, da der Verzicht auf hohe Mieten in den für Einkommensschwache reservierten Wohnungen von der Erhöhung der Mieten in den deregulierten Wohnungen mehr als aufgewogen würde (Moran, 1989a). Dieser Vorschlag wurde in der Öffentlichkeit als Durchbruch der verhärteten Fronten von Mietern und Vermietern in Santa Monica gewertet. Am 15. Juni 1989 brachte die Los Angeles Times einen auf den Kompromiß bezogenen Artikel mit dem Titel "Brücke über den Abgrund" und belegte dies mit einem Bild, auf dem der Vertreter der Vermieter, James Baker, dem Mietenkontrollrats-

---

[21] Zum zehnten Jahrestag des entsprechenden Gesetzes im April 1989 wurde das Rathaus daher erneut zur Szene einer bizarren Konfrontation: "In einem Innenhof des Rathauses schlürften Politiker und Mieteraktivisten aus Santa Monica Punsch und knabberten Kuchen, Kekse und Brie. Obdachlose, die die Festlichkeiten stürmten, labten sich ebenfalls an den Leckereien unter bunten Luftballons ... Draußen marschierten Vermieter mit einem anderen Standpunkt unter einer amerikanischen Flagge, winkten mit Plakaten und skandierten durch Megaphone: '*Rent Control* für die Reichen! Helft den Bedürftigen, nicht den Habsüchtigen!' Die Vermieter hatten Unterstützung. Ein Panzerfahrzeug aus dem Zweiten Weltkrieg umkreiste das Rathaus und richtete sein 20-Millimeter-Geschütz symbolisch auf das Gebäude, das manche Demonstranten den 'Kreml' nannten" (Wilkinson, 1989a).

[22] Vgl. Heskin, 1983, Kann, 1986, Clavel, 1986, Gilderbloom/Appelbaum, 1988.

ausschußmitglied Wayne Bauer freudestrahlend die Hand schüttelt (Wilkinson, 1989d). Die öffentlich zur Schau gestellte Freude über die Einigung dauerte jedoch nicht sehr lange an. Bald darauf hatten die Vertretungsorgane der beiden Konfliktparteien den Plan aus denselben Gründen verworfen, der sie seit mindestens zehn Jahren auf verschiedenen Seiten des Verhandlungstisches gehalten hatte. Am 10. Juli sprachen sich 98 Prozent einer Versammlung von 500 Mitgliedern der Vermietervertretung ACTION gegen den Plan aus. Drei Wochen später schlossen sich die Mietervertreter der Ablehnung an.

Trotz dieses Rückschlags für die auf Kompromiß ausgerichteten politischen Kräfte bedeutete die Erarbeitung einer derartigen Strategie eine grundsätzliche Umkehr in den politischen Verarbeitungsweisen eines sich verschärfenden sozialen Konflikts im Wohnbereich. Seit Mitte der achtziger Jahre hatte sich angedeutet, daß zumindest zwischen dem radikalen SMRR und der gemäßigten *All Santa Monica Coalition* im Stadtrat hinter dem grundsätzlichen Einverständnis über die Notwendigkeit einer progressiven Wohnungspolitik Konfliktthemen mit der Bereitschaft zum Kompromiß angegangen wurden. Richtungsweisend war dabei die Zustimmung des SMRR-Vertreters und ehemaligen Bürgermeisters Jim Conn zur Errichtung des Bürokomplexes "Colorado Place". Diese neue Politik des Kompromisses war exakt deshalb möglich, weil die politische Öffentlichkeit von Santa Monica das Programm von SMRR, das zu Anfang des Jahrzehnts zum Spitznamen der Stadt "Volksrepublik Santa Monica" geführt hatte, in seinen grundsätzlichen Punkten akzeptiert hatte (Citron 1987). Von dieser Basis aus wurde nun eine Politik des Ausgleichs artikuliert, die die traditionellen linken ideologischen Inhalte desselben Programms weitestgehend zugunsten eines ambivalenten postmodernen Pluralismus und Pragmatismus verdrängten. Im Rahmen dieses Trends war schließlich auch der Kompromiß um die Mietenreform zu verstehen. Er ist - trotz seiner Ablehnung - daher eher als Weiterführung eines generell auf Verständigung angelegten Diskurses zwischen den Konfliktparteien zu interpretieren denn als Ende des Dialogs. Dieser Dialog selbst ist vielmehr nun zum Gegenstand der Verhandlungen um die Zukunft Santa Monicas als einem privilegierten Ort am Rande der Pazifikökonomie geworden. *Aus dem Angriff auf das amerikanische politische System, den - zumindest ideologisch - das SMRR-Programm anfangs enthielt, wurde schließlich der Diskurs der Bestandssicherung der Privilegien der lokalen Mittelklasse mit einer sozialen Komponente.*

Das verwaschene soziale Ziel der Mittelklasseradikalen blieb intakt: "Im Idealfall würde der Rat die Stadt hin zu einer Ein- Klassen-Gesellschaft unabhängiger Leute führen, die sich der Erfüllung ihrer grundsätzlichen Bedürfnisse sicher sein und sich der umweltlichen, kulturellen und intellektuellen Annehmlichkeiten des lokalen Lebens erfreuen können würden" (Kann, 1986: 182). Genau aus diesem Grund hält die Stadt in voller Anerkennung ihrer strukturellen Beschränkungen die Grundpfeiler der Sozialpolitik aufrecht, die ursprünglich ihre Differenz zu anderen Kommunen definierte: "Keine Stadt in Los Angeles, in Südkalifornien, hat getan, was wir in der Frage der Obdachlosigkeit getan haben. Aber uns ist klar, daß wir keine Lösungen anbieten sondern nur Trostpflaster", formulierte Jim Conn (Interview Conn). Ein Drittel seines Sozialetats gab die Stadt 1989 für die Versorgung der Obdachlosen aus, die sich massenhaft am Strand und in den Straßen der Stadt versammeln. Die Polizei verfolgte die Obdachlosen nicht für Vergehen ohne Gewalttätigkeiten, ein Stadtrat schlug vor, den Rasen vor dem Rathaus für vorübergehende Unterkünfte zu nutzen, und die Stadt übernahm sogar einige der Wohnwagen, die der Nachbar Los Angeles 1987 unter großem ideologischen Aufwand für die Obdachlosen angeschafft hatte, um später feststellen zu müssen, daß sich die meisten Angelenos gegen die Plazierung dieser Notunterkünfte in ihren Stadtteilen wehrten. Im August 1989 folgte die Stadt der Anregung des Bürgermeisters Dennis Zane und stellte 30.000 Dollar für die Verpflichtung eines *Consultant* bereit, der die Interessen der Obdachlosen gegenüber den Staats- und Bundesregierungen vertreten soll (Hsu, 1989). Dieser als "einzigartig" bezeichnete Vorschlag war das sichtbarste Beispiel für die Übertragung der allgemeinen sozialen Verantwortlichkeit auf individuelle kommunale Akteure nach zehn Jahren Kürzungen im Sozialbereich unter Reagan und Bush. Er war zudem mit der Fragmentierung der sozialen Politik nach den Maßgaben des postmodernen Pluralismus konsistent, der ein neues Korrelat zwischen wirtschaftlicher Stärke der städtischen Gemeinden und ihrer politischen Flexibilität herzustellen beabsichtigt.

Die Bewegung in den Staat: Santa Monica und West Hollywood im Vergleich

Die in der Mehrheit von der weißen Mittelklasse bewohnten Städte Santa Monica und West Hollywood sind Zentren neuer, auf die politische Organisationsstärke und Flexibilität der Mittelklassen ausgerichteter Politikformen[23].

---

23 Ähnliches ist auch für den Stadtteil Venice in Los Angeles zu behaupten, in dem sich Ruth Galanter als Kandidatin von liberalen Wählern durchsetzen und damit einer spezifisch wachstumskontrollierenden Politik Nachdruck verleihen konnte. Auch hier besteht - allerdings auf geringerer sozialer Stufenleiter - eine Interessenskoalition von *Radicals* aus den sechziger Jahren mit liberalen Mittelklasseelementen (Interview Bickhart, Interview Springer)

Sowohl relative soziale Sicherheit (wenn auch an den Rändern der Mittelklassen prekär) als auch die hohe politische Präsenz und Flexibilität verschmelzen zu einer spezifischen, ortsgebundenen soziokulturellen Grundlage für eine Adaption an die Bedürfnisse der Verweltstädterung. Interessanterweise findet in allen hier untersuchten Fällen eine Transformation politischer Projekte aus den sechziger Jahren zugunsten einer Fragmentierung und Flexibilisierung dieser Projekte auf dem lokalen politischen Sektor statt. Die Implementierung der "liberalen" oder "radikalen" Projekte früherer Perioden sozialer Bewegung, d.h. die Politik der sozialen Verantwortlichkeit, findet schließlich nur unter ihrer Verwandlung in postfordistisch fragmentierte und diversifizierte Politikformen statt. Gesellschaftliche Alternativprojekte und "Sozialdemokratie", deren Referenzpunkt ursprünglich die nationale Politik war, werden in diesem Prozeß lokalisiert und sozialräumlich segregiert. Ihre traditionelle Verbundenheit mit an gesellschaftlicher Umverteilung orientierten Kräften geht dabei prinzipiell verloren, wird jedoch punktuell aufrecht erhalten und transformiert. Die "Bewegung in den Staat" in Santa Monica - die Übernahme lokalstaatlicher Macht durch die "Mittelklasseradikalen" - ist eine ortsspezifische Transformation lokalstaatlicher Praxen im Restrukturierungsprozeß der strukturierten Kohärenz Südkaliforniens.[24] Unter den gegebenen Umständen der Eingliederung Santa Monicas auf der Sonnenseite der Welt-Stadt konnten die Projekte der Mittelklasseradikalen überhaupt erst politikmächtig werden, indem sie ein Amalgam liberalistischer Sozialpolitik und wachstumskritischer (nicht wachstumsfeindlicher) Stadtentwicklungspraxis in Formen entstehen ließen, die weder einen direkten Rekurs auf den bürgerlichen Radikalismus noch auf das proletarisch geprägte Sozialstaatsprojekt des *New Deal* (und seiner Inkarnation in den neuen sozialen Bewegungen der sechziger Jahre) zulassen. Gerade durch die Flexibilisierung der politischen Formen, die in den Rei-

---

[24] Die Einordnung der politischen Ökonomie einzelner Orte in die welt-städtische strukturierte Kohärenz findet jedoch vor dem Hintergrund langfristiger Verschiebungen im amerikanischen politischen Diskurs der Nachkriegszeit statt. Clavel (1986) zeigt, daß die Entstehung "progressiver" Städte in den USA nach 1969 mit der Krise des städtischen Wachstumsdiskurses zusammenhängt. Aus diesem Prozeß speist sich die politische Rhetorik der lokalstaatlichen Politik in Santa Monica und West Hollywood, insbesondere die Diskussionen um Flächennutzung, Bebauung und Mieterschutz. Die Redefinition des Wachstumsdiskurses führte zu neuen politischen Machtverhältnissen. Als die Mieten aufgrund hoher städtischer Wachstumsraten in Santa Monica auch nach der angeblich mietsenkenden Grundsteuersenkung von 1978 (*Proposition 13*) weiter stiegen, formierte sich eine Mieterbewegung als wachstumskritisches politisches Organ. Ihr Symbolismus, der Mieter gegen Vermieter aufbrachte, gewann schließlich die Unterstützung der ganzen Gemeinde (Feagin/Capek, 1986: 16). Insofern machte der Zusammenbruch der klassischen fordistischen Wachstumskoalition den Weg für eine Neuformierung lokaler politischer Kräfte frei.

hen der sozial gesicherten Mittelklassen erst ermöglicht wurde, entstand die elementare Voraussetzung des postfordistischen lokalen Staates. Differenzen zwischen Perspektiven und Ergebnissen lokalstaatlicher Politik in Santa Monica und West Hollywood sind aus der spezifischen Dynamik der dortigen Klassenstrukturen und deren politischen Organisationsformen zu erklären. In Santa Monica wird eine materiell gesicherte und politisch mit linksliberalen Traditionen behaftete Mittelklasse politisch mächtig. Zweifellos gehören die "Mittelklasseradikalen" von Santa Monica zu den sozial und politisch privilegierten Eliten der nationalen Bourgeoisie (Kann, 1986). In West Hollywood dagegen erklärt sich der Erfolg von faktisch, wenn nicht immer intendierter, "progressiver" Stadtpolitik aus einer Mittelklassebevölkerung mit speziellen Eigeninteressen - Homosexuelle und Mieter - die sich in der Gründung und Formation des lokalen Staates einen Handlungsspielraum schaffen. Die Mittelklassenfragmente von West Hollywood gehören weder potentiell noch real zum hegemonialen Block der amerikanischen Gesellschaft: *Ihre Mittelklassenkultur ist eine marginale.*[25]

Unterschiede bestehen auch in der Organisationsform der "Bewegungen in den Staat": SMRR und CED in Santa Monica waren endogene Organisationen, die aus der sozialstrukturellen Veränderung der Kommune in den siebziger Jahren entstanden und in dem Maße Zulauf erhielten, wie die Konsumgewohnheiten und Privilegien der neuen Mittelklassen sich mit den sozialen Überzeugungen der sechziger Jahre verbanden (Kann, 1986: 75). SMRR und CED waren originär Organisationen der reurbanisierten Mittelklasse. In West Hollywood hingegen stellte erst die politische Aktivität einer auf rassischer und ethnischer Gleichheit bestehenden, für die Reproduktionsbedürfnisse der städtischen Arbeiterklasse eintretenden Kaderorganisation (CES) die Einheit der lokalen Mieterbewegung mit einer lokalpolitisch desinteressierten Homosexuellenbewegung her (als Katalysator fungierte dabei die Querströmung der lokalpolitischen Autonomisten, die ihre Anhänger in allen politischen Lagern hatten). Im

---

25 Speziell für die homosexuelle Subkultur, die sich in der bürgerlichen Gesellschaft von Los Angeles bereits unter dem Regime des County eine sozialräumliche Nische geschaffen hatte, bleibt das Dilemma der peripheren Existenz auch nach der Formation des Lokalstaates bestehen. Für die schwule Bevölkerung von San Francisco beschrieb dies Castells - noch vor der die Homophobie vergrößernden AIDS-Epidemie - folgendermaßen: "Die Gesellschaft beantwortete die reale Drohung, die von den schwulen Werten gegenüber den fundamentalen Institutionen unserer Zivilisation, so wie Familienleben ausging. Daher konnte das schwule Territorium nicht eine kulturelle, utopische Gemeinschaft bleiben; entweder mußten Mauern um die freie Stadt errichtet werden, oder das ganze politische System mußte reformiert werden" (Castells, 1983: 145). Gründung und Formation des lokalen Staates in West Hollywood unter homosexueller Beteiligung stellte ein wenig von beidem dar: die Institutionalisierung der "freien" Territorialität und die Reform des politischen Systems. Das Dilemma wurde daher partiell mit sich versöhnt.

Resultat verschwimmen jedoch diese Unterschiede: Beide Kommunen verfolgen eine Politik, die den von ihnen repräsentierten Mittelklassefragmenten große Vorteile in der Einordnung der politischen Ökonomie der Orte Santa Monica und West Hollywood in die globale Region Südkalifornien sichert.

Carson: *Future Unlimited*

> *Cities are what men make them*
> *On land that is given by God.*
> Motto der offiziellen Stadtchronik.

Carson ist eine Stadt von 85.000 Einwohnern im Süden des Beckens von Los Angeles, nördlich von Long Beach und östlich von Torrance. Die Stadt wurde 1968 als siebenundsiebzigste selbständige Gemeinde des County durch Volksabstimmung gebietskörperschaftlich gegründet. Der Inkorporierung ging eine bewegte Geschichte voraus, die eng mit der Entwicklung des Aufbruchs des riesigen Bodenbesitzes der Dominguez Familie auf Rancho San Pedro und ihrer Erben zusammenhängt, welche den Großteil des Landes heute als Dominguez Properties und Watson Land Company verwalten und entwickeln. Der Name der Kommune geht zurück auf einen Schwiegersohn des Don Manuel Dominguez, George Henry Carson, der das mexikanische Rancho endgültig in amerikanisches Immobilienkapital verwandelte. In den zwanziger Jahren dieses Jahrhunderts fand man auf den Dominguez Hills Öl, und Carson wurde zum Standort von Raffinerien und chemischen Industrien, die bis heute Teile des Stadtbildes bestimmen. Mit dem lokalen Immobilienkapital - repräsentiert durch Watson Land - und dem (inter-)nationalen Großkapital - repräsentiert durch die Ölgesellschaften Shell und Arco - waren damit die traditionell wichtigsten Akteure im Stadtentwicklungsprozeß von Carson bestimmt.

Die Internationalisierung der Stadtregion Los Angeles verlieh diesem historischen Verhältnis eine neue Qualität: Carson wurde zur Drehscheibe der Vermittlung von globalen ökonomischen Tendenzen in die lokale städtische Struktur. Als "einzigartige Industriestadt, die sich selbst bereinigt" (Interview Reyes), strebt Carson danach, die städtische Zukunft einer neuen, auf Welthandel und Hochtechnologie basierenden Subökonomie in der "Southbay" zu werden. Dabei soll auf eine traditionelle Industrialisierung verzichtet werden. Die Ansiedlung von Industrien bringe zu viele Probleme mit sich. Lediglich hochtechnologische Produktion, wie die Herstellung von Computerchips, die als "sauber" angesehen wird, wird erwogen. Aufgrund ihrer öl- und chemieindustriellen Geschichte stellt sich die Stadt, die noch immer 124 Autofriedhöfe, mehrere Müllplätze und acht Raffinerien aufweist, heute als "sensibel" in Umweltfragen dar (Interview Reyes). *High-Tech*-Produktion findet nun beispielsweise im (nicht gewerkschaftlich organisierten) Werk der japanischen Firma *Pioneer* statt, wo (in einem Industriepark der Watson Land) Laser-Disketten für Videogeräte hergestellt werden.[26] Als wesentlicher Standortfaktor wird von städtischen Offiziellen und Firmenvertretern gewöhnlich Carsons exzellente Lage im Kreuz mehrerer Autobahnen, in der Nähe des Hafens und zu *Downtown* Los Angeles genannt: "Angesichts seiner Nähe zum geschäftigsten Westküstenhafen <Los Angeles-Long Beach, R.K.> und seines verfügbaren Büroraums und seiner Industrieanlagen präsentiert Carson einen Standort, der für Geschäfte vorteilhaft ist, die mit internationalen und *Pacific Rim*-orientierten Handelsaktivitäten zu tun haben" (Carson, o.D.). Als weitere strukturelle Anziehungspunkte gelten neben der Verfügbarkeit von unbebautem Land, die Aktivität einer geschäftsfreundlichen Stadtentwicklungsbehörde, die Abwesenheit einer lokalen Grundsteuer und die Existenz eines gutausgebildeten und stabilen örtlichen Arbeitskräftereservoirs. "Sichtbarkeit" ist ein wesentlicher Faktor im Verkauf Carsons als Standort für Firmen: die dominante Präsenz des Nissan-Firmengebäudes am Kreuz der Harbor- und San Diego-Freeways und der charakteristische Goodyear-Zeppelin, der oft über der Stadt schwebt, markieren Carson als erkennbaren Ort im Raum des Beckens von Los Angeles (Interview Reyes; Carson, o.D.). Daß die Visibilität der Japaner am Autobahnkreuz nun die zwielichtige und zweifelhafte Berühmtheit der Stadt für ihre Raffinerien in den Schatten zu stellen beginnt, kann sich dabei nur als Vorteil für den lokalen Grundbesitz erweisen.

Ausschlaggebend für die neue Rolle Carsons an der Spitze der Kommunen, die sich der Internationalisierung öffnen, ist die politische Bereitschaft der lokalen Akteure, eine Restrukturierung des Ortes aktiv herbeizuführen. Zwar gibt es - wie der Manager der Stadtentwicklungsbehörde Adolfo Reyes behauptet - keine kommunale Strategie zur Attraktion ausländischen, speziell japanischen Kapitals, es sind jedoch relevante Akteure in der Stadt identifizierbar, die eine solche Strategie verfolgen. Insbesondere Watson Land, der größte *Developer* industrieller Komplexe in Los Angeles County und einer der größten seiner

---

26 Eine aktuelle Broschüre der Stadt zählt eine "beeindruckende Liste von Fortune 500-Gesellschaften" auf, die sich in Carson niedergelassen haben: Shell Oil, TRW, McDonnell-Douglas, Pepsi- Cola Bottling, Borden Chemicals, Bridgestone Tires, Atlantic- Richfield, The American Can Co. und K-Mart. Nissan, Tomy Toys, Fuji Photo Film, Elixir Corporation, Mercedes Benz of North America und Peugeot of America haben ihre US-Firmenzentralen in Carson etabliert (Carson, o.J.).

Art in den USA ist ein aktiver Transmissionsriemen, der das Kapital und die Wirtschaftsenergie des Pacific Rim in die lokale Ökonomie überträgt. Damit erwirkt Watson Land zweierlei: erstens wird durch die Bautätigkeit und die Politik der Gesellschaft bisher unterentwickeltes Land in den Vernutzungsprozeß geworfen. Zweitens werden frühere Nutzungen zugunsten zukunftsorientierter wirtschaftlicher Aktivitäten ersetzt: "Bis in die frühen sechziger Jahre wurde das meiste Land, das die Gesellschaft besaß, für Landwirtschaft und Ölproduktion genutzt. Um den Wert ihrer Besitzungen zu schützen und zu erhalten, begann die Watson Land Company 1963 mit der Entwicklung des Landes, als Antwort auf die sich wandelnden Bedürfnisse Südkaliforniens" (Watson Land, 1987).

Ganz entscheidend für die politische Ökonomie des Ortes ist die eindeutige Ausrichtung der Aktivitäten von Watson Land mit Hinblick auf japanische Vertragspartner. Firmeneigene Angaben schwanken zwischen 25 und 30 Prozent, wenn es um die Festlegung des Anteils der japanischen Mieter in Projekten der Gesellschaft geht (wobei sich nicht alle Projekte in Carson selbst befinden) (Interview Perry, Watson Land, 1987). Eine von Watson Land herausgegebene mehrseitige Broschüre unterrichtet mögliche fernöstliche Kunden in japanischer Sprache über die Vorzüge des Standortes Carson.[27] Vertreter von Watson Land, wie etwa der Aufsichtsratsvorsitzende und der Präsident der Firma, haben sich in der Vergangenheit an offiziellen Handelsmissionen der *Economic Development Commission* des *County* nach Japan beteiligt (Interview Perry).

Watson Land bereitet zudem durch eine aggressive Politik im Kommunalbereich "zuhause" den Boden für eine möglichst problemlose Vermittlung der globalen Investitionen in die lokale Raumökonomie. Die Gesellschaft beobachtet, begleitet und berät den lokalen politischen Entscheidungsprozeß. Watson Land gibt nach eigenen Angaben regelmäßig und breitgestreut finanzielle Wahlunterstützung für lokale Kandidaten, die "an das System des freien Unternehmertums glauben und Wachstum unterstützen" (Interview Perry). Die *Developers*, die solche Spenden - gewöhnlich an sogenannte *Political Action Committees* - als "legitimen Teil des legislativen Prozesses" ansehen, stehen daher "auf allen Spendenlisten" zugleich (Interview Perry). Eine Angestellte,

---

27 Die japanischen Unternehmen American Honda, Meiko Warehousing, Bridgestone Tire Company, Kenwood U.S.A. Corporation, Maruzen of America, Mitsui-Soko (U.S.A.), Nakano Warehouse, Pioneer Electronics, Pioneer Video, Tomy Coleco und Toyota Motors teilen sich 200.000 qm Fläche, die Watson Land an sie vermietet. Unter den Entwicklungen in Carson stechen der Watson Industrial Center South mit fast einer Million qm Nutzfläche, der Watson Corporate Center mit 130.000 qm Nutzfläche und der Watson Intermodal Center mit 70.000 qm heraus.

die für die politische Liaison der Firma zuständig ist, nimmt für Watson Land Einfluß auf Stadtverwaltung und -parlament, um spezifische Verordnungen und Planungsvorhaben in die Wege zu leiten. In der jüngeren Vergangenheit drehte es sich hier vornehmlich um Bebauungsplanänderungen und Regulativmaßnahmen für den Wirtschaftsverkehr. Große Bedeutung haben dabei die Auseinandersetzungen zwischen den Wohngebieten und den rasch industrialisierenden Lager- und Verladefunktionen in der Peripherie des internationalen Hafens. Im Streit um Container-Stellplätze und Bewegungsraum für Großlastwagen - beides unmittelbar an die Hafenökonomie gebunden - wird die Brisanz des internationalen Restrukturierungsdruckes auf den Ort Carson deutlich. Über lokale politische Aktivität werden hier die Voraussetzungen geschaffen für eine Übertragung globaler Strukturen auf den lokalen Raum. Beschränkungen der Beweglichkeit der LKW und der Container würden einer Reduzierung des verfüg- und bebaubaren Landes gleichkommen, was im Gegensatz zu den Interessen der lokalen Ortsunternehmer wie Watson Land stünde (Interview Perry). Von Watson Land selbst wird die Einflußnahme auf den kommunalen Entscheidungsprozeß jedoch nicht als Produkt einer umfassenden politischen Strategie gekennzeichnet, sondern als Folge des allgemeinen Bedürfnisses nach einem "guten Geschäftsklima". Die Vermittlung des globalen Restrukturierungsdrucks (internationales Kapital) mit den bodengebundenen Interessen des lokalen Immobilienkapitals (Ortsunternehmer) ist daher politisch objektabhängig. Konkret bereiten die lokalen Ortsunternehmer durch ihre politische Aktion im lokalen Staat den Boden für die Internationalisierung des Ortes.

Von erheblicher Bedeutung für diesen Prozeß ist die Rolle halboffizieller Verbände wie der örtlichen Handelskammer. Durch die Politik der Handelskammer auf lokaler Ebene werden die Interessen der unterschiedlichen Kapitalgruppen in Carson selektiert und gebündelt, lokales und internationales Kapital erhalten ein gemeinsames Dach, unter dem sie ihre Ortsinteressen konkurrent und solidarisch ausspielen können, bevor sie die kommunalpolitische Arena betreten. Für ausländische, z.B. japanische Firmen, wird die Mitgliedschaft in der *Chamber of Commerce* zur Initiation in die lokale Gemeinde und in den lokalen politischen Prozeß. Das persönliche Netz der "guten alten Bekannten", die bis dato die Geschicke des Ortes bestimmten, wird in diesem Prozeß nach beiden Seiten ausgedehnt.[28] Solche Beziehungen werden inzwischen gerade von den Firmen selbst als unerläßlich betrachtet, um ihre lokale Inkorporie-

---

28 Der (großgewachsene) Präsident der Handelskammer, Paul Schneider, beschreibt sich selbst als "*tallest member*" der ortsansässigen japanischen Gemeindeorganisation (Interview Schneider).

rung zu gewährleisten, wie eine Vertreterin von Nissan Motor in Carson bestätigt: "In der Vergangenheit waren wir etwas segmentiert ... Nicht daß da kein gutes Verhältnis bestand, es war mehr eine Situation, wo jeder seinen eigenen Geschäften nachging. Was ich jetzt interessant finde, ist daß wir alle aktiv beteiligt sein wollen. Wir haben ein größeres Interesse an der Gemeinde gezeigt, und die hat im Gegenzug ein größeres Interesse an uns gezeigt".

Die Formation einer integrierten global-lokalen politischen Ökonomie des Ortes, die sich auf dieser Ebene als Integration der Firmen in die Gemeinde darstellt, wird schließlich zum Programm des lokalen Staates selbst: "Als eine Gemeinde des 21.Jahrhunderts ist Carson ein Ort, wo Zukünfte (sic) beginnen. Selbst noch jung, ist Carson ein Magnet für internationale Gesellschaften und kleine Betriebe, junge Familien und aufstrebende Studenten, die alle nach Carson blicken, um ihre Zukunft zu finden ... Sein vorsichtiges Mischen der Bedürfnisse der Geschäftswelt, des Wachstums der Industrie und des Gemeindegeistes hat ein stadtweites Gleichgewicht geschaffen, das Carson kontinuierliches Wachstum und Erfolg beschert" (Carson, o.J.). Zweifel an diesem Selbstverständnis des lokalen Staates sind angebracht. Die offizielle Stadtgeschichtsschreibung reduziert die Historie der politischen Ökonomie des Ortes zu einer Genealogie benefiziären Grundbesitzertums. Während die spezifische historische Geographie Carsons einerseits eng an die Geschichte der Nutzung des Bodens des Rancho San Pedro gebunden war, läßt dieses partielle Narrativ keine Rückschlüsse auf die sozialen Klassenkämpfe zu, die die Formation der Kommune dort begründeten. Diese Tradition wird nahezu ungebrochen in das globale Zeitalter hinübergerettet: "Carson ist stolz auf seine Vergangenheit. Und als eine relativ junge Stadt, die 1968 entstand, ist Carson eine Stadt, deren Geschichte gerade beginnt und deren Zukunft unbegrenzt ist" (Ibid.). Die Politik und die politischen Strukturen des Ortes werden hier zum Regulativ der Inkorporierung der globalen Ökonomie in die lokale politische Ökonomie.

The Hub Cities: Klassensolidarität und Glücksspiele

Eine ganz andere Tradition hat in einigen kleinen Städten im Osten von Los Angeles zu unterschiedlichen Resultaten im Umgang des lokalen Staates mit den Restrukturierungstendenzen geführt. In diesen Industriegemeinden und Arbeitervororten hat die - durch Deindustrialisierung und Internationalisierung gebrochene - Tradition der fordistischen Massenproduktion und der Militanz der Belegschaften und der Wohnbevölkerung den Pfad bestimmt, den die lokalen Staaten und die lokale politische Öffentlichkeit zur Krisenbewältigung und Restrukturierung wählten. In der Restrukturierungsliteratur wird die Geschichte von verlierenden und gewinnenden Regionen und Städten erzählt. Kommunen wie die "*Hub-Cities*" im Osten von Los Angeles müßten zu den Verlierern gerechnet werden, denn sie sind die Leidtragenden von Deindustrialisierung, Verarmung, Wohnungsnot durch anhaltende Einwanderung etc. Gemessen an den mit wesentlich besseren Ressourcen ausgestatteten Mittelklassestädten im Westen der Stadtregion Los Angeles, ist die jüngere Geschichte der Industriegemeinden und Arbeiterwohnorte im Osten eine traurige Version des allgemeinen Trends der Zerstörung der fordistischen und vor-fordistischen Industrielandschaft in den entwickelten kapitalistischen Ländern. Die akademischen und politischen Beobachter der "Verliererregionen" tendieren jedoch dazu, dem Pfad des Kapitals folgend, die leuchtenden Neon-Reklamen der neuen Einkaufszentren und die neo-hellenisch verzierte Schuhkastenarchitektur der Hochtechnologieparks als einzige Anzeichen der Erneuerung mißzuverstehen. Die Arbeiterklasse als Opfer ist ein durchgängiger Topos wohlmeinender, aber kapitalfixierter Restrukturierungskritiker insgesamt, die den Überlebenswillen der proletarisch geprägten Orte und Räume übersieht und oft kaum mehr als die Projektion der Klassenposition der kleinbürgerlichen Beobachter auf ihr Objekt bedeutet.

Im Osten von Los Angeles zieht sich ein Band kleiner Gemeinden südwestlich des Santa-Ana-Freeway von den Industriekommunen Vernon und Commerce, über Huntington Park, Maywood, Bell, Bell Gardens, Cudahy über South Gate bis Lynwood. In diesen Gemeinden - den *Hub-Cities* war die Deindustrialisierungswelle der siebziger Jahre besonders hoch geschwappt (Vgl. auch Davis, 1991b). Zwischen 1978 und 1982 verlor der Südosten von Los Angeles über 75.000 Arbeitsplätze meist durch Firmenschließungen in den Basisindustrien und angelagerten Branchen. Die ehemals hauptsächlich weißen Arbeiterstadtteile wurden seit den fünziger Jahren zunehmend von *Chicanos* und spanischsprechenden Einwanderern bevölkert. Um 1980 konnte Südost-Los Angeles als ein *Port of Entry* für die gesamte Region angesehen werden. Neue Einwanderer kamen aus ganz Lateinamerika und Asien. Gleichzeitig nahm in der Gegend die Konzentration indianischer Bevölkerung zu, die dort mehr als an irgendeinem anderen Ort Südkaliforniens massiert ist. 1983 lag die "hispanische" Bevölkerung in den Gemeinden im Südosten zwischen 45 und 85 Prozent. Die ansässige *Chicano*-Bevölkerung wird mit der Zeit ebenfalls von neuen lateinamerikanischen Einwanderern verdrängt. Diese Trends wurden von der Entwicklung kommerzieller Betriebe in der Gegend bestätigt. Auf die weiße oder *Chicano-* Bevölkerung zugeschnittene Geschäfte machten zunehmend asiatischen und lateinamerikanischen Läden Platz. Mit dem Bevölkerungstrend wuchs auch der Druck auf die bisherige politische Struktur der Kommunen, die von einer Elite weißer alter Männer regiert wurden (Donahoe, 1987, Kapitel 3). Deindustrialisierung und neue Einwanderung waren gekoppelt mit einem deutlichen Trend zur industriellen Restrukturierung, d.h. des Wachstums von Dienstleistungsindustrien, kleinen Industrieparks, kleinen Lagerhäusern und Leichtindustrie wie Miniaturstahlwerken und Bekleidungsfabriken; die meisten dieser Industrien waren "gewerkschaftsfrei, zahlten schlechte Löhne und beschäftigten primär Minderheiten, Frauen und undokumentierte ArbeiterInnen" (Donahoe, 1987, Kapitel 3: 12).

Die Werke der fordistischen Massenindustrien in den *Hub-Cities* hatten mit wachsender Mechanisierung bereits seit vielen Jahren zunehmend ethnische Minderheiten, Schwarze und Frauen beschäftigt, die dann auch zu den Hauptopfern der Entlassungen werden sollten (Donahoe, 1987, Kapitel 5). Die Belegschaft von Bethlehem Steel war z.B. - im Gegensatz zu den Stahlwerken im amerikanischen Osten - weitestgehend integriert: zuletzt 25 Prozent anglo, 30 Prozent schwarz und ansonsten vorwiegend "hispanisch". Mit der Schließung der Fabriken war jedoch das eigentliche Verdikt zugunsten einer verstärkten Internationalisierung erst gefallen. Die Beendigung der Produktion in den integrierten fordistischen Industrien - als deren Hintergrund von vielen Beteiligten Rassismus vermutet wurde - schloß für diese neu eingewanderten Bewohner des Südostens von Los Angeles "die Möglichkeit aus, am Amerikanischen Traum teilzuhaben" (Interview G.Cole). Wo früher Jobs mit guten Löhnen zu haben waren, gab es nun lediglich noch Bekleidungsfabriken und Niedriglohndienstleistungen.[29]

Die Geschichte der Arbeitskämpfe und die anhaltende demographische Internationalisierung der Südostregion von Los Angeles schuf jedoch eine politische Ausgangsposition, von der aus die Restrukturierung der Kommunen in einer ganz spezifischen Weise angegangen wurde. In den Kämpfen gegen die Firmenschließungen in Südost-Los Angeles, die Myrna Donahoe im Detail dokumentiert hat, fanden sich die Keimzellen für eine Redefinition der kommunalen Politik in den betroffenen Gemeinden. Zunächst machten die Auseinandersetzungen der ArbeiterInnen in den von der Vernichtung bedrohten

---

[29] In der Folge waren Verarmungserscheinungen keine Überraschung. In einem von verschiedener Seite im Detail kritisierten, aber tendenziell richtigen Überblick über die fünfzehn ärmsten Vororte der USA finden sich drei der hier genannten Gemeinden, nämlich Cudahy (2.), Bell Gardens (3.) und Huntington Park (7.); (mit Compton (12.) und South El Monte (15.) befinden sich zwei weitere "benachbarte" Suburbs von Los Angeles in dieser Elends-Hitparade (*LAT*, 6. Juni 1989, II:1) (Abbildung 2.6.4). Das vielleicht drastischste Beispiel für den gesunkenen Lebensstandard in den Kommunen im Südosten von Los Angeles war, daß plötzlich Einfamilienhäuser als Zweifamilienhäuser angeboten wurden, "denn es war mehr als eine Familie nötig, sie zu kaufen" (Donahoe, 1987, Kap.3: 25).

Schwerindustrien wie Stahl, Reifen und Automobil mit den sie beschäftigenden Konzernen deutlich, daß ihre traditionelle Fixierung auf den Arbeitsplatz als Lokus ihrer Aktionen zu kurz griff, um ihre Interessen erfolgreich zu verteidigen (Donahoe, 1987, Kapitel 8:30). Die Bewegung, in der sich schließlich die traditionelle Militanz der ansässigen Gewerkschafter mit Einflüssen der Neuen Linken paarte, war zugleich durch eine kommunitäre und durch eine auf lokale Autonomie bedachte Strategie charakterisiert. Weiterhin spielte die Erkenntnis eine entscheidende Rolle, daß die ArbeiterInnen von den Bedingungen ihrer individuellen Reproduktion im städtischen Raum systematisch fragmentiert und geschwächt wurden, während sie sich mit den einheitlicheren Kräften des Kapitals auseinandersetzen mußten: Die Basisbewegungen, die im Südosten von Los Angeles - unter dem lockeren organisatorischen Schirm der *Los Angeles Coalition Against Plant Closures* (später *Californians Against Plant Shut Downs*) - entstanden, strebten deshalb danach, die Isolation zwischen den ArbeiterInnen zu beseitigen und eine neue Welle der Klassensolidarität hervorzurufen (Donahoe, 1987, Kapitel 8:30). Zu den wesentlichen substantiellen politischen Richtlinien, die aus dieser Redefinition von *Community* auf lokaler Klassenbasis erwuchsen, gehörte die Überzeugung, daß "die Konzerne für ihre ArbeiterInnen und Gemeinden verantwortlich gemacht werden konnten und daß sie nicht mehr einseitig Entscheidungen über Profite, Investitionen und Produktionskapazität machen konnten" (Donahoe, 1987: 21).

Die lokalen Regierungen trugen zunächst wenig dazu bei, die Kämpfe der Belegschaften zu unterstützen. Der Stadtrat von South Gate ließ nach einer Aufforderung durch die ArbeiterInnen eine Machbarkeitsstudie für eine Fortsetzung der Produktion im lokalen General Motors-Werk erstellen, das 1982 geschlossen wurde, und sandte eine erfolglose Bittdelegation nach Detroit. 1985 kaufte die Stadtentwicklungsbehörde der Kommune die alte Fabrik und das Gelände von GM, um darauf ein Einkaufszentrum zu errichten. Obwohl die Gemeinde Verluste im Wert von $350.000 an jährlichen Steuereinnahmen durch GM erleiden mußte, lobte der Stadtrat 1985 den Konzern noch für sein Entgegenkommen bei der Preisgestaltung im Verkauf des Geländes (Donahoe, 1987, Kapitel 4).

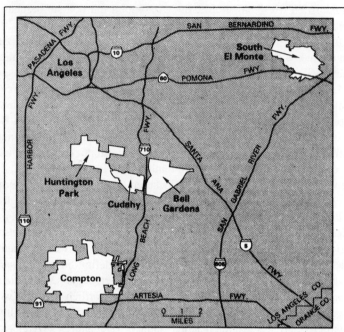

Here is a list of the United States' 15 poorest suburbs, followed by their per capita income, population and the metropolitan areas where they are located:

1. Ford Heights, Ill.	$4,943	5,240	Chicago
2. Cudahy, Calif.	**5,170**	**21,020**	**Los Angeles**
3. Bell Gardens, Calif.	**5,337**	**37,030**	**Los Angeles**
4. Alorton, Ill.	5,795	2,720	St. Louis
5. East St. Louis, Ill.	5,973	49,250	St. Louis
6. Coachella, Calif.	6,185	13,350	Riverside, Calif.
7. Huntington Park, Calif.	**6,298**	**55,050**	**Los Angeles**
8. Camden, N.J.	6,304	82,440	Philadelphia
9. Centreville, Ill.	6,341	4,400	St. Louis
10. Florida City, Fla.	6,490	6,510	Miami
11. Venice, Ill.	6,581	3,810	St. Louis
12. Compton, Calif.	**6,777**	**93,850**	**Los Angeles**
13. Kinlock, Mo.	6,823	4,920	St. Louis
14. Robbins, Ill.	7,037	8,800	Chicago
15. South El Monte, Calif.	**7,100**	**17,980**	**Los Angeles**

SOURCE: Study By urbanologist Pierre deVise of Roosevelt University in Chicago.

DON CLEMENT / Los Angeles Times

Abbildung 7.4: Die ärmsten Vorstädte der USA (Quelle: *LAT*, 6. Juni 1989)

Im Gegensatz zur Lethargie der gewählten Regierungen, die ohnehin sowohl demographisch als auch politisch kaum mehr die internationalisierte und politisierte Bevölkerung der Gemeinden im Südosten von Los Angeles repräsentierten, schufen sich die ArbeiterInnen noch im Prozeß ihrer Niederlage auf dem Feld der Firmenschließungen Institutionen der kommunitären Solidarität. Mitglieder des Ortsbezirks der *United Steel Workers, Local 1845* von *Bethlehem Steel* in South Gate organisierten 1983 eine Lebensmittelbank in ihrem alten Gewerkschaftsgebäude. Über 10.000 Familien des Südostens von Los Angeles wurden dort monatlich verköstigt.[30] Die Gewerkschaftsräume, die nur unter Schwierigkeiten dem *Local* erhalten blieben und nicht in den Besitz der nationalen Stahlarbeitergewerkschaft übergingen, wurden darüberhinaus zum Gemeindezentrum, zum symbolischen und realen Ort der proletarischen Solidarität, zum Ort für Informationsveranstaltungen zu anderen Arbeitskämpfen wie dem des *Local P9* der *United Food and Commercial Workers* der *Hormel* Fleischfabrik in Austin Minnesota. Schließlich war das gleiche Gebäude der Geburtsort des national erfolgreich aufgeführten Laienspiels "*Lady Beth, The Steelworkers' Play*" (Donahoe, 1987, Kapitel 9).
Neben der kommunitären Klassensolidarität der proletarischen Gemeinden um die geschlossenen Werke herum gab es seither auch Tendenzen zu Veränderungen im kommunalpolitischen Bereich selbst. Der Marsch der Bewegung in die lokalstaatlichen Institutionen setzte ein, und das System der politischen Repräsentation in den Gemeinden begann, sich von der demographischen Internationalisierung beeindruckt zu zeigen. Erstens konnten Aktivisten aus der Bewegung gegen die Firmenschließungen kommunalpolitischen Einfluß gewinnen und diesen zur Vertretung der Interessen der lokalen Arbeiterbevölkerung geltend machen. Das herausragendste Beispiel für diese Entwicklung war der Erfolg des Stahlarbeiters George Cole, der 1983 zum Stadtrat der Gemeinde Bell gewählt wurde. Cole hatte sich beworben, weil die lokalen Regierungen bis dahin nichts unternommen hatten, um die Wellen von Firmenschließungen zurückzudämmen (Interview G.Cole). Zweitens konnten zunehmend lateinamerikanische Politiker Ämter in ihren Wohnstädten erhalten. 1988 wurde zum Beispiel der erste "hispanische" Stadtrat von Cudahy, Wilfred "Bill" Colon, auch zum ersten "hispanischen" *Bürgermeister* der Stadt, deren Bevölkerung zu siebzig Prozent lateinamerikanischen Ursprungs

---

[30] Nicht zuletzt aus anekdotischen Gründen ist zu bemerken, daß Bruce Springsteen schon Tausende von Dollars aus seinen musikalischen Superprofiten an die StahlarbeiterInnen abgezweigt hat, die sich unter dem Namen *Steelworkers Oldtimers Foundation* organisiert haben.

ist, wenn auch ein Großteil dieser Menschen als Immigranten von der Wahrnehmung ihrer politischen Rechte ausgeschlossen bleibt.[31] Die veränderte politische Landschaft in den *Hub-Cities* führte daraufhin auch zu Reformen und neuen Ansätzen in der Politik, die zum Teil dem massiven Protest der lokalen Bevölkerung entwachsen sind. Cole selbst plädierte für eine wirksame regionale Wirtschaftsplanung und ein Verständnis der Kommunen als einer Sub-Region. Er stellte heraus, daß das Geld, das zur Finanzierung einer Revitalisierung der Region notwendig sei, nicht in die betroffenen Gemeinden floß. Einer rationalen subregionalen Planung stand dabei vor allem im Wege, daß das lokale Steuersystem eine Konkurrenz zwischen den benachbarten Kommunen um Umsatzsteuer begünstigte, die durch Mittelkürzungen der Bundesregierung an die Gemeinden noch verschärft wurde. Bestrebungen zu einer Koordination der Krisenbewältigungsstrategien haben bisher allerdings vor einer territorialen Konsolidierung haltgemacht, vor allem weil die Identität der Gemeindebewohner an die politische Autonomie ihrer Städte geknüpft ist und sie die Nähe zu den lokalen Politikern als Vorteil erachten (Interview G. Cole).

Im Amt setzte sich Cole erfolgreich dafür ein, daß die Gemeinden in einer konzertierten Aktion ein Berufsausbildungs- und Umschulungsprogramm ins Leben riefen, das nun unter dem *Job Training Partnership Act* des Staates Kalifornien abgewickelt wird. Eine *Hub Cities Joint Powers Authority* wurde von den Städten Cudahy, Bell, Maywood, Lynwood, Huntington Park und South Gate ins Leben gerufen. Diese Agentur gibt den *Hub-Cities* partielle, subregionale Autonomie in der Allokation von Geldern für Berufsausbildung und Umschulung, die sonst vom County verwaltet würden (*The Cudahy Newsletter*, März/April 1988). Der Impetus der lokalen Autonomie war eminent, weil die beteiligten Gemeinden - alle mit hohen Arbeitslosenquoten - sich unter dem Regime des *County* vernachlässigt fühlten. Die *Hub-Cities* scheiterten, sich als eigenständige *Service Delivery Area* anerkennen zu lassen. Stattdessen gab ihnen das *County* den Status eines *Prime Agent*, wobei die Distribution der Gelder weiterhin über das *County* organisiert wird, aber lokal über ihren Gebrauch entschieden werden kann. Die geplanten Trainingsprogramme sollen sich auf Arbeitsplätze beziehen, die in jedem Fall über der Armutsgrenze liegen, wobei die Art der Beschäftigung nicht von vorneherein festgelegt ist.

---

[31] Mike Davis warnt zu Recht vor einer Überbewertung der einsetzenden Beteiligung von Latinos am lokalpolitischen Prozeß in den *Hub-Cities*. "*Latino-Power*" nehme oft die "begrenzte Form aufsteigender Kleinunternehmer und Vermietergruppen an". In Huntington Park wurden beispielsweise jüngst zwei politisch konservative Latinos in den Stadtrat gewählt. Tatsächlich erweisen sich die *Hub-Cities* als ideales Prüffeld für die vielbeschworene "lateinamerikanische Strategie" der republikanischen Partei (Davis, 1991c).

Lehr- und Anlernfunktionen, Umschulung, Weiterbildung und Spezialisierung gelernter ArbeiterInnen und die Vermittlung allgemeiner Kenntnisse sollen sich einer veränderten Struktur der Ökonomie im Südosten von Los Angeles anpassen. Sie reichen von der Schulung in Arbeitsprozessen im Hochtechnologiebereich in der Raumfahrtindustrie (Laser, Computer) bis zu Grundkenntnissen für die Arbeiter der neuen südkalifornischen Massenindustrien wie der Bekleidungsproduktion (Alphabetisierung, Englisch als Fremdsprache). Die Programme, die teilweise von Verbänden wie der Automobilarbeitergewerkschaft verwaltet werden, sind daher sowohl auf die Scharen von entlassenen IndustriearbeiterInnen spezialisiert, die früher in den Werken der Region beschäftigt waren, als auch auf die neuen latinisierten Segmente der Arbeiterklasse (Interview Jones; Interview Law). Die *Hub-Cities* haben hiermit begonnen, eine Art subregionales Krisenmanagement als "konzertierte Aktion" korporatistischer Akteure zu schaffen. Gleichzeitig entstand der Kern einer subregionalen Planungsstrategie, die die gemeinsamen Probleme der kleinen Gemeinden im Deindustrialisierungsgürtel anzugehen versucht. Die Kooperation der Gemeinden im Bereich des *Job Training* soll nun als Modell für die Konsolidierung weiterer städtischer Dienstleistungen erprobt werden (Interview Law; Interview George Cole).

Eine weitere Strategie der Gemeinden ist ein aggressives Stadtentwicklungsprogramm. In den Augen von George Cole eröffnet die Stadtentwicklung den Gemeinden eine neue Verhandlungsposition, in der sie innovativer sein müssen, aber letztlich Verhandlungsergebnisse mit Investoren erzielen können, die den verarmten Kommunen ein Stück des Wachstumskuchens zukommen lassen. Zwar sind Investoren oft in der Lage, bei Standortentscheidungen verschiedene Gemeinden gegeneinander auszuspielen. Umgekehrt können die Kommunen durch geschicktes Verhandeln dafür sorgen, daß ihre Interessen in den *Development Agreements* beachtet werden. In Bell konnte die Stadtregierung kürzlich durchsetzen, daß ein Investor sich zu einer jährlichen Mindeststeuerzahlung verpflichtete, die unabhängig von seinen Umsätzen ist. In einem anderen Stadtentwicklungsprojekt nach dem *Redevelopment*-Gesetz behielt die Stadt teilweise ihre Eigentumsrechte, um neben der Umsatzsteuer auch direkte Einnahmen aus der Stadtentwicklung zu erzielen. In diesem speziellen Kontext wird schließlich der Stadtentwicklungsprozeß - normalerweise eine zerstörerische Kraft in den Gemeinden der Arbeiterklasse - zum potentiell kreativen Instrument, organisiert und unterstützt von den politischen Vertreter der ArbeiterInnen und ihrer sozialen Bewegungen. Doch diese "gegenhegemoniale" Tendenz stößt auch in den *Hub-Cities* auf erheblichen Widerstand der gewöhnlichen Ortsunternehmer im städtischen Prozeß und die Zerstörung von Wohnraum durch Stadtentwicklung gehört auch hier zum alltäglichen Vorkommnis.

Eine kuriose und exotische Wendung hat die Stadtentwicklung in den *Hub-Cities* nach der Beschneidung der kommunalen Einkommen durch *Proposition 13* und andere Politiken genommen. Auf der Basis eines Gesetzes aus dem 19.Jahrhundert öffnete in der Stadt Bell 1980 der erste Pokerclub seine Tore, der damals mit seinen einhundert Tischen der größte seiner Art in der Welt war und in seinen besten Jahren zwei Millionen Dollar an Steuereinkünften für die Stadtkasse erwirtschaftete, was einem Viertel des Gesamtbudgets entspricht. Andere Gemeinden in der Gegend folgten, und weitere Spielkasinos wurden etabliert. Ein Club in Bell Gardens erzielte $600.000 an monatlichen Einkünften in der bis dato armen Gemeinde. Mike Davis beschrieb den Effekt des sogenannten *Bicycle Club* folgendermaßen:

Obwohl [Bell Gardens] der drittärmste *Suburb* in den Vereinigten Staaten ist, besitzt es eine Goldene Gans in Form des gigantichen *Bicycle Club* Pokerkasinos mit einem jährlichen Bruttoprofit von $100 Millionen.
Die Latinos waren schon lange über die aggressive Verwendung der Einkünfte aus dem *Bicycle Club* durch die Stadt zur Finanzierung kommerzieller Stadtentwicklungsprojekte verärgert. Hunderte von Wohneinheiten wurden dadurch zerstört. Als der Stadtrat, dessen Mitglieder von weniger als zwei Prozent der Bevölkerung gewählt worden war, im Dezember 1990 einen neuen Flächennutzungsplan vorlegte, nach dem noch einmal 300 bis 400 "nicht-konforme" Einheiten beseitigt worden wären, brach die offene Rebellion aus (1991c).

Die Kasinos wurden zum bizarren Ort ethnischer Spielkulturen und zum Schaufenster der globalen Bevölkerung der Region. Sie waren formal die Reaktion auf gesunkene Einkommen der Kommunen in einer Zeit der Krise und Deindustrialisierung und substantiell das Produkt der darauf folgenden Internationalisierung. Alle Clubs haben historisch Probleme mit Kriminalität und Korruption gehabt. So auch der in Bell, den die Stadt nach der - die Enteignung und Entschädigung ermöglichenden - *Eminent Domain*- Klausel des Stadtentwicklungsgesetzes selbst übernahm, um sich nicht ihrer größten singulären Einkommensquelle berauben zu lassen. Die Clubs wurden ihrerseits postwendend zum Kristallisationspunkt der interkommunalen Konkurrenz. Es spielte beispielsweise eine Rolle, welche Gemeinde zuerst die Legalität bestimmter Glücksspiele zugewiesen bekam. Mit spezifischen Spielen verbinden sich bestimmte Kulturen und bestimmte Traditionen krimineller Aktivität. Die Legalisierung von chinesischen Glücksspielen in Huntington Park bescherte der Stadt das Auftauchen von chinesischen Verbrechensklans, die in der Regel jedoch nicht die Besitzer waren, sondern nur als Untervertragspartner in Erscheinung traten (Interview G. Cole).
Vom Standpunkt der kleinen Gemeinden erscheint die "Poker-Club- Strategie" vernünftiger als die Reindustrialisierung, da hierfür die Anreize vom Standpunkt der Stadtkasse aus fehlen. Eine dringend benötigte Speditions- und

Transportwirtschaft erweist sich aus diesem Grund als kontraproduktiv für die Kommunen, weil daraus keine Einkünfte durch Verkaufssteuern entstehen, andererseits aber die lokale Infrastruktur (Straßen) über Gebühr strapaziert würde. An diesem Punkt wird die aus der fordistischen Siedlungsstruktur tradierte städtische Fragmentierung von den Eliten der kleinen Wohngemeinden als besonders nachteilig empfunden (Interview Cole). In Ermangelung großer städtischer Budgets ist es den armen Kommunen im Südosten von Los Angeles - mit Ausnahme der Industriestandorte Vernon und Commerce - nicht möglich, ähnlich Santa Monica oder West Hollywood in sozialen Fragen aus dem Vollen zu schöpfen. Dennoch ist neben der kommunitären Solidarität der ArbeiterInnen selbst die innovative Sozialpolitik der kleinen Gemeinden erwähnenswert. Bisweilen setzt sie das gewöhnliche Bild des liberalen und progressiven Westens in den Kontext der regionalen Klassenverhältnisse.[32] Die hier vorgestellten Fälle sind keine paradiesischen Inseln der territorialen und politischen Autonomie der Arbeiterklasse. Die Arbeitergemeinden im Osten von Los Angeles sind Orte des Widerspruchs. Sie sind reale, aber unsaubere Antworten auf jahrelange politische Aktivität und nicht nachlassenden Widerstand der ArbeiterInnen in der Schwerindustrie von Los Angeles auf die Drohung ihrer Vertreibung. Sie sind lebendiges Beispiel für die - zugegeben limitierte - Überlebensfähigkeit der städtischen Gemeinden des Proletariats im Restrukturierungsprozeß. Anstatt sie buchstäblich zum "Alten Eisen" zu werfen, suggeriert die vorliegende Interpretation ihre Rehabilitierung als lebende Organismen in der Peripherie der Welt-Stadt.[33] Am Ende ordnen sich die Gemeinden des deindustrialisierten Gürtels von Los Angeles selbstbewußt in die ungleich strukturierte Kohärenz von Los Angeles ein. Das regionale Universum, in dem die lokalen Staaten der *Hub-Cities* sich bewegen, ist gegen sie

---

[32] Die Stadt Bell hat beispielsweise einen Teil eines alten Luftwaffenstützpunktes im Stadtgebiet Obdachlosen als Unterkunft zur Verfügung gestellt. "Sie ist die einzige Einrichtung ihrer Art in den USA, denn sie nutzt überschüssiges Land des Bundes für Obdachlose. Der Bundesrichter, der dies durchsetzte, versuchte, das gleiche an einem Ort im Westen von Los Angeles zu tun. Er sagt, er habe nie vorher eine solche Boshaftigkeit und einen solchen Haß gesehen, wie ihm von den Bewohnern des Westens bei den entsprechenden Treffen entgegenschlug", berichtet George Cole in einem Interview.

[33] Die ärmeren Gemeinden sind von vornehrein anderen Erpressungsmechanismen ausgesetzt als die reicheren Kommunen. Wiederholt erhalten die Städte im Südosten von Los Angeles Angebote von Investoren, die Müllverbrennungsanlagen und andere giftproduzierende Industrien dort ansiedeln wollen. Diese Offerten sind zuweilen verlockend. Die Stadt Bell brach kürzlich Verhandlungen mit einer Giftmüllverwertungsfirma ab, die ihnen 4-5 Millionen Dollar jährliche Steuereinkünfte versprochen hatten, weil keine Vertrauensbasis bestand. Vernon und Commerce haben sich historisch als weniger wählerisch erwiesen (*LAT*, 20. Mai 1989; Interview G. Cole).

strukturiert. Eine Ost-West-Scheidelinie trennt die verschiedenen Welten der Welt-Stadt Los Angeles ebenso klar wie grob voneinander:

Es ist ein regionaler Riß, der auf der Ökonomie beruht. Wenn man eine Linie durch *Downtown* Los Angeles zieht, dann findet man alle Müllverbrennungsanlagen, die geplant sind, im Osten dieser Linie. Der meiste Müll im County wird im Osten der Linie deponiert. Die bestehenden und die geplanten Gefängnisse sind auf dieser Seite der Linie (Interview George Cole).

Diese Scheidelinie bezeichnet in der Tat den wichtigsten sozio-ökonomischen und sozialräumlichen Riß in der strukturierten Kohärenz der Region von Los Angeles. Politisch beginnt es jedoch den Bewohnern des wohlhabenden Westens erst sehr langsam verständlich zu werden, daß die depravierten Bewohner im Osten und im mittleren Süden des Stadtgebietes begonnen haben, sich als selbständige Akteure im Restrukturierungsprozeß zu organisieren. Die Bewohner dieser Gebiete weigern sich zunehmend, zu den sprichwörtlichen Müllplätzen der Welt-Stadt- Formation zu werden. Die lokalstaatliche und bewegungsgegründete Politik in den *Hub-Cities* mag dafür als Beispiel gelten. Während die Aktivitäten der lokalen Regierungen von West Hollywood und Santa Monica vor allem durch den enormen Investitionsdruck des internationalen Kapitals in ihrer Autonomie limitiert sind, wenig jedoch von den Begrenzungen der strukturierten Kohärenz selbst, stellt sich die Geschichte von Bell oder Cudahy aus gesehen anders dar. Hier operiert die regionale politische und ökonomische Struktur unter der Hegemonie des bürgerlichen und kleinbürgerlichen Westens der Stadtregion insgesamt als regionales Regulierungsinstrument der wirtschaftlichen Entwicklung zu Lasten des Ostens. Internationalisierung bedeutet dort nicht Investitionen aus dem Fernen Osten und Europa in glanzvolle Bürokomplexe, sondern massenhafte Einwanderung aus der Dritten Welt, Spielhallen, die chinesische Mafia etc. Wo im Westen die Internationalisierung der Verkehrs- und Kommunikationsmedien Wohngebiete und lokale soziale und physische Infrastrukturen bedroht, wird der Osten zum Müllabladeplatz und Notbehelf für die infrastrukturelle Krise der Stadtregion. Die Bourgeoisie des Westens erfüllt - wo sie nicht selbst Teil der globalisierten Machtstruktur der kapitalistischen Megaökonomie ist - eine veritable Kompradorenfunktion gegenüber dem Osten.

8. Internationalisierung und soziale Bewegung

> *The immigrant working class does not simply submit to the city for the purposes of capital, it is not merely the collective victim of "urban crisis"; it also strives to transform and create the city, its praxis is a material force, however, however unrecognized or invisible in most accounts of contemporary Los Angeles.*
>
> Mike Davis, 1987

> *"The worker as a victim" was a concept the Campaign came across in all its work and angrily and aggressively worked to combat. ... It was the workers' political decision that an aggressive, confident stance - "the worker as organizer, the worker as fighter, the UAW taking on General Motors," and not "the worker as victim" - that would attract the allies necessary to challenge the corporation.*
>
> Eric Mann, 1987

Die Berichterstattung über die Unruhen vom April 1992 zeichnete ein Bild wüster Zerstörung der baulichen Umwelt aber auch der Zivilität von Los Angles. In den populären Medien wurde der Eindruck einer epidemischen sozialen Pathologie vermittelt, das Ende des amerikanischen Traums vom Mulitikulturalismus wurde bereits vor dem Rodney-King Urteil konstatiert, Los Angeles, gerade vom Trendsetter zum Gemeinplatz und Musterlabor der Stadtforschung avanciert, wurde über Nacht wieder zum unverstandenen, unerklärbaren Moloch am Rande der amerikanischen Geschichte.[1] Die wiederholte Darstellung von Los Angeles als Ursuppe städtischer Pathologie und Gewalt diente in diesem Zusammenhang vielleicht nicht unbeabsichtigt der Kaschierung der humanistischen Aspekte der zivilen Gesellschaft von Los Angeles. Kaum wurde die - für den deutschen Diskurs zu Beginn der neunziger Jahre wahrlich relevante - Frage erörtert, wie es möglich war, daß eine sozial derart diverse Gesellschaft wie die von Los Angeles im Drucktopf der Internationali-

---

[1]   Unter den vielen Zeitungs- und Zeitschriftenartikeln seien genannt: Claus Leggewie, "Vom Leben und Sterben in L.A.", *Frankfurter Rundschau*, 18. April 1992; Tracy Wilkinson, "L.A.'s Turn as Urban Laboratory", *LAT*, 11. Dezember 1991; Murray Campbell, "Resentment Lingers, Smoldering" und "Trying to Bridge the Great Divide", *The Globe and Mail*, 8. und 9. Dezember 1992; Peter Sartorius, "Das Elend, die Träume und die Mordgelüste", *Süddeutsche Zeitung*, 6./7./8. Juni 1992; Ulrich Schiller, Christian Tenbrock und Elisabeth Wehrmann, "Die schwarzen (sic) Tage von L.A.", *Die Zeit*, 8. Mai 1992; Robert Reinhold, "After Riots, a return to the Extremes That Pass for Normality", *New York Times*, 7. Juni 1992; Joseph Giovannini, "Bewegungsrausch im Spinnennetz", *Frankfurter Allgemeine Zeitung*, 27. Juli 1992.

sierung und städtischen Restrukturierung so lange relativ friedlich bestehen konnte, ohne in offene Gewalttätigkeiten auszubrechen. In allen gängigen Darstellungen wurden die Angelenos als soziale Akteure, alltägliche Anti-Rassisten, klassenbewußte Gewerkschafter oder Verteidigerinnen ihrer Wohnumwelt völlig ausgeblendet. Diesen Menschen, die großen Anteil an der latenten gegenhegemonialen Zivilität und alltäglichen Humanität der Stadtregion haben, ist dieses Kapitel gewidmet.

Sowohl in den fordistischen Massenindustrien als auch in den mit neuer Bedeutung ausgestatteten "Handwerksindustrien" von Los Angeles vertreten die Beschäftigten im Restrukturierungsprozeß ihre Interessen kollektiv und beeinflussen damit die Laufbahn dieses Prozesses. Sie tun dies durch eine Reihe innovativer Strategien. Eine davon ist die Aufwertung von Verbindungen der Arbeiterbewegung mit den städtischen Gemeinden. Der spezifische Bruch, den die Krise des Fordismus zwischen den komplementären Arrangements von Stadt und Fabrik verursacht hat, wird damit in Frage gestellt. Die Internationalisierung der Arbeiterklasse in der gleichen Periode setzt das Bedürfnis nach neuen Formen der sozialen Regulation im Städtischen auf die Tagesordnung. Im Laufe dieser Entwicklung wird auch partiell jene eigen-artige amerikanische Trennung von Politik am Wohnort und Politik am Arbeitsplatz in Frage gestellt, die Ira Katznelson (1981) beschrieben hat.[2] Dies zeigen die hier vorgestellten Fälle: der Kampf der ArbeiterInnen und der *Community* gegen die Schließung des General Motors Zweigwerks in Van Nuys, die stadtteilorientierte Strategie eines gewerkschaftlichen Ortsbezirks in der Bekleidungsindustrie in Downtown Los Angeles, die auf Stadtteilentwicklung bestehende Bewegung gegen Wohnraumzerstörung an der Maple Street in South Central Los Angeles und die Umweltpolitik des *Labor/Community Strategy Center*.

---

[2] Katznelson spricht über eine Trennung von gemischt-ethnischen und klasseneinheitlichen politischen Formationen am Arbeitsplatz sowie von national/ethnisch-segregierten populraen Organisationsformen am Wohnort (in der Nachbarschaft). Zu städtischen sozialen Bewegungen vgl. auch Castells, 1983.

"Den Tiger am Schwanz packen":
Die Kampagne gegen die Schließung
von GM Van Nuys

<There is> a sharply divided consciousness about class in American society that finds many Americans acting on the basis of the shared solidarities of class at work, but on that of ethnic and territorial affinities in their residential communities. The links between work and community-based conflicts have been unusually tenuous ...

What is distinctive about the American experience is that the linguistic, cultural, and institutional meaning given to the differentiation of work and community, a characteristic of all industrial capitalist societies, has taken a sharply divided form, and that it has done so for a very long time.

Ira Katznelson, 1981

The core of the movement was the alliance between the GM workers and the black and Chicano communities. It was the successful integration of the issues of class and race that gave the coalition its vitality and power ...

In every city, regardless of the specific objectives and demands, the ability of workers, many of whom are themselves black, Latino, or Asian, to ally with minority communities and organizations is critical.

Eric Mann, 1987

Das Verschwinden der Arbeitsplätze in der Automobilindustrie von Los Angeles in den siebziger Jahren geschah nicht ohne Widerstand der ArbeiterInnen und der Industriegemeinden, in denen die Zweigwerke dieser in Michigan konzentrierten Branche ihre Standorte hatten(Haas/Morales, 1986; Haas, 1985). Eine extensive soziale Bewegung gegen die Schließungen modifizierte oder stoppte teilweise die lokalen Auswirkungen dessen, was als *De-Industrialisierung von Amerika* bezeichnet wurde (Bluestone/Harrison, 1982). Die völlige Eliminierung von Industrien wie Reifen oder Stahl in Los Angeles konnte jedoch überhaupt nur erfolgreich abzuwenden versucht werden, wenn sich die lokalen Bewegungen über traditionelle Kämpfe einzelner Belegschaften in spezifischen Betrieben hinwegsetzten.[3] Darüber hinaus wurde es not-

---

[3] Der gewerkschaftliche Organisationsgrad hat in Los Angeles während der letzten beiden Jahrzehnte ständig abgenommen. Ein Großteil des Verlustes im Einfluß der Gewerkschaften kann als Folgewirkung der *Deindustrialisierung* in den fordistischen Massenindustrien angesehen werden, welche die Gegend in den siebziger und frühen achtziger Jahren überrollte. Ein weite-

wendig zu verstehen, daß die fordistische Periode der Massenproduktion in ihrer *herkömmlichen* Weise ihrem Ende zuging, woraus die Restrukturierung der Arbeitsmärkte resultierte. Zwei Haupttrends entwickelten sich aus dem Kampf der einzelnen Gewerkschaftsbezirke gegen Schließungen in der ersten großen Welle der Deindustrialisierung in den Vereinigten Staaten: Erstens trieb die ökonomische Krise die gewerkschaftliche Arbeiterbewegung aus ihrer traditionellen Arena des Arbeitsplatzes in die *Community*. Zweitens wird in diesem Prozeß die Rolle der Gewerkschaften als sozialen Agenten erweitert. Sie wandeln sich von "eng umschriebenen Verhandlungsinstitutionen zu Initiatoren in der Wirtschaftsentwicklung, was an eine frühere Ära erinnert" ((Haas/Morales, 1986: 23-26). Die Bereitschaft der Belegschaften, sich verstärkt um die wirtschaftliche Entwicklung ihrer Gemeinden zu bemühen, entsprang in dieser ersten Phase vor allem dem Wunsch, die hergebrachten Standards in den Arbeitsbeziehungen und in den Stadtteilen zu erhalten. Konzessionswille und Bereitschaft zur Akzeptanz erpresserischer Ultimaten durch Konzerne, die mit der Schließung ihrer Fabriken drohten, wenn nicht bestimmte Forderungen erfüllt würden, charakterisierten einen großen Teil der ersten Welle des Widerstandes. In der Folge jedoch begannen die ArbeiterInnen mit lokalen Institutionen und den Kommunalregierungen wirkungsvollere Formen des Widerstandes gegen die Schließung zu entwickeln und positive Forderungen an die Konzerne zu richten (Ibid.).[4]

In Van Nuys, einem Stadtteil im Norden von Los Angeles, brachte 1982 die Drohung von General Motors, das dortige Montagewerk zu schließen, eine Bewegung hervor, die aus politischen und personellen Gründen in dieser ersten Phase des Widerstandes gegen Firmenschließungen verwurzelt war, die aber in der Folge über deren Beschränkungen hinausging. Andernorts war oft die Bereitschaft zu Konzessionen die Philosophie der Gewerkschaftsbezirke, die sich von Entscheidungen, welche in fernen Aufsichtsratszimmern gefällt wurden, in die Ecke getrieben fühlten. In den Worten des Gewerkschafters Eric Mann bedeutete dies schlicht einen "Rückzug, der auf die Ebene der Strategie erhoben wurde". In Van Nuys hingegen entschloß sich eine militante Gruppe von ArbeiterInnen, den Kampf mit General Motors aufzunehmen. GM Van Nuys, wo Mitte der achtziger Jahre 4800 ArbeiterInnen in zwei Schichten die trotz hohen Benzinverbrauchs noch beliebten Sportwagen *Camaro* und *Fi-*

---

rer Faktor ist die *Reindustrialisierung* in vielfach gewerkschaftsfreien Bereichen der neuen Ökonomie von Los Angeles (Soja/Morales/Wolff, 1983).

[4] Die verschiedenen Kampagnen gegen Firmenschließungen waren in den wenigsten Fällen unmittelbar erfolgreich. Nur in den Bundesstaaten Maine und Wisconsin führten sie zu einer Gesetzgebung, wie sie in der EG seit 1975 besteht, die die Prozeduren von Schließungen regelt, um deren schlimmste Folgen abzuwenden oder abzumildern (Olney, o.D.; Haas, 1985).

rebird montierten, war bis zu seiner Schließung im Sommer 1992 die letzte selbständige Produktionsstätte der US-Automobilindustrie in Kalifornien, das einst der zweitwichtigste Standort der Branche nach Michigan war. Im Verlauf einer Stillegungswelle wurden zwischen 1980 und 1982 fünf Betriebe geschlossen, und 21.000 Beschäftigte verloren ihre Arbeitsplätze. Nur in Fremont, in Nordkalifornien, wurde die Produktion mit einem neuen Konzept der Zusammenarbeit zwischen GM und Toyota (NUMMI) wieder aufgenommen (Walsh, 1985). Die Drohung, auch in Van Nuys die Montagebänder stillzulegen, wurde mit mangelnder Produktivität und mit der Absicht begründet, die geplante Umrüstung der Modelle auf Plastikkarosserien (wenn sie nicht ohnehin eingestellt würden) mit einer Standortverschiebung in den Mittelwesten zu verbinden.[5]

Vor Ort regte sich jedoch Widerstand gegen General Motors. Innerhalb weniger Monate entstand 1983 ein Bündnis, das von der Belegschaft und einer breiten Basis von mehr als 200 ortsbekannten Vertretern aus Kirche, Arbeiterbewegung und Minderheitengruppen getragen wurde. Neben der Zurückweisung von Konzessionen bestand der ursprüngliche Plan der bald ins Leben gerufenen *Labor/Community Coalition to Keep GM Van Nuys Open* aus präventiven Aktivitäten und einem Boykott von Produkten von General Motors im Falle der Schließung. Darüberhinaus gab es die Forderung nach einer Verpflichtung von General Motors, den Betrieb für mindestens zehn Jahre offen zu halten (Mann, 1987: 10). Dies wurde von der wichtigsten organisatorischen Qualität der Kampagne unterstützt: ihre Betonung der "Notwendigkeit einer breiten, gemeindegestützten Koalition unter der Führung der lokalen Gewerkschaft" (Mann, 1987: 135). Im Januar 1984 konnte die Koalition ein erstes Gespräch mit dem Präsidenten von GM, James McDonald, durchsetzen. Dieser ließ sich von den Koalitionssprechern entlocken, daß 1986 die Entscheidung über die Firmenschließung anstünde. Derart gewarnt, konnte die Koalition in Ruhe an die Erarbeitung einer Strategie des Widerstandes gehen.

Die Produktion wurde bis 1992 aufrecht erhalten. Wie Eric Mann in seinem Buch *Taking On General Motors* (1987) argumentiert, ist die Fortdauer der Produktion als Erfolg der ungebeugten Entschlossenheit der Koalition zu sehen, die Schließung zu verhindern. In der Belegschaft bestand über diesen Punkt jedoch keine Einigkeit. Viele Beschäftigte, unter ihnen auch der Präsident des Local 645, Jerry Shrieves, waren der Auffassung, nicht der Widerstand der Koalition, sondern die Akzeptanz einer neuen von japanischen

---

5   Noch im Juni 1990 berichtete die *Los Angeles Times*, daß das Werk in Van Nuys gerettet werden solle, indem es in eine *"flex plant"* umgewandelt würde, d.h. schnelle Modelländerungen zulassen würde (Harry Bernstein, "Ray of Hope for Van Nuys UAW", *Los Angeles Times,* 16. Juni 1990, D3.

Arbeitsbeziehungen inspirierten Management-Technik, des sogenannten *Team Concept* hätten die Arbeitsplätze im Werk gerettet (Interview Shrieves). Das *Team Concept* wurde in Van Nuys in die Diskussion gebracht, als 1984 der neue Geschäftsführer des Werks, Earnie Shaefer, sein Amt mit dem Vorhaben antrat, die Schließung des Werks durch die Einführung "kooperativer Beziehungen am Arbeitsplatz" zumindest temporär zu verhindern.[6] Diejenigen ArbeiterInnen, die an das *Team Concept* als Voraussetzung für eine Fortsetzung der Produktion in Van Nuys glaubten, machten sich die offizielle Version der Firmenleitung zu eigen (vgl. Interview Shrieves). Im Mai 1986 hatten 53 Prozent der Belegschaft in einem Kompromiß dem *Team Concept* zugestimmt. Viele votierten für das Konzept, da sie der Auffassung waren, sie könnten es mit einer einfachen Abstimmung wieder beseitigen. Die Firmenleitung hatte die ArbeiterInnen vor die Alternative gestellt, der geplanten Flexibilisierung zuzustimmen oder die Schließung des Werks zu akzeptieren. Die Militanz der *Coalition* wäre dann für die Einstellung der Produktion verantwortlich gemacht worden.[7]

Das Abstimmungsergebnis wurde innerhalb und außerhalb der Fabrik als Zeichen für den Kollaps des anti-konzessionistischen Standpunktes der ArbeiterInnen gewertet: "In wenigen kurzen Monaten war Van Nuys in dramatischer Weise von einem Symbol des Widerstandes zu einem Symbol der Unterwürfigkeit geworden" (Mann, 1987: 269). Viele Beschäftigte hatten jedoch nur für das *Team Concept* gestimmt, weil angenommen wurde, daß seine Einführung an die "Verpflichtung" von General Motors geknüpft war, ein neues Modell nach Van Nuys zu bringen. Dies nannte man die *hinged acceptance* des neuen Managementstils (Mann, 1987: 243). Umgekehrt deutete die knappe Mehrheit und die eingeschränkte Zustimmung eine Schwäche der Position des GM-Managements unter der Belegschaft an. Es war zudem nicht klar, ob das Mana-

---

6 Ein System flexibler innerbetrieblicher Arbeitsteilung sah die Reduzierung der Job-Klassifizierungen im Betrieb auf nur noch zwei Kategorien vor. Auf der genauen Zuweisung von Aufgaben im Produktionsprozeß hatten unter anderem die Macht der amerikanischen Gewerkschaftsbewegung im Betrieb und die Kontrolle über die Lohnskalen beruht. Das Konzept in Van Nuys war nach dem Vorbild von NUMMI in Fremont geschaffen worden und verlangte entsprechend kleine Teams, ein einheitliches Lohnsystem und "von oben" ernannte *Team-Leaders*. Die meisten Teams haben fünf bis acht Mitglieder. Regelmäßige wöchentliche Treffen von einer halben Stunde sollen den ArbeiterInnen Gelegenheit geben, sich über Probleme mit dem Arbeitsprozeß auszutauschen, wobei die von der Firmenleitung ernannten *Team Leaders* eine Art Vorarbeiterposition innehaben (Mann, 1987: 170ff.)

7 Erschwerend kam hinzu, daß die nationale Organisation der United Automobile Workers das *Team Concept* unterstützte. Dies entsprach zum Teil ihrer Linie, zum Schutz der Arbeitsplätze in den Kernbereichen der Industrie auf Konfrontationen und innovative Kampfmethoden zu verzichten. Lokal eigenmächtige Aktionen wie die der Koalition werden daher gewöhnlich abgelehnt, weil die UAW-Führung auf nationaler Ebene zu einer Einigung kommen will.

gement nicht mit allen Mitteln verhindern wollte, daß die Boykottdrohung der Koalition zur Wirkung gebracht würde. Eine Serie knapper Wahlentscheidungen in Personen- und Sachfragen hatte seitdem die Politik im Betrieb und im *Local* charakterisiert. Mann sah darin ein Zeichen für die Lebendigkeit der Gewerkschaftsdemokratie, die er als schwierigen Prozeß beschreibt, worin nicht nur knappe Wahlergebnisse zwischen zwei streitenden Parteien vorkommen, sondern "60/40-Positionen der Individuen" zu bestimmten Fragen keine Seltenheit sind (Interview Mann). Die rein gewerkschaftlichen, auf die Organisation im Betrieb bezogenen Macht- und Positionskämpfe sollen jedoch hier nicht weiter verfolgt werden, auch wenn sie oft der direkte Ausdruck der Kräfteverhältnisse zwischen der Koalition und ihren Gegnern auf Belegschafts-, Gewerkschafts-, und Managementseite waren.[8] Vielmehr wende ich mich nun der Strategie und der Bedeutung der Kampagne im Kontext der Restrukturierung der Politik des Ortes in Los Angeles zu.

Weit entfernt davon, einen defensiven Standpunkt einzunehmen und dabei im Zerstörungsprozeß einer ganzen Industriebranche in Kalifornien zermahlen zu werden, reagierte die Koalition offensiv und direkt auf diese Drohung. Indem sie die *Community* entlang von Klassengrenzen organisierte, überwand die Bewegung gleichzeitig die spezifischen räumlichen Reproduktionsbedingungen der fordistischen MassenproduktionsarbeiterInnen in früheren Perioden gewerkschaftlicher Aktivität und etablierte die Forderung nach kommunitärer Macht. Dies wurde erreicht, indem gerade einige der Limitationen, die das fordistisch segregierte System der Arbeitsbeziehungen und der Formation von *Community* gekennzeichnet hatten, aufgehoben wurden. Die strategischen Eckpunkte der Kampagne gegen die Schließung von GM Van Nuys waren:

* Die Koalition hatte es verstanden, in kurzer Zeit eine einmalige Breite an Unterstützung aus der Bevölkerung für sich zu gewinnen. Organisationen wie die Konferenz baptistischer Geistlicher Südkaliforniens, die 400.000 Kirchgänger vertritt, folgten dem Solidaritätsaufruf der ArbeiterInnen in Van Nuys. Zusätzliche Stärke bezog die Koalition daraus, daß viele Bewohner der Stadtteile um Van Nuys erkannten, daß sie unter den 35.000 sein könnten, deren Jobs infolge der Schließung mittelbar bedroht wären. Man schätzte die Zahl der Zusammenbrüche kleinerer Betriebe auf über 500, die Zahl der zum Umzug gezwungenen Menschen auf 50.000.

* Durch die so erlangte Massenbasis und Popularität konnte dem Kernstück der Koalitionsstrategie, dem angedrohten Konsumentenboykott gegen Produkte von General Motors in Südkalifornien, dem größten regionalen Automobilmarkt der USA, Nachdruck verliehen werden. Das Kampfmittel des Boykotts wäre hier erstmals in einem gewerkschaftlich organisierten Betrieb angewandt worden. Man wußte von früheren

---

[8] Erwähnt werden muß jedoch, daß die Präsidentschaft des *Local* von dem radikalen Pete Beltran auf den Koalitionsgegner und *Team Concept*- Befürworter Jerry Shrieves überging. Beltran war als Hauptverhandlungsführer in den Betrieb gegangen, später aber nach Fälschungsvorwürfen durch die Gruppe um Shrieves aus dem Betrieb entlassen worden, so daß er diese Position verlor.

Boykotten um die Verletzlichkeit der Marktposition bekannter Markenhersteller. Der Marktführer General Motors kann es sich nicht erlauben, sich im ohnehin "labilen" Markt Südkalifornien einen schlechten Ruf einzuhandeln.[9]

* Formal bezog die Koalition Stärke daraus, sich außerhalb der Gewerkschaft zu organisieren. Übliche gesetzliche Schranken, die den Aktionsradius der Arbeiterorganisationen beschränken, konnten nicht in Anwendung kommen. Das führte zu einer - für die ArbeiterInnen vorteilhaften - Politisierung der Auseinandersetzung. Das Verlassen der rein gewerkschaftlichen Ebene machte es auch den Gegnern der Koalition schwerer, mit Breitseiten gegen die angeblich "nur ihre Spezialinteressen vertretenden Gewerkschaften" Erfolge zu erzielen (Mann, 1987).

* Zentrales Thema der *Labor/Community Coalition* war die "Bürgerrechtsfrage". Der allgemein sinkende Organisationsgrad führte zu der Suche nach neuen Verbündeten seitens der Gewerkschaften. Es gelang den Initiatoren der Koalition, immer wieder herauszustellen, daß mehr als fünfzig Prozent der Beschäftigten bei GM Van Nuys lateinamerikanischer Herkunft und fünfzehn Prozent Afroamerikaner waren. Ebenfalls fünfzehn Prozent waren Frauen, wobei deren Anteil in der zweiten Schicht traditionell höher war. Folglich wurde die Kampagne auch auf diese Weise externalisiert und politisiert.

Die Betonung der Bürgerrechtsaspekte durch die Bewegung entsprach sowohl der Überwindung herkömmlicher Segregationspraxis in der Gewerkschaftsbewegung selbst als auch der veränderten materiellen Situation, in der sich die Bewegung in der Welt-Stadt Los Angeles wiederfand: Der internationalisierte Charakter der Belegschaft bestimmte die Politik der Bürgerrechte am Arbeitsplatz und im Stadtteil. Darüberhinaus definierte die Kampagne *Community* in einer Art, die die engen räumlichen und ethnischen Konnotationen sprengte, welche gewöhnlich mit dem Begriff assoziiert werden. Indem sie realisierten, daß es praktisch unmöglich ist, die räumlichen Grenzen der *Community* radial oder anders um die Fabrik herum festzulegen, wenn ein großer Teil der ArbeiterInnen von bis zu 100 Kilometern Entfernung einpendelt, kreierten die Aktivisten der Koalition eine neue Bedeutung des Raumes von *Community* (Interview Mann). Ebenfalls machte es die multi-ethnische und multi-rassische Zusammensetzung der Belegschaft notwendig, *Community* als ein Konzept zu denken, das das sozialräumliche Flickwerk von Südkalifornien transzendierte anstatt es zu reproduzieren. Indem die Kampagne dies tat, überwand sie einige der dem amerikanischen Exzeptionalismus der Trennung von Stadtteil und Arbeitsplatz inhärenten Restriktionen, die in herausragender Weise die Arbeits- und Sozialverhältnisse im Fordismus bestimmten. Weiterhin wurde das enge

---

[9] Selbst bei optimistischen Schätzungen wären zwar nur höchstens 2,6 Prozent der nationalen Neuwagenverkäufe General Motors' vom angedrohten Boykott betroffen worden, doch eine Untersuchung von Ökonomen an UCLA zeigte, daß ein dynamisch durchgeführter Boykott zu erheblichen Beeinträchtigungen der Marktposition von GM führen würde. Die Preisgabe des kalifornischen Marktes ist von GM nicht hinnehmbar. Die Verärgerung der Führung des Konzerns über die "ständige Rederei über einen Boykott" war daher glaubhaft (Lappin, et. al. 1985).

Konzept von *Community*, das eine generelle Politisierung der meisten territorialen Konflikte in den fordistischen US-Städten und der ökonomischen Konflikte im Betrieb verhindert hatte, gegen einen inklusiveren sozio-territorialen Begriff städtischer Kämpfe eingetauscht. Schließlich trug die Kampagne das Potential in sich, "Regionalplanung von unten" zu betreiben, indem sie sich nicht auf die enge Argumentationsschiene des Arbeitsplatzverlustes festlegen ließ, sondern das Problem der Werksstillegung umfassend anging (Interview Mann). Heraus kam der bewußte politische Versuch, die Strukturkrise in Südkalifornien und die Konzernstrategie von General Motors mit proaktiven Forderungen auf der lokalen Ebene zu konfrontieren.

Arbeiten und Leben: Gewerkschaftsarbeit in der Bekleidungsindustrie von Los Angeles County

Einer der während der achtziger Jahre expandierenden handwerksgestützten und flexibilisierten Produktionssektoren von Südkalifornien ist die Bekleidungsindustrie der Region, die vor allem in Downtown Los Angeles konzentriert ist. Die Industrie wurde in den zwanziger Jahren von jüdischen Unternehmern auf der Suche nach gewerkschaftsfreien Produktionsbedingungen von New York nach Los Angeles gebracht. In jüngerer Zeit wurde sie vor allem durch das Einfließen von Familienkapital - typischerweise aus Korea und China - und billige Arbeitskräfte aus Lateinamerika und Asien neu belebt. Während national die Beschäftigung in der Branche zwischen 1972 und 1982 um 19 Prozent abnahm, konnte der *Rag Trade* von Los Angeles eine Position erreichen, die in den USA nur von New York übertroffen wurde. In Kalifornien stieg die Beschäftigung zur gleichen Zeit um 13 Prozent an. Ende des vergangenen Jahrzehnts arbeiteten etwa 120.000 (meist weibliche) ArbeiterInnen für Mindestlohn oder darunter in sogenannten *Sweatshops* (Olney, 1987a).

Eine hochflexibilisierte Produktionsstruktur, die durch eine "organisatorische Desintegration der Produktion" gekennzeichnet ist, hat die Industrie zu einer der lokalen Erfolgsgeschichten des entstehenden flexiblen Akkumulationsregimes werden lassen. Grundlage dieser Flexibilisierung und vertikalen Desintegration ist die sogenannte "*Jobber-Contractor-* Produktionsweise". Vertikale Desintegration bezeichnet die Fragmentierung des Produktionsprozesses zwischen der Behandlung der Rohstoffe und dem fertigen Produkt. *Jobbers* stellen eigene Designs her, kaufen die Rohmaterialien und arrangieren den Verkauf

Verleger !

des fertigen Produkts. *Contractors* erhalten Bündel zugeschnittener Kleiderteile von den *Jobbers*, um sie zum fertigen Kleidungsstück zusammenzunähen. In Kalifornien (und in der Region Los Angeles, wo 80 Prozent der kalifornischen Arbeitsplätze der Branche konzentiert sind) ist diese Form der Herstellung verbreiteter als in anderen Gebieten. Ein weiteres Indiz für die Desintegration ist die geringere Betriebsgröße von 26 gegenüber 40 Beschäftigten im nationalen Durchschnitt (Olney, 1987a). Während der Hauptfaktor für den Boom der Bekleidungsindustrie die Existenz billiger Arbeitskräfte war, kann der Markterfolg der lokalen Branche durchaus auf ihre flexible Struktur zurückgeführt werden, die es ihr erlaubte, schnell (und das heißt auch rascher als die Konkurrenz aus der Dritten Welt) auf die sechs jährlichen Modezyklen der Industrie zu reagieren. Die geringe Kapitalisierung der Branche stärkt diese Position erheblich und macht die Unternehmer beweglicher. Die Industrie von Los Angeles hat sich auf diese Weise durch die Herausbildung lokaler Industriestrukturen eine relativ sichere Nische im Mittelsegment des internationalen Bekleidungssektors erobert. Sie befindet sich zwischen der Massenware aus den Fabriken der Dritten Welt (z.b. Männeroberhemden) und der *Haute Couture* aus New York, Paris und Mailand. Die Spezialisierung der Region liegt bei Frauen- und Kinderkleidung sowie bei Strand- und Sportmoden (Olney, 1987b).

War der Bekleidungssektor in Los Angeles über Jahrzehnte eine standortmäßig und sozial stabile Industrie gewesen, so konfrontierte ihre Internationalisierung und Restrukturierung die Gewerkschaften mit einer ganzen Reihe neuer Probleme. Abnehmende Organisationsraten folgten dem nationalen Trend, und die sich wandelnde Zusammensetzung der lokalen Arbeiterklasse (von meist jüdisch-europäischen, gelernten Handwerkern zu einer weiblichen und lateinamerikanischen, chinesischen, vietnamesischen und koreanischen Arbeiterklasse) verschlechterte die Ausgangsbedingungen für eine erfolgreiche Gewerkschaftsarbeit nach herkömmlichem Muster. 1987 waren nur ungefähr 2000 ArbeiterInnen (darunter 1200 direkt im Bekleidungssektor) unter Vertrag bei der *International Ladies' Garment Workers' Union* (I.L.G.W.U.)(Olney, 1987a). In den vierziger Jahren, als die Gesamtbeschäftigung in diesem Sektor bei nur 19.000 lag, hatte diese Gewerkschaft noch 15.000 Mitglieder (Ferraro, 1988). Die Vorstellung der "Unorganisierbarkeit" wurde von theoretischen Erwägungen genährt, die die Arbeitsmarktsituation und die rechtliche Verletzlichkeit der undokumentierten ArbeiterInnen in den Mittelpunkt stellt

(Delgado, 1987: 3).[10] Während es richtig ist, daß es der leicht verwundbare *Pool* der ArbeitsimmigrantInnen ist, aus dem die Bekleidungsindustrie ihre Arbeitskräfte rekrutiert, wäre es jedoch ein zu leichter Schluß, aus dieser Situation "Manipulierbarkeit" abzuleiten. Es gibt nur wenige Anhaltspunkte dafür, daß - zumindest vor der Erlassung der neuen Einwanderergesetze (*Simpson-Rodino-Bill*, 1986) - die Furcht vor der Einwandererbehörde die ArbeiterInnen vor einer Organisation am Arbeitsplatz abgehalten hätte (Delgado, 1987). Selbstverständlich bleibt die Organisation von Beschäftigten, die verschiedenen Nationalitäten angehören und unterschiedliche Traditionen der Militanz am Arbeitsplatz kennen, eine langwierige und mühsame Aufgabe. Obwohl der disparate internationale Charakter der Belegschaften und die diffuse Struktur der Industrie für den geringen gewerkschaftlichen Organisationsgrad verantwortlich gemacht werden kann, liegt in diesem Sektor "ein ungeheures Versprechen für die amerikanische Arbeiterbewegung" (Olney, 1987b: 24).

Das neue Arrangement lokaler Räume der Produktion erforderte eine andere ortsspezifische Regulationsweise. Die Beschäftigten in Handwerksindustrien wie *Garment* spielen im Kampf um diesen Modus eine erhebliche Rolle. Selbst ein Minimalprogramm der gewerkschaftlichen Organisation im Bekleidungs- und anderen Sektoren mit einer Einwandererarbeiterklasse muß mehr als streng arbeitsplatzbezogene Probleme ansprechen. Es entsteht sozusagen ein soziales und politisches Feld für die Arbeitskämpfe in den Branchen, die auf immigrierten Arbeitskräften beruhen. Ein Mindestprogramm für eingewanderte ArbeiterInnen und ihre Gemeinden, das 1987 aus gewerkschaftlichen und stadtteilgestützten Diskussionen in Los Angeles entstand, schloß die Forderung nach einer Krankenversicherung für die ArbeiterInnen und ihre Familien, nach erschwinglichen Wohnungen, nach einer Amnestie für undokumentierte Einwanderer und einem Mindestlohn von $5,01 ein (Olney/Keil, 1988). In jedem dieser Bereiche waren die Gewerkschaften auf Unterstützung aus den Stadtteilen angewiesen. Eine staatsweite Kampagne zur Erhöhung des Mindestlohns in Kalifornien auf $5,01 im Jahr 1987 erhielt in Los Angeles Unterstützung von Aktivisten in der Arbeiterbewegung und in den Stadtteilgruppen. Der Impetus für diesen Aktivismus kam u.a. von drei fest in den kirchlich organisierten Stadtteilen der lateinamerikanischen Einwandererbevölkerung verwurzelten Ortsgruppen der *Industrial Area Foundation*, die von Saul Alinsky ins Leben gerufen worden war (Interview Foundation, Conot, 1989;

---

10 Dies entspricht der Bemerkung, daß die Einwanderung Los Angeles mit dem "größten Pool billiger, manipulierbarer und leicht zu entlassender Arbeitskräfte in irgendeiner fortgeschrittenen kapitalistischen Stadt" ausgestattet habe (Soja/Morales/Wolff, 1983: 219).

Harris, 1987b). Das *South Central Organizing Committee* (S.C.O.C.), die *United Neighborhood Organization* (U.N.O.) und die *East Valley Organization* (E.V.O.) hatten ihre Argumentation und ihren politischen Einsatz für eine Erhöhung des Mindestlohns vor allem darauf begründet, daß eine dreiköpfige Familie, die ein Einkommen zum früheren Mindestlohn von $3,35 die Stunde bezog, im Jahr 2100 Dollar weniger als die offizielle Armutsgrenze zur Verfügung hatte.[11] Die staatsweite Kampagne zur Erhöhung des Mindestlohns wurde unterdessen lokal von Demonstrationen und anderen direkten Aktionen begleitet. Es wurde vor allem versucht, Teile der betroffenen Arbeitgeber durch Druck und Argumente davon zu überzeugen, daß sie sich für eine Erhöhung des Mindestlohns aussprachen.[12]

Die Arbeit der Gewerkschaften in den internationalisierten Niedriglohnsektoren von Los Angeles ist auf die städtischen Gemeinden bezogen, wo ihre Mitglieder leben, wo deren Kinder zur Schule gehen und wo sie ihre sozialen Bedürfnisse wie Gesundheitsfürsorge befriedigen. Auf diese Art nehmen sie daran teil, die Strukturen der Welt-Stadt Los Angeles zu prägen. In beiden Fällen, bei der noch wenig organisierten Bekleidungsindustrie und im Kampf gegen die Schließung von GM Van Nuys, war die Redefinition des Verhältnisses von Betrieb und Gemeinde oder Klasse und Gemeinde ein zentraler Zug der Widerstandsformen gegen die Willkür der Arbeitgeber und die diesen willfährige Politik der Staatsapparate von Mindestlohnkommission über den Schuldistrikt bis zur Einwandererbehörde. Vielmehr werden - um Eric Mann zu paraphrasieren - die Architekten des globalen Kapitalismus in den Zentren der ökonomischen Macht und den Zitadellen der Welt-Städte mit dem Arbeiter

---

[11] Die Alinsky-Organisationen, die 1987 über 130.000 Kirchgänger vorwiegend im Osten von Los Angeles vertraten, sind politisch ungebundene, sowohl, was die Mitgliedschaft, als auch, was die Auswahl ihrer Themen angeht, breit orientierte Organisationen, die prinzipiell multi-rassisch und klassenübergreifend sein wollen. Faktisch sind sie jedoch in den Gemeinden der Immigranten und im schwarzen South Central Los Angeles am stärksten. 98 Prozent der Mitgliedschaft von SCOC ist schwarz oder lateinamerikanisch. Dies entspricht dem Profil der Stadtteile, in denen die Organisation aktiv ist (Interview Foundation). Ihr politisches Vorgehen bestimmen die Organisationen aus genauen persönlichen Befragungen ihrer Mitglieder. Aus einer solchen Befragung wurde 1986 die Erkenntnis gewonnen, daß Armut, der Mangel an Arbeitsplätzen, schlechte Schulen, der Mangel an günstigem Wohnraum, das Fehlen bezahlbarer Autoversicherung, fehlende Polizei, Drogen und eben auch der zu geringe Mindestlohn die drückendsten Probleme sind (Interview Negrete). Forschungsteams fanden daraufhin heraus, daß unter den die Armut betreffenden Sachthemen sich das Mindestlohnproblem am besten zu einer politischen Intervention eignete, da die fünfköpfige Mindestlohnkommission des Staates Kalifornien (*Industrial Welfare Commission*), die alle zwei Jahre über die Höhe des Mindestlohns bestimmt als politisch beeinflußbar eingeschätzt wurde (Interview Negrete).

[12] Zum Beispiel blockierte eine Demonstration von über 150 Mitgliedern der drei Organisationen am 21. November 1987 eine Filiale der Restaurantkette Denny's, nachdem in der Woche zuvor Zusagen der Supermarktketten Ralphs und Boys Markets für eine Unterstützung der Erhöhung bereits als Siege der Kampagne verbucht worden waren (*LAT*, 22. November 1987).

als Organisator, der Arbeiterin als Kämpferin und den Gewerkschaften als ernstzunehmende Gegner rechnen müssen. Große Bedeutung kommt daher der Rolle sozialer Bewegungen und politischer Gruppen in den Stadtteilen zu.

Hier kommen die Bulldozer nicht durch:
die Verteidigung der Stadtteile

> *The push for growth and rents is not the only force on the urban scene; there are also efforts, individual and collective, to enhance use values. The two processes together determine the patterns of neighborhood life - the ways in which people grow up, live, and die, interconnect with one another, and defend (or offend) the places in which they live. ... From the point of view of residents, the creation and defense of the use values of neighborhood is the central urban question.*

John Logan und Harvey Molotch, 1987

> Wir, der Ortsverein St.Vincent des SCOC wollen dabei mitreden, was für eine *Art von Fabriken* und wirtschaftlicher Entwicklung in die Enterprise Zone kommen wird und darüber, *wo* diese Entwicklungen stattfinden.

Flugblatt Maple Avenue Neighborhood, St.Vincent, 1987.

Die durch Internationalisierung induzierte Restrukturierung der Region Los Angeles hat den Druck auf die Wohnstadtteile in mehrfacher Hinsicht verstärkt. Gentrifizierung, Verdichtung, Nutzungsänderung, Wohnraumvernichtung sind Ausdruck der industriellen und wirtschaftlichen Restrukturierung. Vor allem im Zusammenhang des Ausbaus der Downtown von Los Angeles zur Welt-Stadt-Zitadelle seit Mitte der siebziger Jahre wurden die umliegenden Gemeinden zu früher oder später geplünderten "Landbanken" zur Integration in den segregierten Raum der hochkarätigen Dienstleistungs- und Finanzindustrie der Stadt (Haas/Heskin, 1981). Der innerstädtische Raum wurde jedoch zunehmend auch von den anderen Wachstumssektoren der postfordistischen Regionalökonomie als Expansionsgebiet betrachtet. Der Osten der Downtown wurde mit Hilfe städtischer Bebauungspläne und Wirtschaftsförderung zum Standort für den Spielzeug-, Blumen- und Fischgroßmarkt. Eine starke Lobby der Geschäftsleute in diesem Gebiet, die in der *Central City East Association* zusammengeschlossen sind, und der *Little Tokyo Merchants Association* im Norden, betreibt aggressiv die Eindämmung und Verdrängung der

Obdachlosen und ihrer Dienstleistungsanbieter im Elendsviertel *Skid Row* östlich von Spring Street (Interview Lovejoy). Im Süden finden sich das Juwelierviertel und die Bekleidungsindustrie. Diese beginnt, sich von ihrem traditionellen Zentrum entlang der Achten Straße nach Norden entlang Spring Street und nach Süden entlang Maple Avenue auszubreiten. Die expansiven Aktivitäten der Großhandels- und Handwerksindustrien üben einen ähnlichen Druck auf die Wohnstadtteile aus wie auch der Ausbau der *Central City West* im Westen von *Downtown* (Interview Grannis). Diese Tendenzen bedrohen - in den Worten von Haas und Heskin - "die Macht der Leute, ihre Leben zu kontrollieren" (1981:562). In einem stadtentwicklerischen Prozeß, der per Definition gegen die Interessen der Wohnbevölkerung strukturiert ist, da die Erhöhung der Steuerbasis in der Innenstadt intendiert ist, haben es die städtischen Gemeinden schwer, dem Druck der wirtschaftlichen Restrukturierung zu widerstehen. Nur wenige sind mit normalen Mitteln erfolgreich, wenn es um die Rettung ihrer Stadtteile geht.[13] Die politische Ökonomie des Ortes ist nun von zwei simultanen Entwicklungen gekennzeichnet, die mit dem Druck des internationalen Kapitals auf die lokalen Nachbarschaften der Arbeiterklasse um *Downtown* zusammenhängen: Erstens findet die Herausbildung neuer Räume der Produktion statt (während andere zerstört werden); zweitens geschieht eine verstärkte Zerstörung von Wohnraum (der selten wieder hergestellt wird). Die Quartiere der meist nicht-weißen Arbeiterklasse von Los Angeles stehen also in zweifacher Hinsicht der Restrukturierung zur Verfügung: als (prekärer) Wohnraum und möglicher Wirtschaftsstandort, der von verschiedenen kommerziellen und industriellen Nutzern begehrt ist. Während der allgemeine Prozeß der Nutzung des innerstädtischen Bodens von den generellen Bewegungsgesetzen des Kapitals im Raum determiniert wird, stellen sich die konkreten Nutzungen als Produkte eines lokalen politischen Prozesses dar. Der zusammenhängende Prozeß der Vernichtung und der Konstruktion von *Community* ist gegenwärtig in vielen Stadtvierteln in *Downtown* Los Angeles zu beobachten. Ein Beispiel vom südlichen Innenstadtrand soll hier näher betrachtet werden. Ein Areal, das vom Santa Monica *Freeway* im Norden zur 41. Straße und zum Martin-Luther-King-Jr.-Boulevard im Süden, von Figueroa Street im Westen zur Alameda Street im Osten reicht, wurde vom kalifornischen Staat 1986 als *Enterprise Zone* ausgewiesen (Abbildung 8.1). Diese *Central City Enterprise Zone*, die nach *Assembly Bill* 40 geschaffen worden war, sollte dort ein günstiges Klima für die Ansiedlung von Betrieben, vor-

---

13 Oft, wie im Falle der Vereinbarungen wegen des Baus des *Convention Center* im Süden von Downtown, werden Kompromisse zwischen den um ihre Wohnungen gebrachten Stadtbewohnern mit den Stadtentwicklern als Erfolge gefeiert, auch wenn dabei günstiger Wohnraum für immer vernichtet wird (Interview Gross).

zugsweise der Leichtindustrie erbringen. Die Lage der Zone in der Nähe von *Downtown* und des Campus der University of Southern California (USC) machte die Gegend besonders für Hochtechnologieentwicklung interessant, aber auch als mögliches Expansionsgebiet für die Handwerksindustrien der Innenstadt. USC ist in mehrfacher Hinsicht an der Restrukturierung des Gebietes beteiligt (Sibilsky, 1987b). Die Universität ist eine wichtige Grundeigentümerin südlich von *Downtown* und stellt Forschungskapazitäten und Räume für die Koordination der *Enterprise Zone* zur Verfügung. Viele Leute im Quartier nennen das Projekt "*USC's enterprise zone*". Der Koordinator der Zone, Jasper Williams, erklärt dazu:

Ich möchte klarmachen ... daß meine *Central City Enterprise Zone* als Hochtechnologiezone ausgewiesen ist. Das hat definitive Implikationen in Bezug auf die Strategie des Staates Kalifornien und auch auf jene Politik, über die man von Zeit zu Zeit hört: die USA als industrielle Macht, die eine Position von Stärke auf dem internationalen Markt finden muß, aber nicht über billige Arbeitskraft verfügt (Interview Williams).

Das Mißverhältnis zwischen der ansässigen *Blue Collar*-Arbeiterbevölkerung und dem Hochtechnologieprojekt sollte durch Ausbildungsmaßnahmen beseitigt und die *Central City Enterprise Zone* durch die Förderung eines industriellen Wachstumssektors in eine international orientierte Ökonomie integriert werden.[14] Die propagierte Hochtechnologiestrategie sollte jedoch nur eine der geplanten Nutzungen darstellen. Speziell die Expansion der Bekleidungsindustrie, deren traditioneller Standort sich im Norden der Zone befindet, wurde erwartet (Interview Donoghue). Die ArbeiterInnen in den expandierenden Leichtindustrien sollten (auch) aus der Nachbarschaft rekrutiert werden; sie wurden jedoch als Teil der neuen globalen Arbeiterklasse von Los Angeles angesehen:

Wenn ich mir die *Central City Enterprise Zone* anschaue, dann sehe ich die ethnische Zusammensetzung, die dort besteht: In einer Gegend, die noch vor zehn Jahren vor allem schwarz war, mit einer geringeren Repräsentation von *Hispanics* und einer größeren Repräsentation von Weißen und anderen. Jetzt haben wir ein Gebiet, wo die hispanische Bevölkerung vorherrscht. Die meisten davon sind aus Mexiko, aber ein bedeutender Teil davon kommt aus Mittelamerika, Südamerika und der Karibik. Und wir haben eine sehr verringerte weiße Bevölkerung und zunehmend eine Bevölkerung aus Asien - Korea - und aus dem Pazifikbecken. Und offensichtlich hat auch die schwarze Bevölkerung abgenommen. Daher, wenn wir uns die Gegend als Arbeitskräftereservoir ansehen, schaffen wir Beschäftigungsmöglichkeiten für ein deutlich internationales Arbeitskräftereservoir (Interview Williams).

---

14 "Ich glaube, der kritische Pfad hängt sehr stark von unseren bedeutenden *Job Training*- und Entwicklungskapazitäten ab" (Interview Williams).

Die Ausweisung der *Central City Enterprise Zone* löste beträchtliche Unzufriedenheit bei den Bewohnern des Viertels aus. 1987 schloß sich ein Ortsverein des *South Central Organizing Committee* (SCOC) mit Bewohnern der Maple Avenue- Nachbarschaft zusammen, die Teil der Zone ist, um eine vorgeschlagene Bebauungsplanänderung zu bekämpfen, welche dafür gesorgt hätte, daß eine Bekleidungsfabrik in einem Wohngebiet gebaut worden wäre (Harris, 1987a). Diese Änderung, das sogenannte *Maple Avenue Plan Amendment*, wurde vom damals zuständigen Stadtrat Gilbert Lindsay vorgebracht. Lindsay hielt dies für notwendig, "um für das wirtschaftliche Überleben der Bekleidungsindustrie innerhalb der Stadt Los Angeles" Sorge zu tragen (Ibid.). Das konkrete Projekt, das den Stadtrat hatte aktiv werden lassen, war der Plan der Kluger Bekleidungsfabrik, aus ihrem bisherigen Standort in der Innenstadt unter den durch die *Enterprise Zone* geschaffenen Bedingungen in die Gegend von Maple Avenue umzuziehen. Dieser Vorschlag mußte sich jedoch 1986 und 1987 zweimal vor dem Stadtplanungsausschuß der Stadt geschlagen geben und wurde schließlich von Lindsay im Februar 1988 zurückgezogen, als 1000 Demonstranten bei einem Termin des Planungs- und Umweltausschusses des Los Angeles *City Council* erschienen, wo das Projekt beraten werden sollte.

Der Fall der Kluger Bekleidungsfabrik zeigt die Ambivalenz des städtischen Entwicklungsprozesses unter dem Eindruck der Restrukturierung und der Internationalisierung. Anstelle statischer polarer Beziehungen zwischen Gebrauchswert- und Tauschwertnutzungen im Städtischen entstehen neue Verschränkungen dieser widersprüchlichen aber miteinander verschränkten Funktionen. Dies wurde in der Politik der Konfliktparteien reflektiert. Das Büro des Stadtrates und der Koordinator der *Enterprise Zone* betonten die Notwendigkeit einer Ausdehnung der innerstädtischen Industrien und neuer Investitionen (Harris, 1987a). Als Argument wurden dabei die interkommunale Konkurrenz um Wirtschaftsstandorte in Südkalifornien aber auch der internationale Wettbewerb angeführt (Interview Altamirano). Die Pläne zur innerstädtischen Industrieansiedlung erhielten schließlich den Charakter des "großen Designs" von regionalpolitischer Bedeutung zur Beseitigung von Arbeitslosigkeit und Armut. Den Gegnern solcher Pläne wurden stattdessen Verweigerungshaltung und eine sogenannte *NIMBY*-Haltung (*Not-in-my-back-yard*, St.Florians-Prinzip) vorgeworfen, wie sie überall im Stadtgebiet zu finden seien (Interview Williams). Sieht man sich die Forderungen der Bewohner, die die Bebauungsplanänderung bekämpften, jedoch näher an, so kommt man zu einer unterschiedlichen Einschätzung. Obwohl - da ihre Wohnungen der Schaffung von Mindestlohnarbeitsplätzen zum Opfer gefallen wären - eine *NIMBY*-Haltung der Leute von der Maple Avenue durchaus verständlich gewesen wäre, hatten sie eine sehr viel entwickeltere politische Position.

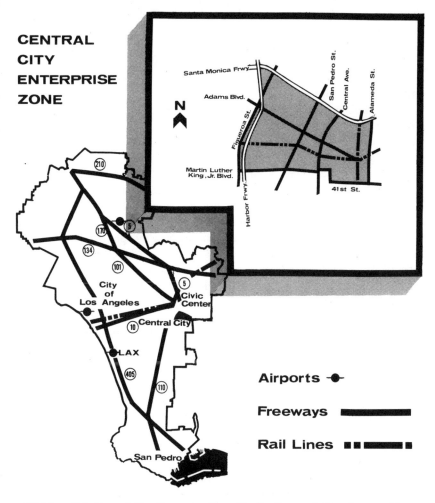

Abbildung 8.1: *Central City Enterprise Zone* (Quelle: Economic Development Department, City of Los Angeles)

Die Gegner der städtischen Pläne akzeptierten die Gegenüberstellung von Arbeitsplätzen und Wohnraum nicht, auch wenn Kritiker darauf hinwiesen, daß bis zu 3000 Wohnhäuser durch die Implementierung der *Enterprise Zone* hätten verloren gehen können. Vielmehr verlagerten die Anwohner den gesamten Diskurs. Anstatt eine defensive Haltung einzunehmen ("*homes versus jobs*"), forderten sie ein umfassendes Verständnis ihrer Nachbarschaft als einem Ort, wo die Bewohner arbeiten *und* leben können.[15] Die Bewohner waren grundsätzlich *für* Arbeitsplätze in ihrem Viertel, doch sie bestanden darauf, daß diese oberhalb des Mindestlohns angesiedelt wären, und sie akzeptierten keinesfalls den Tausch von Arbeiten und Wohnen. In einem der letzten Quartiere der Stadt, wo große, arme Familien ein Eigenheim haben können, wurde der Schutz dieses Wohnraumes zu einer Hauptforderung (Interview Donoghue).[16] Die Konfrontation betraf schließlich zwei verschiedene Konzepte bezüglich der Nutzung städtischen Raumes. Beide Konzepte waren klassenspezifisch und fanden ihren Ausdruck in den unterschiedlichen Bedeutungen von *Community*, die sich mit ihnen verbanden: die kommunitären, auf die Gebrauchswertnutzung der Stadt orientierten Bedürfnisse der Bewohner der Maple Avenue standen dabei in Opposition zu dem am Tauschwert des Ortes interessierten Bündnis der Behörden und der Kapitalisten, die ihren Einfluß vergrößern wollten. Das Verhältnis wurde jedoch nicht antagonistisch ausgespielt: die involvierten Parteien prallten nicht über "Arbeitsplätze gegen Wohnungen" zusammen oder "Wachstum gegen Nicht-Wachstum". Stattdessen kämpften die Bewohner darum, *wie* ihr Quartier in die neue internationalisierte Raumökonomie von Los Angeles integriert werden soll. Die Erkenntnis des sozioökonomischen Antagonismus als der Grundlage der flexiblen und innovativen Politik der Bewohner ist zentral für das Verständnis des Restrukturierungsprozesses überhaupt: an die Stelle der "kakophonischen Stille" (Soja) tritt hier die wohltemperierte politische Virtuosität der "*purposeful actors*" (Logan/Molotch, 1987) der lokalen Politik. Die hauptsächlich lateinamerikanische Arbeiterklassengemeinde um die Maple Avenue bestimmte den Kurs und den Diskurs des Konfliktes um ihr Wohngebiet. Die *Community* der Maple Avenue konstituierte sich politisch, indem sie die Dichotomie von *capital versus community* in Richtung einer Praxis transzendierte, die Territorium auch durch Klasse definiert. Damit war ihre *Community* eine andere als die, welche die Befürworter der Kluger-Fabrik anstrebten.

---

[15] "Ein Moratorium auf alle Bebauungsplanänderungen zugunsten kommerzieller Nutzungen und Entwicklungen östlich von Main Street. Die Gegend östlich vom Harbor Freeway bis zu Main Street ist für kommerzielle Entwicklung da" (Flugblatt von SCOC).

[16] Ein langfristiges Kreditpaket mit niedrigen Zinsen für den Wiederaufbau und die Renovierung bestehender Wohnungen in der *Enterprise Zone* muß entwickelt werden (St. Vincent, 1987).

Die Resultate dieser Praxis waren notwendig ambivalent und widersprüchlich. Darin - und nicht in der falschen Polarität von *capital versus community* - artikulierte sich die Welt-Stadt-Formation. Während die BewohnerInnen der Maple Avenue-Gegend, die ArbeiterInnen von GM Van Nuys und die Beschäftigten der Bekleidungsindustrie bereit waren, an der Produktion eines neuen sozio-ökonomischen und räumlichen Akkumulationsregimes teilzuhaben (wobei Bereitschaft nicht Willfährigkeit heißt), demonstrierten sie gleichzeitig ihre Macht, den Restrukturierungsprozeß der Stadt durch lokale politische Aktion modifizieren zu können. Darüber hinaus konnten sie ihre Arbeitsplätze, ihre Bürgerrechte oder ihre Wohnungen gerade dadurch verteidigen, daß sie ihre Aufmerksamkeit nicht allein auf jeweils einen Punkt richteten. Die hier besprochenen städtischen Bewegungen im produktiven und reproduktiven Bereich legten ein Problem der lokalen Regulation offen, das von dem entstehenden postfordistischen Akkumulationsregime geschaffen wird: die Erhaltung einer lebbaren sozialen Sphäre, einer reproduktiven Umgebung für die Masse der Städter. Die Aufkündigung des fordistischen Klassenkompromisses und die Tendenz zur Verelendung unter der internationalen Arbeiterklasse der Welt-Stadt geschah nicht ohne Widerstand. Die ArbeiterInnen von GM Van Nuys verstanden, daß ihre Gemeinden entwertet sind, wenn sie deindustrialisiert werden; die Näherinnen von *Downtown* Los Angeles wußten, daß Bürgerrechte, Löhne, Mieten und Gesundheitsfürsorge aufeinander bezogene Ebenen ihrer städtischen Existenz sind, und die Bewohner der Maple Avenue sprengten die absurde Logik des Kuhhandels von (Mindestlohn)Jobs gegen Wohnraum. Die disparaten Bewegungen - obgleich ganz unterschiedlich erfolgreich - berührten sozusagen die gleichen Themen, konstruierten einen gegen-hegemonialen Diskurs. Indem sie sich damit auf Verhandlungen über die Entwicklung der Welt-Stadt einließen, verweigerten sie sich gleichzeitig dem vorherrschenden Konzept der Welt-Stadt. Die Verteidigung der "Lebensstile der Arbeiterklasse"[17] implizierte also beides: Arbeitsplätze und Wohnungen. Von dieser Mindestforderung ausgehend, partizipieren die Nachbarschaften der Arbeiterklasse von Los Angeles an der Konstruktion der Welt-Stadt.

---

[17] Diesen Begriff verdanke ich Mo Nishida, einem Nachbarschaftsaktivisten aus Little Tokyo, Los Angeles.

Das Labor/Community-Strategy Center
in Los Angeles

Environmental protection directly and immediately benefits the poor. The poor live adjacent to the worst sources of industrial pollution. When hillside houses are built for the rich without drainage, working class people's homes are flooded on the flatlands below. It is the working class whose occupational environments are most likely to involve toxins. Preservation of open spaces and laws controlling access to them ... enable the less affluent to experience environments that otherwise would be available only to the wealthy.

John Logan und Harvey Molotch, 1987

In den Umweltproblemen der World City liegt ein Schlüssel für die Struktur von institutionalisiertem Rassismus einerseits und von popularer Zivilität andererseits. In Los Angeles laufen die Konfliktlinien nationaler und internationaler Dynamiken zusammen, schrumpfen auf die Größe einzelner segregierter Nachbarschaften. Die Gegensätze sind jedoch übersehbar. Die meisten Besucher sehen die Sonnenseite, die Strände, Beverly Hills, Disneyland, Universal Studios, den Reichtum, die Palmen. Sie übersehen Obdachlosigkeit, Armut, Umweltschäden, Drogen, Gewalt. Sie übersehen die Heerscharen von Gärtnern, Dienstboten, Näherinnen, Gebäudereinigerinnen, privaten Sicherheitskräften, die Millionen, die am ökonomischen Tropf der Weltmetropole hängen. Wie die meisten weißen Angelenos setzen die Touristen nie einen Fuß in die Stadtviertel, wo die Mehrheit des internationalisierten Niedriglohnproletariats lebt und arbeitet. Sie haben kein Auge für die Raffinerien und Ölbohrtürme in den Hinterhöfen der Barrios, die verseuchten Klitschen in der Nähe von Schulen, in denen Leiterplatten für Südkaliforniens Hochtechnologie hergestellt werden. Sie kennen die Arbeitsbedingungen der undokumentierten mexikanischen Arbeiter in den Möbelfabriken kaum.

Die weiße und wohlhabende Minderheit von Los Angeles hat sich zunehmend in den Hügeln und Wüstenvorstädten eine eigene Umwelt geschaffen. Von Orten wie Simi Valley aus, wo das Urteil im Fall King fiel, regieren sie dennoch die Innenstadt weiterhin. Die farbige und verarmte Mehrheit der Bevölkerung von Los Angeles leidet unter "Umweltrassismus". In den ärmsten Vierteln, wo die meisten der Nicht-Weißen leben, ist das Alltagsleben bedrohlich. Hier konzentrieren sich Schadstoffe, hier leiden Kinder unter massiven Bleivergiftungen, hier haben Jugendliche bereits Verluste von Lungenkapazität wie sonst nur langjährige Raucher.

Doch in der Art, in der die Menschen in dieser Struktur des "Umwelt-ras-sis-mus" seit Jahren versuchen, ihrem Alltagsleben Würde und Zusammenhalt zu verleihen, liegen auch die Wurzeln für die Zivilität der Nachbarschaften und Gemeinden. Vor allem Gruppen von Frauen wie die Mothers of East Los Angeles und die Concerned Citizens of South Central haben die Sorge um die brutalisierte Lebensumwelt ihrer Kinder zu einem politischen Kreuzzug gegen Raffinerien und Müllverbrennungsanlagen ausgebaut. Sie gehen weit über die sozialen Belangen eher neutral gegenüberstehenden herkömmlichen Umweltorganisationen der weißen Mittelklasse hinaus. Eric Mann, der Direktor der Umweltgruppe Labor/Community Watchdog, erinnert daran, daß Rassismus eine materielle Realität ist, die mit greifbarer Unterdrückung zusammenhängt: "Sonst wäre es nur ein rassisches Mißverständnis, das durch kulturelle Sensibilität behoben werden kann. Wir könnten dann feststellen, daß wir uns ja alle bloß falsch verstehen. Aber diese Gesellschaft unterliegt keinen Mißverständnissen darüber, wie sie historisch die Schwarzen und Latinos behandelt hat".[18]

Im Sommer 1989 begannen die Automobilgewerkschafter und politischen Aktivisten, die den Kampf gegen die Stillegung des Automobilwerks in Van Nuys organisiert hatten, sich den Umweltproblemen der Region, vor allem der Luftverschmutzung, zuzuwenden. Daraus entstand die Organisation Labor/Community Watchdog, die sich innerhalb von zwei Jahren zur einflußreichsten alternativen Umweltorganisation in der Region mauserte. 1991 publizierte der Watchdog *L.A.'s Lethal Air* (Mann, 1991), eine Studie über die Politik der Luftverschmutzung in Los Angeles, die versucht, neue Strategien im Kampf um bessere Luft zu entwickeln.

In den Umweltwissenschaften gehört Luft zu den Allgemeingütern, die von allen Menschen konsumiert werden. Aus der Ferne betrachtet, erscheint die Verschmutzung der Luft in einer Region wie Los Angeles als ein Los, das von allen BewohnerInnen geteilt wird. Die Verbesserung der Situation, die von Bundesbehörden gefordert wird, aber vom lokalen South Coast Air Quality Management District (SCAQMD) bewerkstelligt werden muß, beruht auf dieser Annahme, daß Luft ein Allgemeingut ist. Folglich waren die meisten der 120 Maßnahmen des richtungsweisenden Luftreinhalteplans (AQMP) den der SCAQMD 1989 vorlegte, darauf gegründet, daß es allgemeine Lösungen für das Smogproblem geben könnte. Bis zum Jahre 2010 hofften die Verfasser des Plans das Problem im Griff zu haben und die Luftwerte der Region den bundesweiten Standards angeglichen zu haben.

L.A.'s Lethal Air setzt da ein, wo dieser Plan aufhört. Es zeigt, daß die Luft keineswegs für alle gleich ist und vor allem, daß der Schutz oder die Ver-

---

18 Interview am 16. April 1992 in Los Angeles.

schmutzung der natürlichen Resources nicht für alle gleich viel kosten oder wert sind. Der Plan des AQMD übersah sowohl die sozialen Unterschiede im Schaden, den unterschiedliche BewohnerInnen der Senke von Los Angeles am Smog nehmen, als auch die unfairen Wirkungen von Umweltmaßnahmen, die nicht auf die Menschen vor Ort abgestimmt sind. Dies wurde deutlich, als Los Angeles County vorsah, seine 40.000 Beschäftigten durch Parkgebühren zur gemeinsamen PKW-Benutzung zu bewegen, obwohl die gültigen Tarifverträge gebührenfreies Parken vorsahen. Der Watchdog und eine Reihe anderer Organisationen konnten zeigen, daß dies in der Abwesenheit von Alternativen in Form von öffentlichem Nahverkehr bedeuten würde, daß meist schlecht bezahlte Beschäftigte effektiv dafür zahlen müßten, zur Arbeit zu gehen.

In der Diskussion um Ridesharing und Parkgebühren konnte sich die neue Organisation erstmals Gehör verschaffen. Der Triumph kam dann einige Monate später. Im Dezember 1991 konnte der Watchdog den AQMD dazu bewegen, in Wilmington, ganz im Süden von Los Angeles, wo sich Raffinerie an Raffinerie reiht, eine Anhörung zu einem neuen kalifornischen Gesetz abzuhalten, das Unternehmen zwingt, Anwohner über Giftemissionen zu informieren, die in ihrer Produktion anfallen. Die VertreterInnen des Watchdog konnten ihre Forderung nach einer Addierung der einzelnen Chemikalien durchsetzen, die von einem Betrieb in die Wohngegenden abgestoßen werden, was den Unternehmen die Möglichkeit entzieht, durch Einzelerklärungen die Gesundheitsgefährdungen für die Anwohner herunterzuspielen. Die Forderungen nach sozialer Gerechtigkeit, die immer häufiger in den Armenvierteln von Los Angeles gestellt werden, haben einen neuen Ton in die Umweltdebatte eingeführt. Es ist nicht mehr zu übergehen, wie es eine Broschüre des *Watchdog* formuliert, daß "die Umweltbewegung darin nie erfolgreich sein wird, die überwältigende Wirkung der Giftstoffe ... abzuwehren, wenn arbeitende Menschen und die Gemeinden der *people of color* nicht in Führungsrollen involviert werden". Die Zivilität dieser Gemeinden gehört zu den Gegengiften gegen Rassismus und soziale Ungerechtigkeit.

Das *Labor/Community Strategy Center*, zu dem der Watchdog gehört, beansprucht für sich, die disparaten Stränge der sozialen Bewegungen der Stadt in neuer Weise zusammenzuführen:

Das *Labor/Community Strategy Center* ist für uns ein Versuch, mehr als die Summe unserer Teile zu werden. Es hat einige der besten *Organizers* der Stadt in einer Mehrpunkte-Bewegungsinstitution (*multi-issue*) zusammengeführt - eine Heimat für langfristige *Organizing*- Projekte und der politischen Erziehung einer neuen Generation von Aktivisten. Die Ziele des *Strategy Center* sind es, dabei zu helfen, Los Angeles eine demokratischere und lebenswertere Stadt zu machen und neue Modelle städtischer Koalitionen für die Ermächtigung von Arbeitern und der *Community* (*worker and community empowerment*) zu entwerfen.[19]

Zu den Schwerpunkten der Arbeit des *Strategy Center*, das sich auf langfristige Traditionen der Gewerkschafts- und Bürgerrechtsbewegung beruft, gehörten ursprünglich die Fortführung der Kampagne gegen die Schließung der Automobilfabrik in Van Nuys, die Beteiligung der *Community* an gewerkschaftlichen Aktivitäten[20], Aus- und Weiterbildung von *Organizers* und die Mobilisierung der Arbeiter- und Nachbarschaftsbewegung gegen die weitere Vergiftung der Arbeitsplätze und der Wohnorte. Gerade der letztgenannte Schwerpunkt hat in der strategischen Verknüpfung von *workplace* and *community* einen besonders hohen Stellenwert erhalten. Gegenüber der oft vertretenen Auffassung, daß ökologische oder Umweltbewegungen vor allem von Mittelklasseelementen getragen und Umweltpolitik diesen vor allem nütze, vertrat das *Strategy Center* die Auffassung, daß es insbesondere die Stadtteile der Armen und der *people of color* seien, in denen diese Themen Ausdruck finden müßten.[21]

In Los Angeles, das zu den verschmutztesten und verseuchtesten Stadtregionen der USA zählt, gab es in der jüngeren Vergangenheit mehrere Beispiele für eine Zusammenarbeit von Bürgerinitiativen und Gewerkschaften über Klassen- und Rassengrenzen hinweg. Während zurecht einer der grundsätzlichen sozialräumlichen Konflikte der Stadt zwischen den "umweltbewußten" Hauseigentümergemeinden (weiße Mittelklasse) und den "ökonomisch", d.h. beschäftigungspolitisch orientierten Stadtteilen der Farbvölker zu verorten ist, verhinderten Initiativen aus beiden "Lagern" gemeinsam die LANCER-Müllverbrennungsanlage, die von der Stadt für einen abgelegenen Teil des Gettos der Afroamerikaner geplant war.[22] Das Labor/Community-Strategy-Center hat

---

[19] Dieser programmatische Satz entstammt einer Grundsatzbroschüre des Center, die nach Aufnahme der Arbeit im Jahr 1988 verbreitet wurde. Wenn hier von *Community* die Rede ist, heißt dies gemeinhin die Gemeinden der Armen und der Farbvölker.

[20] "*The social structure of Los Angeles is now built upon a foundation of more than 1 million low paid and highly exploited immigrant workers. Union efforts cannot be won without sustained community-based campaigns. We plan to work in coalition with unions to provide long-term organizing support in high visibility campaigns that, if successful, can become models for other unions and community groups*", heißt es in der programmatischen Broschüre des Center.

[21] Eine Typologie der Standpunkte um die angebliche Klassenbasis der Umweltbewegung/politik findet sich in Logan/Molotch, 1987:215ff.

[22] Die Initiative ging von einer Gruppe schwarzer und hispanischer Gettobewohnerinnen aus, die sich zu den *Concerned Citizens of South Central Los Angeles* zusammengeschlossen hatten, später von Nachbarschaftsgruppen aus dem Westen und von einer Expertise der Planungsfakultät der Universität von Kalifornien Schützenhilfe erhielten. Aufgrund des politischen Drucks entschloß sich der Bürgermeister der Stadt, Tom Bradley, letztlich auf diese erste von insgesamt elf geplanten Verbrennungsanlagen zu Gunsten eines Recycling-Programmes zu verzichten. Vgl.

einen großen Teil seiner Arbeit an dieser neuen Schnittstelle zwischen alter Umweltbewegung, Nachbarschaftsbewegung und dissidenten Gewerkschaften angesiedelt.[23] Die Verschweißung der Nachbarschafts- und *Community*-Bewegungsfragmente mit den Resten der alten und den Keimen der reformierten Gewerkschaftsbewegung auf dem Weg über den Umweltdiskurs hat zwei Ebenen: erstens erkannten die Aktivisten im Betrieb und im Stadtteil, daß die weitere Umweltzerstörung zunächst auf dem Rücken der Armen ausgetragen würde, daß es sich bei Umweltfragen also um Überlebensfragen handelte.[24] Zweitens wurde zunehmend klar, daß die Thematisierung der Umwelt in der entstehenden postfordistischen Ökonomie eine zentrale Schlüsselstellung einnehmen würde. In der umweltlichen und ökologischen Gestaltung der Arbeitsplätze und der Wohnorte und in deren Verhältnis zueinander liegt in der Tat eine der wichtigsten Bereiche, wo sich die postfordistische städtische Realität herausbildet. In Los Angeles wird gegenwärtig die Auseinandersetzung um die Zukunft der Umwelt vor allem anhand des *Air Quality Management Plan* (AQMP) geführt.[25] Dieser bereits erwähnte Plan ist auf drei Ebenen zu verstehen: auf der Ebene der Restrukturierung des regionalen Akkumulationsregimes in Südkalifornien, in Hinsicht auf die Redefinition wichtiger Aspekte der lokalen Regulationsweise mit dem starken Verlangen nach Konsensbildung unter den Mitgliedern der Wachstumskoalition von Los Angeles und schließlich als praktischer und diskursiver Rahmen für emanzipatorische Projekte in Los Angeles. Das *Labor/Community Strategy Center* intervenierte bisher vornehmlich auf dieser dritten Ebene im politischen und sozialen Diskurs.

Da der Plan in umfassender Weise Aussagen über künftige produktive und konsumtive Praxen in der Stadtregion von Los Angeles macht, handelte es sich dabei um ein ideales Feld der Auseinandersetzung für eine Organisation, die sich zum Ziel gesetzt hatte, die trennenden Barrieren von Arbeitsplatz und *Community* niederzureißen. So wurden z.B. die Befürchtungen der Arbeiter und Arbeiterinnen in den hochverseuchten und -verschmutzenden Möbel- oder Metallbeschichtungsbetrieben sowohl um ihre Arbeitsplätze als auch um ihre

---

Commoner, 1990 für mehr Informationen zu Auseinandersetzungen um Müllverbrennungsanlagen in Kommunen der USA.

[23] Es bestehen Kontakte zu Jerry Tuckers New Directions-Bewegung innerhalb der UAW, die sich zunehmend an sogenannten *community issues* orientiert (z.B. staatliche Krankenversicherung) und zu Toni Mazzochis bahnbrechender Umweltarbeit in der Oil, Chemical, and Atomic Workers Union.

[24] Im fragmentierten und segregierten Stadtraum von Los Angeles sind die übelsten Auswüchse der Umweltverschmutzung nicht überraschend dort anzutreffen, wo die Ärmsten und wo die Farbvölker leben. Im Kontext der "Drittweltisierung" der Sozialstruktur ist damit ein Bereich des realen Elends bezeichnet.

[25] Die folgende Analyse beruht auf Bloch/Keil, 1991 und auf teilnehmender Beobachtung des Verfassers im Jahr 1989 und 1990.

Gesundheit ebenso gemeinsam angesprochen wie die Sorgen der Nachbarschaften, wo sich diese Betriebe befinden, um die Lebensumwelt der dort aufwachsenden Kinder. Bei der Diskussion um die vom Plan geforderte Verminderung der zum und vom Arbeitsplatz gefahrenen Kilometer wurde die Bekämpfung der Luftverschmutzung zum Thema der Stadtplanung und der Schaffung von Nachbarschaften, die gleichermaßen mit Wohnungen und Arbeitsplätzen ausgerüstet sind. Während der Plan zunächst faktisch eine Bestrafung der Pendler für die Benutzung ihres privaten Automobils vorsah, gab es bei den im *Strategy Center* vertretenen Gewerkschaften und Nachbarschaftsgruppen Vorstellungen zur Umlegung der (privaten und öffentlichen) Transportkosten auf die Arbeitgeber und die Förderung nachbarschaftlich orientierter Systeme des öffentlichen Nahverkehrs.[26] Die fehlende Repräsentation der zahlreichen farbigen und immigrierten Arbeiterklasse von Los Angeles im Aufsichtsrat des AQMD war Anlaß, die sozioökonomischen und sozialräumlichen Problematiken der polarisierten und fragmentierten *world city* als Mangel demokratischer Verfahrensweisen zu artikulieren: "Das *Strategy Center* wird daran beteiligt sein, starke Umweltpläne zu entwickeln, um sicherzustellen, daß die Konzerne und die Verschmutzer, nicht die Minderheiten und Arbeiter die Hauptlast der Kosten tragen und daß der Prozeß so demokratisch wie möglich gemacht wird, so daß LA's Mehrheit eine kraftvolle Stimme im (AQM)Plan haben kann".[27]

Von der Strategie zur Politik:
kein Burgfrieden auf der Zitadelle der Welt-Stadt

Soja (1989) spricht mit Bezug auf die angeblich fehlende Gegenwehr gegen die postfordistische Restrukturierung von einem Mißklang der Stille. Doch der vielfach als "befriedet" angesehene Übergang von der fordistischen zur postfordistischen Stadt ist geprägt von lebhaften, zuweilen gewalttätigen Auseinandersetzungen sozialer Klassen und Gruppen. Angesichts der ökonomischen und politischen Macht der Restrukturierungsprotagonisten auf seiten des internationalisierten Kapitals und des lokalen Staates erleiden die sozialen und po-

---

[26] Im März 1991 hatte die Koalition den ersten greifbaren Erfolg einfahren können, als sie bei einer öffentlichen Anhörung des AQMD mit ihren Forderungen auf große Resonanz stieß, sozialpolitische Richtlinien in den Kampf um saubere Luft einzubeziehen, keine tarifvertragliche Abmachungen zu verletzen, ökonomische Nachteile für arme ArbeiterInnen zu vermeiden und nicht diskriminatorisch zu sein. (*LAT*, 2. März, 1991; *LAWeekly*, 8.-14. März, 1991; *LABJ*, 11.-17. März, 1991).

[27] Aus dem bereits zitierten Programm des *Center*.

litischen Organisationen im beschriebenen Spektrum vielfach schmerzliche Niederlagen.[28] Auch bereits vor den Unruhen vom April 1992 blieb es in diesen Auseinandersetzungen nicht bei friedlichen Mitteln.[29] Die Verschweißung der Arbeiterbewegung mit den radikalisierten Gemeinden der Farbvölker brachte jedoch eine *neue Bewegung in die Stadt*. Rodolfo Acuna kommentierte dies mit folgenden Worten: "Wenn es keine Veränderungen gibt und Arbeiter nicht einmal die Chance zum Kämpfen erhalten, dann dürfen die Bewohner von Los Angeles nicht überrascht sein, wenn mehr Leute brauner Hautfarbe in roten T-Shirts durch die Straßen von Los Angeles laufen" (Acuna, 1990). Die handlungspraktische Einmischung der neu zusammengesetzten Bewegungsfragmente in Los Angeles in die Formation der Welt-Stadt war schon vor der Explosion nach dem Rodney King-Urteil eine feste Größe im Restrukturierungsprozeß. Darin lag eine latente Zivilität einer sich von unten organisierenden multikulturellen Gesellschaft, die versuchte, den zersetzenden Tendenzen des "Projekts Welt-Stadt" gegenzusteuern.

---

[28] Jüngst wurde ein bewußt unter den Prinzipien der Koalition von Arbeiterbewegung und *Community* von der Möbelarbeitergewerkschaft im Osten von Los Angeles geführter Anerkennungsstreik in einem LKW-Umbauunternehmen gerichtlich untersagt. Der Streik wurde vom Local 1010 der International Union of Electronic, Electrical, Salaried, Machine and Furniture Workers, AFL-CIO gegen die Firma Royal Truck Body geführt, s. *The Los Angeles Daily Journal,* 18. Juni 1990.

[29] Die *Justice for Janitors*-Kampagne zur gewerkschaftlichen Organisierung der GebäudereinigerInnen im Bürokomplex von Century City in West Los Angeles wurde im Juni 1990 gewaltsam durch das Los Angeles Police Department in die Schranken gewiesen, war jedoch später mit ihrem Vorhaben erfolgreich. Fünfhundert streikende ArbeiterInnen und ihre Sympathisanten wurden brutal von der Polizei bei einer Demonstration attackiert. Die Demonstrationsteilnehmer wurden geschlagen, darunter waren auch schwangere Frauen, von denen eine eine Fehlgeburt hatte, s. Acuna, 1990 und persönliche Mitteilung einer Augenzeugin.

9. Das Projekt Welt-Stadt

The phrase 'world class city,' which came into vogue in the push toward the 1984 Olympic Games, is sound-bite shorthand for cosmopolitanism - a rather more intimidating term. And cosmopolitan is indeed what Los Angeles is in the feverish throes of becoming. Today, the city is straddled between the worldliness and its numbing inverse, the deepseated provincialism, that long ago made it the Official National Joke in matters cultural.

Christopher Knight, 1990

Der ehemalige Polizist und schwarze politische Aktivist Tom Bradley wurde 1973 im zweiten Anlauf Bürgermeister der Stadt Los Angeles. Er war zu diesem Zeitpunkt der erste gewählte schwarze Bürgermeister in einer großen amerikanischen Stadt. Damit waren pessimistische Voraussagen über schwarze politische Macht in der Stadt nach der Rebellion von Watts widerlegt worden (Scoble, 1967). Bradleys Wahl war - ebenso wie seine erfolglose Kandidatur gegen den Amtsinhaber Sam Yorty im Jahr 1969 - geprägt von den großen Fragestellungen, die die "städtische Krise" der sechziger Jahre aufgeworfen hatte: Sozialpolitik, Stadterneuerung, Umwelt, Rassismus etc. (Bollens/Geyer, 1973). Wenig mehr als der dezente Charme eines regionalen Oberzentrums mit einem erneuten Versuch der Innenstadtsanierung strahlte damals von Los Angeles aus. Gerade ein Jahrzehnt später, im Jahr 1984, präsentierte sich Tom Bradleys Stadt als "*L.A.'s the place*", stolze Gastgeberin finanziell und stadtpropagandistisch erfolgreicher Olympischer Spiele und Anwärterin auf die Krone der Welt-Städte am *Pacific Rim*. Von der *Cow-Town*-Bescheidenheit der Nachkriegszeit war wenig mehr zu verspüren. Los Angeles hatte die amerikanische Kunst des *Boosterism* als Waffe im internationalen interkommunalen Wettbewerb einzusetzen gelernt. Los Angeles schickte sich an, die "Welt-Hauptstadt des 21. Jahrhunderts" zu werden. Dieses Projekt wurde von verschiedenen Fraktionen der städtischen Eliten und nicht zuletzt von Tom Bradley unterstützt. Es kam am 29. April 1992 im Feuer des gewalttätigsten städtischen Aufstandes in den USA in diesem Jahrhundert zu einem vorläufigen Stillstand.

Das Bradley-Regime

Eine Koalition schwarzer und jüdischer Wähler stellte 1973 (mit der Unterstützung erheblicher Teile der hispanischen und nicht-jüdischen weißen Bevölkerung) die kritische Masse für die Durchsetzung eines liberal-progressiven Programms unter Tom Bradley dar. Bradley präsentierte abgeschwächte progressive und antirassistische politische Positionen und betonte seine Polizeivergangenheit und seine Sensibilität in Umweltfragen, wodurch ihm notwendige Stimmen im weißen Westen der Stadt zufielen. Der Übergang vom konservativ-populistischen Yorty-Regime zu einer liberalen Koalition wurde unter Zuhilfenahme althergebrachter Zielgruppenpolitik zustande gebracht, in deren Zentrum der Appell an Recht und Ordnung und die Befriedigung der politischen Bedürfnisse der weißen Wahlbevölkerung standen. Dabei wurden jedoch keinesfalls die symbolisch-ideologischen Scheidelinien verwischt, die die beiden Alternativen für Los Angeles trennten und die auf der Massenebene entscheidend waren. Die Kampagne für eine "neue Zeit" wurde in einem Rahmen wahltaktischer Spielregeln und kommunalpolitischer Beschränkungen verpackt.[1]

Nach 1973 gesellte sich zum Wahlbündnis von Juden und Schwarzen ein dritter Partner, der Bradley für die nächsten zwei Jahrzehnte zur Repräsentationsfigur einer Wachstumskoalition machen sollte, die das Gesicht von Los Angeles wie das kaum einer anderen amerikanischen Stadt veränderte. Bradley begann, die Politik seiner fünf Wahlperioden unter den Stern der Innenstadtentwicklung zu stellen, die ihm die korporatistische Unterstützung des Kapitals und des hegemonialen, stadtentwicklungsfreudigen Teils der Gewerkschaften sicherte[2]. Er verstand es dabei, neben den alten Eliten in Downtown und im

---

[1] Die Mobilisierung von Minderheitenwählern wurde laut Sonenshein in Los Angeles erfolgreich für Inkorporierung umgesetzt. Die jüdischen und schwarzen Gemeinden dominierten in den der Wahl folgenden Jahren die institutionalisierten kommunalpolitischen Prozesse in Los Angeles. Charakteristisch für die Koalition in Los Angeles war, daß die politisch hergestellte Integration der jüdischen und schwarzen politischen Maschinen in Bradleys Administration und anderen lokalen Staatsapparaten stattfand. Rassische und ethnische Spannungen und Klassendifferenzen zwischen den Koalitionspartnern wurden politisch durch einen diskreten Entscheidungsprozeß im Büro des Bürgermeisters unterdrückt oder gegeneinander ausgespielt (Sonenshein, 1988). Bradleys ursprüngliches Geschick im Umgang mit Wählergruppen und Personen an der Basis und seine Expertise in der Erhöhung städtischer Einkünfte - vor allem durch Anzapfen von Bundesgeldern - half dabei, die Koalition zusammenzuhalten und Antagonismen zu vermeiden (Sonenshein, 1985). Gerade im Niedergang von Bradleys Fähigkeiten zur Bewältigung personalpolitischer und wähleorientierter Fragen liegt eine wichtige Begründung für die "Bradley-Krise" der Jahre 1987-89 (Boyarsky, 1987b,c).

[2] Zur Rolle der Gewerkschaften vgl. auch Regalado, 1991, der argumentiert, daß Darstellungen der Bradley-Koalition die Rolle der Gewerkschaften nicht ausreichend beachtet haben.

Westen der Stadt, neue Kapitalgruppen wie die wachsende asiatische und asien-amerikanische Bourgeoisie politisch zu kultivieren und zu inkorporieren. Indem er zunächst darauf sah, die rasante Entwicklung von Los Angeles auf die Innenstadt zu beschränken, konnte Bradley wachstumskritische Unterstützer im Westen der Stadt durch eine Wahrnehmung ihrer Umweltinteressen in den Vorstädten, etwa im Fall seiner Opposition gegenüber Ölbohrungen in den Pacific Palisades, bei der Stange halten (Sonenshein, 1988: 22).

Mike Davis sieht in Los Angeles die "beabsichtigten und unbeabsichtigten räumlichen Konsequenzen der politischen Ökonomie des Postfordismus" kondensiert (1987: 69; vgl. auch 1990). Für Davis entscheidet sich der lokale politische Kampf daher nicht an den Wahlmaschinen, sondern im Zusammenprallen globaler Kapitalkräfte mit einer Masseneinwanderung in Los Angeles in einer Periode der Restrukturierung der globalen kapitalistischen Ökonomie. In der Abwesenheit einer "einzelnen prinzipiellen Logik der Restrukturierung" macht er jedoch die Bradley- Koalition als einen relevanten Akteur im eigenen Interesse und zu Gunsten anderer aus (Ibid.). Von diesem Standpunkt aus ist die Konstruktion des Bradley-Regimes nicht mehr in neopluralistischen Begriffen, sondern als Prozeß der klassendifferentiellen Ausstattung oder Entziehung von Macht zu fassen: in einer Umgebung, in der die Politik der Symbole herrscht, erhalten Schwarze und Juden nur Scheinzuweisungen realer Macht, während die mit dem Bodenkapital und der internationalen Finanz verknüpften Interessen einen "gut gepolsterten Wohlfahrtsstaat ganz für sich alleine" bekamen (1987: 72).

Während Davis wie Sonenshein die Unterstützung überlokaler jüdischer Politiker in der Demokratischen Partei (Die Berman-Waxman-Maschine) als Schlüsselelement der Koalition in Los Angeles einschätzt, betont er die sprengenden Aspekte, die in der zunehmenden Spaltung der jüdischen von den innerstädtischen Wählern unter der ideologischen Parole des "langsamen Wachstums" liegen; hierin spielte historisch die politische Führung der Berman-Waxman-Demokraten eine entscheidende Rolle. Ebenso fielen bei der anfänglichen Stabilisierung der Koalition die Kapazitäten Bradleys in der Attraktion von Bundesgeldern ins Gewicht (Saltzstein/Sonenshein/Ostrow, 1984), wobei daran gemessen die Unterlassungen der Bradley'schen Sozialpolitik auffällig sind (Davis, 1987). Anstatt nämlich wie andere Städte Gelder aus der Stadtkasse für die sozialen Probleme bereitzustellen, verließ sich Bradley nämlich vollständig auf Bundeshilfe und die Aktivitäten des *County* und entledigte sich damit der Notwendigkeit redistributiver Maßnahmen. Stadtentwicklerisch präsentierte sich die Politik Bradleys - vornehmlich die Innenstadt aufzurüsten und zu internationalisieren - weniger als Befriedungsstrategie gegenüber der Westside denn als faktische Desinvestitionspolitik im schwarzen Getto und im lateinamerikanischen Osten. Die rein wahlarithmetische Bradley- Koalition entpuppt sich in Davis' Augen schließlich als eine oberflächliche Affäre - was im deutlichen Widerspruch zur Inkorporierungsthese Sonensheins steht. Die mit dem Stadtentwicklungsprozeß verknüpften Bündnisse politischer Macht, die hinter den fünf Amtsperioden Bradleys standen, kommen jedoch in der Krise dieser Koalition zum Vorschein. Dabei kleiden sich die Vertreter einer hohen Baudichte und rasanter Entwicklung (vor allem die *developers*) gerne in klassenkämpferische Gewänder, indem sie ihre Ansprüche auf eine möglichst profitable Ausnutzung des Bodens, der ihnen gehört, in ein volkstribunales Eintreten für Wohnungsbau und Arbeitsplätzeschaffung für die popularen Klassen übersetzen. Es entgeht Davis daher nicht, daß die Auflösung der Bradley-Koalition entlang der widersprüchlichen rassischen und Klassenlinien stattfindet, die diese schon immer ausgezeichnet hatten, wobei die weißen Mittelklassen als politische Gewinner aus dem Bruch hervorgehen, während "die Arbeiterklassen der Innenstadt trotz aller potentiellen Macht noch ein schlafender Drachen" bleiben (Davis, 1987).[3]

Die Bradley- Koalition wurde zum lokalpolitischen Instrument der Internationalisierung von Los Angeles. Jedoch die konsequente Durchsetzung des Bradley'schen Programms setzte die Modifizierung seiner Koalition voraus. Bradleys politische *Entscheidung* für den Ausbau der *World-Class-City* war auf Dauer kein tragbares Programm für die politische *Steuerung* der sozialen Regulation der Welt-Stadt. Die Bradley-Koalition - primäre Akteurin im Internationalisierungprozeß der Stadt - wurde vom Subjekt zum Objekt der Restrukturierung. Die internationalen Investitionen und die fortgesetzte Einwanderung sprengten die strukturierte Kohärenz, in der die Koalition eine bekannte Größe gewesen war.

---

[3] Sonenshein stellt ebenfalls fest, daß unter den urprünglichen Wählern Bradleys eine Koalition von Mittelklasseweißen einerseits und der hispanischen und schwarzen Arbeiterklassen andererseits hervorstach (1988: 19). Diese prekäre Rassen- und Klassenallianz wird nun neu zusammengesetzt.

Tom Bradleys Plan für Los Angeles:
"The Impossible Dream"

> *Some politicians find it fashionable to rail against foreign inve-*
> *stment - to conjure up images of foreign takeovers. At its best,*
> *this is nothing but political grandstanding. But at its worst, this*
> *is a dangerous strain of racism that must be rebutted.*
>
> Tom Bradley, 1989

> *To a greater extent than any other municipal leader ... Bradley*
> *has integrated foreign capital into the top rungs of his coalition.*
> *Although no one can recall the mayor making strenuous efforts*
> *to defend the 50,000 local high-wage manufacturing jobs wiped*
> *out by imports since 1975, he has been unflagging in his pro-*
> *motion of the movement of free capital across the Pacific while*
> *denouncing critics of Japanese power as "racists". His admini-*
> *stration has kept landing fees at LAX amongst the lowest in the*
> *world, vastly expanded port facilities, given special zoning ex-*
> *emptions and development-right subsidies to foreign investors*
> *Downtown (especially Shuwa), and made expatriate bankers the*
> *recipients of "affirmative action".*
>
> Mike Davis, 1990

Tom Bradleys Erfolg rührte von seiner programmatischen Verpflichtung auf den "unmöglichen Traum"[4] her, aus einer zweitklassigen, nicht-zentrierten, sozialräumlich zerstrittenen nationalen Metropole eines der großen internationalen Finanz-, Produktions- und Handelszentren des ausgehenden 20.Jahrhunderts zu machen. Die Vision war jedoch erst im historischen Rückblick als solche zu erkennen, denn die ursprünglichen Entscheidungen, die zu einem über das politische Alltagsgeschäft in Los Angeles hinausreichenden Projekt führten, wurden in einer Weise gefällt, die aus dem Blickwinkel eben dieser Alltagsebene als logisch und politisch opportun erscheinen mußte. International orientierte Wirtschaftsentwicklung, die Bewerbung für die Olympischen Spiele sowie Stadtentwicklung und Sanierung waren bereits früher angelegte Prozesse, die durch Bradleys Politik revitalisiert wurden. Die erneute Ausrichtung der Olympischen Spiele stand - nachdem die Olympiade von 1932 Los Angeles auf die Landkarte der internationalen Metropolen gesetzt hatte - seit der Gründung des *Southern California Committee for the Olympic Games* im Jahr 1939 auf der Wunschliste städtischer Eliten. Bradley erkannte, daß eine Kopplung der olympischen Idee mit seinen städtischen Manage-

---

4   *The Impossible Dream* ist der Titel von Bradleys Biographie (Payne/Ratzan, 1987).

mentmethoden "eine Goldmine" für die Stadt bereithielt (Payne/Ratzan, 1987: 212ff.) Die Stadtsanierung war bereits seit den fünfziger Jahren Dauerthema, hatte jedoch in der Innenstadt - außer der Zerstörung von Wohnraum und dem Bau des Kulturzentrums auf Bunker Hill sowie dem Stadion für das Baseball-Team der Los Angeles Dodgers - kaum zu greifbaren Ergebnissen geführt. In der Stadt- und Wirtschaftsentwicklung wird die Internationalisierung der lokalen Ökonomie letztlich gleichzeitig zur notwendigen Voraussetzung wie zum gewünschten Ziel der Politik, denn erst der Zufluß ausländischen Immobilienkapitals und eingewanderter Arbeitskräfte ermöglichten den Boom der Stadt.

Frühe programmatische Statements Bradleys lassen nicht darauf schließen, daß er die Internationalisierung von Los Angeles aktiv verfolgen würde. Die Amtseinführung des Bürgermeisters geschah zu einer Zeit, als Präsident Nixon die städtische Krise für beendet erklärte, seinen *New Federalism* vorbereitete und Städte überall in den USA in finanzielle Nöte gerieten. Bradleys Programmatik und Rhetorik war in den ersten Jahren von dieser Situation geprägt: die Rettung der Innenstadt vor dem Fall in die totale Bedeutungslosigkeit, der Rückzug der Bundesregierung aus der Verantwortung für die Kommunen, die lokale Finanzkrise, die kriseninduzierte Arbeitslosigkeit (Woody, 1982; Bradley, 1974). Bradley war einer der Advokaten einer starken Subventionspolitik des Bundes für die Städte, sprach sich gegen eine "Wegwerfmentalität" in bezug auf die verarmten Innenstädte Amerikas aus, propagierte neue Managementtechniken im lokalen Staat und implementierte die lokale Version eines Korporatismus, der die politischen "Führer der Gewerkschaften, der Industrie, der Finanz, des Rechtssystems und aus der Wissenschaft ... in aktiven Bürgerausschüssen <zusammenbringt>, um das Wirtschaftsentwicklungsprogramm der Stadt zu befördern" (Bradley, 1979: 135). Bevor Bradley einen nach außen gerichteten Gesamtplan für die Stadt erarbeiten konnte, mußte er zunächst einen Versuch machen, die ihm als "schwarzen Bürgermeister" gegenüber skeptisch eingestellten traditionellen Eliten der Stadt (wie das *Committee of 25*) von seiner Fähigkeit überzeugen, die Stadt als profitablen Anlageort zu erhalten und auszubauen. Er stellte Fred Schnell, den Präsidenten einer großen Versicherungsgesellschaft, als Berater der Stadt in Wirtschaftsfragen ein. Schnell konferierte mit den Führungen der Wirtschaftsverbände, woraus 1975 schließlich die Gründung des Wirtschaftsentwicklungsamtes der Stadt resultierte. Der Kopf dieses Amtes, Brad Crowe, sorgte in der Zukunft dafür, daß sich die Allokationen von Bundesgeldern für Los Angeles dramatisch erhöhten. Wie die Biographen Bradleys lakonisch berichten, begann mit diesen Maßnahmen ein Verhältnis zwischen der Stadtregierung und der lokalen Wirtschaft, das "die Skyline und die Zusammensetzung von Los Angeles veränderte" (Payne/Ratzan, 1987: 141)

Als Bradley im zweiten Anlauf den rassistischen Diskurs transzendierte, den Yorty ihm 1969 aufgezwungen hatte, zog er als "Friedensstifter" und Integrationsfigur ins Rathaus ein (Interview Boze). Mit dem Absterben der sozialen Unruhe in der Stadt und der Glättung der Wellen nach fast zehn Jahren eiserner weißer Hegemonie in der Folge des Aufstandes von Watts (Davis, 1987) begannen die *Developers* im Westen von Los Angeles, ihre Ansprüche auf eine Entwicklung der Stadt zu formulieren. Ein Mitarbeiter Bradleys berichtet über die Entstehung des *World- Class-City*-Konzeptes in den siebziger Jahren:

Die *Developers* waren vom Neid auf New York erfüllt. Los Angeles war nun schon recht alt, aber es wurde immer noch als Kuhdorf angesehen, bewohnt von Möchtegernen und Hinterwäldlern ... Ich glaube, daß es die Vorstellung des Bürgermeisters war, in Absprache mit Freunden in der Wirtschaft und in der Community, daß er Los Angeles in eine Weltklassestadt entwickeln könnte. Im wesentlichen haben wir die besseren Voraussetzungen als New York. Wir haben mehr Raum, eine weniger rigide Klassenstruktur (du kannst über Nacht zum Filmstar und Neureichen werden), was für Unternehmer, die hierher kommen, vorteilhaft ist. Das gleiche galt für den Wohnungsmarkt (Interview Boze).

Auch wenn im offiziellen Sprachgebrauch die "Steigerung des Außenhandels" von Los Angeles Ende der siebziger Jahre noch unter ferner liefen gehandelt wurde (Bradley, 1979: 135), gehörte seit der Bürgermeisterwahl von 1977 die Internationalisierung der Stadt zu den beständigen Themen der lokalen politischen Diskurse. Bradley mußte sich erstmals für seine Reisen ins Ausland rechtfertigen. Die Strategie der Rechtfertigung entsprach zugleich der Einführung des politischen Postulats, aus Los Angeles "eine wahrhaft internationale Stadt" zu machen". Bradley gab zu erkennen, daß er es als seine Aufgabe betrachtete, den Ruf der Stadt als "Tor zum *Pacific Rim*" zu fördern. Los Angeles wurde nach Washington zum beliebtesten Zielort ausländischer Würdenträger. Bradley erwiderte viele dieser Besuche und warb in Europa, Asien und Afrika für den Wirtschaftsstandort und das Touristenziel Los Angeles (Payne/Ratzan, 1987: 139). Zwischen 1983 und 1989 befand er sich insgesamt fünfzehn Wochen auf offiziellen Reisen im Ausland (LAT, 6.September 1989, II:2). Er repräsentierte persönlich auf diesen Reisen jenes kosmopolitane Weltstädtische, das er seiner Stadt als Charakterzug herbeiwünschte:

Da war ein Phänomen, das irgendwie mit Bradley entstand, der nämlich selbst wirklich ein *World-Class-* Bürger ist, ganz ähnlich wie Muhammad Ali, der in der ganzen Welt respektiert ist ... Bradley, der seine eigene Art stiller Diplomatie entwickelte, ist in Asien sehr hoch angesehen, in den *Pacific-Rim*-Ländern, wird in Europa sehr respektiert. Er hatte also die Fähigkeit, ein erstklassiger Botschafter für Los Angeles zu sein (Interview Boze).

Ein Schwerpunkt der Internationalisierungsstrategie, der bei der Werbung für die Stadt eine große Rolle spielte, war der Ausbau der städtischen Infrastruktur (Hafen, Flughafen) zur Förderung des internationalen Handels. Als Resultat von Bradleys Anstrengungen, Los Angeles "zur wichtigsten internationalen Stadt an der Westküste, zu einem wahren Weltklasse-Handelszentrum zu machen" unterhält die Stadt Handelsbüros in japanischen und chinesischen Städten. Einundsiebzig nationale Regierungen, die in Los Angeles repräsentiert sind, machen das konsularische Korps der Stadt zum zweitgrößten in den USA (Payne/Ratzan, 1987: 194).

Mit dem Erfolg der Stadtentwicklungsstrategie, die sich im Wachstum der *Skyline* von Los Angeles ausdrückte, wurde die Internationalisierung der Stadt zur sich selbst erfüllenden Prophezeihung: Je mehr die lokale Entwicklung globales Kapital und internationale Arbeitskräfte attrahierte, desto mehr wurde dieses Charakteristikum zum integralen Treibmittel der städtischen Politik. Interne Logik der *World-Class-City*-Doktrin war die Überzeugung, daß die aufs Zentrum ausgerichtete, international orientierte Stadtentwicklungspolitik zur Verbesserung der sozialen Lage der Mehrheit der Bürger von Los Angeles beitragen würde (Interview Boze). Hier trennte sich die Ideologie der *World-Class-City* am schärfsten von der sozialen Realität der Welt-Stadt-Formation, die sich in einer Dynamik von Fragmentierung, Polarisierung und Pauperisierung präsentierte.

Seit den achtziger Jahren, insbesondere jedoch seit der erfolgreichen "Pilotstrategie" der Olympiade 1984, verbarg die Bradley-Regierung kaum noch den Wunsch nach einer ungehemmten Internationalisierung der Stadt. Der Griff über den Pazifik wird zum neuen "*Manifest Destiny*", zum vorherbestimmten Schicksal der amerikanischen Nationalgeschichte, die nun von Los Angeles verkörpert wird, und die die "rechtmäßige" Führungsrolle der Stadt und der Nation am *Pacific Rim* impliziert (Abbildung 9.1):

Los Angeles steht auf der Kante seines großen Schicksals. Durch die Voraussicht und den Fleiß seiner Bewohner sollte Los Angeles darauf vorbereitet sein, Amerika ins 21.Jahrhundert zu führen.
Los Angeles ist die Zukunft, weil die Zukunft der Welt im *Pacific Rim* sein wird. Los Angeles als das Tor zu den *Pacific Rim*-Nationen liegt genau an den Handelsrouten zwischen den USA und dem *Pacific Rim*. Die Öffnung des *Pacific Rim* wird die menschliche Geschichte auf viele tiefgehende Weisen verändern, und Los Angeles befindet sich in der vordersten Reihe dieser dramatischen Veränderungen (Bradley, o.D.: 1).

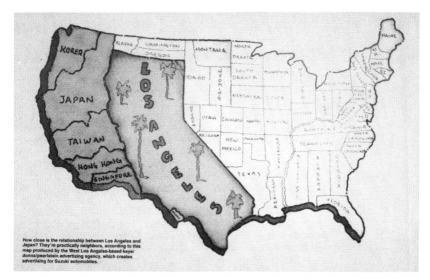

Abbildung 9.1: Kalifornien und der *Pacific Rim* (Quelle: *LABJ*, 14. Mai 1989)

Bradley ließ dabei keinen Zweifel daran, daß er für Los Angeles die Führungsrolle auch nach innen beanspruchte: "Los Angeles wird weiterhin Amerika in der Konkurrenz der Weltwirtschaft anführen", sagte er im Mai 1989
den Teilnehmern einer japanisch-amerikanischen Konferenz in Los Angeles
(Bradley, 1989: 1).

Rhetorik: Möchtegern-Utopien

In the beginning man created the city and its environs. It was a place of beauty and possessed of great natural charm. The earth brought forth green things; the sky sparkled and so did the waters of the ocean. Other men heard about the mecca - and they, too, sought it out.

The newcomers arrived singly but many came in waves brought on by wars, economic pestilence, and the emergence of the city as a major center of technology in man's time. Although it was built upon sand, mixed with oil, the city learned how to tap its greatest need: water. Soon it flourished and so did many - although not all - of those who dwelt there.

The people of the city produced celluloid products called movies and citrus and complex instruments which could conquer inner and outer space (but they could not help the people where they lived). In time, they produced even their own way-of-life and there came forth barbecues and swimming pools, colorful costumes and ceramic artifacts. The city's inhabitants toiled hard but they also paid homage to a great god whose name was fun and this made the land more valuable. All of the products of that place were marketed by the people from the city and its environs (by that time, many believed the latter to be the former). As a result still more men heard of this fabulous Eden and they, too, moved there.

Soon the city became both wide and long; a low, dense land of concrete, wood and stucco, looped together by great cement serpents. These connected its parts but they could not join its people. And when it was very late, the inhabitants looked out toward where the horizon used to be. They saw it had changed and a mist went up ...

Präambel des Summary Report des Los Angeles Goals Council, November 1969

Die Vision Tom Bradleys, in Los Angeles mit Hilfe kommunaler Politiken (vor allem Wirtschaftsförderung, *Boosterism*, Kulturpolitik und globalisierter Infrastruktur) eine *World Class City* zu schaffen, war begleitet von ähnlichen Vorhaben anderer Fragmente der städtischen Eliten. Visionär artikulierte Absichten zur Internationalisierung der Stadtregion trafen sich mit städtischen und privaten Planungsaktivitäten, die die Visionen vom Zustand rhetorischer Figuren in den konkreten Planungsdiskurs überführten. In einigen Fällen erreichten die Planungen die Stufe der politischen Wirksamkeit, indem ihr Implementierungsprozeß begonnen wurde. In den nächsten Abschnitten werde ich einige der Rhetoriken, Diskurse und Politiken der Welt-Stadt-Formation in Los Angeles näher beleuchten. Ich behandele dabei die Entwürfe für ein zukünftiges Los Angeles als *Utopien* und stelle die Frage nach ihrem Verhältnis zum politischen Restrukturierungsprozeß und zum Formationsprozeß der Welt-Stadt. Theoretischer Ausgangspunkt meiner Überlegungen ist, daß die Verschränkung utopischer und realpolitischer Elemente die Rahmenbedingungen für die politische Transformation zur postfordistischen Welt-Stadt Los Angeles setzt.

Utopien in Los Angeles

> Nachdenkend, wie ich höre, über die Hölle
> Fand mein Bruder Shelley, sie sei ein Ort
> Gleichend ungefähr der Stadt London. Ich
> Der ich nicht in London lebe, sondern in Los Angeles
> Finde, nachdenkend über die Hölle, sie muß
> Noch mehr Los Angeles gleichen.
>
> Bertolt Brecht, 1941

> *It could be a Dickensian hell.*
>
> Allen J.Scott, 1989

> *What better place can there be to illustrate and synthesiye the dynamics of capitalist spazialization? ... One might call the sprawling urban region defined by a sixty-mile (100 kilometre) circle around the center of the City of Los Angeles a prototopos, a paradigmatic place; or, pushing inventiveness still further, a* mesocosm, *an ordered world in which the micro and the macro, the idiographic and the nomothetic, the concrete and the abstract, can be seen simultaneously in an articulated and interactive combination.*
>
> Edward Soja, 1989

> *Of course, it was a myth. Los Angeles was as mean and violent as any American city. It till holds its own in poverty, racism and gangs. It is a world capital of cranks and hucksters. Yet myths have lives of their own. If only a myth distinguishes Los Angeles from Chicago or New York, this is something; the myth sustains lives and hopes.*
>
> Russell Jacoby, 1989

Los Angeles blickt auf eine reiche Geschichte von utopischen Entwürfen zurück, die als Programme städtischer Entwicklung und sozialräumlichen Designs in unterschiedlichem Maße realisiert wurden. Wie der Historiker Kevin Starr im Epilog eines solchen Entwurfs, dem Abschlußbericht des LA 2000-Komitees, formulierte, entwarf "Los Angeles ... sich selbst, um dann diese Vision durch reine Willenskraft zu externalisieren, einer platonischen Konzeption seiner selbst entspringend, der große Gatsby der amerikanischen Städte"

(Starr, 1988). Viele dieser Visionen hatten nie die Chance, implementiert zu werden: Sie blieben "Möchtegern"-Utopien, denn sie waren nur fragmentierte Rhetoriken, die direkt den Interessen eines bestimmten Teils der herrschenden Klassen der Stadtregion entsprangen, ohne über die ganze städtische Gesellschaft mächtig zu werden. Die Klassenverhältnisse und politischen Strukturen, die kulturellen oder ökonomischen Beschränkungen der strukturierten Kohärenz in Südkalifornien standen ihrer Verwirklichung im Wege. Wenn die Rhetorik allerdings an den materiellen Urbanisierungsprozeß geknüpft werden konnte, wurde sie zur ideologischen Form der Bewegung des Kapitals im Raum. Diese ideologische Form war mythologisch, wo sie Aussagen über den Charakter des Städtischen in Südkalifornien machte, sie war vielfach ein offenes klassenkämpferisches Konzept mit rassischen Untertönen, wo sie zur Planung und Implementierung eingesetzt wurde.

Während einer langen Periode ihrer Geschichte wuchs die Stadt aus den Träumen und Profitinteressen des Immobiliensektors, der Eisenbahnbarone und der Ölgesellschaften. Große Pläne für eine große Zukunft gehörten zur Booster-Mentalität der sich als weiße Herrenrasse verstehenden Grundbesitzerklasse, die die Ranchos in Orangenplantagen und diese in suburbane Grundstücke verwandelten (Starr, 1985, Davis, 1990; Davis/Keil, 1992). Ihr visionäres Produkt waren die "wunderbare(n), wilde(n) Gegenden Kaliforniens mit silbernen, goldenen, diamantenen, paradiesischen, rivierischen, miramarischen, venetianischen Namen", die Egon Erwin Kisch bereits am Ende der zwanziger Jahre in Südkalifornien bestaunte (Kisch, 1948). Produzenten der Mythen waren oft die städtischen Intellektuellen, die Südkalifornien in utopischen und distopischen Bildern entwarfen und beschrieben (Davis/Keil, 1992). Meist war die Tätigkeit der Intellektuellen dabei an die Wachstumssektoren der regionalen Ökonomie geknüpft: Immobilien, Landwirtschaft, Film, Luft- und Raumfahrtindustrie und in jüngerer Zeit die internationalisierte Hochkultur gaben ihnen jeweils den ökonomischen Rahmen und definierten ihr diskursives Umfeld. Im Jahr 1969, während die Produkte der fordistischen Militärproduktion in der Region Los Angeles reichlich Absatz und Verwendung auf den Schlachtfeldern Indochinas fanden und die heimischen Universitäten im Aufruhr waren, erklärte eine lokale Zeitschrift das dunkle Mittelalter in Los Angeles für beendet: "Die Intellektuellen beginnen nun, wo wir ein Plateau relativ verbreiteten Wohlstands erreicht haben, aus ihren Elfenbeintürmen hervorzukommen, und die Öffentlichkeit fängt an zu bemerken, daß Ideen dringend gebraucht werden". Die neue öffentliche Rolle der "Neuen Klasse" der intellektuellen "Technostruktur" war an ihre veränderte Funktion in der lokalen Wirtschaft gebunden:

Während wir einmal primär davon lebten, Orangen, Immobilien, Öl und Filme an die Welt zu verkaufen, verkauft Los Angeles nun Geisteskraft ... Systeme, Ideen und Lebensstile. Von Raketen bis zu *New-Wave*-Filmen und den neueren, sehr erfolgreichen Landerschließungen: die wesentlichen Leute sind jene, die am originellsten, kreativsten und kühnsten sind" (*Los Angeles*, 1969).

Den Intellektuellen wird schließlich die Fähigkeit zugeordnet, das Gleichgewicht der Macht in Los Angeles zu bestimmen: "Wenn ihre Energie und Intelligenz eingespannt werden könnte, hätten sie eine ausgezeichnete Chance, der Stadt die Wiedergeburt der Hoffnung zu geben, die sie so dringend benötigt" (Ibid.). Rückblickend bestätigt sich, daß die lokalen Intellektuellen der siebziger und achtziger Jahre wesentlich dazu beitrugen, die Stadt in ihre gegenwärtige Position als *World City* zu befördern. In der Art von "Söldnern" für das internationale Kapital, das sich in *Downtown* Los Angeles eine Zitadelle baut, haben Intellektuelle und Künstler ihre Rolle als Visionäre der Stadtentwicklung mehr als erfüllt (Davis/Keil, 1992). In der Arbeit des Los Angeles 2000-Komitees wurde den Intellektuellen folgerichtig eine Schlüsselposition in der Schaffung einer regionalen Kohäsion der multikulturellen Gesellschaft zugewiesen. In einer Analyse der Funktionen von Forschung und Lehre, wurde deren Rolle in der "Entwicklung einer neuen intellektuellen Tradition in Südkalifornien" thematisiert (Interview Pisano).

Insofern die Visionen der Intellektuellen Teil des städtischen Wachstumsprojekts waren, wurden sie zu Elementen der hegemonialen Ideologie. Die Konzentration auf die kreativen Fähigkeiten der Intellektuellen, die in ihrer unternehmerischen Form präsentiert werden, ist bis heute Standard der Historiographie der Stadt. Im Jahresbericht des Los Angeles 2000-Bürgerausschusses heißt es 1987 entsprechend:

Seit zwei Jahrhunderten ist Los Angeles ein Magnet, der Individuen anzieht, die Sonnenschein, Ruhm oder Glück suchen. Die Anstrengungen und Energien dieser Pioniere, Unternehmer, Künstler und Intellektuellen schufen eine große Stadt. Heute blicken Individuen, Bürger von Los Angeles, nach vorne ins Jahr 2000, wohl wissend, daß unsere kollektiven Handlungen die Entwicklung unserer Stadt bestimmen werden (LA2000, 1988: 2).

Diese Verwirrung der Produzenten des Mythos mit den Produzenten der Stadt ist zugleich durchgängige ideologische Figur an einem Ort, wo seit jeher der Blick auf die städtischen Massen, auf deren Arbeit er wuchs, zu verbergen versucht wurde. Erträumt als "reine weiße" Stadt, hatte Los Angeles stets Schwierigkeiten mit der rhetorischen und konzeptionellen Integration seiner "dunklen und farbig schattierten Geschichte" (Krieger, 1986). Nur in der mythologischen Qualität des edlen Wilden, der folkloristischen Figur (wie im Falle der Missionsindianer) fand beispielsweise die nicht-weiße Geschichte Eingang in die offizielle Historiographie, die die Rhetorik der Urbanisierung in Los Angeles bis heute bestimmt. Sauberkeit, Sonnenschein, Gesundheit, Lebenskultur waren die Metaphern, mit denen die diskursiven und blutigen Schlachten der herrschenden Klassen der Region gegen eine unreine, verwüstete, kranke und lebensfeindliche Realgeschichte geführt wurde, die der Rhetorik trotzte. In der Vergangenheit waren die Rhetoriken immer in einer schizophren erfolglosen Tradition des arkadischen Mythos verortet: die Planung des "arisch-reinen" Paradieses, das seine eigene Geschichte verleugnet.[5] Die Produktion solcher Stadtbilder implizierte den programmatischen Ausschluß der Farbvölker und der Arbeiterklasse von der imaginären Realität, den Reichtümern und der Macht der Stadtregion.[6]

Wurde Los Angeles einerseits - im Sinne Starrs - aus sich heraus als Entwurf geboren, so wird die Stadt im 20.Jahrhundert auch zum favorisierten Objekt der Mythenbildung von außen. Externe akademische, literarische und populäre Bilder haben immer dabei geholfen, Los Angeles zu definieren, ihre "einheimischen" Mythen zu komplettieren. Die Stadt fand sich dabei meist in Extremen beschrieben, die wie intellektuelle Moden und ökonomische Zyklen wechselten (Rosenstiel, 1989). Es lassen sich dabei grob zwei Rhetoriken unterscheiden. Eine ist eine Art *hyperbolischer Exzeptionalismus*. Die andere ist die Tradition, Rhetoriken über Los Angeles in den Kontext *paradigmatischer Normalität* einzuordnen. Einerseits wurde und wird Los Angeles als die große Ausnahme in der Geschichte des Urbanismus behandelt (Banham, 1971). Andererseits wird in ihr die zukünftige Normalität des Städtischen generell vermutet (Warner, 1972). Beide - letztlich heuristische - Traditionen finden ihre Entsprechung in der eigentlichen lokalen Produktion von Mythen und Visionen selbst: auch diese oszillieren zwischen der Betonung der Einzigartigkeit in "*LA's the Place*" und der Beschwörung der Normalität im technologischen Idiom des Generalplans *Silverbook* aus dem Jahr 1972.

---

[5]   Als Beispiel steht hier *Race Life of the Aryan Peoples* vom Präsidenten der Universität von Südkalifornien, Joseph Widney, aus dem Jahre 1907, in dem für Los Angeles als Welthauptstadt der rassischen Wiederbelebung geworben wird (Davis/Keil, 1992).

[6]   Wohl nirgends wurde diese Dynamik deutlicher ins Bild gesetzt als in den Produkten, die in den vierziger und fünfziger Jahren in der lokalen Traumfabrik Hollywood entstanden. Exemplarisch steht hierfür der 1951 entstandene Film *When Worlds Collide*, der zeigt, wie die menschliche Zivilisation - durchgängig gleichgesetzt mit dem kontemporären Los Angeles - vor einer planetarischen Kollision gerettet wird: eine moderne Arche Noah trägt eine Gruppe blonder und weißer Angelenos rechtzeitig auf einen bewohnbaren Planet irgendwo im All. Alle Passagiere der Arche - mit Ausnahme eines Taxifahrers, der zum Steuern benötigt wird, und eines Kindes - sind Wissenschaftler, Ingenieure und Techniker: die idealtypische Soziographie herkömmlicher Entwürfe städtischer Zukunften in Los Angeles, die die Farbvölker und Arbeiterklasse ausschließen. Für die Gegenwart liegt in dieser rhetorischen Tradition das Modell für die Inkorporierung der Elemente des globalen Kapitalismus (Kapital und Arbeitskräfte) in die politische Ökonomie der Welt-Stadt Los Angeles.

Der metropolitane Charakter von Los Angeles mußte immer wieder behauptet werden, um dem Mythos des "enormen Dorfes" zu begegnen, der zwar Besuchern und Bewohnern der Stadt als epistemologisches Werkzeug einleuchtete, sich jedoch kaum zur Parole städtischer Entwicklung eignete. Als zu Beginn der vierziger Jahre die Pacific Southwest Academy in Los Angeles thematische Vorarbeiten zu einem Generalplan für die Stadt in einem Band zusammengefaßt veröffentlichte, adressierte Clarence Dykstra in seiner Einleitung genau dieses Problem: "Los Angeles ist eine der großen Städte der Welt. Tatsächlich ist es mehr als eine Stadt; es ist eine Metropole" (Dykstra, 1941). Indem Los Angeles als "eine der großen Städte der Welt" be-zeichnet wird, wird der Stadt sozusagen die "normale" Kapazität des Städtischen zugewiesen. Im gleichen Band jedoch legt der Architekt und Baumeister des Los Angeles der Moderne, Richard Neutra, Zeugnis ab für die parallele Rhetorik des Exzeptionalismus. Neutra berichtet, daß die Teilnehmer des Internationalen Kongresses für Modernes Bauen in Brüssel 1931 Darstellungen Dutzender von Städten im gleichen Maßstab produzierten: "Maßstab und Symbole waren praktisch passend für alle Welt-Städte außer Los Angeles. Für diese Metropole, ergab der gewählte Maßstab einen monströs übergroßen Plan. Die zahlreichen zusammengesetzten Pappen, die nötig waren, um die Karte für Los Angeles zu komponieren, füllten riesige Wände des Ausstellungsgebäudes und monopolisierten praktisch den Raum" (Neutra, 1941: 14). Die Besorgnis der lokalen Eliten um die Anerkennung des städtischen Charakters von Los Angeles spiegelt sich vor allem in den fortwährenden Versuchen, den "Provinzialismus" der Stadt durch "Kosmopolitanismus" zu ersetzen. Versuche dieser Art, vor allem im kulturellen Bereich, können bis zum heutigen Konstitutionsprojekt der World Class City verfolgt werden: "Heute wankt die Stadt zwischen der Weltgewandtheit und ihrer betäubenden Umkehrung, dem tiefsitzenden Provinzialismus, der sie seit langem zum offiziellen Nationalwitz in kulturellen Angelegenheiten macht" (Knight, 1990).[7]

In der Definition des Städtischen in Los Angeles liegen die Elemente der späteren Visionen und Utopien angelegt. Probleme werden als Konsequenzen

---

7 Unabhängig davon, welche Version der Rhetorik gerade das Feld beherrschte, handelte es sich immer um eine Form der Identitätsstiftung. Dies ist durchaus als der Versuch "lokal dependenter Akteure" (Cox/Mair, 1988) zu begreifen, in Los Angeles soziale Konflikte "zugunsten einer Solidarität innerhalb <der> Lokalität" zu suspendieren. Diese Solidarität wurde dann zur Grundlage des Wettbewerbs mit anderen Orten. In der Geschichte von Los Angeles spannt sich der Bogen dieser interkommunalen Konkurrenz vom Wettbewerb der Stadt mit San Francisco und San Diego bis zum aktuellen Ringen um die Krone der pazifischen Ökonomie. Auch für den neuesten utopischen Entwurf, den Bericht des LA2000-Komitees, gilt die "Konstruktion eines Gefühls der Gemeinschaft" als integraler Bestandteil des städtischen Diskurses (Interview Pisano).

desselben Wachstumsprozesses identifiziert, der die Metropolitanisierung und die Exzeptionalität hervorgebracht hat: "Denn es liegen Nachteile und Vorteile im fortwährenden Wachstum, in der Entwicklung außenliegender Gebiete und im raschen Anstieg der Funktionen, überlappenden Organisationen und verwandter Problemlagen" (Dykstra, 1941: 3). Wachstum erzeugt Probleme, die es selbst nicht lösen kann. "Als einzige Möglichkeit bleibt <dem "Wachstumsprozeß>, Lösungsstrategien als Projekte in die Zukunft zu werfen - also wiederum selbst fortzuschreiten". Die Gegenwart wird dabei aus "einer in die Zukunft projizierten Aktion heraus begreifbar" (Prigge, 1988: 210f.). Wachstum steht bis heute im Mittelpunkt des städtischen Diskurses in Los Angeles. Historisch hat diese Diskussion immer im Spiegel des Streits verschiedener Fragmente der herrschenden Klassen in Südkalifornien um Zentralisierung oder Dezentralisierung stattgefunden.[8]

Die Referenzpunkte der Visionen, die die *fordistische* Periode der Urbanisierung in Los Angeles begleiteten, sind vor allem die nationale Ökonomie und die regionale Geographie. Noch gehören die internationalen Bezüge der Urbanisierung von Los Angeles nicht zu den tonangebenden Aspekten der städtischen Rhetorik. Selbst der wegen seines silberfarbenen Einbands *Silverbook* genannte langfristige Plan, den ein Bürgerkomitee 1972 dem Bürgermeister Yorty vorlegte, spricht nur von regionalen Zentrumsfunktionen für Downtown und nationalen Oberzentrumsfunktionen für die Region. Und dies, obwohl das *Silverbook* die visionären und planerischen Richtlinien erarbeitete, nach denen in Los Angeles die Welt-Stadt-Zitadelle erbaut werden sollte (Committee for Central City Planning, 1972).

Die Integration der Internationalisierung in die lokalen Rhetoriken geschah jedoch zögerlich. Die überwältigende Tradition der "reinen weißen" Stadt verhinderte einen simplen Paradigmenwechsel. Erst gegen Ende der siebziger Jahre fanden sich Hinweise auf die Internationalisierung der Vision städtischer

---

[8] Wachstum wurde und wird jedoch stets auch als biographische Metapher verwandt: Wachstum gleich Aufwachsen. Dykstra schrieb 1941:"Los Angeles ist noch eine heranwachsende Stadt". Die "Adoleszenz" von Los Angeles war rückblickend die Periode der fordistischen Stadt. Ende der achtziger Jahre dann wurde der Stadt die Volljährigkeit bescheinigt. "*Los Angeles comes of age*", schreiben Lockwood und Leinberger in einem vielbeachteten Artikel in The *Atlantic Monthly*, der zur Diskussionsvorlage für den hegemonialen Diskurs wurde (Das *Los Angeles Business Journal* schrieb am 18.4.1988, daß Leinberger und Lockwood "das Los Angeles-Problem für uns alle auf Jahre hinaus definiert" hatten.) Ironischerweise geschah die kürzliche Erklärung des komplettierten Wachstums zu einer Zeit, als Los Angeles tatsächlich eher drohte, aus allen Nähten zu platzen und die "Wachstumsdebatte" die Diskurse der Region bestimmte. Die Volljährigkeitserklärung war zugleich die Anerkennung der Internationalisierung der Region, die Bewerbung der Stadt um die Krone der pazifischen, vielleicht auch der globalen Finanzwirtschaft und die Entwicklung einer Drittweltsoziographie (Lockwood/Leinberger, 1988).

Entwicklung in Los Angeles, zunächst in negativer Form als zukünftiges Problem formuliert, das sich aus kontemporären Wachstumsprozessen ergab. Das Agenda '77-Komitee, das unter dem Vorsitz des Planers Harvey Perloff Bürgermeister Bradley 1977 ein Arbeitsprogramm für Los Angeles vorlegte, identifizierte den internationalen Charakter der Stadt als jenseits der lokalen Kontrolle liegenden, zweifelhaften Segen: "Ein Problem, das von nationaler Ausdehnung, aber besonders schwerwiegend in seinen lokalen Wirkungen ist - das der undokumentierten Ausländer - fanden wir ehrlich gesagt jenseits unserer Möglichkeiten. Vorhandene Trends lassen darauf schließen, daß Los Angeles in nicht so ferner Zukunft, sagen wir im Laufe der nächsten beiden Jahrzehnte, hauptsächlich eine lateinamerikanische Stadt sein wird. Offensichtlich wird dies die Natur der Probleme der Stadt und die realistischen Maßnahmen beeinflussen, die notwendig sind, um solche Probleme anzugehen" (Agenda '77, 1977). In dieser Rhetorik wird die Internationalisierung zwar erkannt, sie bleibt dem Verständnis der Urbanisierung in Los Angeles jedoch äußerlich: Internationalisierung als supra-urbanes Phänomen.

Erst in den neueren Visionen und Entwürfen taucht schließlich der internationale Charakter als positives Element der Rhetorik auf. Seit Anfang der achtziger Jahre, aber vor allem nachdem die Olympischen Spiele 1984 Los Angeles unmißverständlich als *The Place* international gekennzeichnet hatten, begannen die hegemonialen Rhetoriken, den einzigartig/paradigmatischen Charakter des internationalisierten Los Angeles direkt anzusprechen. Die Internationalität wurde zum verwertbaren Markenzeichen Südkaliforniens und zur fruchtbaren Matrix zukünftiger Entwicklung. Ein genauerer Blick auf die Arbeit des Los Angeles 2000-Komitees soll dies verdeutlichen.

Das Los Angeles 2000-Komitee wurde 1985 von Bürgermeister Bradley ins Leben gerufen, um eine Vision für Los Angeles zu erarbeiten. Es reihte sich damit in eine Tradition ähnlicher "Bürgerkomitees" ein, die in den vorangegangenen Jahrzehnten die offiziellen Auguren der Stadt gewesen waren. In früheren Zeiten fanden sich in solchen Ausschüssen, wie etwa das *Committee of 25* oder das *Committee for Central City Planning* der sechziger Jahre, vor allem die traditionelle weiße Elite der Stadt, angeführt von den Grundbesitzern der *Downtown* (Gottlieb/Wiley, 1976). Auch die 84 zunächst vom Bürgermeister benannten Mitglieder des LA 2000-Komitees rekrutierten sich zu einem großen Teil aus den herkömmlichen einflußreichen Kreisen. Erst die Aufstockung auf 150 Teilnehmer erbrachte eine etwas repräsentativere Mischung hervor. LA 2000 wurde unter der Präsidentschaft von Jane Pisano und dem Vorsitz des Chefs der Bank of America, James Miscoll, mit der kaum bescheidenen Aufgabe betraut, "das öffentliche Gut in Los Angeles" neu zu definieren. Die verschiedenen Gruppen sollten jenseits ihres herkömmlichen Eintretens für ihre jeweiligen Spezialinteressen zu einer Übereinstimmung darüber kommen, wo die Probleme der Stadt liegen (Interview Pisano). Arbeitsplan und Vorgehen des Komitees reflektierte den internationalen Status der Stadtregion:

<Los Angeles> ist bereits ein Knotenpunkt (*crossroads city*), wo sich Nord und Süd, Ost und West treffen. Der Knotenpunkt von Los Angeles kann in Begriffen von Handel und Kapitalflüssen definiert werden: wir sind der *Western Gateway to the Pacific*, die Nabe der regionale Ökonomie des Südwestens; ein großer und vitaler Marktplatz mit globalen Handelsbeziehungen.
Der Knotenpunkt von Los Angeles kann in menschlichen Begriffen definiert werden: erhebliche Immigrantenbevölkerungen haben ihre Kulturen nach Los Angeles gebracht. Diese Verschiedenheit hat unsere städtische Gesellschaft bereichert und mit Energie versorgt (LA2000, 1988:2).

Um nicht lediglich Abbilder dieser globalen Tendenzen darzustellen, zielte LA2000 auf eine bewußte Intervention lokaler Akteure: Der aus der Arbeit der Ausschüsse resultierende Plan sollte jene endogenen und bodenständigen Bedürfnisse offenlegen, welche die "Bevölkerung von Los Angeles" in einem als zunehmend von exogenen, globalen Kräften beinflußt scheinenden städtischen Prozeß artikuliert: "Das Resultat wird eine Zukunft sein, die die Leute von Los Angeles wollen und formen, statt einer Zukunft, die von externen Kräften bestimmt wird" (LA2000, 1986: 1). In der zählebigen politischen Topographie von Los Angeles war jedoch sichergestellt, daß im wesentlichen nur ein ausgewählter innerer Kreis mächtiger, politisch verbundener, wohlhabender, weißer Männer an den Entscheidungen des Komitees teilhatte.

Der Abschlußbericht, den das LA2000-Komitee 1988 dem Bürgermeister vorlegte, seziert die Zukunft von Los Angeles in fünf Teile, die mit programmatischen Titeln versehen sind: lebenswerte *Communities*, Umweltqualität, individuelle Erfüllung, bereichernde Diversität, und a *crossroads city*. Jede Sektion ist mit einer *Hardware* und einer *Software* ausgerüstet, mit denen gemeinsam die zukünftigen Aufgaben der regionalen Integration einer internationalen Stadtregion gemeistert werden sollen. In die erste Gruppe fallen: Gesetz und Gerechtigkeit, Infrastruktur, Alphabetisierung, "Kunst als Brücke" und Wirtschaftsentwicklung. Die zweite Gruppe setzt sich zusammen aus: Wachstumsmanagement, Bildung für das 21. Jahrhundert, soziale Dienste und internationale Strategien (Abbildung 9.2).[9]

---

[9] Für das 2000 Partnership, die Folgeorganisation des LA2000-Committee, bestärkten Dan Garcia, ehemaliger Vorsitzender des städtischen Planungsausschusses und Ray Remy, Vorsitzender der Handelskammer, die Position zur Regionalregierung: "Es ist an der Zeit, den Entscheidungsprozeß umzustrukturieren, sodaß diejenigen, die die Entscheidungen treffen, verstehen, wie ein Lösungsvorschlag für ein Problem andere Fragen beeinflußt... Das 2000 Partnership spricht sich für die Konsolidierung der gegenwärtig fragmentierten und ineffektiven Regio-

270

Als bewußte Konterkarierung des Chaos des *Bladerunner*-Szenarios intendiert, erscheint die Zukunft Südkaliforniens hier als Projektion einer effizient regulierten Umgebung, in der jeder Aspekt städtischen Lebens in kleine, kontrollierbare Einheiten fragmentiert ist, deren Zweck es ist, dem Ganzen - der regionalen Integration - zu dienen. Das Scharnier des Plans ist die Überzeugung, daß Los Angeles einzigartige und paradigmatische Stadt einer internationalisierten Periode der Urbanisierung ist: "Genau wie New York, London und Paris als Symbole vergangener Jahrhunderte standen, wird Los Angeles DIE Stadt des 21.Jahrhunderts sein" (LA2000, 1988b: 59). Die Realisierung dieser Mission, dieses *manifest destiny*, wird jedoch nur möglich sein, so erkennen die Autoren von LA2000, wenn die Integration des Globalen im Lokalen durch die Beherrschung der lokalen Sphäre vorbereitet wird. Hier liegt die Signifikanz der politischen Sphäre, die aus den Möchtegern-Utopien und rhetorischen Entwürfen zunächst Generalpläne und später Programme der Implementierung macht: "Los Angeles kann nur eine *crossroads city* sein, wenn wir bewohnbare Gemeinden (*liveable communities*), Chancen für alle Bürger, eine effiziente Infrastruktur und eine saubere und gesunde Umwelt haben" (LA2000, 1988b:59).

Aus den Rhetoriken werden folglich Diskurse und Politiken, die sich gleichermaßen als Instrumente und Produkte der Konkretisierung der Utopie der Welt-Stadt präsentieren. Schwerpunkt der Empfehlungen von LA2000 ist die Restrukturierung regionaler politischer Autoritäten. Der Abschlußbericht plädiert u.a. für die Etablierung einer regionalen Wachstumsmanagementsbehörde und einer Behörde, die für Umweltqualität zuständig sein soll. Erstere würde Planungshoheit für Projekte erhalten, die überregionale Bedeutung haben und würde Einzelplanungen der Gemeinden zu koordinieren versuchen. Letztere würde die Kompetenzen der Luftreinhaltungsbehörde *South Coast Air Quality Management District* (AQMD) mit denen der Wasser- und Abwasserbehörden verschmelzen. Zur Übersicht und Kontrolle der Realisierung der weitgehenden Empfehlungen des Komitees, wurde eine öffentlich-private Initiative ins Leben gerufen, genannt *2000 Partnership*.

Weitere sichtbare Folge der Implementierungsstrategie von LA2000 war die Etablierung eines Bürgerausschusses, der bis 1991 in direkter Zusammenarbeit mit der *Community Redevelopment Agency* (CRA) einen strategischen Plan für die Innenstadt von Los Angeles entwickeln sollte.

---

nalplanung aus, sodaß Bürger den Prozeß verstehen und die gewählten Vertreter zur Rechenschaft ziehen können" (*LAT*, 25. März, 1990, M4).

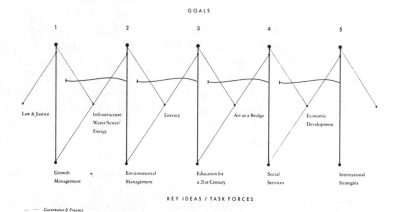

1 Livable Communities	2 Environmental Quality	3 Individual Fulfillment	4 Enriching Diversity	5 A Crossroads City
A city that manages its growth to provide affordable housing, improved accessibility to jobs and recreation, and a safe place to live.	A city that recognizes the interrelations of environmental and economic issues and follows specific strategies for preserving its fragile eco-system while achieving a healthful physical environment and a vibrant economy.	A city that provides literacy and quality education, thereby opening the way to opportunity and freedom of choice. for all its citizens, for whom personal satisfaction and well being are the measures of success.	A city that works toward a future where ethnic diversity enriches all who live here.	A culturally rich and diverse city that builds on the present marketplace for international goods and services.

GOALS

1 2 3 4 5

Law & Justice | Infrastructure Water/Sewer/ Energy | Literacy | Art as a Bridge | Economic Development

Growth Management | Environmental Management | Education for a 21st Century | Social Services | International Strategies

KEY IDEAS / TASK FORCES

Governance & Finance

Abb. 9.2: Zieldiagramm LA2000-Komitee Final Report (Quelle: LA2000, 1988b).

Die von Bürgermeister Bradley und dem für *Downtown* zuständigen Stadtrat Gil Lindsay in das *Downtown Strategic Plan Advisory Committee* (DSPAC) berufenen BürgerInnen waren seit Anfang 1989 damit beschäftigt, Vorschläge für einen Innenstadtplan zu entwickeln[10]. Unterdessen fand mit dem unter der Ägide der städtischen Entwicklungsbehörde CRA arbeitenden DSPAC eine Ver-Öffentlichung des weiteren Planungsprozesses statt, denn die privatwirtschaftlichen Anstrengungen wurden als nicht ausreichend erachtet, um mit der Fülle der identifizierten Probleme zu Rande zu kommen (Interview Pisano). Der dem LA2000-Komitee an sozialer Exklusivität nicht nachstehende Kreis von Geschäftsleuten, Managern, Grundbesitzern, *Developers* und wenigen Vertretern der Innenstadtbevölkerung verabschiedete am 28.September 1989 ein Vision Statement, das die Arbeit des Plenums und der drei Unterausschüsse leiten sollte. In dieser "Präambel" ist zu lesen:

Vor fünfzehn Jahren artikulierte das *Silverbook* eine Vision für die Zukunft von *Downtown* Los Angeles. Viel von dieser Vision wurde realisiert. Nun ist es an der Zeit, daß sich diese Vision entwickele...

---

10 Ein Teil dieser Informationen beruht auf teilnehmender Beobachtung bei den Plenarsitzungen des DSPAC und den Protokollen der Ausschußsitzungen.

Wir glauben, daß die Möglichkeit für Los Angeles besteht, noch vollständiger eine klassische Weltstadt zu werden, voll von Leben, Diversität und Aufregung - mit einer Identität und einem Charakter, der aus seiner Geschichte und Kultur erwächst. Es ist uns schon zu Anfang unserer Arbeit klar, daß kühne Pläne angeboten werden und implementiert werden müssen, um unser städtisches Zentrum zu komplettieren (DSPAC, 1989).

Schwerpunkt der Bemühungen von DSPAC war es, die Bevölkerung der Innenstadt bis 2010 um 100.000 Menschen zu erhöhen, um dem wachsenden Mißverhältnis von Arbeitsplätzen in der *Downtown* und Wohnungen in den Vororten entgegenzusteuern. Dieses Vorhaben beruhte zudem auf der Überzeugung, daß eine Wohnbevölkerung das beste Mittel zur kulturellen und wirtschaftlichen Aufwertung der Innenstadt ist (Zasada, 1989b).

Eines der größten Probleme, das die Arbeit des Ausschusses kennzeichnete, war die genaue Definition des Innenstadtbereichs zu einer Zeit, als im Norden der traditionellen *Downtown* große Flächen ehemaliger Eisenbahn- und Industriegebiete der Entwicklung freigegeben wurden, im Osten der Innenstadt Konflikte um die Bodennutzung zwischen verschiedensten Akteuren (Obdachlose, Händler und Industrielle in Niedriglohnbranchen, japanisches Kapital, Sozialeinrichtungen etc.) an der Tagesordnung waren, im Süden die Expansion in Richtung des Campus der University of Southern California von Behördenseite (CRA, EDD, Enterprise Zones) betrieben wurde und westlich des Harbor Freeway der Versuch von einflußreichen Grundeigentümern unternommen wurde, die östlich dieser Autobahn konzentrierte Zitadelle in einem bislang mittelamerikanischen Armutsviertel zu verdoppeln. Das Grenzproblem übersetzt sich in eine Reihe von Folgeproblemen wie Bebauungsplanänderungen, Festlegung der von der Schaffung von Wohnraum in der Innenstadt zu begünstigenden sozialen Gruppen, Verkehrsanschlüsse etc. Hier fanden vehemente Auseinandersetzungen zwischen den durch ihre territorialen Interessen konkurrierenden Ortsunternehmern statt. Diese Kämpfe um die zukünftige Profitabilität bestimmter Teile der Innenstadt formierten wiederum den Prozeß ausländischer Kapitalinvestitionen in den Raum von Los Angeles.

Die internen Konflikte der *Downtown*-Bourgeoisie über den strategischen Plan traten jedoch vor dem gemeinsamen Interesse zurück, mit dem visionären Entwurf eine Garantie ihrer kollektiven Hegemonie über die Region mitzuentwickeln.[11] Im Gegensatz zu diesem klar definierten Interesse der einflußreichen Fragmente der regionalen Bourgeoisie, die in einer starken *Downtown*

---

[11] Dennoch ist das elitär zusammengesetzte Gremium unter den Spannungen von Vorwürfen der Mißwirtschaft gegen den Veranstalter CRA und aufgrund anderer Widersprüche zunächst im Herbst 1990 zerbrochen. Sogar das zentrale Ziel der Bevölkerungsteigerung in der *Downtown* scheint inzwischen angesichts des schleppenden Fortgangs des Projektes in den Pioniergebieten auf der Spring Street und im Süden der Innenstadt fraglich.

ihr Heil suchen, haben die Verfechter einer dezentralen Lösung für die Zukunft Südkaliforniens ebenfalls utopische Ambitionen und den Willen zur Implementierung gezeigt. Zu den Vertretern des dezentralen Entwurfes gehören vor allem Ortsunternehmer der schon bestehenden und entstehenden Subzentren im Westen, Orange County, der Flughafen- und Hafengegend, der Täler im Osten und Norden von Los Angeles und in den noch semi-ländlichen *Counties* im Osten (Riverside, San Bernardino). Diese Kräfte haben in dem Immobilienmakler und Publizisten Christopher Leinberger ein eloquentes Sprachrohr gefunden. Leinberger macht sich für eine "Lösung der 25 *Downtowns*" und ein *Urban Village-* Konzept stark (Leinberger, 1989). Die Utopie der innenstadtorientierten *Booster* ist eine bereinigte Version des *Blade Runner*-Szenarios, eine dichte städtische Beton- und Glaswelt mit Hochtechnologieschienenverkehr und intelligenten Gebäuden, die von einer neuen Generation von Büroangestellten bevölkert werden. Die dezentral ausgerichteten Vorschläge orientieren sich andererseits an Bildern einer einfacheren und freundlicheren vor-industriestädtischen Vergangenheit. Die industrielle Stadt wird sogar gänzlich als historischer Irrweg verabschiedet und durch die Vorstellung einer radialen post- und leichtindustriellen städtischen Form ersetzt (Leinberger, 1989). Die Utopie der dezentralisierten Megapolis trägt in sich einerseits den Wunsch nach einer "altmodischen Gesellschaftsordnung" in einer städtischen Realität, die bereits jenseits der Begreif- und Erklärbarkeit liegt (Clifford, 1989). Andererseits impliziert das polyzentrische Modell das Verlangen nach der zukünftigen Überwindung der infrastrukturellen (Schienenverkehr, Individualverkehr) und sozialen (innerstädtische Armutsbevölkerung) Hypotheken einer städtischen Ära, die als überholt bezeichnet wird. Im Gegensatz zu den an öffentlichen Politiken interessierten innerstädtischen Akteuren lehnen die Architekten der polyzentrischen Utopie größtenteils Interventionen des lokalen Staates ab, wo Marktkräfte alleine ausreichen sollen. In beiden Fällen werden jedoch öffentlich-private Partnerschaften als Lösungsmöglichkeiten von Versorgungs- oder Infrastrukturproblemen vorgeschlagen.

Die dezentrale Vision nährt sich aus der Überzeugung, ohnehin schon größtenteils verwirklicht oder tendentiell verwirklicht zu sein. Sie versteht sich als säkulare Revision bisheriger städtischer Prozesse, die auf der Zentralisierung und Zonierung von Arbeiten und Wohnen beruhten. Das *Urban Village*-Konzept verspricht dabei weniger städtische Dichte, wobei in der Realität Urbanisierung und Verdichtung vielerorts multipliziert werden. Das polynukleare Modell steht hier im Widerspruch zu den lokalen Bewegungen der rigiden Wachstumsbeschränkung. Obwohl die Verfechter des Konzeptes die technischen, politischen und finanziellen Vorteile der dezentralisierten Stadt preisen, weisen Kritiker darauf hin, daß "es teilweise der Zweck der dicht bevölkerten *Urban Village* ist, für *Developer* den größten Nutzen aus einem abnehmenden Bodenvorrat zu ziehen" und "noch mehr Eigenheime in jede Ecke der Stadt zu quetschen" (Clifford, 1989). Während die Utopie der vielen Zentren Ähnlichkeiten mit den Neo-Jefferson'schen Idealen und Mythen einer dezentralisierten Demokratie aufweist, die auch von der Mittelklassen-Hausbesitzer- und Wachstumsbeschränkungsbewegung in Südkalifornien geteilt werden, stellt sie sich schließlich als effizientes Mittel dar, der Immobilienwirtschaft der Region ausgeglichene Profite zu sichern. Den Prozeß der Umsetzung der Vision in die politische Realität sieht Leinberger als kollektive regionale Übung in der Planung von oben herab - Utopia wird zur institutionalisierten Unternehmung: "Regierung, *Developer* und die Wirtschaft müssen eine befriedigendere Vision dessen formulieren, was die neugeschaffenen und die existierenden *Urban Village*-Kerne sein sollten" (Leinberger, 1988).

Sowohl die zentralisierte als auch die dezentralisierte Version der Utopie haben lange und konkurrierende Geschichten in Südkalifornien. Die Version von LA2000 und DSPAC gleicht mehr dem unitarischen Diskurs der Utopie der Moderne, gleichzeitig imperialistisch in der Region und der Welt, korporatistisch und umfassend als gesellschaftliches Projekt und integriert in den lokalen Staat. Die dezentrale "Lösung" operiert eher auf einer diskursiven Ebene, die man als "postmodern" bezeichnen kann: sie favorisiert das regionale, ist pluralistisch, unternehmerisch und selbst in ihrer Rhetorik eine private Geschäftsangelegenheit. Beide Modelle sind potentielle Handlungsanweisungen für die politische Formation der internationalisierten strukturierten Kohärenz in Los Angeles. Ihre explizite Umarmung (und Progagierung) des internationalisierten Charakters von Los Angeles ist umso relevanter für diesen Formationsprozeß, wenn man in Betracht zieht, daß vom Standpunkt der Ortsunternehmer kein automatischer Wert mit der Globalisierung verbunden ist. Die Internationalisierung selbst - ihre Definition, der Diskurs, der sie konstituiert, und die Kämpfe, die sie umgeben, - ist in diesem Sinne das direkte Produkt der Ortsunternehmer und ihrer Visionen.[12]

---

12 Für die Geschichte der Diskussionen und Kämpfe um die Bewältigung des regionalen (Nah)Verkehrs beschreibt Adler (1986:322) diese Gegenüberstellung folgendermaßen: "Die *Downtown*-Koalition strebt nach neokolonialen Transporteinrichtungen, die den Verkehr zwischen dem Zentrum und der Peripherie erleichtern sollen, anstatt innerhalb oder zwischen peripheren Gegenden. Die *Downtown*-Koalition artikuliert eine Ideologie des Regionalismus, die (1) die Natürlichkeit und Überlegenheit von hochspezialisierten, funktional interdependenten Gegenden und (2) die spezielle Bedeutung eines hochverdichteten regionalen Kerns behauptet. Diese Behauptungen legitimieren neokoloniale Initiativen. Geschäftskoalitionen in außenliegenden Gegenden versuchen Transporteinrichtungen zu etablieren, die sie in die Lage versetzen, ihre eigenen Entwicklungsaspirationen voranzutreiben und sie mit Gegenden zu

Das Ende des Traumes: Die Krise des Bradley-Regimes

> *Indeed, there is the widespread feeling that the Growth Machine - the business-labor-real-estate complex and its political allies - is responsible for ignoring the impact of economic change on the daily lives of the city's residents.*

Derek Shearer, 1988

> *Like all ideology, "slow growth" and its "pro-growth" antipode must be understood as much from the standpoint of the questions absent, as those posed. The debate between affluent homeowners and mega-developers is, after all, waged in the language of* Alice in Wonderland, *with both camps conspiring to preserve false opposites, "growth" versus "neighborhood quality". It is symptomatic of the current distribution of power ... that the appaling destruction and misery within Los Angeles's inner city areas became the great non-issue during the 1980s, while the impact of growth upon affluent neighborhoods occupied center stage.*

Mike Davis, 1990

Während der vierten Amtszeit Tom Bradleys nach 1985 begann die politische Hegemonie seines Regimes - die numerisch und sozial durch die Bradley-Koalition gefestigt schien - zu bröckeln. Bradleys Konzept der ungebremsten Entwicklung der Welt-Stadt-Zitadelle erwies sich genau in dem Maße als zunehmend inakzeptabel, wie es sich erfüllte: es begann deutlich zu werden, daß viele der sozialen, ökonomischen, räumlichen und Umweltprobleme, unter denen die Stadtregion litt, erst durch den spezifischen, von der Stadtregierung determinierten, stadtentwicklerischen Internationalisierungskurs hervorgerufen worden waren. Der sozialen und räumlichen Polarisierung und Fragmentierung entsprach der drohende und tatsächliche Zerfall der politischen Bündnisse, auf denen die Bradley-Koalition beruhte.

Seit 1986 wurde dies zunächst in zwei Bereichen offensichtlich: Erstens führte eine Neuziehung von Wahlbezirksgrenzen für die Stadträte in Los Angeles zu einer Offenlegung der Risse, die sich aufgrund der zunehmenden Internationalisierung durch die strukturierte Kohärenz der Stadt zogen. Die schwarz-weiße Koalition, die das Bradley-Regime getragen hatte, wurde nun von neuentstandenen ökonomisch mächtigen *und* popularen Kräften in Frage gestellt. Zwei-

---

verbinden, die sich rechtmäßig als ihr Wohnungshinterland begreifen. Sie artikulieren eine Ideologie, die die Überlegenheit von weniger spezialisierten, multizentralen Formen der regionalen Organisation unterstellen, um ihre Opposition zu den Initiativen der *Downtown*-Koalition zu legitimieren".

tens brach diese Koalition dort auseinander, wo die wirtschaftlichen Interessen ihrer Mitglieder durch den Internationalisierungsprozeß verstärkt aufeinanderprallten.

Eine Klage des Justizministeriums in Washington gegen die Stadt Los Angeles vom November 1985 erforderte eine Neueinteilung der städtischen Wahlbezirke, denn die lateinamerikanische Bevölkerung der Stadt, die mindestens dreißig Prozent ausmacht, war zu diesem Zeitpunkt nur durch Councilman Richard Alatorre im fünfzehnköpfigen Stadtrat vertreten. Die Neueinteilung war darauf angelegt, die Wahl einer zweiten Person hispanischer Abstammung zu ermöglichen, womit deren Repräsentanz von 6,5 auf 13 Prozent gesteigert werden konnte. Der ursprüngliche Plan, der von Alatorre entworfen worden war, hätte Michael Woo, den 1985 gewählten, ersten chinesisch-amerikanischen Stadtrat von Los Angeles, in einen Bezirk versetzt, der zwar Chinatown umfaßte, der jedoch ansonsten mit seiner soliden 65-prozentigen lateinamerikanischen Mehrheit die Wiederwahl des Asiaten unrealistisch gemacht hätte. Politisches Manövrieren des Stadtrates mündete schließlich in eine Lösung, die Woo in Hollywood beließ, jedoch - auf Kosten einiger weißer Distrikte im Norden der Stadt - einen neuen innerstädtischen, lateinamerikanisch geprägten Disktrikt schuf (Keil, 1987a). In der Wahl vom 3.Februar 1987 wurde Gloria Molina als zweite Lateinamerikanerin in diesem Wahlkreis in den Rat der Stadt gewählt (Clayton, 1987a,b).[13]

Die geänderte Minoritätenrepräsentation durch Proporz nach demographisch veränderlichen Daten stellt immer nur eine "Lösung" von kurzer Dauer dar. Zudem drückt sich in der Demographie nur unvollständig die Verschiebung der politischen Macht aus, die die politische Struktur von Los Angeles prägt. Die Bradley-Koalition gerät vielmehr unter den Einfluß zentrifugaler Kräfte, die diese Struktur sprengen. Unter den wichtigsten dieser Dynamiken sind: die Krise der politischen Macht der Schwarzen, die seit den sechziger Jahren beständig gewachsen war; der wachsende Einfluß von lateinamerikanischen und asiatischen PolitikerInnen in Kalifornien (Abbildung 9.3); die Zunahme des politischen Gewichts der jüdischen Gemeinde von Los Angeles.[14] Diese Ver-

---

[13] Auch auf der Ebene der Regierung des *County* führte eine Klage des U.S.Justice Department inzwischen zu einer Neuaufteilung der Wahlbezirke zu Gunsten der *Latinos* (Boyarsky, 1988c). Gloria Molina wurde 1991 in dem dort neuentstandenen Bezirk gewählt, so daß ihr Stadtratsmandat erneut brach lag.

[14] Zwar nahm der relative Anteil der jüdischen Politiker in Los Angeles gegenüber anderen Minoritäten seit Anfang der achtziger Jahre geringfügig ab (vgl. Abbildung 9.3), als wichtiger erweist sich jedoch die wachsende Bedeutung der lokalen jüdischen Gemeinde im nationalen und internationalen Gefüge der *Jewish Community*. Los Angeles ist inzwischen mit 600.000 Juden die zweitgrößte jüdische Stadt der Welt nach New York. Wichtige politische Entscheidungen

änderungen haben zentrifugale Wirkung, da sie repräsentativ für das Auseinanderdriften der sozialen Realitäten der einzelnen Gemeinden in Los Angeles sind und das Gefüge der politischen Macht und ökonomischen Stabilität der Stadt in Frage stellen. Die politische Koalition vor allem der schwarzen und jüdischen Wähler, die die Entwicklung der letzten beiden Jahrzehnte bestimmte, wurde brüchig, wo sich erwies, daß die Koppelung der sozialen Frage mit politischen Bürgerrechtsfragen nicht mehr möglich war, weil sich die Gewißheit in den Vordergrund drängte, daß der Wohlstand des weißen Westens der Stadt im direkten Zusammenhang mit dem Elend im Osten und Süden von Los Angeles stand. Das Scheitern einer Strategie, die vorgab, das Wachstum der *World-Class-City* mit der Verbesserung des Lebens in den Vierteln der Armen zu verbinden, also Bradleys "unmöglicher Traum", führte im Gegenzug zu einer Vertiefung der sozialen Gegensätze. Nicht von ungefähr bedeutete die Krise der Bradley-Koalition, die auf einem spezifischen räumlichen und territorialen System der Macht beruhte, auch die Krise des sozialen Raumes von Los Angeles. *Westside, East Los Angeles und South Central* standen in der Folge für real unterschiedliche und politisch zueinander in Opposition stehende Versionen der Politik der Welt-Stadt.[15] Mit der alten Ordnung der schwarz-weißen politischen Herrschaft über Los Angeles begann auch die Welt-Stadt-Konzeption des Bradley-Regimes zu zerbrechen.

Deutlich wurde diese neue Konfrontation in den Vorgeplänkeln der Wahl zum Bürgermeister von Los Angeles 1989. In den unterschiedlichen politischen Programmatiken der beiden wichtigsten Kandidaten Tom Bradley und Zev Yaroslavsky kamen die auseinanderdriftenden Positionen der früheren Koalition zum Ausdruck.

Yaroslavsky, der später aufgrund eines politischen Skandals und seiner Befürchtung, eine deutliche Niederlage gegen Bradley hinnehmen zu müssen, aus dem Rennen schied, baute in seiner Bewerbung um das höchste Amt in der Stadt auf ein Entwicklungskonzept für Los Angeles, das in wesentlichen Punkten Abschied von Bradleys bisheriger Politik nahm.[16]

---

innerhalb der *Jewish Community* werden zunehmend von der Ost- an die Westküste verlagert (Libman, 1989). Über die politische Schiene der nationalen Demokratischen Partei haben zudem Politiker der jüdischen *Westside* von Los Angeles, vor allem die *Berman-Waxman-Machine,* fühlbaren Einfluß auf die Innen- und Außenpolitik der USA erhalten (Davis, 1987).

15 Der Westen der Stadt bleibt dabei nicht nur aufgrund seiner wirtschaftlichen Stärke der hegemoniale Raum im Machtgefüge von Los Angeles. Dort laufen die Entscheidungsstränge der Demokratischen Partei zusammen, und dort leben die meisten politischen Würdenträger inklusive der meisten Mitglieder der enorm wichtigen Bürgerausschüsse des Stadtrates (Harris/Roderick, 1988).

16 Diese Einschätzung und die folgende Analyse beruht u.a. auf Interviews mit den persönlichen ReferentInnen der Kandidaten (Krotinger, Katz, Boze und Fabiani). Den besten und packendsten Bericht über die Affäre, die dem Rückzug Yaroslavskys zugrunde lag, lieferte Joan Didion in

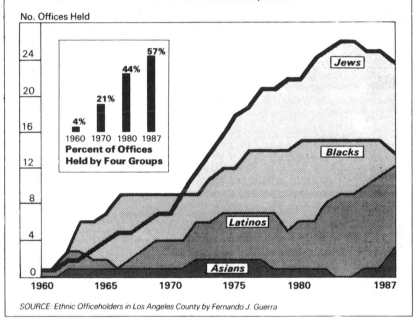

GAINING POLITICAL POWER

Fernando J. Guerra, an assistant professor of political science at Loyola Marymount University, has traced the increasing electoral success in Los Angeles County of four groups—Asians, blacks, Jews and Latinos—from 1960 to the present. Guerra studied elections for the U.S. House of Representatives; California State Senate and Assembly; county district attorney, sheriff, assessor and Board of Supervisors; Los Angeles City Council, mayor, city attorney and controller; Los Angeles School Board; and Los Angeles Community College Board.

* Because of reapportionment and other factors, the total number of positions has varied over the years: there were 77 from 1960-61; 80 from 1962-65 93 from 1966-68; 100 from 1969-81: and 96 from 1982 to the present.

No. Offices Held

24 — 20 — 16 — 12 — 8 — 4 — 0

Percent of Offices Held by Four Groups
4% (1960) — 21% (1970) — 44% (1980) — 57% (1987)

Jews

Blacks

Latinos

Asians

1960   1965   1970   1975   1980   1987

SOURCE: Ethnic Officeholders in Los Angeles County by Fernando J. Guerra

Abbildung 9.3: Veränderung der Minderheitenrepräsentation in Los Angeles (Quelle: *LAT*, 21. November 1987)

Obwohl Bradley an einer weiteren Internationalisierung von Los Angeles festhielt, sie sogar begrüßte (Interview Fabiani), war er seit 1986 verstärkt da unter Druck geraten, wo sich die Pole des *World Class City*-Wachstums, die

ihrem "Letter from Los Angeles" im *New Yorker* vom 24. April 1989; Vgl. auch Ron Currans "BAD Boys" in der *LAWeekly* vom 19.-25. August 1988; Roderick/Vollmer, 1989.

279

seine Koalition in einem Spagat zusammengehalten hatte, nicht mehr unter einem Projekt vereinigen ließen (Boyarsky, 1987c).

Auf der einen Seite brachen die sozialen Probleme so deutlich hervor, daß eine Koppelung der Sozialpolitik an eine weitere Aufblähung der globalen Funktionen der Zitadellenentwicklung nicht mehr plausibel zu propagieren war. Der Verlust einer Konzeption der Befriedung und Versorgung der pauperisierten und internationalisierten Quartiere ging mit dem wachsenden Eindruck einher, daß Bradleys Politik keine Berührung mit den Bewohnern dieser Quartiere mehr hatte, die früher wesentlich zu seiner Stabilisierung beigetragen hatten (Boyarsky, 1987b; Bunting, 1988a,b).[17] Mehr noch, die Krise des Bradley-Regimes konnte auch als Krise der schwarzen politischen Macht insgesamt interpretiert werden, deren Versprechen seit den sechziger Jahren vor allem darin gelegen hatte, die Bürgerrechtspolitik in greifbare Verbesserungen der Lebensverhältnisse der Afro-Amerikaner umwandeln zu können (Clayton, 1989; Cockburn, 1989; Decker, 1989).[18] Diese Erkenntnis führte zu einer drastischen Veränderung der Politik des Bürgermeisters, die in der Berufung von Mike Gage zu seinem persönlichen Referenten Profil erhalten sollte. Gage konterkarierte den Verlust an Vertrauen in die Politik Bradleys mit einer Umkehr in zwei als wesentlich eingeschätzten Bereichen: der Umweltpolitik (Recycling, ein Fahrverbot für Schwerlastverkehr zu bestimmten Zeiten, eine Lösungsstrategie für die Abwässerkrise der Stadt und eine Reinigung der Bucht von Santa Monica), der Sozialpolitik (mit dem Schwerpunkt auf Kindern, Jugendlichen, Behinderten und Alten, im Tagesstätten- und Schülerbetreuungsbereich), der Wohnungspolitik (wo Bradley mit dem in der *Community* ausgewiesenen Gary Squier einen anerkannten Spezialisten zur Konzeptentwicklung einer städtischen Wohnungspolitik machte) und der Sicherheitspolitik (mehr Polizei ohne Steuererhöhungen) (Interviews Boze; Fabiani).

Auf der anderen Seite mußte sich Bradley mit den sich vom Zentrum verstärkt abwendenden Politikern der weißen Mittelklasse aus dem Westen der Stadt auseinandersetzen, die in der Folge von *Proposition U* Aufwind für ihre dezentralen Wachstumskonzepte verspürt hatten. Diese Politiker vermochten es, einen Teil der liberalen und jüdischen Wähler Bradleys an sich zu binden. Ein

---

17 Es gibt indes Anzeichen dafür, daß Bradley gerade deshalb schließlich im April 1989 den Sieg über den Herausforderer Nate Holden davontrug, weil er über eine massive Straßenkampagne vor der Wahl in den schwarzen Armutsstadtteilen mit Hilfe bezahlter Wahlwerber aus dem Heer der Unterbeschäftigten und Arbeitslosen einen Teil des verloren gegangenen Vertrauens wiedergewinnen konnte (Boyarsky/Bunting, 1989).

18 Dieser Aspekt der Krise wurde besonders durch den - erst nach der Wahl 1989 in seinem vollen Umfang erhobenen - Vorwurf gegen den Bürgermeister wegen der städtischen Begünstigung der Far East Bank, die einem Geschäftsfreund Bradleys gehörte, auf die Tagesordnung gebracht.

wichtiger Fixpunkt in diesem Umschwung war die überraschende Wahl der liberalen Stadtplanerin Ruth Galanter im Wahlkreis der von Bradley unterstützten Pat Russell in Venice im Jahr 1987 (Boyarsky, 1987a, Interview Bickhart). Ein dominanter Faktor in der Implosion des politischen Zentrums in Los Angeles war der seit 1986 verstärkt wahrnehmbare Diskurs um kontrolliertes Wachstum in der Stadt. Eine Umfrage der *Los Angeles Times* ergab 1987, daß "die Kontroverse um Wachstum das größte Potential für das Zerreißen einer Periode rassischer Harmonie in sich trägt, die von Bradleys Wahl 1973 und seiner dreimaligen, relativ leichten Wiederwahl symbolisiert wird" (Roderick, 1987). Dieser Diskurs erwies sich zunehmend als unbeherrschbares Feld für diejenigen *World Class City-Booster*, die wie Bradley die Nutzung des welt-städtischen Raumes den freien Kräften des internationalisierten Marktes überlassen wollten. Die Probleme mit Verkehr, Luftverschmutzung, Verbrechen, Zersiedelung, Verdichtung etc. drängen sich in den disparaten Nachbarschaften von Los Angeles in den Vordergrund und verlangen nach interventionistischen Lösungen des lokalen Staates. Solche Forderungen nahmen vor allem zwei Formen an: Erstens wurde der formale Ruf nach einer Ausbreitung basisdemokratischer Politik- und Planungsformen mit der inhaltlichen Forderung nach Wachstumsbeschränkungen aller Art verkoppelt und zum Maßstab der politischen Bewegungsfreiheit der lokalen Repräsentanten gemacht.[19] Zweitens gab es trotz der verbreiteten Ansicht "langsames Wachstum sei der Liberalismus der Privilegierten" (Will, 1987),[20] neue Formen der Bewegungspolitik, die bisher voneinander segregierte Fragmente zueinander brachte. Diese Politik war bisher am deutlichsten im gemeinsamen Kampf der Mittelklasse- Umweltschutzorganisationen und der Bewohner eines Teils des schwarzen Gettos gegen die Müllverbrennungsanlage Lancer ersichtlich (Interviews Hamilton, Lake, Gottlieb et.al, 1987).

Zev Yaroslavsky, der selbst kaum von der Malaise der Bradley-Koalition im sozialpolitischen Bereich hätte profitieren können, entwickelte hier sein vom

---

[19] Vgl. Dan Shapiro, "Give Citizens a Role in L.A.'s Growth", *LAT*, 7. September 1986: V,5; Ron Curran, "Putting Politics Before Planning", *LAWeekly*, 12-18. Februar 1988; Ron Stone, "Our Unmanageable Government", *LAT*, 25. August 1986; Robert Conot, "When More is Too Much: Putting Limits on Growth", *LAT*, 5. Oktober 1986; Bill Boyarsky, "Council Acts to Get Citizens in on Planning", *LAT*, 3. September 1987: II,1.

[20] Rob Glushon, ein Umweltausschußmitglied der Stadt, verwahrte sich gegen eine solche Interpretation, die sowohl von konservativer Seite als auch von einigen Minoritätenvertretern vertreten wurde: "Vernünftige Geister mögen sich nicht über die zukünftige Entwicklung von Los Angeles einig sein. Aber wir dürfen nicht zulassen, daß die Propagandisten von Überentwicklung diesen Punkt <die angebliche Klassenbasis der Umweltpolitik> dazu benutzen, Klassenkampf, Zerstrittenheit von Nachbarschaften und rassische Spannungen zu propagieren, um ihre eigennützigen politischen und ökonomischen Interessen zu verfolgen" (Glushon, 1987).

Bürgermeister deutlich unterschiedliches Ausbauprogramm für die *World Class City*. So gab er zu Beginn des Jahres 1988 "langjähriges unkontrolliertes Wachstum" als Hauptgrund für die Krise des Bradley-Regimes und der Stadt insgesamt an:

Die Stadt läuft seit zwanzig Jahren in Selbststeuerung. Wir hatten eine Mentalität des totalen Wachstums - wenn wir mehr Straßen brauchten, peitschten wir sie durch, wenn wir mehr Autobahnen brauchten, bauten wir sie einfach. Es gab kein offensichtliches Bedürfnis für eine handfeste Kontrolle, um die harten und schmerzhaften Entscheidungen zu treffen. Deshalb sind wir angelangt, wo wir heute sind (zitiert in: Chorneau, 1988a).

Anstelle der Bevorzugung der *Downtown* verfolgte Yaroslavsky wie viele andere Ortsunternehmer der wohlhabenden *Westside* eine Politik der vielen Zentren, die nicht nur das Wachstum verteilen, sondern auch den Verkehrskollaps verhindern sollte. "*Managed Growth*" war der Slogan, mit dem die Position vertreten wurde. Der Drehpunkt der Konzeption Yaroslavskys war die Erkenntnis, daß viele derjenigen im Westen der Stadt, die vom Wachstum der Zitadelle bisher Vorteile hatten, nun zunehmend ablehnten, in dem Produkt der *World Class City*-Formation zu leben. Der Ruf nach einer neuen städtischen Form wurde lauter. Bürgerinitiativen erklärten, Los Angeles "sei noch nicht New York".[21] Das beharrlich vorgetragene Bild der Stadt Los Angeles als einem wenig verdichteten, niedrig bebauten urbanen Raum in einer paradiesisch-subtropischen Umwelt kam diesem Ruf auch als konzeptive Ideologie für die Welt-Stadt zugute (Interviews Katz; Lake). In diesem Falle wurde das Bild der Stadt ähnlich den Kleinbürgerbewegungen früherer Jahrzehnte mit dem Privateigentum an der Wohnung verknüpft: Nun bestand die Aufgabe, die private und konsumtive Raumnutzung an die neuen Dynamiken der Internationalisierung anzupassen. Man wünschte sich "das beste aus beiden Welten" . Für seine Wahlstrategie hatte Yaroslavsky daher verstärkt auf ein dezentrales "Oktopus-Netzwerk" vertraut, das weitgehend auf die großen Spenden aus der *Downtown* zu verzichten vorgab. Als Schlüssel zu einer systematischen Kritik des zentralistischen Wachstums erwies sich Yaroslavskys Opposition zur Politik der *Community Redevelopment Agency*, die den Stempel Bradleys trug (Interview Katz).

---

[21] *Not Yet New York* ist der Name eines Bündnisses von Nachbarschaftsorganisationen im Westen der Stadt. In der zweiten Hälfte der achtziger Jahre wurde der Streitpunkt "Wachstum" nicht nur in der Zentralstadt Los Angeles, sondern auch in vielen der kleineren Gemeinden in den Suburbs zum wahlentscheidenden Problemfeld, wobei sich immer deutlicher herausschälte, daß politischer Erfolg an eine wachstumskritische Position gebunden war (vgl. Boyarsky, 1988b).

Die Wahl Von 1989 und die Krise des städtischen Konsenses

> Maybe a hundred people in Los Angeles, besides the handful of
> reporters assigned to City Hall, actually follow city and county
> politics.
>
> Joan Didion, 1989
>
> *There is no mechanism in Los Angeles to foster consensus or*
> *coalition.*
>
> Xandra Kayden, 1991

Bei den Bürgermeistervorwahlen vom 11. April 1989 errang Bradley mit 52
Prozent der Stimmen einen knappen aber entscheidenden Sieg über seine Mit-
bewerber - unter ihnen der als Protestkandidat einzustufende, überraschend erfolgreiche Stadtrat Nate Holden, der 28 Prozent der Stimmen erhielt
(Boyarsky, 1989). Diese *Primary* war aus wahlarithmetischer Sicht die un-
wichtigste Wahl ihrer Art seit dem Beginn der fünfziger Jahre. Weniger als ein
Viertel der Wähler gingen zur Urne. In der Vorwahl von 1973 waren es immerhin noch 57 Prozent gewesen, in der Stichwahl mit Sam Yorty waren es
gar 64 Prozent. Vier Jahre früher war die Beteiligung noch 66, bzw. 76 Prozent gewesen (Vgl. Abbildung 9.4). Das Ergebnis der Wahlen muß daher vorsichtig beurteilt werden.

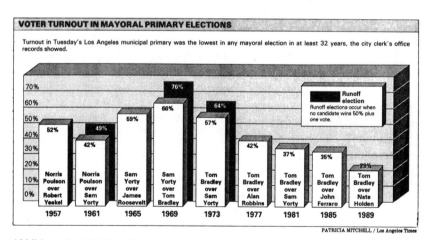

Abbildung 9.4 Wahlbeteiligung in Vorwahlen zum Bürgermeisteramt in Los Angeles
1957 - 1989 (Quelle: *Los Angeles Times*, 14. April 1989)

Dennoch lassen sich aus den Programmatiken des Amtsinhabers Bradley und seines verhinderten Herausforderers Yaroslavsky typische politische Strategien und personalpolitische Entscheidungen in Los Angeles herauslesen. In den beiden Kandidaten hatte sich im Laufe der Jahre 1987 und 1988 die alte Koalition der schwarzen und jüdischen politischen Maschinen in klar unterscheidbare, durch Bradley und Yaroslavsky personifizierte Positionen dissoziiert.[22] John Didion hat dies hervorragend zusammengefaßt:

Am Anfang gab es beträchtliches Interesse für dieses versprochene Rennen zwischen Tom Bradley und Zev Yaroslavsky. Einige sahen es als Wettstreit - und so präsentierten es Bradleys Leute auch gerne - als eine lange erwartete Konfrontation zwischen dem Rest der Stadt (Bradley) und der *west side*(Yaroslavsky), die wohlhabend, weitgehend jüdisch und der einzige Teil der Stadt ist, den Besucher normalerweise sehen...
Andere sahen das Rennen - und das war zunehmend die Art, in der es Yaroslavskys Leute darstellten - als Konfrontation zwischen den Kräften des unbegrenzten Wachstums (*Developers*, die Ölindustrie, Bradley) und den Befürwortern von "langsamem" oder kontrolliertem Wachstum (Umweltschützer, die *NoOil*-Lobby, die *west side*, Yaroslavsky) (Didion, 1989: 95).

Die beiden Positionen, so streicht auch Didion heraus, waren bewußt politisch polarisiert worden (sie unterschlugen, daß Bradley jahrelang selbstverständlich der Kandidat der *west side* gewesen war und Yaroslavsky andererseits seine eigenen Verwicklungen mit den Investoren gehabt hatte). Doch sie bildeten den idealen diskursiven Rahmen für den Beginn einer Neubestimmung der Politik nach dem sich abzeichnenden Ende der Bradley-Koalition. Daß dabei die diskursive Praxis selbst in den Mittelpunkt rückte, bestätigte, daß sich die politische Klasse selbst mit ihren konzeptiven Ideologien und Plänen in der Krise befand und - wieder mal - nach einer neuen Rhetorik suchte, dieses Mal offen für das Management der *World Class City* mit ihren rapide wachsenden Widersprüchen:

Die beiden Szenarien - Yaroslavskys "Gier gegen Langsames Wachstum" und Bradleys "*the People versus the West Side*" - gaben jener Handvoll von Leuten in Los Angeles, die überhaupt die Stadtpolitik verfolgen, eine Art von narrativer Linie. So wie es diese Leute sahen, würde die Wahl auf denjenigen fallen, der seine Geschichte am besten erzählen vermochte, an den, der die besten Erzähler und die besten Macher haben würde (Didion, 1989: 95).

An diesem Punkt schien es, daß die Öffentlichkeit auf eine fast nicht mehr wahrzunehmende Größe geschrumpft, der Diskurs nicht mehr der einer Gesellschaft, auch nicht mehr der einer Klasse, sondern lediglich der einer professionellen Kaste geworden war. Der politische Raum, den die Implosion des

---

22 Eine Umfrage der *Los Angeles Times* gleich nach der Wahl im April 1989 zeigte, daß Yaroslavsky mit 27 Prozent genug Stimmen auf sich gezogen hätte, um Bradley mit 43 Prozent in eine Stichwahl zu zwingen, in der er gute Aussichten gehabt hätte. Holden (14) und Ward (7) wären abgeschlagen gewesen (Boyarsky, 1989).

Bradley-Regimes im Übergang von der *Formation* zur *Regulation* der Welt-Stadt hinterläßt, gleicht einem Vakuum. Vor der Rebellion im Frühjahr 1992 war *eine* Frage, ob es anderen PolitikerInnen (Didion nennt die offensichtlichen: die Stadtratsmitglieder Alatorre, Molina und Woo) gelingen würde, mit neuen Konzepten und Koalitionen in die Leere vorzustoßen (d.h. in Didions Worten der sich nicht verändernden Handvoll Spezialisten im Umkreis des Rathauses eine interessantere Geschichte erzählen). Nach der Rebellion, die den öffentlichen Raum von LA politisierte, konnte der grösseren Fragestellung nicht mehr ausgewichen werden, ob die komplizierte gesellschaftliche Konstellation von ethnischen und Klassenfragmenten, die in Los Angeles von der Internationalisierung erzeugt wurde, im Zusammenhang und in der Auseinandersetzung mit den weiter zu erwartenden Wachstumsschüben zu einem Konsensmodell werden kann, das nicht nur oberflächliche politische Rhetorik ist, sondern ein Regulationsmodus für die Welt-Stadt.[23]

Die angebliche Reduzierung der politischen Öffentlichkeit auf eine Auswahl von Aktiven und Beobachtern aus der politischen Klasse ist natürlich selbst ein Mythos, der kaum einer näheren Überprüfung standhält. Das Phänomen bezeugt jedoch, daß sich die *potentiell* effektive zivile Gesellschaft von Los Angeles so stark gewandelt hat, daß das sichtbare, übrig gebliebene Häuflein von professionellen Politikbeobachtern erst augenfällig wird. Denn sie sind das Relikt einer politischen Ordnung in Südkalifornien, die auf der Macht der weißen Mittelklassen über die Region beruhte. Die politische Krise wird also von der (politisierten) institutionellen Krise begleitet. Die vom liberalen Reformgeist der *Progressive Era* geprägte lokalstaatliche Struktur Südkaliforniens, die darauf abgerichtet ist, einer homogenen Bevölkerung Kontrolle über einen im wesentlichen als technisch-administrativ angesehenen politischen Prozeß zu ermöglichen, erweist sich zunehmend als untauglich, konsensfähige politische Strukturen herzustellen. Ausgelöst wurden neuerliche Diskussionen um die Form der städtischen Regierung zunächst durch die nach dem "*Far East Bank*-Skandal" enstandene Debatte um politische Ethik und letztlich durch den politischen Konflikt, der nach dem "*Rodney G. King beating*"[24] zwischen

---

23 In einem Feld von über 50 KandidatInnen für das Bürgermeisteramt im Februar 1993 schälten sich zwei grundlegende Positionen heraus. Die eine, die multikulturelle, wurde vor allem von Michael Woo repräsentiert und stand im wesentlichen in der Tradition der Bradley-Koalition; die andere, die nationalistische, fand in Nate Holden ihren typischen Vertreter.

24 King war Anfang März 1991 von vier Beamten des *Los Angeles Police Department* brutal zusammengeschlagen worden, was von einem Amateurfilmer dokumentiert und in der Folge medienweit verbreitet wurde. Die *Police Commission* und der Bürgermeister forderten daraufhin die Beurlaubung des Polizeichefs Daryl Gates. Dagegen hielt der *City Council,* daß eine solche Beurlaubung einen Eingriff in die Rechte des Rates der Stadt darstelle und forderte eine Gerichtsentscheidung, die die Verteilung der Macht zwischen Bürgermeister, *Council* und

der *Police Commission* und dem *City Council* um die Kontrolle über die Polizei entbrannte. Parallel zum Scheitern oder dem Wanken von quasi-staatlichen Strukturreform- und Planungsversuchen, die ihre Logik aus einer früheren Ära beziehen - etwa das *Downtown Strategic Plan Committee* oder die *Community Redevelopment Agency* - wurde nun der lokale Staat selbst dem Test unterzogen, den die Formation der welt-städtischen strukturierten Kohärenz ihm auferlegte. "In der *Progressive Era* - von den 1870ern bis zu den 1920ern - war Los Angeles die weißeste, angelsächsischste, protestantischste Stadt im Land. Heute ist sie die ethnisch vielseitigste Stadt der Welt" konstatiert die Politologin Xandra Kayden.[25] Dieser Wechsel in den demographischen und ökonomischen Grundbedingungen des regionalen Regulationsmodus könnte sich nun in einer Veränderung der Charta der Stadt niederschlagen. Die Stoßrichtung einer solchen Reform ist die Politisierung der kommunalen Vertretungsorgane, womit der technifizierende administrative Ansatz der Progressiven historisch in Frage gestellt werden könnte. Im Zentrum der Auseinandersetzung stehen die 40 Bürgerausschüsse (*Commissions*), die mit unterschiedlichen Kompetenzen für ganz verschiedene Gebiete städtischer Politik und Verwaltung (vom Hundefänger zum Hafen) zuständig sind. Die Mitglieder der Ausschüsse werden vom Bürgermeister ernannt, der darüber politische Kontrolle außerhalb des elektoralen Prozesses ausüben kann. An diesem Arrangement wird die Philosophie der auf die angelsächsische Mittel- und Oberklasse, die *"right minded citizens"*, zugeschnittene progressivistische Regierungsform besonders drastisch verdeutlicht und der gegenwärtige Mangel offenbar.[26] Die Einsicht in den nicht mehr voraussetzbaren gesellschaftlichen Konsens früherer Zeiten schuf die Notwendigkeit einer neuen politischen Streitkultur, die den entsprechenden Institutionen - allen voran dem Bürgermeister und dem Rat der Stadt - neue Rollen zuweisen würde. Doch bevor die *Implosion* der politischen Macht nach dem Zerfall der früheren koalitionären Logik mit politischen Strategien konterkariert werden konnte, welche die Konsensbildung und die Schaffung von Hegemonie wieder in die Konfliktstruktur der städtischen Gesellschaft zurückverwiesen hätte, *explodierte* Los Angeles in einer städtischen Rebellion.

Commissions klären sollte. Diese Entscheidung ergab erstinstanzlich, daß die Machtbefugnisse der *Commission* dem *Council* untergeordnet seien (Murphy 1991).

[25] Kayden, 1991; Kayden gehört zu denen in Los Angeles, die mit Nachdruck eine Reform der Charta befürworten, um die Stadt auch für das nächste Jahrhundert handlungsfähig zu machen.

[26] Auf einer Ebene stellt sich der Kampf des *Council* gegen die Macht der *Commissions* unverblümt als Machtkampf der Stadtratsmitglieder mit dem Bürgermeister dar. Eine große Rolle spielt dabei der erhebliche politische Einfluß, der Spendengebern für Bradley durch die Commissions gegeben wird. Von den 244 durch den Bürgermeister ernannten Ausschußmitgliedern trugen 107 zwischen 1983 und 1989 $673.661 zu den Wahlkampagnen Bradleys bei (Murphy, 1991).

10. Rebellion:
Riot is the Language of the Unheard

Men at arms shout, "Who goes there?"
We have journeyed far from here
Armed with bibles make us swear
...
Flags are flying dollar bills,
From the heights of concrete hills
You can see the pinnacles
...
In the streets of many walls
Here the peasants come and crawl
You can hear their numbers called
...
Screaming people fly so fast
In their shiny metal cars
Through the woods of steel and glass

The Rolling Stones, Citadel

Tom Bradleys Traum endete in den Nachmittagsstunden des 29. April 1992. In Simi Valley, im Norden der Stadt Los Angeles, hatte ein Geschworenengericht, das mit Ausnahme eines Asiaten ausschließlich aus Weißen bestand, jene vier Polizisten freigesprochen, die Millionen von Menschen auf einem weltweit ausgestrahlten Video eines Amateurfilmers dabei beobachtet hatten, wie sie einen schwarzen Mann, Rodney King, fast erschlugen. "Urteile unfaßbar...Ausschreitungen abzusehen...Unruhen ausgebrochen", schrieb Warren Christopher, Rechtsanwalt, Vorsitzender eines Untersuchungsausschusses zur Polizeibrutalität in der Folge der Mißhandlung Kings am 3. März 1991 und heutiger Außenminister der USA, in sein Tagebuch (Dunne, 1992: 109).

Am 4. Mai, nachdem fast alle 623 verbrieften gelegten Feuer gelöscht waren (ursprünglich war von 5000 Bränden die Rede), hatte Los Angeles den tödlichsten Aufstand Amerikas im 20. Jahrhundert erlebt. 60 Menschen waren getötet worden (davon vielleicht "nur" 45 in unmittelbarer Verbindung zu den Gewalttätigkeiten in den Straßen); zehn von ihnen wurden von den Sicherheitskräften erschossen; 2.383 Verwundete wurden gezählt. Die Schätzungen der angerichteten Sachschäden belaufen sich auf eine Milliarde Dollar. Alleine in Koreatown wurden mehr als 300 Läden angezündet oder geplündert. 20.000 Arbeitsplätze hatten sich unmittelbar in Rauch aufgelöst, bis zu 5000 davon werden auf mindestens ein Jahr verloren sein. 850 Familien waren durch die Unruhen obdachlos geworden (*Los Angeles Times*, 1992; ACLU, 1992).

Zwischen dem 29. April und dem 5. Mai wurden 12.545 Verhaftungen gemeldet, 51 Prozent von ihnen Latinos und 36 Prozent Afroamerikaner. Für diese Verhaftungen und die Einhaltung der Ausgehsperre sorgten die vereinigten Sicherheitskräfte der Polizeien der Stadt und des County sowie der Nationalgarde und der Marines (ACLU, 1992). Mike Davis, der die Ausschreitungen von der ersten Stunde an als Augenzeuge miterlebte, schätzte, daß sich 40-50.000 Menschen aktiv und etwa 200.000 passiv daran beteiligten (Davis, 1992:17). Mehrere Tausende halfen schließlich auch bei den Aufräumarbeiten, und mehr als 30.000 Demonstranten beteiligten sich an einem Friedensmarsch durch Koreatown.

Es gibt unzählige Erklärungsmöglichkeiten, Erlebnisse, Anekdoten, Statistiken, Polemiken in der Folge der Ereignisse im April und Mai 1992. Im folgenden abschließenden Kapitel werde ich nur einige von ihnen diskutieren. Die Frage, die hierbei im Mittelpunkt steht, ist, ob der Diskurs über die Formation einer Welt-Stadt, wie er auf den vergangenen Seiten geführt wurde, Einsichten zum Verständnis der Unruhen vermitteln kann. Zu den allgemeinen Gründen für die Aufstände in Los Angeles Ende April - Restrukturierung der US-Ökonomie, institutionalisierter Rassismus, Reaganismus in der Städtepolitik des Bundes, Austeritätspolitik etc. - können einige lokale Besonderheiten hinzugezählt werden. Wie auf den vorausgegangenen Seiten wiederholt gezeigt, ist "Los Angeles" sowohl ein "Synonym" für die historische Entwicklung des Kapitalismus in Amerika als auch immer seine Herausforderung gewesen (Davis/Keil, 1992). So ist die Stadt gegenwärtig sinnfälliger Ausdruck der Krise des amerikanischen Fordismus und der Folgen konservativer Sozialpolitiken (Mayer, 1992), aber auch Experimentierfeld eines neuen Akkumulationsregimes und neuer stadtregionaler Regulationsweisen. Ein wesentlicher Zug dieser Neuerungen ist die durchgehende Internationalisierung der Stadt. Die Globalisierung der Stadt führte zu neuen sozialräumlichen, ökonomischen, kulturellen und politischen Dynamiken, die Los Angeles der "amerikanischen" Logik der Stadtentwicklung entzogen. Eine neue städtische Welt entstand. Umgekehrt läßt sich argumentieren, daß die Globalisierung zu einer Redefinition dessen führte, was von nun an als "amerikanische Stadt" zu verstehen ist. Hier liegt selbst ein Problem der Veröffentlichungen über die Aufstände. Die meisten BeobachterInnen operieren mit Bildern amerikanischer Städte, die sich seit einer Generation in unseren Köpfen festgefressen haben. Dies sind bequeme Bilder, weil sie scheinbar leichtes Verständnis der Ereignisse ermöglichen: Ghettoisierung der Schwarzen, Suburbanisierung der Weißen, Rassismus, Polizeibrutalität etc. sind die Termini, die wir aus der vorletzten Runde[1] städtischer Aufstände in den sechziger Jahren abrufbereit in den Köpfen haben, die jedoch unter Umständen den Blick auf die Verhältnisse im heutigen Los Angeles vernebeln. Sprichwörtliches Schwarz-Weiß-Denken hilft kaum bei der Analyse. Die "erzwungene Ethnizität" (Castells) der *World City* bringt Menschen aus der ganzen Welt in unmittelbare städtische Nachbarschaft zueinander. Als Teil der dramatischen ökonomischen Restrukturierung bilden sich dabei neue Regulationsweisen heraus, in denen Immigranten mit Einheimischen, Asiaten mit Afroamerikanern, die koreanische Mittelklasse mit der schwarzen Arbeiterklasse, chinesische Bankiers mit mittelamerikanischen Landflüchtlingen direkt miteinander in Beziehung gesetzt werden. Man kann diese neuen Proximitäten als Nahtstellen der weltstädtischen Regulation und der globalen ökonomischen Geographie der begreifen. Und eine dieser Nähte, die zwischen den Koreanern und den Schwarzen, ist Ende April zerrissen.

Welt-Stadt-Politik

Die "erzwungene Ethnizität" der Welt-Stadt ist kein Zufallsprodukt marktregulierter Prozesse, sondern auch Folge kommunaler Politiken. Wie gezeigt werden konnte, hatte der Bürgermeister von Los Angeles, Tom Bradley, nach seiner Wahl 1973 auf der Basis einer Wählerkoalition von Schwarzen und Juden und mit der Unterstützung der lokalen Bourgeoisie die Entwicklung der "*World Class City*" zum Ziel der Stadtpolitik erklärt. Bradley hatte zwar auf diese Weise versucht, die soziale Integration der Stadt mit deren vollständigen Internationalisierung zu koppeln. Tatsächlich unterminierten seine Politiken jedoch den Sozialpakt, auf dem seine Macht beruhte. Die Reichtümer der Stadt wurden nicht zugunsten des lateinamerikanischen und schwarzen Proletariats umverteilt, sondern flossen auf dem Wege über *Urban Renewal* in die Kassen der lokalen Immobilienindustrie und multinationaler Konzerne, die Los Angeles zu ihrem zweitwichtigsten Zentrum im Pazifikraum nach Tokio machten. Städtische Politiken teilten den Raum in Investitionszonen auf, schufen Planungsrecht, das die internationalen Kapitalien in die Stadtviertel trichtern half, kreierte einen lokalen (Schatten-)Sozialstaat, der den EinwandererInnen spezi-

---

[1] Die letzte Runde war eine Art Zwischenepisode, die von den Black-Out-Riots in New York City 1977 bis zu den wiederkehrenden Krawallen in Miami am Anfang der 80er Jahre reichte. Wenn einmal mehr Zeit ins Land gegangen sein wird und die Fakten besser bekannt sind, kann es sein, daß sich die Vorgänge in Miami vor zehn Jahren als besserer Vergleichspunkt zu Los Angeles 1992 herausstellen, als die bisher immer herangezogenen Watts Riots 1965.

fische Dienste anbot, betrieb Wirtschaftsentwicklung, die z.B. die Koreaner notgedrungen zur Speerspitze im wirtschaftlich ausgebluteten Getto machte. Die allgemeinen ökonomischen und politischen Tendenzen (vor allem Deindustrialisierung und Rassismus) und die spezifischen lokalen Politiken (Welt-Stadt-Formation) schufen jene Verhältnisse, die Ende April 1992 explodierten. An einer der vielen prekären Schnittstellen zwischen der globalen und der lokalen Ebene, die im Schatten der glänzenden Global City mit ihren Glastürmen, Teleports, Glasfasernetzwerken und intelligenten Gebäuden liegen, befinden sich Drogenhandel und Bandenkriminalität. Das Getto und die Barrios sind die "Güterverteilzentren" einer "just-in-time"-Wirtschaft und einer "lean and mean production", mit der relativ umstandslos das führende Agrarprodukt Kolumbiens in seiner billigen und konsumierbaren Form Crack-Cocaine auf den nächtlichen Straßen von Los Angeles in Superprofite umgesetzt wird. Bis April 1992 war es ein Gemeinplatz, daß - wenn auch die Konsumenten dieser Mischung aus Backpulver und Kokain aus allen gesellschaftlichen Gruppen kommen - der Handel fest in der Hand der kolumbianischen Drogenkartelle (global) und der schwarzen Jugendbanden (lokal) lag. Mit dem Geld und dem Lebensstil, die zum Dealen gehören, kam unweigerlich die Gewalt. Absatzmärkte wurden blockweise verteilt, mit Graffiti und anderen Bandenzeichen abgesteckt und mit militärisch dimensionierter Waffengewalt verteidigt. Allein 800 Morde gehen laut eines aktuellen Berichtes des County von Los Angeles, "Gangs, Crime and Violence in LA", jährlich auf das Konto der Gangster. Die Jugendbanden Crips und Bloods haben in ihren verästelten Gangstersyndikaten etwa 150.000 Mitglieder. Viele von ihnen sind bewaffnet und haben ihre Rücksichtslosigkeit wiederholt unter Beweis gestellt. Eine besondere, automobile Art des ungezielten Massenmordes, das *Drive-by-Shooting*, bei dem aus einem vorbeifahrenden Auto relativ wahllos auf eine Gruppe von Passanten geschossen wird, ist dabei das Kennzeichen der Straßen von LA. "*It's the Compton Thang*", wie eine lokale HipHop-Gruppe kundtut.[2]

---

[2] Es ist unter diesen Umständen verblüffend, daß die gesammelten Arsenale der "*Gangbangers*" - sollten denn die Berichte über ihre Hochrüstung der Wahrheit entsprochen haben - im Aufstand vom April nicht mehr Schaden angerichtet haben. Warum wurden Polizisten nicht reihenweise Opfer der sagenhaften Feuerkraft der Banden? Und warum materialisierte sich nicht das Gerücht, daß die Gangs ihre Waffen gegen die Residenzen der Weißen im Westen richten wollten? Die militärtechnische Begründung, daß ein Gangstersyndikat eben eine hierarchisch und konspirativ organisierte, aber dezentral operierende "Ein-Punkt-Bewegung" zur Profitmaximierung ist und keine straff geordnete Truppe, die den tausenden von Soldaten der National Guard hätte entgegen stehen können, ist als Erklärung nur teilweise akzeptabel. Es wird vielmehr noch zu erklären sein, warum Bloods und Crips bereits in den Tagen vor dem Aufstand einen Waffenstillstand schlossen und bald danach einen Friedensplan vorlegten (siehe unten).

Kontinuität und Wandel:
Verelendung, Welt-Stadt-Formation und der Funke der Gewalt

> Hegel bemerkt irgendwo, daß alle großen weltgeschichtlichen Tatsachen und Personen sich sozusagen zweimal ereignen. Er hat vergessen hinzuzufügen: das eine Mal als Tragödie, das andere Mal als Farce.
>
> Karl Marx, *Der achtzehnte Brumaire des Louis Bonaparte*

Zwischen dem Aufstand von Watts 1965 und der Rebellion im April 1992 lag fast eine Generation. In diesen 27 Jahren veränderte Los Angeles sein Gesicht: Aus der mehrheitlich weißen Stadt mit kleinen schwarzen und lateinamerikanischen Minderheiten wurde ein internationalisierter Schmelztiegel, eine *World City,* in der die Mehrheit der Bevölkerung nicht weiß ist. Was sich nicht verändert hat - oder zumindest nicht verbessert hat - ist die soziale Lage der Afroamerikaner in Los Angeles. Arbeitslosigkeit, Bandengewalt, Obdachlosigkeit, Drogen, Wohnraumzerstörung haben im der traditionellen schwarzen Süden der Stadt katastrophale Ausmaße angenommen. Während die auf Kirchen und Schulen basierenden ansässigen sozialen Netze in den Quartieren seit den sechziger Jahren konstant an Bedeutung als Stabilisatoren verloren, verwandelte sich South Central Los Angeles in einen ständig vom Bulldozer der Innenstadtrestrukturierung bedrohten "Speicher für Schwarze und Braune, die von der größeren Ökonomie nicht mehr gebraucht werden" (Hamilton, 1988).
Der Aufstand von Watts hatte die Krise des fordistischen Arrangements in Südkalifornien auf einen Schlag ans Licht gebracht. Die schwarze Arbeiterklasse war nur unvollständig in den keynesianischen Gesellschaftsvertrag integriert worden, die schwarze Bevölkerung insgesamt blieb am Rande der amerikanischen Gesellschaft segregiert. Die brennenden Bungalows im August 1965 wiesen auf diesen unhaltbaren Zustand hin. Während jedoch absolute Verarmung und fortgesetzte kulturelle und rassistische Ausgrenzung der Afroamerikaner eine Art Konstante des Elends in Los Angeles darstellen, haben sich die Vorzeichen dieser Prozesse geändert. Während Watts wie ähnliche Aufstände in den sechziger Jahren in Newark oder Detroit als Reaktion schwarzer Innenstadtbevölkerungen gegen die erdrückende Macht der weißen Gesellschaft gelten konnte, war die Rebellion von Los Angeles im Jahr 1992 die erste Explosion einer multinationalen Metropole, in der der schwarz-weiße Antagonismus nur noch ein - wenn auch ein wesentlicher - Aspekt war. Zur

Geographie des Rassismus in Los Angeles gehörte nicht nur die Grenzziehung um die Wohnorte der "*people of color*", sondern auch die bewußte Abgrenzung der sich nun in der Minderheit befindenden weißen Mittelklassebevölkerung vom Rest der Stadt. Die weißen Mittelklassen haben sich seit Jahrzehnten aus der Innenstadt zurückgezogen und in den immer weiter in die Wüsten im Norden und im Osten hineinreichenden Tälern förmlich verbarrikadiert. Aus dem Milieu der weißen Vorstadt heraus wurden die Freisprüche von Simi Valley verkündet. Hier hat der Rassismus seine bauliche Umwelt am sichtbarsten entwickelt. Seit ungefähr einem Jahrhundert gibt es die Suburbanisierung der amerikanischen Städte. Durch die politische Verfassung der lokalen Staaten war es denen, die sich gegenüber den "gefährlichen Klassen" abschotten wollten, stets möglich, dies in territorial definierter und politisch mächtiger Weise zu tun. Doch die "weiße Flucht" sorgte in den vergangenen Jahrzehnten nicht nur für Segregation und Vernachlässigung der Innenstädte. Unter massiven Stadtentwicklungsprogrammen erhoben die "Flüchtigen" weiterhin Anspruch auf die Herrschaft über die Downtown, wo viele von ihnen arbeiteten. In Los Angeles entstand überhaupt erst eine hochhausbesetzte Zitadelle, als die Bewegung in die Wüstenvorstädte bereits in vollem Gange war. Die Vernichtung innenstadtnaher Wohngebiete der Armen und die Befestigung der Bankentürme und Domizile der neuerdings internationalisierten Produktionsdienste gingen Hand in Hand mit der Flucht in die Vorstadt.

Während sich die weiße Mittelklasse in ihre Festungen zurückzog, erlebte die schwarze und lateinamerikanische Arbeiterklasse eine Konsolidierung der Armut in der Innenstadt. Die Schwarzen wurden vor allem Opfer der Deindustrialisierung, die die Arbeitslosigkeit im Getto in die Höhe trieb und einer ganzen Generation schwarzer Teenager *no future* ins Buch des Lebens schrieb. Die Latinos hingegen wurden millionenfach in die neuen Niedriglohnidustrien Südkaliforniens integriert. Eine neue Art von "arbeitenden Armen" entstand (Ong, 1989). Beide Gruppen sind im Süden und Osten der Stadt konzentriert. Ihre Wohngebiete befinden sich ständigen Angriffen planerischer Phantasien oder spekulativer Aktivitäten ausgesetzt. Wenige Jahre vor der Rebellion schrieb die Politikwissenschaftlerin Cynthia Hamilton: "South Central ist vom historischen Prozeß unvermeidlich dafür ausersehen, ersetzt zu werden, ohne Spuren zu hinterlassen: Ausgeräumtes Land, zur Entwicklung bereit für eine wohlhabendere - und wahrscheinlich weißere - Klasse von Menschen. Denn das größere, unausgesprochene Leiden, das South Central heimsucht, rührt von der Vorstellung her, daß der Boden wertvoll ist und die gegenwärtigen Bewohner es nicht sind". Das Ergebnis ist ein "Bantustan" auf nordamerikanischem Territorium (Hamilton, 1988). Folglich reiht sich ein Projekt an das nächste, das den Grund und Boden im Getto und im Barrio zu etwas anderem nutzen will als arme Leute zu beherbergen: Müllverbrennungsanlagen, Gefängnisse, Bekleidungsfabriken, Ausbau der Universität von Südkalifornien, Bau des Century Freeway, Ausdehnung der Downtown nach Süden etc. Präsident Bushs Vorschlag nach seinem Spaziergang durch die Ruinen, der Deprivation im Getto mit der Kraft des freien Marktes und einer ausgedehnten *Enterprise Zone* zu begegnen, paßte sich lückenlos an dieses Zerstörungswerk an.

Während ein Teil der arbeitenden Klassen von Los Angeles - ökonomisch und physisch - als Überbevölkerung erschien, wurde ein anderer Teil in die polarisierte Welt-Stadtökonomie neu integriert. Beiden Fragmenten des Proletariats der Region wurde jedoch das Leben in der Region immer mehr erschwert. Zunächst im Getto und im Barrio zurückgelassen und konzentriert, werden sie nun durch die Aggressivität der städtischen Bodenmärkte enger zusammengepfercht und zunehmend in die ärmeren Vororte im San Gabriel Valley und in Riverside County abgedrängt. Der von der Community Redevelopment Agency administrierte Stadtentwicklungsprozeß schließt den Kreis. Aus denselben Steuertöpfen, die zu Subventionsquellen für die Developers der Downtown geworden sind, wurden nach dem Aufstand erstmals 48 Millionen Dollar abgezweigt, um die Präsenz von Polizei und Feuerwehr in den Sanierungsgebieten zu erhöhen. Die jahrelangen Forderungen der vom Stadtentwicklungsprozeß negativ betroffenen Gemeinden im Süden und Osten der Stadt nach einer Umleitung dieser Gelder in die soziale Struktur ihrer Nachbarschaften werden damit in das Sicherheitskonzept des lokalen Staates umgebogen. Nun wird Geld für die Viertel ausgegeben, die vorher ausgeblutet wurden, aber es wird dafür ausgegeben, ihre BewohnerInnen stärker zu kontrollieren.

Der Aufstand von Watts hatte eine politische Umkehr eingeleitet, die unter anderem 1973 zur Wahl des noch amtierenden schwarzen Bürgermeisters Tom Bradley führte. Es war jedoch gerade dessen aggressive Strategie, Los Angeles zu einer *World Class City* zu machen, die dazu führte, daß Anfang der neunziger Jahre viele der Millionen Menschen, die im Süden und Osten der Stadt in Slums und Armutsvierteln wohnen, materiell schlechter gestellt waren als 1965. In South Los Angeles liegt die Arbeitslosigkeit bei etwa fünfzig Prozent. Unter denjenigen, die Arbeit finden, ist VerkäuferIn mit einem Anfangslohn von $4,75 in der Stunde die schnellstwachsende Beschäftigung. Das Jahreseinkommen schwarzer Oberschulabsolventen sank zwischen 1973 und 1986 um 44 Prozent; die entsprechende Zahl für Latinos ist 35 Prozent. Im Vergleich mit dem Rest der Stadt waren 1990 doppelt so viele Familien in South Los Angeles unterhalb der Armutsgrenze; dies waren 30,3 Prozent mehr als zu Zeiten der Watts Riots (Rutten, 1992a). Lokale Politiken wie die nachbarschaftszerstörenden Stadtentwicklungsprojekte, die Millardenbeträge aus dem lokalen Steuersäckel abzweigen und in die Kassen multinationaler Unternehmen fließen lassen, deren Bürotürme die neue Downtown von Los Angeles zieren, verbanden sich in den 80er Jahren mit den Austeritätspolitiken der Regierungen Reagan/Bush zu einem Amalgam von Vernachlässigung und Zerstörung armer Quartiere. Die "Reagan-Revolution" hatte hier eines ihrer wichtigsten Aktionsfelder. Zu den Folgen dieser Zeit, die Amerika Drittweltzustände im eigenen Haus bescherte, wo hohe Säuglingssterblichkeit, Hunger, Arbeitslosigkeit, Überlebenskriminalität und medizinische Unterversorgung herrschen, gehörte ein geduldeter und zuweilen politisch legitimierter Rassismus, der die diskursive Fläche für die Internationalisierung des Landes bereitstellte.

Was für ein Aufstand?

Die Serie von Aufständen, die in den sechziger Jahren die Städte der Vereinigten Staaten in eine Art Heimatfront des Vietnamkrieges verwandelt hatten, lösten zunächst Schock und danach eine Reihe von Untersuchungsausschüssen aus, die den rassistischen Grundlagen der amerikanischen Gesellschaft auf die Spur kommen wollten und Ratschläge zur Abhilfe gaben. Die Situation 1992 unterschied sich von diesem Mechanismus in dreifacher Hinsicht. Erstens standen gleich reihenweise Modelle und ganze Bibliotheken bereit, um die Ereignisse in Los Angeles zu erklären; zweitens blieb der Schock aus, denn nach dem Freispruch für die vier Polizisten im Fall Rodney King brauchte man nicht nach unmittelbaren Ursachen für die Unruhen zu suchen, auch wenn mit dem Verweis auf das Skandalurteil viele andere Kausalitäten verdeckt wurden; und schließlich waren die entsprechenden Bürgerausschüsse bereits vorhanden und man konnte zugleich mit der Aufbauarbeit zu Werke gehen: Nach Bekanntwerden der Brutalitäten gegen Rodney King im März 1991 war eine Untersuchungskommission unter dem heutigen amerikanischen Außenminister Warren Christopher einberufen worden, die in ihrem Bericht die horrenden rassistischen Praktiken des Los Angeles Police Department gebrandmarkt hatte. Und Peter Ueberroth, ehemaliger Chef der Olympiagesellschaft in Los Angeles und Manager der gewaltigen Baseball-Vereinigung, marktorientierter Republikaner aus Orange County, hatte gerade seinen Bericht zur Umstrukturierung der kalifornischen Wirtschaft an den Gouverneur des Landes, Pete Wilson, vorgelegt. Noch bevor die Feuer in Los Angeles gelöscht waren, konnte Ueberroth mit seiner Entwicklungsgesellschaft Rebuild L.A. mit den Aufräumarbeiten beginnen.

Welche Erklärungsversuche gab es jedoch über diese Schnellschüsse hinaus? Eine gründliche Auseinandersetzung mit den Ursachen der Rebellion steht noch aus. Einige der unmittelbaren Reaktionen sind jedoch als exemplarisch für die bereits entstandene Debatte anzusehen. Alle Kommentare sind sich darin einig, daß sich die Ereignisse von 1992 wesentlich von denen im Jahr 1965 unterschieden. Ein wichtiger Unterschied wird dabei in der ethnischen Zusammensetzung der Beteiligten gesehen. Nicht "Schwarz" gegen "Weiß" kennzeichnete den Aufstand von 1992, obwohl der unmittelbare Auslöser das Urteil gegen den Afroamerikaner Rodney King durch eine "weiße" Jury war, sondern eine multiethnische Koalition der Armen und ökonomisch Benachteiligten verschaffte ihrer Wut Luft, indem sie die Symbole und realen Institutionen ihrer Unterdrückung in Schutt und Asche legten und sich an der "ungeheuren Warensammlung" vergriffen, die sonst zumeist außerhalb ihrer Reichweite lag. Eine neue Art von *Riot* sah Tim Rutten (1992a) in Los Angeles, wegen der großen geographischen Streuung und der neuen ethnischen Zusammensetzung. Cynthia Hamilton (1992) vermutete, daß sich Los Angeles im April 1992 in die Liste der Städte eingereiht habe, in denen Aufstände aufgrund von durch den Internationalen Währungsfonds hervorgerufenen Austeritätspolitiken hervorgerufen worden waren. Das politische Spektrum in den Einschätzungen der Geschehnisse reichte von der konservativen Verurteilung der Gewalt zur Verherrlichung des Aufstandes, von der Kennzeichnung des *Riots* als "erstem Regenbogenaufstand" bis zu seiner Denunziation als "sozialem Nihilismus und Hobbes'schem Krieg aller gegen alle" (Davis, 1992: 15f.).[3] Es ist klar, daß es sich, wie Mike Davis erkannte, bei diesen Extrempositionen um essentialistische Erklärungsversuche handelt, die "in den komplexen Ereignissen [vom April 1992] eine einzige Bedeutung suchten". Davis verweist stattdessen auf die notwendig hybride Natur des Aufstandes, der verschiedene Emotionen, gesellschaftliche Prozesse und Akteure beinhaltete. Für die schwarzen Jugendlichen war der Aufstand ein Kampf um ihre Bürgerrechte; für die koreanischen Händler, deren Läden zerstört wurden, war er ein Pogrom; und für die Armen der Stadt war er ein Protest gegen schlechte Zeiten (Davis, 1992: 16). Waren die Aufstände der sechziger Jahre vielfach als notwendige und geschichtlich plazierbare sowie schließlich als Teil der vom historischen Materialismus inspirierten afroamerikanischen Befreiungsbewegung ontologisiert worden, so entziehen sich die Ereignisse von 1992 solchen Einordnungsversuchen. Ein wichtiger Aspekt, der jedoch in den meisten Darstellungen unterbelichtet bleibt und meist nur implizit erscheint, ist der Bezug

---

3 Vgl. z.B. Institute for Alternative Journalism, 1992; Los Angeles Times, 1992; Mayer, 1992; Ruddick/Keil, 1992.

des Aufstandes auf die spezifischen Bedingungen der Welt-Stadt-Formation in Los Angeles. Eine dieser spezifischen Bedingungen ist die Ansiedlung von koreanischen Händlern in South Los Angeles.

Neben den Auseinandersetzungen zwischen den Rebellierenden und den schließlich tausenden von Truppen, die einen immer engeren Ring um South Central Los Angeles legten, standen die Angriffe der *Rioters* auf koreanische Läden im Vordergrund des Interesses. Es war viel von Rassismus die Rede. Doch dies verlangt nach einer Erklärung. Die Feindseligkeiten zwischen den Afroamerikanern und den Koreanern sollen nicht heruntergespielt werden. Sie existieren und sind oft in rassischen Tönen gefaßt. Es gibt dafür keine Entschuldigung. Auch wäre es zu einfach, darauf hinzuweisen, daß der Konflikt vor allem daher rührt, daß die einen Kunden der anderen sind, welche in der Mehrheit Pächter und Besitzer kleiner Geschäfte im Getto und außerhalb sind. Doch die Härte der Auseinandersetzung rührte daher, daß zwischen den Koreanern und den Schwarzen in Los Angeles die geographisch definierbare Schmerzgrenze der Weltstadtentwicklung liegt. Die einen sind Verlierer der Internationalisierung der Stadt, verschanzt und eingekesselt in ihren verarmten Quartieren. Die anderen sind Teil der koreanischen Diaspora, Spätfolge der amerikanischen Aktivitäten auf der koreanischen Halbinsel. Ihre Ansiedlung in Koreatown, das als Kissen zwischen dem schwarzen Getto im Süden und den weißen Vierteln im Westen der Stadt entlang Olympic Boulevard liegt, ist jahrelang von den Wirtschaftsentwicklungspolitiken der Stadt gefördert worden. Ihre enormen Investitionen, die sie sozusagen im Huckepack nach Los Angeles brachten und in ethnischen Kollektivfinanzierungssystemen anlegten, waren willkommener Teil der Strategie der *World Class City* des Bürgermeisters Tom Bradley. Dazu gehörte auch ihre Integration in die offizielle Version des "Mulitkulturalismus", die dort funktionierte, wo der Markt es erlaubte. Die Koreaner waren die Speerspitze der Welt-Stadt-Expansion in die pauperisierten Viertel der Stadt. Nach dem 29. April, als sie ihre Läden in Flammen aufgehen sahen, wurden sie zu den Minensuchtrupps der weiteren Internationalisierung. Damit wurde der bisherigen Praxis der Welt-Stadt-Formation ein Dämpfer verpaßt, denn die politische Regulation des hergebrachten "Multikulturalismus" und die ökonomische Eingliederung einzelner ethnischer Gruppen in das internationalisierte Los Angeles wurden in Frage gestellt: "Die Koreaner, viele von ihnen erste oder zweite Generation [Einwanderer], erlitten einen vernichtenden Schlag gegen ihr Gefühl, einen Platz in der Stadt erobert zu haben sowie gegen ihren relativen wirtschaftlichen Erfolg, der nicht nur schwer erkämpft sondern auch mit höheren Hypotheken belastet ist als gemeinhin bekannt ist" (Rutten, 1992a: 52).[4]

Doch auch in einem weiteren Sinne hatte der Aufstand direkt mit der Formation der *World City* zu tun. Die spezifische sozial-räumliche Struktur von Los Angeles war ein Produkt dieses Prozesses. Die "farbige" Arbeiterklasse sollte darin nur eine Statistenrolle spielen. Diese Rechnung ging jedoch nicht auf. Auch in "normalen" Zeiten hatten die entrechteten und unterdrückten Millionen der lateinamerikanischen und schwarzen Arbeiterklasse der Stadt, die als Gärtner, Reinigungskräfte, Näherinnen, Leiterplattenmonteure, Sicherheitskräfte, Parkplatzwächter o.ä. arbeiteten - wenn ihnen *Reagonomics* überhaupt das Privileg einer Arbeitsstelle gelassen hatte - sich Nischen der Zivilität zurückerobert. Ausgestoßen aus dem internen Imperialismus des amerikanischen Establishment hatten sie begonnen, eine zivile Gesellschaft von unten zu errichten. In Kirchen, Gewerkschaften, politischen Organisationen, Umweltbewegung, Stadtteilgruppen und vielen anderen Formen schufen sich die Armen und Geknechteten der Stadt ein Netzwerk demokratischer Selbstorganisation. Damit konterten sie konsequent die unheilige Allianz des Staates (aller Ebenen) mit den Reichen und der Mittelklasse. Sie setzten stattdessen eine populare Zivilität, die den Rassismus, die Bigotrie, den Sexismus und die Klassenherrschaft der Mächtigen Amerikas in alltäglichen Kämpfen in Frage stellte. In den Gewerkschaften, wo NiedriglohnarbeiterInnen sich organisieren, um die grundlegenden Arbeitsrechte einzuklagen, die in anderen kapitalistischen Ländern längst zum Standard geworden sind, in den Gemeinden der Armen, wo sich die Bevölkerung gegen den Bau von Gefängnissen oder Müllverbrennungsanlagen zur Wehr setzt, und in der Bürgerrechtsbewegung haben sich vor allem die *people of color* eine aufständische zivile Gesellschaft geschaffen. Für die nähere Zukunft von Los Angeles wird es von Bedeutung sein, ob die Zivilität der Massen von Los Angeles sich gegen die alte Hegemonialstruktur durchsetzen können wird, oder ob der rassistische *Backlash* zu einer Fortführung der Eliminierungsstrategie gegen das Getto und die Barrios führen wird. Die Ereignisse vom Frühjahr 1992 sind nicht das Scheitern des Konzepts, nach dem viele Kulturen auf engem Raum miteinander leben können, sondern sie bezeichnen die Niederlage eines Konzepts, das unter "Multikultur" segregierte Hierarchisierung ethnischer Gruppen versteht. Die Unruhen vom 29.April waren die Todesglocken der "*World Class City*". Vielleicht waren sie die Geburtsstunde der internationalisierten Stadt mit einem humanen Gesicht.

---

4   Rutten (1992a) berichtet, daß koreanische Geschäftsleute durchschnittlich mit $200.00 bis $500.000 verschuldet sind.

Wiederaufbau:
Die nächste Runde in der Welt-Stadt-Formation

> *Every radical democratic politics should avoid the two extremes*
> *represented by the totalitarian myth of the Ideal City, and the*
> *positivist pragmatism of reformists without a project.*
>
> Ernesto Laclau und Chantal Mouffe, 1985
>
> *"The riot has been our voice, the only voice that you will listen to".*
>
> Bandenmitglied im Mai 1992, zitiert nach Katz/Smith, 1992
>
> *Riot is the language of the unheard*
>
> Spruch an einer Wand in der Nähe der Watts Towers, 1986

Im Mai 1992 berichtete die Presse[5], daß sich die Friedens- und Reorganisationstendenzen in *Gangland,* die bereits vor dem Aufstand bestanden, danach in drei "außerordentlichen Entwicklungen" (Walker) verdichtet hätten. Die erste war der Waffenstillstand selbst, ein formales Abkommen, das nach dem Vertrag von Camp David aus dem Jahr 1978 modelliert ist. (Eine Kopie des Vertrages hatte man in der Stadtteilbücherei gefunden).[6] Zweitens hatten die Gangster mit der 3600 Mitglieder starken Vereinigung Koreanisch-Amerikanischer Lebensmittelhändler ein Agreement gefunden, nach dem die Händler Bandenmitgliedern Ausbildung und Arbeit in ihren Läden anbieten, während diese im Gegenzug den Schutz der wiederaufgebauten Geschäfte garantieren. (Die Erhebung mafioser Methoden zum gesellschaftlichen Prinzip braucht hier nicht besonders erläutert zu werden.) Die dritte neue Entwicklung war schließlich "The Plan" (Bloods and Crips, 1992), der faktisch in mehreren

---

5   Z.B. Martin Walker im *Guardian* vom 30./31. Mai 1992, S. 9; vgl. auch *The Economist*, 23. Mai 1992, S. 57; Cockburn, 1992.

6   Mike Davis, der am 4. Mai 1992 an einem Treffen zwischen verfeindeten Gruppen von Bloods und Crips in Los Angeles teilnahm, berichtet: "*There were about twenty-five leading members of three Inglewood Crip sets and three Inglewood Blood sets. It was a tense setting because it took place at the headquarters of the Muslim Imam on Crenshaw Boulevard in Inglewood, a street that is the core turf of the Bloods. Just for the Crips to show up there was something. Each of the kids came and testified. The major things they said were, first of all, that 'we all know what time it is; if black men are ever going to get it together, it will be now, if we're ever going to end this shit, this war.' And there was no pretense that this was a comprehensive definitive peace. As they put it: "We are putting the war on hold to see if we can make this work.' They said that the riot had given them voice*" (zitiert nach Katz/Smith, 1992: 24).

298

Versionen vorlag und eine Art Gangster-Programm zum Wiederaufbau der zerstörten Nachbarschaften darstellte. Es war ein Konvolut "klassischer Stadtplanungsorthodoxie gemischt mit utopischen Träumen und dem *Common Sense* der Straße. Seine Verpflichtung auf freies Unternehmertum und die Abscheu gegenüber der Abhängigkeit vom Wohlfahrtsstaat würde das Herz von Ronald Reagan oder Margaret Thatcher erfreuen", schrieb Walker im *Guardian*. Bauliche Umwelt, Landschaft, Wirtschaftsentwicklung, Ausbildung, innere Sicherheit etc. sind Teil des Plans, der keinen wesentlichen Bereich gesellschaftlicher Organisation auszulassen scheint. Im Gegenzug zu den Forderungen an Staat und (weiße) Gesellschaft bieten die Banden an, Drogengelder ins Kiez zu reinvestieren, staatliche Ausgaben mit gleichhohen Ausgaben zu entsprechen und Haus für Haus wieder aufzubauen und die Erforschung und Bekämpfung der Aids-Epidemie zu unterstützen.[7]

Bisher läßt sich nur spekulieren, was diese Umkehr in *Gangland* bedeutete. Vergleiche mit den Schulspeisungs- und gemeindepolizeilichen Programmen der Black Panther Party in den 60er Jahren drängen sich auf, aber führen unter Umständen auf einen Irrweg.[8] Es ist jedoch wahrscheinlich, daß auch der beste Wiederaufbauplan seine Grenzen am Bild der "gefährlichen Klassen"[9] finden wird, das von den revoltierenden Schwarzen, Weißen und Latinos während des Aufstandes oft gezeichnet worden war. Das positive Echo auf den Plan war gering. Angeblich lag "The Plan" allerdings dem Büro des Bürgermeisters zu Durchsicht vor. Doch sicher war die heftige empörte Leserbriefreaktion in der *Los Angeles Times*, die über die Initiative der *Gangs* berichtet hatte, ein besseres Indiz für die Stimmung in vielen Teilen der Bevölkerung. Darin erklärte die Gesellschaft die Gangster als nicht verhandlungsfähig. Die Separation der Gangster (und mit ihnen große Teile der schwarzen Bevölkerung) von der amerikanischen Gesellschaft hat schwerwiegende Konsequenzen. Dies wurde bereits im Präsidentschaftswahlkampf des Jahres 1992 offenbar, als die Innenstädte als Wahlbasis aufgegeben worden waren. Die Wahl wurde in den Suburbs entschieden, selbst wenn das Getto als brennender Hintergrund erhalten blieb und die Lösungen, die dort entstehen, desavouiert wurden. Das latente Gewaltpotential zwischen den Banden, der weißen Gesell-

---

7 Es hatten zunächst nur die afroamerikanischen *Gangs* die Vereinbarungen akzeptiert. Unter ihnen scheint der Waffenstillstand zu funktionieren, während noch kein Anzeichen für ähnliche Aktionen auf Seiten der samoanischen, asiatischen und lateinamerikanischen Gangs zu sehen waren, vgl. Walker, 1992.

8 Politisch scheinen die verschiedenen Gruppen der Black Muslims und der Kopf der Nation of Islam, Farrakhan, als einzige unmittelbar Zulauf aus dem militanten Umfeld der Banden gewonnen zu haben (vgl. Davis in Katz/Smith, 1992: 23).

9 Dabei handelt es sich heute um die kämpferische Version des "Underclass"-Begriffes. Siehe dazu Ruddick/Keil, 1992.

schaft und dem Staat hat jedenfalls nach dem "Waffenstillstand" nicht abgenommen. Diane Watson, eine Senatorin des Staates Kalifornien aus dem vorwiegend schwarzen Süden von Los Angeles sagte Anfang 1993 im Zusammenhang mit einem möglichen erneuten Freispruch für die Polizisten in einem neuerlichen Verfahren und mit einer möglichen harten Verurteilung derjenigen, die angeklagt waren, den weißen Lastwagenfahrer Reginald Denny fast erschlagen zu haben: "*I am told by gang members that they are prepared to finish off what they started last April and May*" (Campbell, 1993). Inzwischen hatte auch das Los Angeles Police Department um eine Nachrüstung im Wert von einer Million Dollar gebeten (Kampfausrüstung, Gummigeschosse, Tränengasbomben und Polizeitransporter) (Ibid.).

Auf programmatischer Ebene standen sich im Laufe der Monate nach dem Aufstand einige Konzepte gegenüber. Ueberroths *Rebuild L.A.* schien sich unter den hegemonialen Programmen mit seinen marktorientierten Wiederaufbauplänen an die Programme anzuschließen, die das "Projekt Welt-Stadt" bereits hervorgebracht hatte. Doch ebenso wie diese Vorhaben und "Möchtegernutopien" rief auch *Rebuild L.A.* sofort den Widerstand und die Gegenrede abweichender Stimmen auf den Plan. Der Labor/Community Strategy Center, der bereits in den sozialen Auseinandersetzungen und im Gegendiskurs der späten achtziger Jahre als eine wichtige Stimme des Dissenses hervorgetreten war, entwickelte im Gegenzug ein vorerst im Rohfassung vorliegendes Gegenprogramm unter dem Titel *Reconstructing Los Angeles from the Bottom Up* (Labor/Community Strategy Center, 1992).

Ob die Rebellion von 1992 als Wegscheide oder Zwischenstation in der Geschichte der Welt-Stadt-Formation gewertet werden kann, bleibt zukünftiger Beurteilung anheim gestellt. Mit Sicherheit kann jedoch behauptet werden, daß sowohl die Konstellation gesellschaftlicher Widersprüche, die zu den *Riots* führte, als auch die Diskurse um den "Wiederaufbau" sich im Rahmen des Ausbaus zur *World City* verstehen lassen. An der Herstellung und zyklischen Infragestellung einer strukturierten Kohärenz in Los Angeles beteiligen sich die unterschiedlichsten gesellschaftlichen Kräfte der Stadtregion. Diese Einsicht wurde von der Rebellion im April 1992 mit einem Paukenschlag und in nicht ganz erwarteter Weise bestätigt.

Schluss:
Die neue strukturierte Kohärenz

In a metropolis where as many as 85 languages are spoken that extends from the perfumed hills of the Westside to the barrios of East L.A. and the ghetto of Watts, where state, county and regional authorities overlap one another, voters hardly know who's in charge. Bradley and the business community, his biggest supporter, seem to like it that way.

Margaret Carlson, *Time*, 1989

It will be a cold day in hell that regional government comes to Southern California.

Zev Yaroslavsky, 1989

For Los Angeles to continue to achieve its imperial goals, it must rely on the major advantage of its regional identity. Without this identity and the willingness to solve ist regional problems, the huge metropolitanarea risks spinning apart.

Charles Lockwood und Christopher Leinberger, 1988

In the face of the centrifugal forces pulling Los Angeles apart, is there any way to put the city back together? ...Los Angeles, in reality, is only governable by justice.

Mike Davis, 1991

In den vorangegangenen Kapiteln wurden einige der Strukturen und Akteure gekennzeichnet, die sich an der Herstellung einer neuen strukturierten Kohärenz beteiligen. Als wichtige Erkenntnis bleibt dabei festzuhalten, daß es keine direkte Korrelation von Internationalisierung und Aufhebung lokaler politischer Macht gibt. Die Inkorporierung von globalisierten Kapitalströmen und von neuen flexibilisierten Akkumulationsregimes, die sich vor Ort als jeweils spezifischer, neuer industrieller Distrikt ausbilden, bedeutet die konfliktorische Entstehung eines lokalen Regulationsmodus. Dieser wird zwar von globalen (und zumal kulturell internationalisierten) Gesetzmäßigkeiten geleitet, er wird jedoch kaum von ihnen allein bestimmt. Vielmehr brechen sich globale Tendenzen in vielfacher Weise auf der ökonomischen, der gesellschaftlichen, der räumlichen, der kulturellen und der politischen Ebene vor Ort.

In einem Mosaik vieler "Politiken des Ortes" stellt sich der zukünftige Raum von Los Angeles her. Keinesfalls wird der Komplex von Widersprüchen, den die Internationalisierung von Los Angeles hervorgebracht hat, mit einer administrativen oder politischen Reform alleine zu bewältigen sein. Auch eine neue

BürgermeisterInnendynastie nach dem Abtritt Tom Bradleys wird dies nicht zu Wege bringen. Eine Reduzierung der Suche nach der notwendig immer widersprüchlichen und vorübergehenden strukturierten Kohärenz auf eine neue "regionale Ordnung" - zentral oder dezentral - muß daher so lange unvollständig bleiben, wie dieser neue Regionalismus weiterhin die alten Widersprüche transportiert.

Trotz dieser notwendigen Ungewißheit über die weitere Entwicklung der Urbanisierungsdynamiken in Los Angeles selbst, läßt die vorgenommene Analyse der Formation eines neuen Typus der Verstädterung, einer *post-fordistischen Welt-Stadt* eine Reihe von generellen Schlüssen zu, die ähnliche Prozesse in anderen Städten besser verständlich machen und die Notwendigkeit weiterer Forschungen auf dem Gebiet der Welt-Stadt-Formation untermauern. Das Verständnis des gegenwärtigen Restrukturierungsprozesses in Los Angeles hin zu einer vollständig internationalisierten städtischen Region setzt die Kenntnis der lokalen Geschichte, zumindest die der vorausgegangenen Periode voraus. Los Angeles wurde unter unverkennbarem Einfluß lokaler Klassenkämpfe, kommunaler Politik, wirtschaftlicher Sonderentwicklungen, aufgrund des Engagements ansässiger Ortsunternehmer, Produktion lokaler konzeptiver Ideologien und weiterer ortsgebundener Einflüsse *vor dem Hintergrund der verallgemeinerten Entwicklung des Fordismus in den USA im Laufe dieses Jahrhunderts* zu einer spezifischen *fordistischen Stadt*. "Para-fordistische" Strukturen, die im spezifischen lokalen urbanen Milieu ihre Wurzeln hatten, trugen damit zur dezentralen Definition eines später national entstehenden Regulationsmodus bei. Die spezifische lokale Ausformung der gesellschaftlichen und räumlichen Konflikte, ausgetragen in den politischen und sozialen Bahnen, die die "ortsspezifische Regulationsweise" ausmachen, schuf das fordistische Los Angeles. Die spezifische historische Geographie des fordistischen Los Angeles ist der Grund, auf dem die Restrukturierung der Stadt konkret erfahrbar wird: Ganz bestimmte Industrien, ganz spezifische Konsummuster, ganz eigenartige räumliche Strukturen und ganz ortsspezifische politische Voraussetzungen sind vorhanden, als Mitte der siebziger Jahre ein neuer komplexer urbaner Zusammenhang Form anzunehmen beginnt. Aufgrund der komplexen Struktur der Restrukturierung ist es notwendig, die Analyse vielfältigen Sichtweisen zu öffnen. Dennoch ist die Geschichte der jüngeren Restrukturierung in Los Angeles kein beliebiges Kompendium nebeneinander geordneter Erfahrungen, sondern ein durch die Voraussetzungen der dortigen historischen Geographie *wohlgeordneter* und strukturierter Vorgang. Die Akteure in diesem Prozeß besitzen allerdings einen Handlungsspielraum, der die Formation der strukturierten Kohärenz zu keinem leicht vorhersagbaren Ereignis macht. "Zweckgebundene Akteure", um nochmals den Begriff von Logan und Molotch zu gebrauchen, modifizieren die generellen Entwicklungslinien teilweise so entscheidend, daß sie die Strukturen (und die Ausprägung des lokalen Akkumulationsregimes) wesentlich verändern und die Handlungsweisen (und die lokalen Regulationsmodi) deutlich verschieben. Der Formationsprozeß ist daher unmittelbar ein *politischer Prozeß*. Auf dieser Ebene wird der Begriff der "strukturierten Kohärenz" am klarsten: die politisch aktiven Klassen und sozialen Kollektive formieren sich im Internationalisierungs- und Restrukturierungsprozeß derart, daß die Ebene, auf der sie sich zueinander positionieren, selbst ins Wanken gerät.

Auf der einfachsten - und zugleich abstraktesten - Verständnisebene ist der Formationsprozeß Produkt neuartiger transnationaler (und damit entterritorialisierter) Bewegungen von Kapital im globalen Raum, im *Space*. Städte, Orte, soziale Kollektive sind aus dieser Sicht lediglich Zufallsprodukt von ihnen übergeordneten Entscheidungsprozessen, auf deren Wohl und Wehe sich die Bevölkerungen dieser *Places* reaktiv verhalten müssen. Diese Sichtweise reicht jedoch andererseits nicht aus, um die spezifische *social and spatial fabric* einer bestimmten internationalisierten Stadt erfaßbar zu machen. Operationen im luftleeren (und immer menschenleeren) abstrakten Raum der elektronisierten Kapitalakkumulation haben nicht den Zugriff auf die realen Widersprüche in den sozialräumlichen Verhältnissen der Welt-Stadt, der zu deren Regulierung notwendig erscheint. Ist beispielsweise von der Flexibilisierung der Ökonomie einer spezifischen Stadt oder von der Entstehung postfordistischer Regulationsweisen die Rede, so muß man bezeichnen, durch was sich die spezifische Situation in einem gegebenen städtischen Raum auszeichnet und von anderen - ähnlichen oder verschiedenen - städtischen Räumen abgrenzt. Dies ist umso notwendiger, als sich der Platz einer Stadt in der neuerlich reorganisierten internationalen Städtehierarchie von der spezifischen Aufgabe ableitet, die diese Stadt innerhalb der internationalen Arbeitsteilung einnimmt. Es hat sich für Los Angeles die These bestätigt, daß damit die interne Struktur der Welt-Stadt direkt mit deren Rolle in der globalen Ökonomie zusammenhängt. Die Klassenkämpfe in den de-, re- oder neoindustrialisierten Branchen der südkalifornischen Wirtschaft zwischen altindustriellen Sektoren, handwerksgestützen Industrien, Dienstleistungen und Hochtechnologie haben sich als ganz entscheidend für die Ausprägung des dortigen lokalen Akkumulationsregimes erwiesen.

Raum wird gesellschaftlich produziert. Keinesfalls kann man von einer einseitigen Dominanz des globalen über den lokalen Raum sprechen. Ortsunternehmer, die ein mehr oder weniger großes Interesse an der Verwertung des Raumes haben, Hausbesitzer, Nachbarschaftsorganisationen, Umweltschützer, Belegschaften von durch Stillegung bedrohten Betrieben kämpfen untereinander und mit den - oft durch lokale Agenten repräsentierten - globalen Interessen um die Nutzung des Raumes. Aus der Sicht der Akteure macht es auch und gerade im Internationalisierungsprozeß Sinn, an einer dialektischen Sicht von Tauschwert- und Gebrauchswertnutzung des Raumes festzuhalten. Darüberhinaus erscheint es sinnvoll, nicht von einer Beseitigung des Widerspruchs von städtischer Zentralität und Dezentralität, sondern von einer Redefinition ihres Verhältnisses im Internationalisierungsprozeß auszugehen. Erstens teilt sich auch für ausländische Investoren der lokale Raum in hierarchisch gegliederte Einzelräume. Zweitens bestehen die konfligierenden konzeptiven Ideologien, die "Möchtegern-Utopien" der ansässigen Ortsunternehmer, weiter und werden mit neuer Energie versorgt. Bei der Produktion von Raum, die in der Konkretisierung eine Produktion von einzelnen Orten ist, spielen daher "Raumbilder" eine entscheidende Rolle. Über diese Bilder werden Diskurse über die Nutzung des Raumes zwischen der globalen und der lokalen Ebene vermittelt. Am deutlichsten wurde diese These durch die Art gestützt, in der der Bodenmarkt in Los Angeles historisch und aktuell von dem Entwurf utopischer und märchenhafter Landschaften abhängig ist. Die Globalisierung dieses Bodenmarktes muß mit der Verschränkung der von außen hereingetragenen *Images* mit den lokalen Designs erst hergestellt werden. Neben den "Handwerkern" des Immobilienmarktes spielen hier die Produzenten von Raumbildern in der Planung, in der Kunst, unter den Intellektuellen und bei den Politikern eine Rolle. Die Produktion von Bildern des globalisierten Raumes ist zum Alltagswerk der lokalen Staaten geworden.

Die Internationalisierung muß von den sozialen Akteuren als Prinzip der Gesellschaft und der kommunalen Politik zumindest partiell akzeptiert werden, damit sie sich gegenüber den Restrukturierungsdynamiken Handlungsspielräume erkämpfen können. In der Ignoranz und Leugnung der Internationalisierung liegt einer der Hauptgründe für lokale Staaten, *Communities*, Ortsunternehmer und andere lokale Akteure, sich vom Prozeß der Globalisierung überfahren zu fühlen. Der Internationalisierungsprozeß ist aus dieser Sicht weniger eine Neuordnung der Verhältnisse von global zu lokal als Katalysator der Umwälzung der strukturierten Kohärenz des Ortes selbst: Klassenbeziehungen, räumliche Verhältnisse, die Beziehungen zwischen rassisch und ethnisch definierten Gruppen sowie zwischen den Geschlechtern *vor Ort* sind die Objekte der Restrukturierung. Hier liegen gleichermaßen Chance und Gefahr für die lokalen Akteure. Als gänzlich unbrauchbar erweisen sich in diesem Zusammenhang allerdings Vorstellungen, die den Formationsprozeß der neuen sozial-räumlichen Beziehungen der Welt-Stadt in einer Täter-Opfer-Dichotomie definieren.

Der Formationsprozeß der Welt-Stadt ist schließlich ein *sozialer* Prozeß. Das Beispiel Los Angeles verweist dabei auf zwei wichtige relativ unabhängige, jedoch verknüpfte Prozesse der Vergesellschaftung eines neuen lokalen Akkumulationsregimes. Einerseits finden vielseitige Prozesse der Selbstregulation der internationalisierten Gemeinden statt, durch die sich die "Drittweltisierung" der neuen Sozialstruktur durchsetzt. Anhand der individuellen und kollektiven Konsumtion von Einwanderergemeinden konnte diese Entwicklung exemplifiziert werden. Andererseits entstehen zwischen Schattenstaat und lokalem Sozialstaat eine Reihe neuer "offizieller" Regulierungsformen der internationalisierten Sozialstruktur. Ohne diese vielfach ineinander greifenden Aktivitäten von städtischer Gesellschaft und lokalem Staat ist die Formation der welt-städtischen sozialen Regulation nicht zu verstehen.

Es wurde davon ausgegangen, daß es sich bei der "strukturierten Kohärenz" städtischer Räume um einen labilen Zustand handelt, der von der technologischen Basis, der sozialen Infrastruktur, der Beschaffenheit von lokalen Arbeitsmärkten, der Rolle einer Stadt in der globalen Ökonomie und der interkommunalen Konkurrenz und einigem mehr abhängt. Wie sich die Stofflichkeit der "strukturierten Kohärenz" darstellt, ist selbst Gegenstand global induzierter Restrukturierung und lokaler Klassenkämpfe im Raum. In jedem Fall ist die Herstellung der "strukturierten Kohärenz" nicht ohne die politische Handlung zweckorientierter lokaler Akteure denkbar, die sich zu spezifischen Klassenallianzen im städtischen Raum konstituieren. Die Formation der Welt-Stadt schaltet diese Akteure nicht aus: sie gibt ihnen ein anderes Gesicht. Und schließlich: Da es sich bei der "strukturierten Kohärenz" um einen prekären und widersprüchlichen Zustand handelt, sind in ihrer aktuellen Konstellation die Brüche schon eingearbeitet. Mit Hilfe der lokalen Agenten unterhöhlen die globalen Akteure in der Welt-Stadt kontinuierlich die Basis ihrer aktuell günstigsten Bedingungen für die lokale Kapitalakkumulation. In dieser Dynamik - so war die wichtige Erkenntnis von Henri Lefèbvre - liegt der Charakter der Urbanisierung als widersprüchlichem Prozeß: "Der städtische Raum *ist* konkreter Widerspruch". Es ist daher anzunehmen, daß sich die Herausbildung der neuen städtischen Regulationsweise weiterhin in den widersprüchlichen Handlungsfeldern abspielen wird, die zwischen lokalen und globalen, hegemonialen und aufständischen Akteuren ständig formiert und reformiert werden.

Literaturverzeichnis

Bücher und wissenschaftliche Aufsätze

Adler, S. (1986) "The Dynamics of Transit Innovation in Los Angeles", *Environment and Planning D: Society and Space*, 4: 321-335.

Aglietta, Michel (1979) *A Theory of Capitalist Accumulation*. London: Verso.

Aglietta, Michel (1982) "World Capitalism in the 80s", *NLR*, Heft 136: 5-42.

Altvater, Elmar (1988) "Die Enttäuschung der Nachzügler oder: Der Bankrott 'fordistischer'" Industrialisierung", in: Mahnkopf: 144-181.

Amin, Samir et. al. (Hg.)(1986) *Dynamik der globalen Krise*. Opladen: Westdeutscher Verlag.

Andreff, Wladimir (1984) "The International Centralization of Capital and the Re-ordering of World Capitalism", *Capital and Class*, Heft 22: 58-80.

Aronowitz, Stanley (1988) "Postmodernism and Politics", in Ross: 46-62.

Badcock, Blair (1984) *Unfairly Structured Cities*. Oxford: Basil Blackwell.

Baer, W.C. (1986) "Housing in an Internationalizing Region: Housing Stock Dynamics in Southern California and the Dilemmas of Fair Share", *Environment and Planning D:Society and Space*, 4: 337-349.

Banham, Reyner (1971) *Los Angeles: The Architecture of Four Ecologies*. Harmondsworth: Pelican.

Barber, Benjamin R. (1992) "Jihad vs. McWorld", *The Atlantic Monthly* 3.

Baudrillard, Jean (1983) *Simulations*. New York: Semiotext(e), Inc.

Baudrillard, Jean (1987) *Amerika*. München: Matthes und Seitz.

Beauregard, Robert A. (1991) "Capital Restructuring and the New Built Environment of Global Cities: New York and Los Angeles", *IJURR*, 15,1: 90-105.

Berelowitz, Jo-Anne (1987) "The Jewel in the Crown: Bunker Hill, Moca, and the Ideology of Urban Redevelopment", Unveröffentl. Ms., UCLA, Los Angeles.

Berelowitz, Jo-Anne (1990) "A New Jerusalem: Utopias, MOCA, and the Redevelopment of Downtown Los Angeles", *Strategies*, 3: 202-226.

Bergman, Edward M. (Hg.) (1986) *Local Economies in Transition: Policy Realities and Development Potentials*. Durham: Duke University Press.

Berman, Marshall (1982) *All That Is Solid Melts Into Air: The Experience of Modernity*. New York: Simon and Schuster.

Bernard, Richard M./Bradley R. Rice (1983) *Sunbelt Cities: Politics and Growth Since World War II*. Austin: University of Texas Press.

Bigger, Richard/James D. Kitchen (1952) *How the Cities Grew*. Los Angeles: The Haynes Foundation.

Bloch, Robin (1987) "Studies in the Development of the United States Aerospace Industry", Graduate School of Architecture and Urban Planning, UCLA.

Bloch, Robin/Roger Keil (1991) "Planning for a Fragrant Future: Air Pollution Control, Restructuring, and Popular Alternatives in Los Angeles", *Capitalism/ Nature/Socialism*, 2,1, Heft 6: 44-65.

Bluestone, Barry/Bennett Harrison (1982) *The Deindustrialization of America*. New York: Basic Books.

Boggs, Carl (1983) "The New Populism and the Limits of Structural Reform", *Theory and Society*, 12: 365-73.

Bollens, John C./G. Geyer (1973) *Yorty: Politics of a Constant Candidate*. Pacific Palisades, CA: Palisades Publishers.

Borst, Renate et.al. (Hg.) (1990), *Das neue Gesicht der Städte: Theoretische Ansätze und empirische Befunde aus der internationalen Debatte*. Basel, Boston, Berlin: Birkhäuser.

Bottles, Scott L. (1987) *Los Angeles and the Automobile: The Making of the Modern City*. Berkeley: University of California Press.

Bradley, Tom (1974) "A Vision of a Humane Urban America", *Nation's Cities*, 12, 11: 20.

Bradley, Tom (1979) "Management Techniques and the Urban Crisis", in: Gary A. Tobin (Hg.), *The Changing Structure of the City*. Beverly Hills: Sage: 133-137.

Bradley, Tom (1985) "Reduction in Federal Aid to Cities: The Cure That Kills?", *Commonwealth*, 79, 36: 294-297.

Brake, Klaus (1988) *Phönix in der Asche - New York verändert seine Stadtstruktur*. Oldenburg: Beiträge der Universität Oldenburg zur Stadt- und Regionalplanung.

Browning, Rufus P./Dale Rogers Marshall/David H.Tabb (1984) *Protest is Not Enough: The Struggle of Blacks and Hispanics for Equality in Urban Politics*, Berkeley/Los Angeles/London: University of California Press.

Carney, Francis M. (1964) "The Decentralized Politics of Los Angeles", *The Annals of the American Academy of Political and Social Science*, Heft 353:

Castells, Manuel (1983) *The City and the Grassroots: A Cross- Cultural Theory of Urban Social Movements*. Berkeley and Los Angeles: University of California Press.

Castells, Manuel (1991) "Soziale Bewegungen und die Informationelle Stadt", in: Wentz: 137-147.

Castells, Manuel/Jeffrey Henderson (1987) "Techno-economic Restructuring, Socio-Political Processes and Spatial Transformation: a Global Perspective", in: Henderson/Castells: 1-17.

Chase-Dunn, Christopher (1983) "Urbanization in the World System: New Directions for Research", *Comparative Urban Research*, 9,2: 41-46.

Chase-Dunn, Christopher (1985) "The System of World Cities, A.D.800-1975", in: Timberlake: 269-292.

Chase-Dunn, Christopher (1989) *Global Formation: Structures of the World Economy*. Cambridge, Massachussetts: Basil Blackwell.

Christensen, Terry/Gerston, Larry (1987) "West Hollywood: A City Is Born", *Cities*, 4,4: 299-303.

Christopherson, Susan/Michael Storper (1986) "The City as Studio; The World as Back Lot: The Impact of Vertical Disintegration on the Location of the Motion Picture Industry", *Environment and Planning D: Society and Space*, 4: 305-320.

Cisneros, Henry/Richard Kapuscinski (1988) "American Dynamism & The New World Culture", *New Perspectives Quarterly*, Sommer: 36-46.

Clark, David L. (1983) "Improbable Los Angeles", in: Richard M. Bernard/Bradley R. Rice (Hg.) *Sunbelt Cities: Politics and Growth Since World War II*. Austin: University of Texas Press: 268-308.

Clarke, Susan E. (1986) "Urban America, Inc.: Corporatist Convergence of Power in American Cities?", in: Bergman: 37-58.

Clarke, Susan E. (1987) "More Autonomous Policy Orientations: An Analytic Framework", in: Stone/Sanders: 105-124.

Clavel, Pierre (1986) *The Progressive City: Planning and Participation 1969-1984*. New Brunswick: Rutgers University Press.

Clayton, James L. (1967) "The Impact of the Cold War on the Economies of California and Utah", *Pacific Historical Review*, 36: 449-473.

Cleland, Robert Glass/Osgood Hardy (1929) *March of Industry*. Los Angeles: Powell Publishing Company. Cohen, Robert B. (1981) "The New International Division of Labor, Multinational Corporations and Urban Hierarchy", in: Dear/Scott: 287-315.

Commoner, Barry (1990) *Making Peace with the Planet*. New York: Pantheon.

Core Laboratory Workshop, Master of Planning Program, School of Urban and Regional Planning, University of Southern California (1987) "Low Wage Employment in Downtown Los Angeles", Los Angeles: USC.

Cox, Kevin R./Andrew Mair (1988) "Locality and Community in the Politics of Local Economic Development", *AAAG*, 78,2:

Crouch, Winston W./Beatrice Dinerman (1964) Southern California Metropolis: A Study in Development of Government for a Metropolitan Area. Berkeley and Los Angeles.

Crouch, Winston W./John C.Bollens/Stanley Scott (1981) *California Government and Politics*. (7.Auflage). Englewood Cliffs, N.J.: Prentice-Hall.

Davis, Mike (1986) *Phoenix im Sturzflug*. Berlin: Rotbuch.

Davis, Mike (1987) "Chinatown Part II? The Internationalization of Downtown Los Angeles", *NLR*, Heft164: 65-86.

Davis, Mike (1990) *City of Quartz*. London: Verso.

Davis, Mike (o.D.) "Sunshine and the Open Shop: The Urbanization of Los Angeles - 1880-1930", unveröffentl. Ms., Los Angeles.

Davis, Mike with Sue Ruddick (1988) "Los Angeles: Civil Liberties Between the Hammer and The Rock", *NLR*, Heft170:37-60.

Davis, Mike/Roger Keil (1992) "Sonnenschein und Schwarze Dahlien: Die ideologische Konstruktion von Los Angeles", in: Walter Prigge (Hg.) *Städtische Intellektuelle*. Frankfurt: Fischer: 267-297.

De Vroey, M. (1984) "A Regulation Approach Interpretation of Contemporary Crisis", *Capital & Class*, Heft 23.

Dear, Michael J. (1986) "Postmodernism and Planning", *Environment and Planning D: Society and Space*, 4: 367-384.

Dear, Michael/Allen J.Scott (Hg.) (1981) *Urbanization and Urban Planning in Capitalist Society*. London and New York: Methuen.

Dear, Michael/Jennifer Wolch (1987) *Landscapes of Despair: From Deinstitutionalization to Homelessness*. Princeton, N.J.: Princeton University Press.

Dear, Michael/Jennifer Wolch (1991) "Wie das Territorium gesellschaftliche Zusammenhänge strukturiert", in: Wentz: 233-49.

Delgado, Hector L. (1987) "The Unionization of Undocumented Workers in the Los Angeles Bedding Industry: A Case Study", Vortrag gehalten beim Workshop "The Changing Roles of Mexican Immigrants in the U.S.Economy: Sectoral Perspectives", Center for U.S.-Mexican Studies, UC San Diego, 27.August.

Donahoe, Myrna Cherkoss (1987) *Workers' Response to Plant Closures: The Cases of Steel and Auto in Southeast Los Angeles, 1935-1986*. Ph.D. Dissertation, Department of History, UC Irvine.

Douglass, Mike (1988) "Transnational Capital and Urbanization on the Pacific Rim. An Introduction", *IJURR*, 12: 343-355.

Dunne, John Gregory (1992) *Faustrecht: Polizeiwillkür in Los Angeles*. München und Wien: Carl Hanser.

Dykstra, Clarence A. (1941) "The Future of Los Angeles", in Robbins/Tilton:1-10.

Environment and Planning D: Society and Space (1986) 4: Special Issue Los Angeles: *Environment and Planning D: Society and Space*.

Esser, Josef (1992) "Transnationale Unternehmen und politische Regulierung: Die Kapitalistische Durchdringung der Welt," *Perspektiven*,13: 30-32.

Esser, Josef/Joachim Hirsch (1987) "Stadtsoziologie und Gesellschaftstheorie: Von der Fordismuskrise zur 'postfordistischen' Regional- und Stadtstruktur", in: Prigge: 31-56.

Fallows, James (1989) "Containing Japan", *The Atlantic Monthly*.

Feagin, Joe R./Stella M.Capek (1986) "Grassroots Movements in a Class Perspective", Vortrag gehalten bei den Annual Meetings of the Society for the Study of Social Problems, New York, 27. August.

Finzsch, Norbert (1982) *Die Goldgräber Kaliforniens. Arbeitsbedingungen, Lebensstandard und politisches System um die Mitte des 19. Jahrhunderts*. Göttingen: Vandenhoeck und Ruprecht, 1982.

Fleischmann, Arnold/Joe R. Feagin (1987) "The Politics of Growth-Oriented Urban Alliances: Comparing Old Industrial and New Sunbelt Cities", *UAQ*, 23,2: 207-232.

Florida, Richard L./Marshall M.A.Feldman (1988) "Housing in U.S.Fordism: The Class Accord and Postwar Spatial Organization", *IJURR*, 12: 187-209.

Fogelson, Robert M. (1967) *The Fragmented Metropolis: Los Angeles, 1850-1930*. Cambridge, Mass.: Harvard University Press.

Foster, Mark S. (1971) *The Decentralization of Los Angeles During the 1920's.* Ann Arbor, Michigan.

Frantz, Douglas/Collins, Catherine (1989) *Selling Out: How We Are Letting Japan Buy Our Land, Our Industries, Our Financial Institutions, and Our Future,* Contemporary Books.

Friedland, Roger (1983) *Power and Crisis in the City.* New York: Schocken Books.

Friedland, Roger/Donald Palmer (1984) "Park Place and Main Street: Business and the Urban Power Structure", *Annual Review of Sociology,* 10: 393-416.

Friedman, Joel H. (1978) "The Political Economy of Urban Renewal: Changes in Land Ownership in Bunker Hill, Los Angeles", Master Thesis, Graduate School of Planning and Architecture, UCLA.

Friedmann, John (1986) "The World City Hypothesis", *Development and Change,* 17: 69-83.

Friedmann, John/Robin Bloch (1989) "American Exceptionalism in Regional Planning, 1933-2000" *IJURR,* 14,4.

Friedmann, John/Wolff, Goetz (1982) "World City Formation: An Agenda for Research and Action", *IJURR,* 6: 309-344.

Geddes, Patrick (1915) *Cities in Evolution.* London.

Geiger, Robert K./Jennifer R.Wolch (1986) "A Shadow State? Voluntarism in Metropolitan Los Angeles", *Environment and Planning D: Society and Space,* 4: 351-366.

Gilderbloom, John I./Richard P.Appelbaum (1988) *Rethinking Rental Housing.* Philadelphia: Temple University Press.

Glickman, Norman J. (1987) "Cities and the International Division of Labor", in: Smith/Feagin: 67-86.

Glickman, Norman J./Douglas P. Woodward (1989) *The New Competitors: How Foreign Investors Are Changing the U.S.Economy.* New York: Basic Books.

Gordon, David (1978) "Capitalist Development and the History of American Cities", in: Tabb/Sawers: 25-63.

Gordon, David/Richard Edwards/Michael Reich (1982) *Segmented Work, Divided Workers: The Historical Transformation of Labor in the United States.* New York: Cambridge University Press.

Gottlieb, Robert/Irene Wolt (1977) *Thinking Big: The Story of the Los Angeles Times.* Los Angeles: G.P. Putnam and Sons.

Gregory, Derek/John Urry (Hg.)(1985) *Social Relations and Spatial Structures.* Handsmith, N.H.: Macmillan.

Haas, Gilda (1985) *Plant Closures: Myths, Realities and Responses.* Boston: South End Press.

Haas, Gilda (1986) "Hurray for West Hollywood!", *City Limits,* 11,8: 16-21.

Haas, Gilda/Allan David Heskin (1981) "Community Struggles in L.A.", *IJURR,* 5,4: 546-564.

Haas, Gilda/Rebecca Morales (1986) "Plant Closures and the Grassroots Responses to Economic Crisis in the U.S.", Graduate School of Architecture and Urban Planning, UCLA.

Hall, Peter (1966) *The World Cities.* New York/Toronto: McGraw-Hill.

Hall, Peter et.al (1985) "The American Computer Software Industry: Economic Development Prospects", in: Hall/Markusen: 49-64.

Hall, Peter/Ann Markusen (Hg.)(1985) *Silicon Landscapes.* Boston: Allen & Unwin.

Hamilton, Cynthia (1992) "L.A.'s IMF Riot", Manuscript.

Harvey, David (1982) *The Limits to Capital.* Oxford: Basil Blackwell.

Harvey, David (1985a) *The Urbanization of Capital.* Baltimore, Md.: Johns Hopkins University Press.

Harvey, David (1985b) *Consciousness and the Urban Experience.* Baltimore, Md.: Johns Hopkins University Press.

Harvey, David (1985c) "The Geopolitics of Capitalism", in: Gregory/Urry: 128-163.

Harvey, David (1987) "Flexible Akkumulation durch Urbanisierung: Überlegungen zum 'Post-Modernism' in den amerikanischen Städten", *Prokla* Heft 69: 109-131.

Harvey, David (1989b) *The Condition of Postmodernity: An Enquiry into the Origins of Cultural Change.* Oxford: Basil Blackwell.

310

Harvey, David (1989c) *The Urban Experience*. Baltimore: The Johns Hopkins University Press.

Häußermann, Hartmut/Walter Siebel (1987) *Neue Urbanität*. Frankfurt: Suhrkamp.

Hebdige, Dick (1989) "After the Masses", *Marxism Today*, (Januar) 48-53.

Henderson, Jeffrey/Manuel Castells(Hg.) (1987) *Global Restructuring and Territorial Development*. London: Sage.

Heskin, Allan David (1983) *Tenants and the American Dream: Ideology and the Tenant Movement*. New York: Praeger Publishers.

Hill, Richard Child (1986) "The Spider's Web: Transnational Production and World Urban Development", University of Hong Kong, Centre of Urban Studies and Urban Planning Working Paper 21.

Hines, Thomas S. (1982) "Housing, Baseball and Creeping Socialism: The Battle of Chavez Ravine, Los Angeles, 1949-1959", *Journal of Urban History*, 8,2: 123-143.

Hirsch, Joachim (1986) *Der Sicherheitsstaat: Das Modell Deutschland, seine Krise und die neuen sozialen Bewegungen*. (2.Auflage) Frankfurt: Syndikat/EVA.

Hirsch, Joachim (1990) "Kapitalismus ohne Alternative?" Hamburg: VSA.

Hirsch, Joachim/Roland Roth (1986) *Das neue Gesicht des Kapitalismus. Vom Fordismus zum Post-Fordismus*. Hamburg: VSA.

Hirsch, Werner Zvi (Hg.)(1971) *Los Angeles: Viability and Prospects for Metropolitan Leadership*. New York: Praeger.

Hitz, Hansruedi/Christian Schmid/Richard Wolff (1993) "Die fragmentierte Metropole-Urbanisierungsprozesse in Zürich", *DISP* Heft 112: 26-31.   *S.26*

Hitz, Hansruedi/Roger Keil/Ute Lehrer/Klaus Ronneberger/Christian Schmid/Richard Wolff (Hg.)(1993) *Finanzmetropolen im Umbruch: Zürich und Frankfurt auf dem Weg in den Postfordismus*. Zurich: Rotpunkt Verlag.

Hoch, Charles (1981) City Limits: Municipal Boundary Formation and Class Segregation in Los Angeles Suburbs, 1940-1970. Ph.D. Dissertation, Graduate School of Architecture and Urban Planning, UCLA.

Hoch, Charles (1984) "City Limits: Municipal Boundary Formation and Class Segregation", in: Tabb/Sawers: 101-119.

Hoch, Charles (1985) "Municipal Contracting in California: Privatizing With Class", *UAQ*, 20: 303-323.

Hübner, Kurt/Birgit Mahnkopf (1988) "Einleitung", in: Mahnkopf: 7-28.

Hymer, Stephen (1979) *The Multinational Corporation: A Radical Approach*. Herausgegeben von Robert B. Cohen. Cambridge: Cambridge University Press.

Jameson, Frederic (1984) "The Cultural Logic of Late Capitalism", *NLR*, 146: 53-92.

Jones, Helen L./Robert F. Wilcox (1949) *Metropolitan Los Angeles: Its Governments*. Los Angeles: The Haynes Foundation.

Kann, Mark E. (1983) "The New Populism and the new Marxism: A Response to Carl Boggs", *Theory and Society*, 12,3: 365-373.

Kann, Mark E. (1986) *Middle Class Radicalism in Santa Monica*. Philadelphia: Temple University Press.

Katz, Cindi/Neil Smith (1992) "L.A. Intifada: Interview with Mike Davis", *Social Text*, 33: 19-33.

Katznelson, Ira (1981) *City Trenches: Urban Politics and the Patterning of Class in the United States*. New York: Pantheon.

Keil, Roger (1987b) "David Harvey und das Projekt einer materialistischen Stadttheorie", *Prokla*, Heft 69: 132-147.

Keil, Roger (1990) "Urban Future Revisited: Politics and Restructuring in Los Angeles after Fordism", *Strategies*, 3: 105-29.

Keil, Roger (1991) "WeltStadt - Stadt der Welt: Internationalisierung und lokale Politik in Los Angeles", Dissertation, Johann Wolfgang Goethe-Universität Frankfurt.

Keil, Roger (1992) "Globale Regionen: Parameter der Verstädterung im Globalen Kapitalismus", in: *Die Produktion von Stadt-Land-Schaft - Die Region Hannover im ökonomischen Kraftfeld der 90er Jahre.(Loccumer Protokolle)*.

Keil, Roger/Klaus Ronneberger (1991) "Macht und Räumlichkeit: Die Zukunft geht aufs Dorf", in: Frank-Olaf Brauerhoch (Hg.) *Frankfurt am Main: Stadt, Soziologie und Kultur.* Frankfurt: Vervuert: 125-147.

Keil, Roger/Peter Lieser (1992), "Global City - Local Politics", *Comparative Urban and Community Research*, 4: 39-69.

Kennedy, Paul (1988) *The Rise and Fall of Great Powers: Economic Change and Military Conflict from 1500-2000.* London: Unwin Hyman.

Kisch, Egon Erwin (1948) *Paradies Amerika.* Berlin: Aufbau.

Kountz, Steve (1987), "On Sewing Shops in Los Angeles", Graduate School of Architecture and Urban Planning, University of California, Los Angeles.

Krämer, J./R. Neef (Hg.)(1985) *Krise und Konflikt in der Großstadt im entwickelten Kapitalismus.* Basel: Birkhäuser.

Krätke, Stefan (Hg.)(1991) *Strukturwandel der Städte: Städtesystem und Grundstücksmarkt in der"post-fordistischen" Ära.* Frankfurt: Campus.

Krieger, M.H. (1986) "Ethnicity and the Frontier in Los Angeles", *Environment and Planning D: Society and Space*, 4: 385-389.

Lafferty, Elaine (1987) "Growth: The Cautious Approach is Politically Popular", *California Journal*, 18, 10: 487-489.

Lappin, Senja et.al. (1985) "A Feasibility Study of a Boycott of General Motors Products in Southern California", Graduate School of Management, UCLA.

Lash, Scott/John Urry (1987) *The End of Organized Capitalism.* Cambridge: Polity Press.

Lefebvre, Henri (1972) *Die Revolution der Städte.* München.

Lefebvre, Henri (1975) *Die Stadt im marxistischen Denken.* Ravensburg.

Lieser, Peter (1985), "Stadt/Land/Fluss: Bilder zur Zukunft der Stadt", in: Wolfgang Kabisch (Hg.), *Und hinter der Fassade*, Köln: Edition Fricke im Rudolf Müller Verlag: 384-415.

Light, Ivan (1984) "Immigrant and Ethnic Enterprise in North America", *Ethnic and Racial Studies*, 7,2: 195-216.

Light, Ivan (1988) "Los Angeles," in: Mattei Dogan/John Kasarda (Hg.) *The Metropolis Era.* Beverly Hills: Sage.

Light, Ivan/Edna Bonacich (1988) *Immigrant Entrepreneurs: Koreans in Los Angeles, 1965-1982.* Berkeley, Los Angeles, Oxford: University of California Press.

Lipietz, Alain (1982) "Towards Global Fordism", *New Left Review*, Heft 132: 33-47.

Lipietz, Alain (1984) "Imperialism or the Beast of the Apocalypse", *Capital and Class*, Heft 22: 81-109.

Lipietz, Alain (1985) "Akkumulation, Krisen und Auswege aus der Krise: Einige methodische Überlegungen zum Begriff 'Regulation'", Prokla, Heft 58: 109-137.

Lipietz, Alain (1986) "New Tendencies in the International Division of Labor: Regimes of Accumulation and Modes of Regulation", in: Scott/Storper: 16-40.

Lipietz, Alain (1991) "Ein Regulationstheoretischer Beitrag zur Zukunft der städtischen Ökologie", in Wentz.

Lipsitz, George (1986/7) "Cruising Around the Historical Bloc - Postmodernism and Popular Music in East Los Angeles", *Cultural Critique*, Heft 5: 157-177.

Logan, John R./Harvey L. Molotch (1987) *Urban Fortunes: The Political Economy of Place.* Berkeley: University of California Press.

Lotchin, Roger W. (1984) *The Martial Metropolis: U.S. Cities in War And Peace.* New York: Praeger.

Mahnkopf, Birgit (Hg.)(1988) *Der gewendete Kapitalismus: Kritische Beiträge zur Theorie der Regulation.* Münster: Verlag Westfälisches Dampfboot.

Mann, Eric (1987) *Taking On General Motors: A Case Study of the UAW Campaign to Keep GM Van Nuys Open.* Los Angeles: Center for Labor Research and Education, Institute of Industrial Relations, UCLA.

Mann, Eric (1990) "Environmentalism in the Corporate Climate", *Tikkun*, 5,2: S. 60-65.

Mann, Eric (1991) *New Strategies for Policy, Organizing and Action.* Los Angeles, Labor/Community Strategy Center.

Marchand, Bernard (1986) *The Emergence of Los Angeles.* London: Pion.

Marcuse, Peter/Chester Hartman (1988) "Länderbericht USA", in: Walter Prigge/Wilfried Kaib (Hg.) *Sozialer Wohnungsbau im internationalen Vergleich.* Frankfurt: Vervuert: 231-271.

Marx, Karl/Friedrich Engels (1971) *Werke. Band 2.* Berlin:Dietz.

Marx, Karl/Friedrich Engels (1973) *Werke. Band 16.* Berlin: Dietz.

Marx, Karl/Friedrich Engels (1973) *Werke. Band 34.* Berlin: Dietz.

Mayer, Margit (1987) "New Types of Urbanization and a New Status of Urban Politics?", Unveröffentl. Ms., Freie Universität Berlin.

Mayer, Margit (1988) "The Changing Conditions for Local Politics in the Transition to Post-Fordism", Vortrag bei der International Conference on Regulation Theory, Barcelona, 16.-18. Juni.

Mayer, Margit (1990a) "Die postfordistische Stadt", Vortrag gehalten bei der Jahrestagung der Deutschen Gesellschaft für Amerikaforschung, Bonn, 7. Juni.

Mayer, Margit (1990b)"Lokale Politik in der unternehmerischen Stadt", in: Borst, et.al.: 190-208.

Mayer, Margit (1990c) "'Postfordismus' und 'lokaler Staat'", unveröffentl. Ms., John-F-Kennedy-Institut, Freie Universität Berlin.

Mayer, Margit (1991) "Politics in the Post-Fordist City", *Socialist Review*, 21, 1: 105-124.

Mayer, Margit (1992) "Aufstand in Los Angeles", *Prokla*, Heft 22: 323-331.

Mayo, Charles (1964) "The 1961 Mayoralty Election in Los Angeles: The Political Party in a Nonpartisan Election", *Western Political Quarterly*, 17.

McWilliams, Carey (1979)<1946> *Southern California: An Island on the Land.* Santa Barbara and Salt Lake City: Peregrine Smith, Inc.

Miller, Gary J. (1981) *Cities by Contract: The Politics of Municipal Incorporation.* Cambridge, Mass.: MIT Press.

Mollenkopf, John (1978) "The Postwar Politics of Urban Development", in: Tabb/Sawers: 117-152.

Moos, Adam (1989) "The Grassroots in Action: Gays and Seniors Capture the Local State in West Hollywood, California", in: Wolch/Dear: 351-369.

Morales, Rebbeca (1986) "The Los Angeles Automobile Industry in Historical Perspective", *Environment and Planning D: Society and Space*, 4: 289-303.

Morales, Rebecca (1982) "Unions and Undocumented Workers", *Southwest Economy and Society*, 6,1.

Morales, Rebecca (1983), "Transitional Labor: Undocumented Workers in the Los Angeles Automobile Industry", Graduate School of Architecture and Urban Planning, UCLA.

Morales, Rebecca (1986) "The Los Angeles Automobile Industry in Historical Perspective", *Environment and Planning D: Society and Space*, 4: 289-304.

Morales, Rebecca/Goetz Wolff (1986) "Los Angeles Labor Union Responses to the Growth in Immigrant Labor and Plant Closings", Graduate School of Architecture and Urban Planning, University of California, Los Angeles.

Muller, Thomas/Thomas J. Espenshade (1985) *The Fourth Wave: California's Newest Immigrants.* Washington, D.C.: The Urban Institute Press.

Murray, Fergus (1983) "The Decentralization of Production - The Decline of the Mass Productive Worker", *Capital and Class*, Heft 19: 74-99.

Murray, Fergus (1988) "Flexible Specialization in the 'Third Italy'", *Capital and Class*, Heft 24: 84-95.

Nelson, Howard J. (1983) *The Los Angeles Metropolis.* Dubuque, Iowa: Kendall, Hunt.

Neutra, Richard J. (1941) "Homes and Housing" in Robbins/Tilton:189-201.

Noel, A. (1987) "Accumulation, Regulation and Social Change", *International Organization*, 41,2: 303-333.

O'Connor, James (1992) "Kein Ausweg? Die Ökonomie der 90er Jahre?", *Prokla,* Heft 88: 461-475.

Offe, Claus (1985) *Disorganized Capitalism*. Cambridge: Polity Press.

Oliver, M.L./J.H.Johnson (1984) "Interethnic Conflict in an Urban Ghetto: The Case of Blacks and Latinos", in: R.L. Ratcliff (Hg.) *Research, Social Movements, Conflict and Change*. New York: JAI.

Olney, Peter (o.D.) "The Struggle for Plant Closing Legislation in the U.S.: A Reflection on the Dilemma of U.S. Trade Unions", unveröffentl. Manuskript.

Ong, Paul (1988) "The Hispanization of Los Angeles's Poor", Graduate School of Architecture and Urban Planning, UCLA.

Ong, Paul (1989) "The Widening Divide: Income Inequality and Poverty in Los Angeles", University of California, Los Angeles: Graduate School of Architecture and Urban Planning.

Ong, Paul/Rebecca Morales (1988) "Mexican Labor in Los Angeles", Graduate School of Architecture and Urban Planning, UCLA.

Palmer, Donald A./Roger Friedland (1987) "Corporation, Class and City System", in: Mark S. Mizruchi/Michael Schwartz (Hg.) *Intercorporate Relations: The Structural Analysis of Business*. Cambridge: Cambridge University Press: 145-184.

Parson, Donald (1982) "The Development of Redevelopment: Public Housing and Urban Renewal in Los Angeles", *IJURR*, 6: 393-413.

Parson, Donald (1983) "Los Angeles' 'Headline-Happy Public Housing War'", *Southern California Quarterly*, 65: 251-285.

Parson, Donald (1985) *Urban Politics During the Cold War: Public Housing, Urban Renewal and Suburbanization in Los Angeles*. Ph.D. Dissertation, Graduate School of Architecture and Urban Planning, UCLA.

Payne, Gregory J./Scott Ratzan (1987) *Tom Bradley: The Impossible Dream*. Toronto und New York: Paperjacks.

Peterson, Paul (1981) *City Limits*. Chicago: University of Chicago Press.

Piore, M./C. Sabel (1984) *The Second Industrial Divide: Possibilities for Prosperity*. New York: Basic Books.

Porter, Douglas (1987) "Slow Growth Gusto Hits L.A.", *Urban Land*, 46, 12: 30-31.

Portes, Alejandro (1985) "The Informal Sector and the World Economy: Notes on the Structure of Subsidized Labor", in: Timberlake.

Portes, Alejandro/John Walton (1981) *Labor, Class and the International System*. New York: Academic Press.

Portes, Alejandro/Saskia Sassen-Koob (1987) "Making it Underground: Comparative Material on the Informal Sector in Western Market Economies", *AJS*, 93,1: 30-61.

Potts, Lydia (1988) *Weltmarkt für Arbeitskraft. Von der Kolonisation Amerikas bis zu den Migrationen der Gegenwart*. Hamburg: Junius

Prigge, Walter (1986) *Zeit, Raum und Architektur: Zur Geschichte der Räume*. Aachen: Deutscher Gemeindeverlag.

Prigge, Walter (1987b) "Hegemonie des urbanistischen Diskurses", in: Prigge: 177-194.

Prigge, Walter (1988) "Mythos Metropole: Wallmann lesen", in: Prigge/Schwarz: 209-240.

Prigge, Walter (Hg.)(1992) *Städtische Intellektuelle: Urbane Milieus im 20. Jahrhundert.*Frankfurt: Fischer.

Prigge, Walter (Hg.)(1987a) *Die Materialität des Städtischen: Stadtentwicklung und Urbanität im gesellschaftlichen Umbruch*. Basel,Boston: Birkhäuser.

Prigge, Walter/Hans-Peter Schwarz (1988) *das NEUE FRANKFURT: Städtebau und Architektur im Modernisierungsprozeß 1925-1988*. Frankfurt: Vervuert.

Regalado, James A. (1991) "Organized Labor and Los Angeles City Politics: An Assessment in the Bradley Years, 1973-1989", *UAQ*, 27,1: 87-108.

Robbins George W./ L. Deming Tilton (1941) *Los Angeles. Preface to A Master Plan*. Los Angeles: The Pacific Southwest Academy.

Ross, Andrew (1988) *Universal Abandon? The Politics of Postmodernism*. Minneapolis: University of Minnesota Press.

314

Ross, Robert (1983) "Facing Leviathan: Public Policy and Global Capitalism", *Economic Geography*, 59: 144-160.

Ross, Robert (1988) "Remaking the State in Massachussetts", Vortrag bei der Jahrestagung der Association of American Geographers, Phoenix, Arizona (April).

Ross, Robert, et.al. (1984) "Global Capitalism and Regional Decline: Implications for the Strategy of Classes in Older Regions", in: R. O'Keefe (Hg.) *Regional Restructuring Under Advanced Capitalism*. London and Sidney: Croom Helm: 111-129.

Ross, Robert/Don Shakow/Paul Susman (1980) "Local Planners, Global Constraints," *Policy Sciences*, 12: 1-25.

Ross, Robert/Kent Trachte (1983) "Global Cities, Global Classes: The Peripheralization of Labor in New York City", *Review*, 6,3: 393-431.

Ruddick, Susan (1990) "Heterotopias of the Homeless: Strategies and Tactics of Placemaking in Los Angeles", *Strategies*, 3: 184-201.

Ryan, Michael (1988) "Ideologie und Rhetorik", *kultuRRevolution*, Heft 17/18: 91-98.

Sabel, Charles F. (1988) "The Reemergence of Regional Economics", unveröffentl. Manuskript, MIT.

Saltzstein, Alan L./Raphe Sonenshein/Irving Ostrow (1986) "Federal Grants and the City of Los Angeles: Implementing a More Centralized Local Political System", *Research in Urban Policy*, 2, Teil A: 55-76.

Sassen, Saskia (1991) "Neue Trends in der sozialräumlichen Organisation von New York City", in: Wentz. 249-68.

Sassen-Koob, Saskia (1984a) "The New Labor Demand in Global Cities", in Smith: 139-171.

Sassen-Koob, Saskia (1984b) "A New Industrial Zone for World Capital: Southern California", Center for U.S.-Mexican Studies, University of California, San Diego.

Sassen-Koob, Saskia (1985) "Capital Mobility and Labor Migration: Their Expression in Core Cities", in: Timberlake: 231-268.

Sassen-Koob, Saskia (1986) "New York City: Economic Restructuring and Immigration", *Development and Change*, 17: 85-119.

Sassen-Koob, Saskia (1987a) "Growth and Informalization at the Core:A Preliminary Report on New York City", in: Smith/Feagin: 138-154.

Sassen-Koob, Saskia (1987b) "Issues of Core and Periphery: Labour Migration and Global Restructuring", in Henderson/Castells: 60-87.

Schiesl, Martin J. (1984) "Airplanes to Aerospace: Defense Spending and Economic Growth in the Los Angeles Region, 1945-1960", in: Lotchin: 135-150.

Scoble, Harry M.(1967) "Negro Politics in Los Angeles: The Quest for Power", Los Angeles: Institute of Government and Public Affairs, University of California: 1-40.

Scott, Allen J. (1983a) "Industrial Organization and the Logic of Intra-Metropolitan Location, I: Theoretical Considerations", *Economic Geography*, 59,3: 233-255.

Scott, Allen J. (1983b) "Industrial Organization and the Logic of Intra-Metropolitan Location, II: A Case Study of the Printed Circuits Industry in the Greater Los Angeles Region", *Economic Geography*, 59,4: 343-367.

Scott, Allen J. (1984a) "Industrial Organization and the Logic of Intra-Metropolitan Location, III: A Case Study of the Women's Dress Industry in the Greater Los Angeles Region," *Economic Geography*, 60,1: 1-27.

Scott, Allen J. (1984b) "Territorial Reproduction and Transformation in a Local Labor Market: The Animated Film Workers of Los Angeles", *Environment and Planning D: Society and Space*, 2: 277-307.

Scott, Allen J. (1988a) "Flexible Production Systems and Regional Development: The Rise of New Industrial Spaces in North America and Western Europe," *IJURR*, 12,2: 171-185.

Scott, Allen J. (1988b) *Metropolis: From the Division of Labor to Urban Form*. Berkeley und Los Angeles: University of California Press.

Scott, Allen J./Edward W. Soja (1986) "Editorial: L.A., Capital of the Late 20th Century", *Environment and Planning D: Society and Space*, 4,3: 249-254.

Scott, Allen J./Michael Storper (1986) (Hg.) *Production, Work and Territory: The Geographical Autonomy of Industrial Capitalism*. Boston: Allen and Unwin.

Sears, Cecil E. (1987) "Japanese Real Estate Investment in the United States", *Urban Land*, 46,2: 6-11.

Shearer, Derek (1984) "Citizen Participation in Local Government: The Case of Santa Monica, California", *IJURR*, 8,4: 573-586.

Smith, Michael Peter (1984) *Cities in Transformation*. Urban Affairs Annual Reviews 26. Beverly Hills, London, New Delhi: Sage.

Smith, Michael Peter (1987) "Global Capital Restructuring and Local Political Crises in US Cities", in: Henderson/Castells: 234-250.

Smith, Michael Peter/Joe R. Feagin (Hg.) (1987) *The Capitalist City: Global Restructuring and Community Politics*. Oxford: Basil Blackwell.

Smith, Michael, Peter/Peter Tardanico (1987) "Urban Theory Reconsidered: Production, Reproduction and Collective Action", in: Smith/Feagin: 87-110.

Soja, Edward W. (1989) *Postmodern Geographies: The Reassertion of Space in Critical Social Theory*. London: Verso.

Soja, Edward W./Allan D.Heskin/Marco Cenzatti (1985) "Los Angeles Through the Kaleidoscope of Urban Restructuring," Graduate School of Architecture and Urban Restructuring, UCLA.

Soja, Edward W./Rebecca Morales/Goetz Wolff (1983) "Urban Restructuring: An Analysis of Social and Spatial Change in Los Angeles", *Economic Geography*, 59,2: 195-230.

Sokolovsky, Joan (1985) "Logic, Space, and Time: The Boundaries of the Capitalist World-Economy", in: Timberlake: 41-52.

Sonenshein, Raphael J. (1985) "Bradley's People: Biracial Coalition Politics in Los Angeles", Paper for the 1985 Annual Meeting of the American Political Science Association, New Orleans, August 29-September 1.

Sonenshein, Raphael J. (1986) "Biracial Coalition Politics in Los Angeles", *PS*, 19: 582-90.

Sonenshein, Raphael J. (1988) "The Dynamics of Biracial Coalitions: Crossover Politics in Los Angeles", Paper for the Roundtable on Big City Politics at the 1988 Annual Meeting of the Western Political Science Association, San Francisco, March 9-11.

Starr, Kevin (1985) *Inventing the Dream.: California Through the Progressive Era*. New York: Oxford University Press.

Stone, Clarence N. (1982) "Social Stratification, Non-Decision-Making and the Study of Community Power", *American Politics Quarterly*, 10,3: 275-302.

Storper, Michael/Allen J.Scott (1986) "Production, Work, Territory: Contemporary Realities and Theoretical Tasks", in: Scott/Storper: 3-15.

Storper, Michael/Allen J.Scott (1990) "Geographische Grundlagen und Gesellschaftliche Regulation Flexibler Produktionskomplexe", in: Borst et al.: 130-49.

Storper, Michael/Richard Walker (1989) *The Capitalist Imperative: Territory, Technology, and Industrial Growth*. New York und Oxford: Basil Blackwell.

Strategies: A Journal of Theory, Culture and Politics (1990) 3: Special Issue: In the City, *Strategies*.

Susman, Paul H. (1981) "Regional Restructuring and Transnational Corporations", *Antipode*, 13,2: 15-24.

Susman, Paul H./Eric Schutz (1983) "Monopoly and Competitive Firm Relations and Regional Development in Global Capitalism", *Economic Geography* 59,2: 161-177.

Tabb, William K./Sawers, Larry (Hg.)(1984) *Marxism and the Metropolis* (2.Auflage)

Takaki, Ronald (1989a) *Strangers from a Different Shore: A History of Asian Americans*. Boston: Little, Brown and Company.

Thrift, Nigel (1987) "The Fixers: the Urban Geography of International Commercial Capital", in: Henderson/Castells: 203-233.

Timberlake, Michael (1987) "World System Theory and the Study of Comparative Urbanization", in: Smith/Feagin: 37-65.

Timberlake, Michael (Hg.) (1985) *Urbanization in the World Economy.* New York: Academic Press.

Trachte, Kent/Robert Ross (1985) "The Crisis of Detroit and the Emergence of Global Capitalism", *IJURR*, 9: 186-217.

University of Southern California/Pacific Asian Consortium on Employment (1980) "New Asia Corridor Project", University of Southern California, School of Urban and Regional Planning.

Van Wolferen, Karel (1989) *The Enigma of Japanese Power. People and Politics in a Stateless Nation.* London: MacMillan.

Viehe, Fred W. (1981) "Black Gold Suburbs: The Influence of the Extractive Industry on the Suburbanization of Los Angeles, 1890-1930," *Journal of Urban History*, 8,1: 3-26.

Wachs, Martin (1984) "Autos, Transit, and the Sprawl of Los Angeles: The 1920's", *Journal of the American Planning Association*, 50,3: 297-310..

Wagner, Anton (1935) *Los Angeles: Werden, Leben und Gestalt der Zweimillionenstadt in Südkalifornien.* Leipzig: Bibliographisches Institut.

Walker, Richard A. (1977) *The Suburban Solution: Urban Geography and Urban Reform in the Capitalist Development of the United States.* Unveröffentl. Dissertation, Johns Hopkins University, Baltimore.

Walker, Richard A. (1981) "A Theory of Suburbanization: Capitalism and the Construction of Urban Space in the United States", in Dear/Scott: 383-429.

Wallerstein, Immanuel (1986) "Krise als Übergang", in: Amin et.al.: 4-35.

Walters, Dan (1986) *The New California.* Sacramento.

Warner, Sam Bass (1972) *The Urban Wilderness: A History of the American City.* New York: Harper and Row.

Weidenbaum, Murray (1988) *Rendezvous With Reality: The American Economy After Reagan.* New York: Basic Books.

Wentz, Martin (Hg.)(1991) *Stadt-Räume.* Frankfurt: Campus.

Wiley, Peter/Robert Gottlieb (1982) *Empires in the Sun: The Rise of the New American West.* New York: Putnam.

Wilson, Kenneth L./W.Allen Martin (1982) "Ethnic Enclaves: A Comparison of the Cuban and Black Economies in Miami", *AJS*, 88, 1: 135-160.

Wolch, Jennifer R. (1989) "The Shadow State: Transformations in the Voluntary Sector", in: Wolch/Dear: 197-221.

Wolch, Jennifer R./Robert K.Geiger (1986) "Urban Restructuring and the Not-for-Profit Sector", *Economic Geography*, 62: 3-18.

Wolch, Jennifer/Michael Dear (Hg.) (1989) *The Power of Geography: How Territory Shapes Social Life.* Boston: Unwin Hyman.

Wolff, Goetz (1991) "Los Angeles Labor Market Report: Job Growth in Los Angeles County Industries: Service and Goods Production Sectors, 1979-1990", Resources for Employment and Economic Development, Los Angeles.

Woody, Bette (1982) *Managing Crisis Cities: The New Black Leadership and the Politics of Resource Allocation.* Westport, Connecticut: Greenwood Press.

Yanzey, William L./Eugene P. Ericksen/Richard N. Juliani (1976) "Emergent Ethnicity: A Review and Reformulation", *American Sociological Review*, 41 (Juni): 391-403.

Öffentliche Dokumente, Forschungsberichte, Veröffentlichungen von Interessensgruppen und Wirtschaftsorganisationen, Flugblätter

Acquest International (1987) "Los Angeles Real Estate Market Analysis", Los Angeles.

Agenda '77 Committee (1977) "An Agenda For Los Angeles: A Report to Mayor Tom Bradley", Los Angeles.

American Civil Liberties Union of Southern California (1992) *Civil Liberties in Crisis: Los Angeles During the Emergency* .Los Angeles.

Amnesty International (1992) *Police Brutality in Los Angeles, California, U.S.A.* London: Amnesty International.

Bloch, Robin (1989) "Southern California's Furniture Industry in National and International Context", A Report for International Union of Electronic, Electrical, Salaried, Machine, and Furniture Workers, Local 1010. Huntington Park, California.

Bloods/Crips (1992) "Human Welfare Proposal".

Bodaken, Michael (1989) "Legal Aid Foundation of Los Angeles' Testimony in Favor of Establishing a Community Redevelopment Commission", Ms., Legal Aid, Los Angeles.

Bradley, Tom (1988) "State of the City Address", Los Angeles: Office of the Mayor.

Bradley, Tom (1989) "Los Angeles Looks to the Future", Redemanuskript anläßlich der Japan-American Conference of Mayors and Chamber of Commerce Presidents, 15. Mai. Los Angeles: Office of the Mayor.

Bradley, Tom (o.D.) "Los Angeles 2000", Redemanuskript. Los Angeles: Office of the Mayor.

California Department of Commerce, Office of Economic Research (1987) *Foreign Direct Investment in California*. Sacramento.

Calpirg (1987) "News Release: Food Price Survey", Los Angeles, 21. September.

Central City Association of Los Angeles (1986) "Activities Report", Los Angeles.

City of Carson (1987) "Future Unlimited", Carson, California.

City of Carson (o.D.) "Carson: The History of A City". Carson, California.

City of Los Angeles Blue Ribbon Committee for Affordable Housing (1988) "Housing Los Angeles: Affordable Housing for the Future", Los Angeles.

City of West Hollywood (1987) *General Plan.* (Entwurf) West Hollywood, CA.

City of West Hollywood (1988) *General Plan.* West Hollywood, CA.

Committee for Central City Planning (1972) Central City Los Angeles 1972/1990 (Silverbook). Los Angeles.

Community Redevelopment Agency of the City of Los Angeles (1984) *Programs and Projects.* Los Angeles.

Community Redevelopment Agency of the City of Los Angeles (fortlaufend) *Biennial Reports*, verschiedene Redevelopment Project Areas.

Community Redevelopment Agency of the City of Los Angeles, California (1984) "Policy Guidelines for Citizen Participation in Community Redevelopment Agency Redevelopment/Revitalization Projects", Los Angeles: CRA.

Community Redevelopment Agency of the City of Los Angeles, California (1988) "Facts and Figures", Los Angeles: CRA.

Community Redevelopment Agency of the City of Los Angeles, California (1989) "Development Status: Core Area", Los Angeles: CRA.

Crail, Thomas (1989) "Frankly, Sweet Success", *The West Hollywood Chamber of Commerce Newsletter*, September: 1.

Development Agreement (o.D.) Vertrag zwischen J.H.Snyder Company und The City of Santa Monica.

Downtown Strategic Plan Advisory Committee (1989a) "Public Meeting Notice, September 28". Los Angeles.

Downtown Strategic Plan Advisory Committee (1989b) "Minutes, Meeting of the Full Committee, September 28". Los Angeles.

EIP Associates (1987) "The Water Garden: Final Environmental Impact Report", City of Santa Monica, City Planning Division.

Employment Development Department (1989) "Projections of Employment 1987-1992 by Industry and Occupation" State of California, Employment Development Department, Labor Market Information Division, Los Angeles.

Employment Development Department, State of California (verschiedene Jahrgänge) "Annual Planning Information. Los Angeles-Long Beach Metropolitan Statistical Area, Los Angeles.

Enzer, S./Rebecca Wurzburger (1982) "L.A. 200+20: Some Alternative Futures for Los Angeles, 2001. Executive Summary", Center for Futures Research, Graduate School of Business Administration, University of Southern California, Los Angeles.

Housing Los Angeles (1988) "We Want a Public Hearing...", Los Angeles: Housing Los Angeles.

Industrial Areas Foundation Network of Southern California (o.D.) "To Establish Justice". Los Angeles.

LA 2000 (1986) "Annual Report 1986".

LA 2000 (1988) "Final Report" Los Angeles.

LA2000 (1987) "Annual Report 1987".

Labor/Community Strategy Center (1992) *Reconstructing Los Angeles from the Bottom Up.* Manuscript. Los Angeles.

Los Angeles Area Chamber of Commerce (1985) *Dimensions of a World-Class Market.* Los Angeles.

Los Angeles Area Chamber of Commerce (o.D.) "1980 Census Summary: Highlights of Population and Economic Characteristics of the Los Angeles Five-County Area", Los Angeles.

Los Angeles Chamber of Commerce (o.D.) "Marketplace of the World", Los Angeles.

Los Angeles County Department of Regional Planning, Research Section and Affiliate Census Data Center (1986) "Los Angeles County Data Book", Los Angeles.

Los Angeles County Grand Jury (1988/89) "An Interim Report on Community Redevelopment Agency: Los Angeles", County of Los Angeles.

Los Angeles Economic Roundtable (1986) The Los Angeles Job Machine. Los Angeles.

Los Angeles Goals Council (1969) "Summary Report", Los Angeles.

Los Angeles Times Marketing Research (1986) "Ethnicity in Los Angeles: A Cultural Mosaique". Los Angeles: Los Angeles Times.

Los Angeles Times Marketing Research (o.D.) "Los Angeles: The Market and the Media". Los Angeles: Los Angeles Times.

Merritt, Richard (1987) "Mid-Wilshire Maintains Growth", *Western Real Estate News*, 20.Dezember: 22.

Multinational Monitor (The UAW Looks to its Future), (1990) 11, 1 und 2.

Olney, Peter B. (1987a) "A Targeting Proposal for Los Angeles County", Bericht für die Western States Region der International Ladies Garment Workers Union.

Ortiz, Robert A. (1987) "Downtown Los Angeles - The World's Most Exciting City", *Western Real Estate News*, 20. Dezember: 32.

Pacheco, Jesse/Michael Wilson (1986) "The Team Concept at Work", Betriebszeitung, Van Nuys, CA.

Pasadena Research Institute (1982) "Watson Industrial Center", *Industrial Development*, Mai/Juni.

Schimek, Paul (1989) "From the Basement to the Boardroom: Los Angeles Should Work for Everyone", A Report for SEIU Local 399 Justice for Janitors Campaign, Los Angeles.

Security Pacific Corporation (1987) "The Sixty Mile Circle: The Economy of the Greater L.A. Area", Los Angeles.

Security Pacific Corporation (1984) "The Sixty Mile Circle: The Economy of the Greater L.A. Area", Los Angeles.

South Coast Air Quality Management District/Southern California Association of Governments (1989) "Air Quality Management Plan", Los Angeles.

Southern California Association of Governments (1984) "A Status Report on Southern California's Regional Economy: Profile of an Economic Transition", Los Angeles.

Southern California Association of Governments (1984) "Southern California: A Region in Transition", Vol.1-3, Los Angeles.

Southern California Association of Governments (1985) "Southern California's International Trade", Los Angeles.

Southern California Association of Governments (1986) "Draft Baseline Projection", Los Angeles.

Southern California Association of Governments (1987) "The Port of Long Beach and its Impact on the Southern California Economy", Los Angeles.

Squier, Gary (1988) Vortrag "The State of Housing in Los Angeles.", Homeless Symposium Graduate School of Architecture and Urban Planning, UCLA, 16.Mai.

St.Vincent de Paul Church (1987) Information Sheet Maple Avenue Amendment (Flugblatt).

Tianguis (o.D.) "Informacion", Los Angeles.

Torres-Gil, Fernando (o.D.) "Ethnic Diversity and Its Implications for Southern California", Los Angeles: United Way of Los Angeles, Community Issues Council.

Turner, Janet L. (1987) "Foreign Direct Investment in California", Sacramento:State of California Department of Commerce, Office of Economic Research.

United Way of Los Angeles (1986) "Ethnic Diversity in United Way: Serving Our Global City", Los Angeles, Planning and Resource Development Division.

United Way of Los Angeles (1987) "State of the County", Planning and Resource Development Division.

United Way of Los Angeles, Asian Pacific Research and Development Council (1987) *Pacific Rim Profiles*. Los Angeles: United Way.

Update (1987) 1, 2, Building Service Division, Service Employees International Union.

Watson Land Company (o.D.) *Watson Land Company* (Informationsbroschüre). Carson, California.

Wells Fargo Bank (1986) "California: A Business and Economic Appraisal", San Francisco: Wells Fargo Bank Economics Division.

West Hollywood Marketing Corporation (1988) "'The Creative City': Promoting West Hollywood" (Interner Bericht).

Artikel aus Tageszeitungen und Zeitschriften

Acuna, Rodolfo (1990) "America Retreats on Labor Laws", *LAT*, 16. Juli.

Baker, Bob (1986) "Burning Unity: Grass-Roots Organizations Merge Efforts to Fight Trash-to-Energy Incineration Plants in Southland", *LAT*, 7. September: II,1.

Berkman, Leslie (1987) "Demand Grows for Designer Fruits, Vegetables", *LAT*, 11. Oktober: IV,6.

Bernstein, Harry (1990) "Ray of Hope for Van Nuys UAW", *LAT*, 19. Juni: D3.

Blair, Margaret M. (1985) "Visions of a Utopia on the Shop Floor", *Business Week*. 14. Januar.

Bodaken, Michael/Larry Gross/Anthony Thigpen (1989) "If the Public Decided On Next $4.25 Billion, Would Choices Resemble CRA's?", *LAT*, 18. Juni.

Boyarsky, Bill (1987a) "Vote Mirrors an Angry Constituency", *LAT*, 4. Juni: I,1.

Boyarsky, Bill (1987b) "Bradley: Is He Losing Old Touch?", *LAT*, 1. Juli: I,1.

Boyarsky, Bill (1987c) "Old Alliance Loses Ardor for Bradley", *LAT*, 2. Juli: I,1.

Boyarsky, Bill (1988a) "The Two Sides of Zev Yaroslavsky", *LAT*, 21. Februar, II:1.

Boyarsky, Bill (1988b) "Issue of Growth Dominates Key Local Elections", *LAT*, 13. April: II,1.

Boyarsky, Bill (1988c) "U.S. Pressures Board of Supervisors to Remap for Latino Representation", *LAT*, 7. Juni: II,1.

Boyarsky, Bill (1989a) "In the Ring or in Politics, Holden Loves a Fight", *LAT*, 3. April: I,1.

Boyarsky, Bill (1989b) "Yaroslavsky Would Have Forced Runoff", *LAT*, 16. April: I,1.

Boyarsky, Bill (1989c) "Art Snyder in the Sprint for Growth", *LAT*, 15. Dezember, B:2.

Boyarsky, Bill/Frederick M.Muir (1989) "Bradley's Budget: $3.2 Billion and 514 More Officers", *LAT*, 14. April: II,1.

Boyarsky, Bill/Glenn F. Bunting (1989) "'Street Money' Paved Way for Bradley Victory", *LAT*, 17. August: II,1.

Broder, John M. (1986) "Arco, BofA Will Sell Twin Tower Complex in L.A.", *LAT*, 5. August: IV,1.

Brooks, Nancy Rivera (1987) "Growth Still Fuels Southland's 'Factory'", *LAT*, 15. November: IV,1.

Brooks, Nancy Rivera (1988) "Beverly Hills vs. West Hollywood", *LAT*, 30. Mai: IV,1.

Bunting, Glen F. (1988d) "Ex-Bradley Aides Cash In on Influence", *LAT*, 12. Juni: I,1.

Bunting, Glenn F. (1988a) "Bradley's Busy Social Life Pays Dividends in Politics", *LAT*, 13. Juni: I,1.

Bunting, Glenn F. (1988b) "The Mayor Lends an Ear to Haves and Have-Nots", *LAT*, 14. Juni: I,1.

Bunting, Glenn F. (1988c) "Bradley Sheds Consensus-Maker Role", *LAT*, 15. Juni: I,1.

Byron, Doris A. (1982), "Downtown L.A.: High Price Boom Molds New Skyline", *LAT*, 25. April: I,1.

Campbell, Murray (1992a) "It Never Rains in California, it Pours," *Globe and Mail*, 30. November: B1.

Campbell, Murray (1992b) "Resentment Lingers, Smoldering", *Globe and Mail*, 8. Dezember: A1.

Campbell, Murray (1992c) "Trying to Bridge the Great Divide", *Globe and Mail*, 9. Dezember.

Carlson, Margaret (1989) "How to Make Boring Beautiful: Or, Why California Has such Glitzy People and such Dull Polls", *Time*, 24. April: 20.

Castro, Tony (1985) "How Politics Built Downtown", *LAHE*, 10. März: A,1.

Chorneau, Tom (1987) "Foreign Investors Think L.A.'s the Place", *LABJ*, 28. September-4. Oktober:1.

Chorneau, Tom (1988a) "Zev Still Prefers to Ride the Fence Than Make a Move in Mayoral Run", *LABJ*, 29. Februar: 1.

Chorneau, Tom (1988b) "CRA Expected to Double Air Rights Transfer Costs", *LABJ*, 4. Juli: 7.

Chorneau, Tom (1988c) "Growth Issues Take Center Stage as Los Angeles Considers Its Future", *LABJ*, 18. Januar: 6.

Citron, Alan (1986) "Coalition Won When It Went to the Renters", *LAT*, 9. November: I,1.

Citron, Alan (1987) "New Leaf: Santa Monica Sheds Radical Image as Factions Learn to Compromise", *LAT*, 27. September: W1.

Citron, Alan (1988) "West Hollywood - Small Thinking Big", *LAT*,10. Juli: II,1.

Citron, Alan (1989) "Task Force Formed to Study Legalizing of Street Vendors", *LAT*, 8. Juli: IV,1.

Clayton, Janet (1987a) "New Council District is Quilt of 'Leftovers'", *LAT*, 18. Januar: II,1.

Clayton, Janet (1987b) "Molina Victory May Give Council More of Tilt Toward Slow-Growth", *LAT*, 5. Februar: II,1.

Clayton, Janet (1989) "Suddenly, Tom Bradley Looks Mortal, and L.A.Blacks Feel Orphaned", *LAT*, 28. Mai: V,5.

Clifford, Frank (1989) "LA's Past May Be Part of Its Future", *LAT* 25. Dezember: A1.

Clifford, Frank (1990) "Bradley Adopting New Stance on Growth", *LAT*, 7. Januar, B1.

Clifford, Frank (1991) "CRA Seeks New Powers Over Wages", *LAT*, 28. März: B1.

Clifford, Frank/Jane Fritsch (1990) "CRA Head Is Subject of Probe", *LAT*, 19. Juni: B1.

Cockburn, Alexander (1989) "Crack-Ups, Crackdowns and Mayor Bradley: Black Political Power in Its Moment of Crisis", *LAWeekly*, 19.-25. Mai: 10.

Cockburn, Alexander (1992) "Bloods Money", *New Statesman*, 15. März: 24-25.

Cole, Benjamin Marc (1987) "More Manufacturers Make Home in L.A.", *LABJ*, 7.-13. September.

Cole, Benjamin Mark (1988) "Reports Call L.A. America's First Third World City", *LABJ*, 23. Mai: 16.

Cole, Rick (1989a) "Glory Days: There Is no Place Like West Hollywood and no Time Like the Present", *West Hollywood Magazine*.

Cole, Rick (1989b) "Transformation", *West Hollywood Magazine*.

Collins, Catherine (1989) "Could Japanese Realty Holdings Hurt U.S.?", *LAT*, 7. Mai: VIII,3.

Colvin, Richard Lee/Gabe Fuentes (1989) "Developers Borrow Politicians' Tactics to Campaign for Projects", *LAT*, 26. April: II,1.

Conot, Robert (1986) "When More Is Too Much: Putting Limits on Growth", *LAT*, 5. Oktober: V,1.

Conot, Robert (1989) "Saul Alinsky Lives: Populist Groups Go Back to Basics, Revive Poverty War", *LAT*, 17. September: V,3.

Curran, Ron (1988a) "Putting Politics Before Planning", *LAWeekly*, 12.-18. Februar: 8.

Curran, Ron (1988b) "BAD Boys", *LAWeekly*, 19.-25. August: 8.

Curran, Ron (1989) "Hot Air?" *LAWeekly*, 14. - 20. April.

Davis, Mike (1991a) "While the City Spins Out of Control", *LAT*, 2. Juni: M1.

Davis, Mike (1991b) "The New Industrial Peonage", *Heritage*, Sommerausgabe: 7-12.

Davis, Mike (1991c) "Latinos Rise Up in the Rust Belt", *LAT*, 20. Dezember: B7.

Davis, Mike (1992a) "Burning All Illusions in LA", in: Institute for Alternative Journalism: 96-100.

Davis, Mike (1992b) "Realities of the Rebellion", *Against the Current*, 7,3, Heft 39: 14-18.

De Wolfe, Evelyn (1987) "Realtors Says Foreigners Buy for the Long Haul", *LAT*, 28. Juni: VIII,11.

Decker, Cathleen (1986) "Tribute to Immigrants: Firm Presents Bradley Check for Monument", *LAT*, 16. September.

Decker, Cathleen (1989) "Black Leaders Rally Support for Bradley", *LAT*, 24. Mai:II,1.

Didion, Joan (1989) "Letter from Los Angeles", *The New Yorker*, 24. April: 88ff.

Duffy, Robert E. (1989) "An Assessment of the Environment for Japanese Real Estate Investment in California", *The Real Estate Magazine*, Heft 1:12-13.

Faggen, Ivan (1989) "Real Estate Is Best Place for Japanese Money", *LAT*, 21. Mai: VIII,3.

Feinbaum, Robert (1987) "Counties Lose: Climate Right for Creating New Cities," *California Journal*, 18,10: 497-499.

Feldman, Paul (1989) "Mayor's Fifth Term May Be One of Provocative Ideas", *LAT*, 14. April: II,1.

Ferraro, Cathleen (1988) "Fragmentation, Competition Inhibit L.A.'s Union Growth", *California Apparel News*, February 12.

Flanigan, James (1989a) "Stability Draws Foreign Money to U.S.Markets" *LAT*, 24. Mai: IV,1.

Flanigan, James.(1987) "Foreign Investment in U.S. Is Vital Sign of the Globalization of Industry", *LAT*, 17. November: IV,2.

Flanigan, James.(1989b) "Challenging the System", *LAT*, 28. Mai: IV,1.

"For Sale: America" (1987) *Business Week*, (Titel), 14. September: 52-62.

Fritsch, Jane (1989) "Council Members Attack 'Misleading CRA Budget", *LAT*, 17. Oktober: B1.

Fritsch, Jane/Gabe Fuentes (1989) "Bradley Objects to Plan for Porter Ranch", *LAT*, 9. Dezember: B1.

Fritsch, Jane/Stewart, Jill (1990) "Wood's Reappointment as CRA Leader Opposed", *LAT*, 3. April: B1.

Fuentes, Gabe (1990) "Porter Ranch Plan Too Big, AQMD Says", *LAT*, 25. Januar: B1.

Furlong, Tom (1986) "Foreigners Build New Base in U.S.", *LAT*, 28. Oktober: I,1.

Furlong, Tom/Nancy Yoshihara (1987) "The Japanese Landrush in America", *LAT*, 1. Februar: IV,1

Garcia, Dan/Ray Remy (1990) "Consolidate California Sprawl by Regional, Responsible Government", *LAT*, 25. März: M4.

Garcia, Daniel P. (1987) "City Planning Chief Favors More Controls", *LAT*, 28. Juni: VIII,11.

Gaw, Jonathan (1989) "Linking City's Growth to Help for Poor Urged", *LAT*, 19. November: B8.

Glover, Kara (1989) "Rent Control in Santa Monica: A Decade Later, Opposing Sides Still Argue S.M. Rent Control", *Daily Commerce*, 8. Mai.

Glushon, Bob (1987) "L.A.'s Poor and Minorities Also Have a Big Stake in Controlling City's Development", *LAT*, 13. Oktober.

Grover, Ronald (1988) "Why Sake Flows at Tom Bradley's Fund-Raisers", *Business Week*, 11. Juli: 69.

Hamilton, Cynthia (1988) "The Making of an American Bantustan", *LAWeekly*. 27. November. - 10. December. 1985.

Harris, Scott (1987a) "A Bitter Battle on Home Turf: Garment Plant is not Welcome", *LAT*, 25. Oktober, II:1.

Harris, Scott (1987b) "Community Crusaders: Three Groups Wage Hard-Nosed Struggle for Social Change", *LAT*, 29. November: II,1.

Harris, Scott (1988) "Freeway Arch to Honor L.A. Immigrants", *LAT*, 13. Februar: I,1.

Harris, Scott (1989) "Bradley Says Racism Stirs Foreign Investors' Critics", *LAT*, 17. Februar: II,18.

Harris, Scott/Kevin Roderick (1988) "Westside Gets Big Share of City Commission Posts, Study Shows", *LAT*, 23. März: II,1.

Harvey, David (1989a) "DownTowns", *Kommune*, 7,3: 61.

Hicks, Jonathan (1989a) "The Takeover of American Industry", *NYT*, 28. Mai: 3,1.

Hicks, Jonathan. (1989b) "Foreign Owners Are Shaking Up the Competition", *NYT*, 28. Mai: 3,8.

Holland, Max (1989) "The Buying of America", *LAT*, 28. Mai: Book Review, 4.

Howard, Bob (1987a) "West Hollywood Unfurls Splashy Marketing Campaign to Meet Competition from Westside", *LABJ*, 14. September.

Howard, Bob (1987b) "Local Ad Agencies Rise and Fall on Japanese Accounts", *LABJ*, 13. Juli: 15.

Howard, Bob (1988) "Change on the Horizon", *The Magazine*, 21. März: 12-16.

Hsu, Spencer S. (1989) "Santa Monica May Hire Consultant to Lobby for Homeless", *LAT*, 17. August: W1.

Institute for Alternative Journalism (1992) (Hg.) *Inside the L.A. Riots*. New York, N.Y.: IAJ.

Jacoby, Russell (1989) "L.A.Slips Into the Mud of the Mainstream", *LAT*, 7. August: II:5.

"Japanese Pass British to Become Largest Foreign Investors in U.S." (1989) *LAT*, 28. Juni: V,5.

Jeffe, Sherry Bebitch (1989) "Bradley and the Reality of Perception", *LAT*, 21. Mai: V,1.

Jones, Robert A. (1989) "A Sales Pitch Made to Order for Japanese", *LAT*, 9. Mai: I,3.

Jones, Robert A. (1989) "Sayonara to the Best of California", *LAT*, 30. Mai: I,3.

Kann, Mark E,. (1986) "Will L.A.'s Redistricting Proposal Make a Difference for Minorities?", *LAHE*. 7. August.1986.

Kayden, Xandra (1991) "Political Paralysis - Los Angeles City Fathers Wanted It This Way", *LAT*, 12. Mai: M6.

Keil, Roger (1987a) "'An Omen of Things to Come': Politische Grenzkämpfe und sozio-ökonomische Restrukturierung in Los Angeles", *Kommune*, 5,2: 39-42.

Keil, Roger (1988), "Regionalplanung von Unten: Der Kampf von GM Van Nuys. Ein Interview mit dem Aktivisten Eric Mann", *Kommune*, 6,5, S.62-65.

Keil, Roger (1987c) "'Keep GM Van Nuys Open': The Strike Against the Empire - Perspektiven eines südkalifornischen Arbeitskampfes," *Kommune*, 5,6: 56-60.

Kennedy, Paul (1989) "The Japanese 'System' Has a Talent for Fueling Western Resentments", *LAT*, 20. Juli: II,7.

Kepler, Jean (1989) "Los Angeles Pace Setters: West Hollywood and West L.A.", *ASU Travel Guide*, Januar - April: 10ff.

Knight, Christopher (1988), "From Agriculture to Aerospace: The Hard Sell. Chamber Publicity Shots A Tribute to Hucksterism", *Los Angeles Herald Examiner*, 28. Februar: E2.

Knight, Christopher (1990) "Is L.A. a World-Class Art City?", *LAT*, 8. April: Calendar, 7.

Kotkin, Joel (1989) "Foreigners Buying U.S.Dynamism", *LAT*, 17. April: V2.

Kotkin, Joel/Yoriko Kishimoto (1987) "The Japanese Are Banking on Los Angeles", *LAT Magazine*, 26. Juli.

Kristof, Kathy M. (1987) "Asian Banks & Thrifts: L.A. Is Worth a Thousand Ventures", *LABJ*, 17. August: 15.

Kwong, Peter (1992) "The First Multicultural Riots" in: Institute for Alternative Journalism: 88-93.

"L.A.Firms Ask U.S. Approval To Import Labor" (1987) *San Francisco Chronicle*, 30. September: 1.

LABJ (1989) "Japan-American Conference, LA89 Convention News", Sonderausgaben, 14-18. Mai.

Laganiere, Dennis (1989) "Jim Wood: Architect of 21st Century Los Angeles", *The Real Estate Magazine*, Heft 1:3-5.

Lake, Laura Bartels (1989) "Incumbency Is the Culprit at L.A.City Hall", *LAT*, 22. Mai: II,5.

LAT (1989) Metro Section Special on Bradley Crisis, 30. Juli.

Lazarovici, Laureen (1990) "Foreign Capital, Local Lockouts", *LAWeekly*, 26. Januar-1. Februar: 14.

Lee, John H. (1989) "Postscript: Snyder Out of City Hall but Not Advocacy Business", *LAT*, 14. Dezember: B3.

Leinberger, Christopher B. (1988) "Turning Sprawl Into Urban Villages" *LAT*, 30. April: II,8.

Leinberger, Christopher B. (1989) "The 25-Downtowns Solution", *LAT*, 4. Juni: V,5.

Leinberger, Christopher B./Charles Lockwood (1986) "How Business is Reshaping America", *The Atlantic Monthly*, 258,4: 43-52.

Lemann, Nicholas (1988) "Growing Pains", *The Atlantic Monthly*, 260: 57-62.

Lewis, Michael (1989) "How a Tokyo Earthquake Could Devastate Wall Street and the World Economy", *Manhattan, inc.*, 6,6: 69-79.

Libman, Gary (1989) "Los Angeles Jews Gain Clout as Power Shifts to the West", *LAT*, 18. Mai: 5,1.

Little Tokyo People's Rights Organization (1979) *Little Tokyo News*. Mai.

Lockwood, Charles/Christopher Leinberger (1988) "Los Angeles Comes of Age", *The Atlantic Monthly*, 260: 31-56.

Lozano, Carlos V./Sheldon Ito (1987) "In Three Years, Identity Shifts From 'Gay Camelot' to 'Creative City'", *LAT*, 3. Dezember: IX,1.

Mann, Eric (1989) "New Coalition's For L.A.'s Future", *LAWeekly*, 12. Februar. - 2. März.

Mead, Walter Russel (1989) "Japan-Bashing, an Ugly American Tradition", *LAT*, 4. Juni:V,2.

Meyer, Josh (1990) "Golf Club Pros", *LAT*, 8. Februar: J,1.

324

Meyerson, Harold (1989) "Tom Bradley Beomces His Opposition", *LAWeekly*, 14. Juli. - 20. Juli.

Meyerson, Harold (1990) "Jim Wood - Architect of the New L.A.", *LAWeekly*, 2. März - 8. März.

Meyerson, Harold (1992) "LA Leaderless", *Inside the L.A. Riots*, published by the Institute for Alternative Journalism. 108-109.

"Monop-L.A." (1990) *LAWeekly*, 2.-8. März.

Moody, George F. (1987) "We All Benefit from the United Way's Efforts to Make Life Better In Our World-Class City", *LABJ*, 30. November: 13.

Moran, Julio (1989a) "Santa Monica OKs Major Revisions to Rent Control", *LAT*, 10. Juni: II,1.

Moran, Julio (1989b) "Landlords Reject Rent Plan, Call It a Sham", *LAT*, 13. Juli: W1.

Moran, Julio (1989c) "Santa Monica Puts Creativity in Conservation", *LAT*, 30. Juli: W1.

Moran, Julio (1989d) "Tenants Join Landlords in Rejecting Rent Compromise", *LAT*, 3. August: W1.

Murphy, Dean (1990) "City Council May Curb Catering Trucks", *LAT*, 4. Januar: J16.

Murphy, Dean (1991) "City Charter Outmoded, Critics Say", *LAT*, 16. Mai: A1.

Myers, David M. (1987) "City Mini-Mall Legislation Creates Major Controversy", *LAT*, 28. Juni: VIII,11.

"New Challenges for United Way" (Editorial) (1989) *LAT*, 22. Juli: II,8.

Newton, Edmund (1988) "Isolated Slow-Groth Groups Find Strength in Unity", *LAT*, 9. März: II,1.

Newton, Edmund (1990) "San Gabriel Valley Becomes the New Power Base of Latino Voters", *LAT*, 21. Januar: B1.

Ohmae, Kenichi (1990) "Borderless Economy Calls for New Politics", *LAT*, 26. März, B:7.

Olmos, David (1989) "Fujitsu Enlists Anaheim Mayor to Fight Trade War Worries", *LAT*, 24. Mai: IV,5.

Olney, Peter B. (1987b), "Rags, Riches and Immigrant Labor: Everything Under the Sun", *Forward Motion*, 65: 20-24.

Olney, Peter/Roger Keil (1988) "Needles and Pins: Schatten im Paradies," *Kommune*, 6,3: 37-50.

Palazzo, Anthony (1989) "Busted for Vending", *LAWeekly*, 4.-10. August: 10.

Phillips, Kevin (1989), "California", *LAT*, (19. November): M,1.

Pine, Art (1989a) "'Nippophobia' Affects Making of Trade Policy" *LAT* (24. April), IV:10.

Pine, Art. (1989b) "Motorola's Washington Lobbyists Keep Heat on Japanese Trade", *LAT* (27. Mai), IV:1.

Pine, Art. (1989c) "Much of Trade Deficit May Be Made in the U.S.A.", *LAT* (9. August), IV:1.

Pine, Art./Tom Redburn (1989) "Shift of Priorities: U.S. Sounds an Economic Call to Arms", *LAT* (6. August), I:1.

"President's View" (1989) Interview mit Kobayashi, Shuwa Investments, *Real Estate Magazine*, Heft 1:8-11.

Redburn, Tom (1989) "Difference Between 'Us' and 'Them' Blurs in a Global Economy", *LAT* (8. August), IV:1.

Redburn, Tom./Art Pine (1989) "Clamor Increasing in U.S. for Trade War With Japan", *LAT* (10. August), I:1.

Reinhold, Robert (1989) "Los Angeles Mayor, Once Challenged, Regains Winning Ways", *NYT*, 29. Januar.

"Rethinking Japan" (1989) *Business Week* (Titel), 7. August: 44-52.

Roderick, Kevin (1987) "L.A.Splits Down Ethnic Issues", *LAT*, 21. Juni: I,1.

Roderick, Kevin/Ted Vollmer (1989) "Yaroslavsky Analysis: Bradley Too Popular", *LAT*, 7. Januar: I,1.

Rodriguez, Nestor P./Joe R.Feagin (1986), "Urban Specialization in the World-System - An Investigation of Historical Cases", *UAQ*, 22,2: 187-220.

Rose, Frederick (1989) "The City of the Future Is a Troubling Prospect If It's to Be Los Angeles", *The Wall Street Journal*, 12. Juni: 1.

Rosenstiel, Thomas B. (1989) "Media, L.A.: A Cycle of Fascination", *LAT*, 24. September: I,31.

Ruddick, Susan/Roger Keil (1992) "Let it Bleed: Alltäglicher Rassismus und ein Frühling der Anarchie in Los Angeles", *Kommune* 6 (1992): 9-13.

Russell, Ron (1988) "W.Hollywood Coalition May Hold the Key to City Council Election", *LAT*, 21. Februar: IX,1.

Rutton, Tim (1992a) "A New Kind of Riot", *The New York Review*, 11. Juni: 52-53.

Rutton, Tim (1992b) "Looking for Source of a City's Troubles," *LAT* 17. Dezember.

Ryon, Ruth (1988) "Village Concept an Urban First", *LAT*, 1. Oktober.

Sanchez, Jesus (1987a) "Mini-Malls: Stores of Opportunity", *LAT*, 20. September: IV,1.

Sanchez, Jesus (1987b) "Taco Trucks Put Aspiring Immigrants on Wheels", *LAT*, 16. November: IV,1.

Sanchez, Jesus (1989) "Politics Also Undergird Skyscraper", *LAT*, 17. April: I,1.

Sanchez, Raymond L. (1987) "Street Vendors Pay High Price for Unlicensed Trade in L.A.", *LAT*, 26. Oktober: II,1.

Sanides, Silvia 81989) "Ökotopia hat einen Namen: Eine Smogmetropole wird ökologisches Vorbild", *taz*, 3. April.

Sappell, Joel (1989) "Access to Mayor's Office Becomes Path to Power", *LAT*, 19. Dezember: A1.

Schine, Eric (1988) "Sanctions Fail to Cut Alien Jobs", *LAT*, 2. Mai: I,1.

Schneider, Iris (1987) "Carrying Oranges to Angelenos", *LAT*, 26. November: V-A,1.

Schockman, Eric (1990) "Nonpartisan City Elections Produce a Leaderless Ship", *LAT*, 4. Februar: M5.

Schoenberger, Karl (1989) "Japan's Odd Man Out", *LAT*, 20. August: IV,1.

Scott, Austin (1982) "Powerful Decision-Makers: Little-Known L.A. Agency Sculpts a New Downtown", *LAT*, 26. April, I:1.

Shapiro, Dan (1986) "Give Citizens a Role in L.A.'s Growth: Excluded as They Are, They Naturally Become Obstructionist", *LAT*, 7. September: V,5.

Shearer, Derek (1987) "Not Yet 'Blade Runner'", *LAT*, 5. Juni: II,5.

Shearer, Derek (1988) "Slow Growth: The Irresistable Force in Los Angeles", *Los Angeles Herald Examiner*, 14. Februar: F1.

"Shifting Sands" (1982) *Dollars and Sense* (Special Issue), No.78 (Juli-August).

Shiver, Jube (1989) "Topic Turns to Minorities at U.S.-Japanese Talks", *LAT*, 17. Mai: IV,2.

Shogan, Robert (1989) "Making U.S. No.1 Again by Remedying Ills At Home", *LAT* (7. August), I:1.

Sibilsky, Steve (1987a) "Just What Is USC Up to Downtown", *Downtown News*, 23. November: 1.

Sibilsky, Steve (1987b) "What About the Housing Lost On Bunker Hill?" *Downtown News*, 16. November.

Snyder, Arthur K. (1987) "Shop Centers Held Victims of 'Political Fad'", *LAT*, 28. Juni: VIII,11.

Sonenshein, Raphael, J. (1989) "The Los Angeles Brand of Biracial Coalition Politics", *LAT*, 16. April: V,1.

Stephens, Philip (1986) "California's Economy: Uneasy Realities Behind a Post-Industrial Deam", *Financial Times*, 15. Oktober.

Stewart, Jill (1988) "Advocates of Poor Assail Plan to Revamp Downtown", *LAT* (28. November), I:1.

Stewart, Jill (1989) "'Teflon Mayor' Bradley: The Blame Doesn't Stick", *LAT*, 8. April: I,1.

Stewart, Jill (1990a) "Housing Effort Gets an Activist", *LAT*,12. Januar, B:3.

Stewart, Jill (1990b) "Mayor Picks 2 for Redevelopment Board", *LAT*, 13. Januar, B:1

Stewart, Jill (1991) "Council Presses Reforms of Redevelopment Agency", *LAT*, 6. Februar, A:1.

"Sweatshop Renaissance: The Third World Comes Home" (1984), *Dollars and Sense*, (April): 6ff.

Takaki, Ronald (1989b) "Asian Newcomers Who 'Get Ahead So Fast' May Be Far Behind Where They Started", *LAT*, 20. August: V,5.

"The Intellectual Discovers City Hall" (1969) *Los Angeles*, 14: 27ff.

Tobar, Hector (1989a) "L.A. Opens Day-Laborer Hiring Site to All Comers", *LAT*, 27. Oktober: A28.

Tobar, Hector (1989b) "Hope of Jobs Surmounts Illegals' Fears", *LAT*, 28. Oktober: B1.

Turpin, Dick (1986) "Selling of Los Angeles: No Shortage of Buyers", *LAT*, 21. September: VIII,1.

Turpin, Dick (1988) "Foreigners See L.A. Center as 'Mark of Leader'", *LAT*, 13. März: VIII:1.

Unger, Henry (1988) "Asian Banks in U.S. Bow to Tradition", *LAHE*, 22. Mai: D5.

Vollmer, Ted (1988) "Bradley Proposes $2 Billion Fund for Homeless Housing", *LAT* (8. Januar)

Waldman, Tom (1988) "West Hollywood - Creative City; Diverse Constituencies", *California Journal*, 19, 12:541f.

Walsh, Joan (1985) "Union Threatens GM Boycott", *In These Times*, 27. November-10. Dezember.

Watanabe, Teresa (1989) "Piercing Japan 'Myths'", *LAT*, 27. November: D1.

Weidenbaum, Murray (1989) "Global Economy and Government", *LAT*, 7. Mai: IV,3.

Weinstein, Henry (1987) "Minimum Wage in State Goes to $4.25," *LAT*, Dezember 12; I,1.

Weinstein, Henry (1988) "Janitors Stage Vigil as Part of National Protest", *LAT*, 31. März, II,1.

Wilkinson, Tracy (1989a) "Santa Monica: A House Divided By Rent Control", *LAT*, 29. April: I,1.

Wilkinson, Tracy (1989b) "Public Discontent Spurs New Wave of Development Bans", *LAT*, 21. Mai: W1.

Wilkinson, Tracy (1989c) "Santa Monica Finds Transients Are Here to Stay", *LAT*, 11. Juni: W1.

Wilkinson, Tracy (1989d) "Bridging the Chasm", *LAT*, 15. Juni: W1.

Wilkinson, Tracy (1989e) "Councilman's Idea to House the Homeless", *LAT*, 25. Juni: W1.

Wilkinson, Tracy (1991) "L.A. 's Turn as Urban Laboratory", *LAT* 11. Dezember.

Will, George (1987) "'Slow Growth' Is the Liberalism of the Privileged", *LAT*, 30. August.

Witzel, Rudolf (1991) "Der Niedergang Amerikas - Mythos oder Realität?", *Frankfurter Rundschau*, 14. August: 16.

Wolf, Steven (1989) "A Bird's-Eye View of City North Plan", *Downtown News*, 11. Dezember: 1.

Yaroslavsky, Zev (1990) "Reforms Failed the Test of Faults and Consequences", *LAT*, 4. Februar: M5.

Yoshihara, Nancy (1989), "California Style Strikes Gold in Japan", *LAT*, 24. September: IV,1.

Zasada, Marc Porter (1987) "An Endpoint to Renaissance?", *Downtown News*, 19. Oktober: 1.

Zasada, Marc Porter (1988) "The 'L.A. Problem' Defined for Us All", *Downtown News*, 18. April: 1.

Zasada, Marc Porter (1989a) "First Street Plaza Will Fit in With the Civic Center", *Downtown News*, 15. Mai: 8.

Zasada, Marc Porter (1989b) "Visionary Search for 100,000 New Residents in Central City", *Downtown News*, 9. Oktober: 1.

Zwahlen, Cynthia (1988) "Gourmet Grocers and Markets Feast on Profits from the Rich and Hungry", *LABJ*, 28. März: 1.

Abkürzungen

AAAG	Annals of the Association of American Geographers
AJS	American Journal of Sociology
IJURR	International Journal of Urban and Regional Research
LABJ	Los Angeles Business Journal
LAHE	Los Angeles Herald Examiner
LAT	Los Angeles Times
NLR	New Left Review
NYT	New York Times
UAQ	Urban Affairs Quarterly

Persönliche Interviews[1]

Acosta, Lydia. *Neighborhood Action Council, East Los Angeles.* 10. Mai 1988.
Altamirano, Sal. *Deputy of Councilman Lindsay, City of Los Angeles.* 5. Mai 1988.
Bernardi, Ernani. *Councilman, City of Los Angeles.* 11. November 1987.
Bickhart, Jim. *Deputy of Councilwoman Ruth Galanter, City of Los Angeles.* 12. Dezember 1989.
Blight, Reynold. *Economic Development Department, City of Los Angeles.* 20. Juli 1987.
Boyarsky, Bill. *Los Angeles Times.* 14 Juli 1987.
Bozé, Gary. *Deputy of Mayor Tom Bradley,City of Los Angeles.* 28. November 1989.
Briggs, Mark E. *President,M B and A, Tustin, Orange County.* 18. März 1988.
Bryant, David. *Homeless Service Coordinating Unit, City of Los Angeles.* 21. März 1988.
Cole, Benjamin Mark. *Los Angeles Business Journal.* 27. Juli 1987.
Cole, George. *Steelworkers Oldtimers, South Gate.* 25. April 1988.
Carrigan, Kevin. *Community Development Commission, County of Los Angeles.* 6. Mai 1988.
Conn, James P. *Mayor, City of Santa Monica.* 7. Oktober 1987.
Crow, Ellis K. *Manager, Long Range Planning, City of Long Beach.* 22. November 1987.
Curran, Peggy. *Economic Development, City of Santa Monica.* 23. Oktober 1987.
Dartis, Carla. *Prinicpal Loan Officer, Economic Development Office, City of Los Angeles.* 19. Oktober 1987.
Dear, Michael *Professor of Geography, University of Southern California, Los Angeles.* 14. Oktober 1987.
Diamant, Fred. *Bekleidungsfabrikant, Los Angeles.* 6. August 1987.
Dimmitt, Greg. *Enterprise Zones, City of Los Angeles.* 16. März 1988.
Donoghue, Sister Diane. *South Central Organizing Committee, Los Angeles.* 17. September 1987.
Doi, Kerry. *Pacific Asian Consortium for Employment.* 28. Oktober 1987.
Dovalis, Linda. *Department of Housing, City of Maywood.* 14. März 1988.
Ely, Geoff. *Building Owners and Managers Association, Los Angeles.* 28. März 1988.
Fabiani, Mark. *Chief Deputy, Mayor Tom Bradley, City of Los Angeles.* 28. November 1989.
Fixler, Phil. *Local Government Center, Santa Monica.* 10. September 1987.
Foundation, Larry. *Organizer, South Central Organizing Committee, Los Angeles.* 16.November. 1987.
Gatling, Eva. *Public Information Department, City of Carson.* 20. Oktober 1987.
Ginise, Richard. *Lehndorff Properties., Los Angeles.* 17. Mai 1988.
Grannis, David. *Central City West Association, Los Angeles.* 29. Februar 1988.
Gross, Larry. Organizer, *Coalition for Economic Survival, West Hollywood.* 12. November 1987.
Haas, Gilda. *Planning Deputy, Councilman Mike Woo, City of Los Angeles.* 27. November 1987.
Hamilton, Cynthia. *Organizer, Concerned Citizens of South Central Los Angeles.* 13. November 1987.
Hicks, Martha Brown. *Skid Row Development Corp., Los Angeles.* 2. März 1988.
Hill, Terence. *Ocean Park Community Center, Santa Monica.* 22. März 1988.
Holl, Edward. *Bateman, Eichler, Hill, Richards Inc., Los Angeles.* 4. März 1988.
Jackson, Bob. *Los Angeles Police Department. Los Angeles.* 21. April 1988.
Johnston- Weston, Judith. *V.P. Central City Association, Los Angeles.* 12. November 1987.
Jones, Dennis R. *United Auto Workers/Job Training Partnership Act.* 5. Mai 1988.
Kann, Mark. *Professor, Political Science, University of Southern California, Los Angeles.* 5. Oktober 1987.

---

[1] Es handelt sich bei den folgenden Interviews um offene Expertengespräche, die zwischen 1987 und 1989 in Los Angeles geführt wurden. Für die Mehrzahl dieser Gespräche liegen Tonbandaufzeichnungen vor; zu allen Interviews gibt es schriftliche Protokolle des Verfassers.

Katz, Alisa. *Deputy of Councilman Zev Yaroslavsky, City of Los Angeles.* 2. November 1989.

King, Verne E. *Los Angeles Police Department, Community Resources Against Street Hoodlums Unit.* 14. April 1988.

Krotinger, Michelle. *Deputy of Councilman Zev Yaroslavsky, City of Los Angeles.* 13. Oktober 1987.

Kyle, Kimberly. *Housing Activist, Los Angeles.* 27. Oktober 1987.

Lake, Laura. *Not Yet New York. Los Angeles.* 25. September 1987.

Law, Manyard. *Cudahy Private Industry Council, Cudahy.* 27. April 1988.

Linski, Chris. *Manager, Tianguis Supermarket, Los Angeles.* 8. September 1987

Logue, Rebecca. *Deputy, Councilwoman Abbe Land, West Hollywood.* 16. Oktober 1987.

Lovejoy, Tracy. *Central City East Association,Los Angeles.* 9. März 1988.

Lowe, Sharon. *Lawyer, Chinatown, Los Angeles.* 17. Mai 1988.

Mann, Eric. *Coordinator, Labor Community Coalition to Keep GM Van Nuys Open, Los Angeles.* 29. Juli 1987.

Marriott, Graham. *President, Acquest International, Los Angeles.* 19. April 1988.

Moser, Peter. *German American Chamber of Commerce. Los Angeles* 14. März 1988.

Natker, Andrew. *Vice President, Alexander Haagen Company.* 13. Mai 1988.

Negrete, Lou. *Organizer, United Neighborhood Organization, Los Angeles.* 13. November 1987.

Nichols, Marge. *Research Director, United Way of Los Angeles.* 24. November 1987.

Nishida, Mo. *Activist, Little Tokyo Center, Los Angeles.* 25. März 1988.

Perry, Pilar M. *Director, Public Affairs, Watson Land Co., Carson.* 4. November 1987.

Pisano, Jane. *President, Los Angeles 2000, Los Angeles.* 20. November 1987.

Quan, R.K. *Officer, Los Angeles Police Department.* 21. April 1988.

Reyes, Adolfo. *Redevelopment Department, City of Carson.* 27. April 1988.

Riopelle, Lois. *Community Development Commission, County of Los Angeles.* 7. März 1988.

Robertson, Marjorie. *Research Director, Homeless Youth Research Project. Olive View Medical Hospital, Los Angeles.* 16. Juli 1987.

Sanada, Glen. *Pacific Asian Consortium on Employment, Los Angeles.* 28. Oktober 1987.

Schneider, Paul. *President, Chamber of Commerce, Carson.* 4. November 1987.

Shrieves, Jerry. *President, Local 645, UAW, Van Nuys.* 10. November 1987.

Sladky, Charles. *Homeless Services Coordinating Unit, City of Los Angeles.* 21. März 1988.

Springer, Arnold. *Activist, Venice Town Council, Los Angeles.* 5. Mai 1989.

Steiner, W.W. *Manufacturers Council, City of Industry.* 10. März 1988.

Stewart, Christopher L. *President, Central City Association, Los Angeles.* 12. November 1987.

Sunoo, Cooke. *Project Manager, Hollywood Redevelopment Area, Community Redevelopment Agency of Los Angeles.* 3. Mai 1988.

Swimmer, Milt. *J.H.Snyder Company.Los Angeles.* 26. Mai 1989.

Tademy, Desiree. *Organizer, Jobs With Peace, Los Angeles.* 14. November 1987

Takahashi, Michi. *LAFCO, County of Los Angeles.* 28. Oktober 1987.

Vilmur, Robert. *Homeless Projects Coordinator, City of Los Angeles.* 28. April 1988.

Vogel, Sydney. *Garment Manufacturer, South El Monte.* 2. September 1987.

Watanabe, Bill. *Little Tokyo Service Center, Los Angeles.* 15. März 1988.

Webster, Kenyon. *City Planning Department, Santa Monica.* 1. Juni 1989.

Welsh, Bill. *President, Hollywood Chamber of Commerce.* 29. Februar 1988.

Williams, Jasper. *Coordinator, Central City Enterprise Zone. Economic Development Department, Los Angeles.* 16. März 1988.

Wolff, Goetz. *Economic Roundtable, County of Los Angeles.* 2. März 1988.

Woo, Mike. *Councilman, City of Los Angeles.* 10. August 1987.

Wood, James. *Chairman, CRA, City of Los Angeles.* 26. Oktober 1987

MIKE DAVIS, CITY OF QUARTZ

»... eine grandiose *Ausgrabung der Zukunft in Los Angeles,* so der Untertitel.

Obwohl L.A. der zentrale Gegenstand des Buches ist, handelt es nicht von L.A. In Anknüpfung an stadt- und gesellschaftstheoretische Kontroversen im Gefolge der Fordismus/Post-Fordismus-Debatte decodiert Davis die zukünftigen Entwicklungslinien der kapitalistischen Formation, wie sie in den USA eine besondere historische Form angenommen hat. Er vermag es, Geschichten zu erzählen; ökonomische Strukturanalysen mit Kulturgeschichte und eigenwilligen Interpretationen von Film und Literatur zu verknüpfen, und dies alles auf einem sprachlichen Niveau, das die Lektüre selbst dann noch spannend macht, wenn man nicht mit allen »amerikanischen Wendungen« vertraut ist. Dieses Buch zählt schon deshalb zur Pflichtlektüre, weil es im deutschen Sprachraum heute niemanden gibt, der so virtuos und aufklärend Wurzeln von Zeitgeschichte freizulegen vermag. Geschweige denn jemanden, der die Transformationserfahrungen Osteuropas theoretisch wie ästhetisch auf den Begriff zu bringen in der Lage ist.«

Kurt Hübner in Literatur Konkret 1992

Erscheint im Frühjahr 1994
im Verlag der Buchläden
Gneisenaustr.2/Mehringhof
D 10961 Berlin
ca. 400 Seiten, ca. 30,– DM
ISBN 3-924737-23-1

SCHWARZE RISSE
VERLAG
ROTE STRASSE

Jean-Francois Couvrat/ Nicolas Pless
Das verborgene Gesicht der Weltwirtschaft
Das internationale Geschäft mit Drogen, Waffen und Geld

1993 - 295 S. - DM 38,00
ISBN 3-924550-78-0

Innerhalb von zwanzig Jahren sind 1.000 Milliarden Dollar - eine Summe, die der Verschuldung der "Dritten Welt" entspricht - bei internationalen Transaktionen überwiesen worden, ohne daß irgendein Land sie in seiner Handels- oder Zahlungsbilanz ausgewiesen hat. Ein richtiges Niemandsland entwickelt sich zwischen den Staaten. Dort zirkulieren Schiffe unter Billigflaggen, Drogen und Waffen. Steuerparadiese ziehen Gelder aus Kapitalflucht und Schmiergelder an, erleichtern Börsenmanipulationen, Steuerhinterziehung und Steuerflucht. Die Summen, die auf der verborgenen Seite der Weltwirtschaft zirkulieren, entgehen nicht nur den Statistiken der offiziellen Wirtschaftswissenschaft, sondern auch der ökono- ökonomischen Souveränität der Staaten, den Steuer- und Sozialgesetzen sowie den finanziellen Reglementierungen.

Jean-Francois Couvrat und Nicolas Pless, deren Buch in Frankreich eine breite Resonanz und große Nachfrage gefunden hat, geht es darum, die Mechanismen dieser in der ökonomischen Analyse und öffentlichen Diskussion in der Bundesrepublik bislang kaum zur Kenntnis genommenen Dimension der Weltwirtschaft zu erklären und ihren Umfang abzuschätzen.

Gesamtverzeichnisse beim Verlag:

WESTFÄLISCHES DAMPFBOOT

Dorotheenstr. 26a - 48145 Münster - Tel. 02 51/6 08 60 80